U0879823

普通高等学校省级规划教材

交通工程学基础

主　编　张丰焰
副主编　马　瑞　李娟玲
参　编　方旭华　应世杰
　　　　胡格源　鱼　峰
主　审　张　旭　张国栋

合肥工业大学出版社

内容提要

本书系统地介绍了道路交通系统的基本概念、基础理论，重点阐述了道路交通特性、交通调查与分析技术、交通流理论、交通系统规划、交通系统管理、交通安全、交通环境保护、智能运输系统的基本知识及交通工程学的最新发展动态。

本书可作为高等职业院校路桥专业和相近专业的教材，也可作为交通工程、交通运输管理、土木工程、城市规划等专业本科学生教材。城市交通、公路交通、城市规划等领域规划、设计与管理部门技术人员也可将此书作为参考用书。

图书在版编目(CIP)数据

交通工程学基础/张丰焰主编．—合肥：合肥工业大学出版社，2022.3
ISBN 978-7-5650-5138-8

Ⅰ.①交…　Ⅱ.①张…　Ⅲ.①交通工程学—高等学校—教材　Ⅳ.①U491

中国版本图书馆 CIP 数据核字(2021)第 050336 号

交通工程学基础

张丰焰　主　编　　　　责任编辑　张择瑞

出　版	合肥工业大学出版社	版　次	2022年3月第1版
地　址	合肥市屯溪路193号	印　次	2022年3月第1次印刷
邮　编	230009	开　本	787毫米×1092毫米　1/16
电　话	理工图书出版中心：0551-62903204	印　张	18.25
	市场营销部：0551-62903198	字　数	450千字
网　址	www.hfutpress.com.cn	印　刷	安徽联众印刷有限公司
E-mail	hfutpress@163.com	发　行	全国新华书店

ISBN 978-7-5650-5138-8　　　　定价：46.00元

前　言

随着我国国民经济的快速发展，交通需求迅速增长，交通问题日趋严重，主要表现在道路交通拥挤、交通秩序混乱、交通事故增多、交通引起的环境污染严重等。目前，交通问题已成为影响社会经济发展、满足人民日益增长的美好生活需要的一个制约因素，交通问题已越来越受到人们的重视。

交通工程学是为解决道路交通问题提供基础理论及基本技术的一门学科，是一门集自然科学与社会科学于一体的综合性学科，它涉及工程、法规、教育、环境、能源、经济等诸多领域。

本书总结与吸收了国内近年来交通系统规划、设计与管理的最新研究成果和实践经验。考虑到交通工程学科综合性、系统性、交叉性、动态性的特点，书中注重交通工程基本概念、基本理论及基本方法的阐述，并简要介绍国内外交通工程研究的最新动态。

全书共分十一章，前五章为基础部分，阐述交通系统中人、车、路及交通流的基本特性、交通调查与分析技术、交通流理论以及道路与交叉口通行能力；中间五章为应用部分，介绍通路交通规划、交通安全、道路交通管理与控制、停车场规划与设计、交通环境保护；最后一章为智能运输系统发展动态，介绍智能运输系统以及交通方面最新的发展。

本书由安徽交通职业技术学院张丰焰任主编，负责全书的统稿工作；安徽交通职业技术学院马瑞和李娟玲任副主编；浙江交通职业技术学院方旭华、北京交通运输职业学院应世杰、长安大学胡格源、陕西交通职业技术学院鱼峰参编，各自参与了部分章节内容编写工作。本书由北京交通大学张旭和安徽交通职业技术学院张国栋主审。

本书在编写过程中还得到了安徽建筑大学的王佳鑫、陈祥宇、汤晶晶，合肥学院的程露、彭思瑞、沈梦雅、李清清等人的大力支持和辛苦奉献。尤其是胡格源、王佳鑫、陈祥宇等人既参加了部分章节内容的编写工作，又在全书的图表制作、文字校对和内容整理方面付出了不少心血，在此一并致以诚挚的谢意！本书参阅了大量国内外文献资料，未能一一列出，借此向这些著作和文献资料的原作者们表示衷心感谢！

由于编写时间仓促，探索认知偏颇，发展预见不足，加之编者水平有限，书中错漏之处在所难免，恳请广大读者批评指正。

编　者

2021.08.20

目　　录

1 绪 论

1.1 交通工程学的定义

交通工程学是交通工程学科研究与发展的基本理论，是从道路工程学科中派生出来的一门较年轻的学科。它把人、车、路、环境及能源等与交通有关的几个方面综合在道路交通这个统一体中进行研究，以寻求道路通行能力最大、交通事故最少、运行速度最快、运输费用最省、环境影响最小、能源消耗最低的交通系统规划、建设与管理方案，从而达到安全、迅速、经济、方便、舒适、节能及低公害的目的。

交通工程学作为一门正在发展中的交通工程学科的基础理论，目前很难对它下确切的定义，各国学者从不同的角度、以不同的观点、用不同的方法对它进行探索研究，试图提出一个公认的定义，但至今还是难以统一。

20 世纪 40 年代，交通工程学作为一门独立的学科刚建立时，美国交通工程师学会下的定义是：交通工程学是道路工程学的一个分支，它研究道路规划、几何设计、交通管理和道路网、终点站、毗邻区域用地与各种交通方式的关系，以便使客货运输安全、有效和方便。

澳大利亚著名交通工程学家布伦敦教授则认为，交通工程学是关于交通和出行的计测科学，是研究交通流和交通发生的基本规律的科学，为了使人、物安全而有效地移动，将此学科的知识用于交通系统的规划、设计和运营。

1983 年，世界交通工程师协会《会员指南》提出：交通工程学是运输工程学的一个分支，它涉及规划、几何设计、交通管理和道路网、终点站毗连用地与其他运输方式的关系。

苏联学者把交通工程学定义为：研究交通运行的规律和对交通、道路结构、人工构造物影响的科学。

英国学者则认为，道路工程中研究交通用途与控制、交通规划、线形设计的那一部分称为交通工程学。

尽管各国学者对交通工程学的理解、认识不完全一致，但在以下两个方面是达成基本共识的：交通工程学是从道路工程学中分化出来的，它的主要研究对象是道路交通；交通工程学主要解决道路交通系统规划与管理中的科学问题。

1.2 交通工程学科的研究范围与特点

一、交通工程学科的研究范围

交通工程学科作为运输工程学科的一个重要分支，随着社会对交通需求的增加及科学技术的进步而得到了迅速发展，学科的研究内容日趋丰富。一般来说，交通工程学科的研究内容包括以下几个方面：

1. 交通特性分析技术

交通特性分析技术包括研究交通参与者（行人、车辆驾乘人员）的交通特性、交通工具（机动车、非机动车）的交通特性、道路（公路、城市道路、交叉口及交通枢纽）的交通特性，以及交通流的交通特性的分析方法。

2. 交通调查方法

交通调查方法包括交通流量、交通速度、交通密度调查方法，居民出行、车辆出行调查方法，交叉口车辆延误、交通量时空分布特征调查方法，交通事故、交通大气污染、交通噪声污染调查方法等。

3. 交通流理论

交通流理论包括交通流三参数（流量、速度、密度）的相互关系，交通流动力学特征，车辆跟驰理论，概率论、排队论、流体力学方法在交通流分析中的应用。

4. 道路通行能力分析技术

道路通行能力分析技术包括城市道路、一般公路、高速公路的路段通行能力（基本通行能力及实用通行能力）的分析方法，交叉口（无控制交叉口、环形交叉口、信号交叉口、立体交叉口）的通行能力分析方法，公共交通线路（含常规公交线、地铁线、轻轨线等）的通行能力及线网运输能力的分析方法，服务水平的分级及划分标准。

5. 道路交通系统规划理论

道路交通系统规划理论包括城市交通需求、区域综合运输需求、公路交通需求的预测方法，网络交通流的动态、静态交通分配模型，城市道路网络、公共交通网络、公路网络的规划方法，道路交通规划的评价技术。

6. 道路交通管理技术

道路交通管理技术包括道路交通法规制定、交通系统管理（TSM）策略、交通需求管理（TDM）策略、交通运行组织管理、交叉口交通控制、交通干线交通控制、区域交通控制、交通管理策略的计算机模拟及定量化评价技术等。

7. 交通安全技术

交通安全技术包括交通事故发生机理、事故预防、交通安全设施的技术开发与研究。

8. 静态交通系统规划

静态交通系统规划包括社会车辆、公交车辆、自行车的停车交通需求预测、停车场规划与设计、停车场管理、货车货物装卸中的停车管理、公共交通线路的场站布设及停车管理等。

9. 交通系统的可持续发展规划

交通系统的可持续发展规划包括交通合理结构规划，交通环境污染（大气污染、声污染、振动等）的预测、评价及预防，交通能耗预测与评价，交通系统中的其他资源消耗预测与评价，交通系统的可持续发展保障体系等。

10. 交通工程的新理论、新方法、新技术

交通工程是一门新学科，它随着科学技术的发展而发展，目前，交通工程的新理论、新方法、新技术主要集中在智能交通系统(ITS)方面,包括现代通信技术、计算机技术、信息技术、管理技术、控制技术在交通管理中的应用,如车辆卫星导航技术、高速公路自动收费技术、自动高速公路等都是ITS的核心内容。

从上述交通工程学科的研究内容可以看出,交通工程学的内容非常丰富,其研究涉及许多相关理论,如社会学、法学、经济学、心理学、管理学、预测学、运输工程、道路工程、系统工程、控制工程、环境工程、能源工程、土木工程、计算机技术等。

二、交通工程学科的特点

交通工程学科是一门正在发展中的综合性学科,它从交通运输的角度把人、车、路、环境、资源作为一个有机的统一体进行研究,兼有社会科学与自然科学双重特点。

1. 系统性

交通系统是一个复杂的、开放性的大系统,它是社会经济系统的一个有机组成部分,交通系统的运转受到社会经济系统中其他子系统的影响与制约,如城市人口、城市土地利用直接影响城市交通系统的交通需求及流向,区域城镇布局及城镇经济发展直接影响区域公路网系统的交通需求及流向等。而交通系统本身又是由许多相互影响、相互制约的子系统所组成,如城市交通需求的发展受城市道路网络水平的制约,而城市道路网络的规划又以城市交通需求的发展为依据。

由于交通系统是一个复杂的大系统,因此,交通工程学最重要的方法论基础就是系统工程原理,以系统工程原理来认识和解决交通问题是交通工程学科发展最显著的特点。

2. 综合性

交通工程学科的研究往往从五个方面展开:①工程(Engineering),研究能满足交通需求的交通基础设施,包括这些交通基础设施的规划与设计;②法规(Enforcement),由于交通系统的复杂性及综合性,完善的交通法规是保障交通系统正常运转的必要条件;③教育(Education),由于所有公民都是交通系统的直接或间接参与者,对广大公民(特别是少年儿童)进行现代交通意识教育是非常必要的;④能源(Energy),交通工具是能源消耗大户,低能耗交通工具一直是发达国家的研究热点;⑤环境(Environment),在发达国家,80%以上的噪声污染及废气污染是由汽车交通造成的,因此交通组织、交通结构优化及道路环境保护设计是保障交通系统可持续发展的重要措施。由于工程、法规、教育、能源、环境的英文单词的开头都是"E",因此,人们通常称交通工程学科为"五E"学科。

3. 交叉性

如前文所述,交通工程学是从道路工程学派生出来的一门综合性学科,它与其他相关学科有着非常密切的联系。特别是随着科学技术的发展,交通工程学科与其他学科的交叉性更加明显,一个最有说服力的例子是智能交通系统,它是交通工程学科、电子工程学科、通信工程学科、自动控制学科、计算机学科、汽车工程学科在交通运行管理中的多学科交叉。

4. 社会性

交通系统是社会经济系统中的一个子系统,它涉及社会的各个方面,交通工程学科中最重要的三个研究方向:交通规划、交通管理、交通法规都直接影响全社会的公民及全社会的企事业单位，同样，交通系统的建设管理水平直接影响城市、区域的经济发展及人民生活水平的提高。

5. **超前性**

交通系统是为社会经济发展、人民生活水平的提高服务的。交通系统是区域及城市发展的载体、社会经济活动的支撑体系，社会经济要发展，交通必须先行，社会上流传的“要想富，先修路”“快路快富、大路大富、小路小富”的说法不是没有道理的，加上交通基础设施的建设周期与使用年限很长，一条地铁往往要服务上百年，一条高速公路也要服务 30～50 年，因此，在进行交通系统规划建设时，必须考虑以后几十年的交通需求及社会经济状况。

6. **动态性**

交通工程的动态特性表现在两个方面。一是交通状况的实时动态特点，交通流是典型的随机流，它在道路网上的时空分布是随机变化的，反映出的交通流规律是统计规律，对交通系统规律的描述(特别是用于交通管理与控制)必须采用动态的方法。二是交通系统规划建设的动态特点，由于交通系统的规划建设必须是超前的，但随着社会经济发展状况的变化，原来预测的与实际发生的情况可能会有差异。因此，交通系统的规划建设必须采用动态滚动的手段，根据变化的情况，不断进行动态调整。

1.3　交通工程学科的产生与发展

一、交通工具的变革与交通工程的发展

衣、食、住、行是满足人民基本生活条件的四要素，行就是指交通。自从出现了人类，就出现了交通。交通的发展依赖于交通工具的变革，交通工具的变革又依赖于科学技术的发展。以交通工具发生根本性变革来划分交通发展时代，一般可分为步行交通、马车交通、汽车交通、智能交通四个时代。

1. **步行交通时代**

从远古时代到车轮发明前的漫长时期，人们的唯一交通方式是步行，人们从事一切活动(包括运输)都靠步行来解决，尽管后来人们开始驯化野兽来驮运货物，但仍属步行范畴。

2. **马车交通时代**

车轮的发明使交通方式发生了根本性的变化，使人类交通进入车辆时代。车轮的发明对人类文明的发展起了相当大的促进作用。

以马车为主的畜力车辆的发展，使交通工程作为一种“工程”开始出现，能适应马车、牛车通行的地方性道路开始修建，如我国春秋战国时期在秦岭地区修建的“金牛道”，秦始皇统一中国后修建的全国性“驰道”“驿道”，汉代开辟的经西域通往西方的“丝绸之路”。能适应马车通行的城市道路网也开始规划，如我国周代就已有了明确的道路系统及城市道路网规划，《周礼・考工记》记有“匠人营国，方九里，旁三门，国中九经九纬……经涂九轨，环涂七轨，野涂五轨”，这种“九经九纬”的道路网模式几乎一直沿用到近代。

3. **汽车交通时代**

产业革命之后出现的改良蒸汽机和电动车，为交通工具的改革和发展提供了良好的条

件，于是以动力机械驱动的各种机动车辆相继出现，以机器为动力的汽车逐步替代了以马、牛为动力的车辆，成为交通发展一个里程碑。

1885年，德国人格道力普·达姆勒制造了第一辆实验性的燃汽油四轮汽车，同年卡尔·本茨也制造了一辆燃汽油三轮汽车，1888年在市场上首次出售奔驰汽车，从此世界上出现了近代汽车，并逐步替代了马车。1900年全世界汽车保有量只有约1000辆，20年后(1920年)就发展到约300万辆，到目前全世界的汽车保有量已达13亿多辆。

交通工具的革命性变化，促进了交通工程学科的迅猛发展。为了适应汽车交通，各国都相继开展了交通基础设施规划与建设工作，如美国在20世纪60～70年代对大中城市进行了一轮城市交通基础设施的建设规划，在20世纪50～70年代在全美范围内实施州际高速公路发展战略，这一时期美国修建了约60000km的高等级公路(大部分达到了高速公路标准)，使美国的高速公路里程一直保持在世界领先水平。

4. 智能交通时代

智能交通是交通发展的最高阶段，目前世界各国交通工程的发展正在进入此阶段，很多国家都投入了巨大的财力、人力进行智能交通系统的研究。

汽车化时期给交通发展带来的后果是在全世界范围内出现了13亿多辆汽车。为了满足这些汽车的运行，各国都花费了巨额的资金及大量的土地资源修建城市道路或高速公路。但汽车化时期并未因此结束，全世界的汽车保有量还在继续上升，交通需求量仍在快速增长，发达国家已经无法提供土地来修建道路以满足无限膨胀的交通需求，因此把目标寄托于通过当今世界上最新科学技术的应用，实现智能化的交通运输环境，以此减少交通需求量，提高交通运输系统的运输效率，解决交通问题。

二、交通工程学科的产生与发展

尽管交通工程在古代就已经存在，但作为一门独立学科的交通工程学，是在1930年美国交通工程师学会成立以后，才被正式提出的，因此，一般以美国交通工程师学会成立作为交通工程学科诞生的标志。

交通工程学是为交通工程实践提供理论指导的一门学科。交通工程学科发展的各个阶段，其研究内容各有侧重，并取决于当时交通工程的实际情况，而各国交通工程的发展受本国社会经济发展的制约，因此各国交通工程学科的发展历程不尽相同，但对于大多数发达国家来说，交通工程学科的发展经历了以下几个阶段。

1. 基础理论形成阶段(20世纪30年代初～40年代末)

在这一阶段，由于交通工程学科刚刚诞生，学科发展重点是建立交通工程学的基本理论体系，研究的重点是对交通现象的调查研究以及探索交通现象的一般规律。

2. 交通规划理论形成阶段(20世纪50年代初～70年代初)

为了适应汽车化带来的大量交通需求，在这一时期发达国家开展了大规模的交通基础设施建设，包括城市交通基础设施建设及区域高等级公路网络建设，交通工程学科义不容辞地为当时这场大规模的基础设施建设热潮提供理论支持。该阶段的学科研究重点是城市交通规划理论与实用技术、区域公路网规划理论与实用技术。在这一时期形成的“四阶段”交通规划模式至今仍为各国所沿用。

3. 交通管理技术形成阶段(20世纪70年代初～90年代初)

汽车化的后果带来了交通需求的无限膨胀，20世纪50～60年代建成的交通设施并不能完全满足进一步增加的交通需求。从70年代开始，发达国家将解决交通问题的措施从大规模交通基础设施建设转移到了现代化交通管理，以期望提高交通系统的运输效率。这一时期交通工程学科的研究重点是交通管理与控制技术的开发，如当时提出的交通需求管理(TDM)概念、交通区域控制系统如TRANSYT、SCOOT、SCAIS等目前仍在全世界范围内广泛采用。

4. 智能化交通系统研究阶段(20世纪90年代中期开始)

尽管发达国家在20世纪50～70年代进行了大规模的交通基础设施建设，在70～90年代进行了科学的交通管理，使当时的交通发展能与社会发展基本适应，但交通需求的继续增长迫使发达国家寻找更为科学的解决交通问题的途径，于是智能交通系统应运而生。

智能交通系统是交通管理的最高形式，其目标是建设智能化运输环境。智能交通系统是交通工程、信息工程、通信工程、计算机技术、电子工程等学科在交通领域的交叉，当然，重点还是对交通工程学科的研究。

1.4 我国交通工程学科的产生及面临的任务

一、我国交通工程学科的产生

对于我国交通工程学科的产生，美籍华人交通工程专家张秋先生起了很大的推动作用。

1978年以来，以张秋先生为代表的美、日、英、加等国的交通工程专家，先后在上海、北京、西安、南京、哈尔滨等城市讲学，系统介绍西方发达国家交通规划、交通管理、交通控制及交通安全方面的建设与管理经验。国内也派出了多个代表团出国参加由英、美、日、澳、德等国举办的国际交通工程学术会议，这些活动推动了国内交通工程学科的产生。

1980年上海市率先在国内成立了交通工程学会，1981年中国交通工程学会宣告成立，20多个省、直辖市、自治区也相继成立了省级交通工程学会或交通工程委员会，有些早先成立的国家级专业学会也设立了交通工程分会。同济大学、东南大学、长安大学、北京工业大学、西南交通大学等院校相继设立了交通工程本科生专业，并着手招收、培养交通工程专业的硕士研究生、博士研究生。我国的新闻出版部门也相继出版了《中国交通工程》《中国交通报》《交通安全报》《交通工程》《道路交通管理》《红绿灯下》等一批交通工程学方面的报刊，广泛传播交通工程学方面的知识。

我国交通工程学科的成立不像美国有明确的标志，但一般认为，我国交通工程学科产生于20世纪80年代初，而美籍华人张秋先生是该学科的奠基人。

二、我国交通工程学科面临的任务

交通工程学在我国还是一门新兴的学科，有许多问题有待于进一步研究，必须在学习国外先进经验与基本理论的同时，从我国的交通工程的实际和特点出发，建立符合我国国情的交通工程理论与方法。

我国近期交通工程学科需重点研究以下问题：

(1)城市交通规划理论与方法研究；

(2)区域综合交通运输规划理论与方法研究；

(3)适应我国交通特点的交通控制理论与方法研究；

(4)交通流理论方面基础研究；

(5)交通综合治理现代化方面的理论、方法与措施；

(6)可持续发展的城市交通运输系统研究；

(7)智能交通系统基础理论研究和应用研究。

复习思考题

1.1　简述交通工程学的定义、性质、特点及发展趋势。

1.2　简述我国交通现状及交通工程学科面临的任务。

1.3　简述交通工程学科的研究范围、重点及作用。

2 交通特性

交通特性分析是交通工程学的基础部分，是进行合理的交通规划、设计、营运、管理与控制的前提。交通特性分析的重点是研究道路交通系统各基本要素（人、车、路）的自身特性以及各要素之间的相关特性。

2.1 人、车、路的基本特性

一、人的交通特性

道路交通系统中的人，包括驾驶员、乘客和行人。人是交通系统中的主要部分，贯穿于交通工程学的各个方面。例如，汽车的结构、仪表、信号、操作系统应当适合驾驶员操纵，交通标志的大小、颜色、设置地点应考虑驾驶员的视觉机能，道路线形的设计要符合驾驶员的视觉和交通心理特性，制定的交通法规、条例应合情合理，等等。

（一）驾驶员的交通特性

1. 驾驶员的职责和要求

在道路交通要素中，驾驶员具有特别重要的作用。因为除了行人和自行车交通以外，其他的道路客、货运输都要由驾驶员来完成。驾驶员既要保证将旅客和货物迅速、顺利、准时送到目的地，又要保证旅客安全、舒适及货物的完好。同时，行人和自行车交通也使用同一道路网络，受到机动车交通的影响。交通事故统计表明，绝大多数交通事故直接或间接地与驾驶员有关。因此，要求驾驶员具有高度的社会责任感，良好的职业道德、身体素质、心理素养，熟练的驾驶技术。充分认识和掌握驾驶员的交通特性对于保证交通运输的正常运行以及人民生命财产的安全是十分重要的。

2. 驾驶员的反应操作过程

驾驶员在驾驶车辆过程中，首先通过自己的感官（主要是眼、耳）从外界环境中接受信息，产生感觉（视觉和听觉），然后通过大脑一系列的综合反应产生知觉。知觉是对事物的综合认识。在知觉的基础上，形成所谓“深度知觉”，如目测距离、估计车速和时间等，最后，驾驶员凭借这种“深度知觉”形成判断，从而指挥操作。在这个过程中，起控制作用的是驾驶员的生理、心理素质和反应特性。

3. 驾驶员的生理、心理特性

（1）视觉特性

眼睛是驾驶员在行车过程中最重要的生理器官，视觉给驾驶员提供80%的交通情况等信息。因此，驾驶员的视觉机能直接影响信息获取和行车安全。对于驾驶员的视觉机能，主要从以下几方面来考察：

① 视力。眼睛辨别物体大小的能力称为视力。视力可分为静视力、动视力。顾名思义，静视力即人体静止时的视力。我国驾驶员体检时要求两眼视力均为0.7(小数记录法)以上，或两眼裸视力不低于0.4(小数记录法)，但矫正视力必须达到0.7(小数记录法)以上，无红、绿色盲。动视力是汽车运动过程中驾驶员的视力。动视力随速度的增大而迅速降低，同时，动视力还与驾驶员的年龄有关，年龄越大，动视力越差。视力还与亮度、色彩等因素有关，视力从暗到亮或从亮到暗都要有一个适应过程。高速公路上要设置必要的防眩设施，在隧道进出口都要认真考虑视力的这一渐变过程，而采取相应的措施。

② 视野。两眼注视某一目标，注视点两侧可以看到的范围称为视野。视野受到视力、速度、颜色、体质等多种因素影响。静视野范围最大。随着车速增大，驾驶员的视野明显变窄，注视点随之远移，两侧景物变模糊。驾驶员视野与行车速度的对应关系见表2-1所列。

表2-1 驾驶员视野与行车速度的对应关系

行车速度/($km \cdot h^{-1}$)	注视点在汽车前方距离/m	视野/(°)
40	180	90～100
70	360	60～80
105	610	<40

③ 色感。驾驶员对不同颜色的辨认和感觉是不一样的。红色光刺激性强，易见性高，使人产生兴奋、警觉的情绪；黄色光亮度最高，反射光强度最大，易唤起人们的注意；绿色光比较柔和，给人以平静、安全的感觉。因此，交通工程中将红色光作为禁行信号，黄色光作为警告信号，绿色光作为通行信号。交通标志的色彩配置也是根据不同颜色对驾驶员产生不同的生理、心理反应而确定的。

(2)反应特性

反应是由外界因素的刺激而产生的知觉—行为过程。它包括驾驶员从视觉产生认识后，将信息传到大脑知觉中枢，经判断，再由运动中枢给手脚发出命令，开始动作的过程。知觉—反应时间(从刺激到反应之间的时距)是控制汽车行驶性能最重要的因素，如图2-1所示。

驾驶员开始制动前最少需要0.4s的知觉—反应时间，产生制动效果需0.3s时间，共计0.7s。根据美国各州公路工作者协会规定：判断时间为1.5s，作用时间为1s，故从感知、判断、开始制动到制动发生效力全部时间通常按2.5～3.0s计算。道路设计中以此作为计算制动距离的基本参数。

反应时间的长短取决于驾驶员的素质、个性、年龄、情绪、环境、行车途中思想集中情况以及工作经验。

(3)驾驶员的心理特点和个性特点

驾驶员身心健康是安全行车必不可少的条件。思想上注意安全行车，平静的精神状态、安定审慎的性格也是必要的条件。研究表明，情绪不稳定、易冲动、缺乏协调性、行为冒失往往容易造成行车事故。相反，情绪稳定、行为谨慎、有耐心的驾驶员发生交通事故的情况就少些。

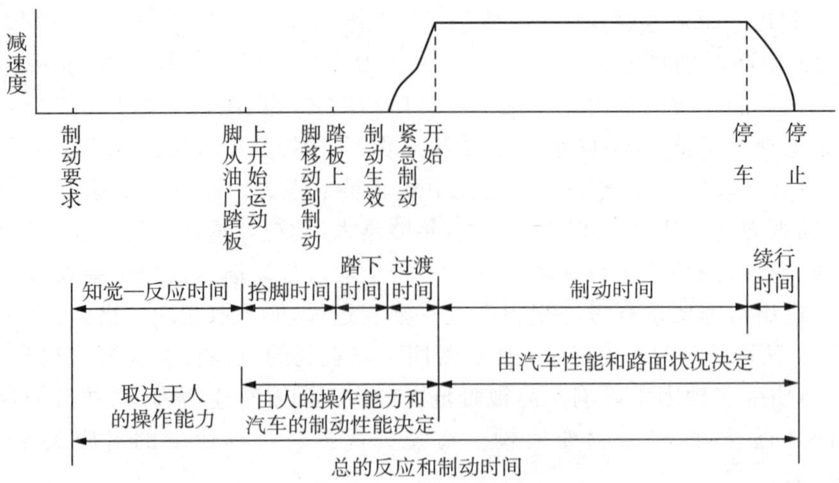

图 2-1　反应时间和制动操作

4. 驾驶疲劳

驾驶疲劳是指由于驾驶作业引起的身体上的变化、心理上的疲劳以及客观测定驾驶机能低落的总称。

驾驶员长时间开车会发生疲劳，这时感觉、知觉、判断、意志决定、运动等都会受到影响。统计表明，因疲劳产生交通事故的次数约占总事故的 1%～1.5%。由于疲劳很难明确判断，所以实际上因疲劳发生的事故占比比上述数字要大。试验发现，驾驶员以 100km/h 的速度行进，30min 之后，出现抑制高级神经活动的信号，表现欲睡，主动性降低。2h 后，生理机能进入睡眠状态。在一般情况下，驾驶员一天行车超过 10h，前一天睡眠时间不足 4.5h，会导致事故率明显增高。因此，对驾驶员一天的开车时间长短、连续行驶距离、睡眠都应加强管理，做出具体规定。

目前对疲劳的检查方法一般有生化测定、生理机能测定、神经机能测定、自觉症状申述等。从交通心理学的角度看，常被采用的方法有触两点辨别检查、颜色名称测验、反应时间检查、心理反应测定、驾驶员动作分析等。

在行车过程中，如出现动作不及时、或迟或早、操作粗糙、不准确、情绪低落、身体不适等情况，则要求驾驶员停车休息，避免肇祸。

（二）乘客的交通特性

1. 乘客的交通需求心理

人们总是抱着某种目的（如上班、上学、购物、公务、社交、娱乐等）去乘车，为乘车而乘车的旅客几乎没有。乘车过程本身意味着时间、体力、金钱的消耗，因此，人们在乘车过程中总是希望省时、省钱、省力，同时希望安全、方便、舒适。道路设计、车辆制造、汽车驾驶、交通管理及交通设施布设等都应考虑到乘客的这些交通心理要求。

2. 乘车反应

不同的道路等级、线形、路面质量、汽车行驶平稳性、车厢内的气氛、载客量、车外景观、地形等对乘客的生理、心理反应都有一定的影响。

研究表明，汽车在弯道上行驶，当横向力系数大于 0.2 时，乘客有不稳定之感；当横向力系数大于 0.4 时，乘客感到站立不稳，有倾倒的危险。汽车如果由长直线直接转入圆曲线，并且车速较快，乘客就会感到不舒服。因此，在公路线形设计中对于平曲线的最小半径和缓和曲线的长度等均有明确规定的标准。

道路路面开裂、不平整会引起行车振动强烈，乘客受颠簸之苦，严重时使人感到头晕、恶心、呕吐。

在山区道路、陡边坡或高填土道路上行车，乘客看不到坡脚，易产生恐惧心理。如果在这种路段的路肩上设置护栏或放缓边坡，就可消除乘客的不安心理。

乘车时间过长，容易产生烦躁情绪。为此，路线的布设应考虑到美学要求，尽量将附近的自然景物、名胜古迹引入司机和乘客的视野，使乘客在旅途中能观赏风光、放松精神、减轻疲劳感。

每个旅客都有一定的心理空间要求。心理空间是指人们在自己周围划出的、确定为自己领域的不可见区域。当个人的心理空间遭到外界不该闯入的人或物的侵袭时，人的心理会感到压抑、厌恶、排斥。乘车拥挤不但消耗人的体力，而且给乘客心理上造成额外的压力。

由于体力、心理、生活、就业等方面的原因，城市居民对日常出行时间的容忍性有一定限度，见表2－2所列。居民的居住地如果离市中心或工作地点的距离超出了可容忍的最大出行时间，则他们对居住地的位置以及交通系统服务就不会满意。根据城市大小和建设水平提出不同规模城市的出行时耗见表2－3所列。

苏联在城市交通规划时规定了乘客的乘车时耗定额，见表2－4所列。

表2－2　不同出行目的出行容忍时间

出行目的	理想的出行时间/min	不计较出行时间/min	能忍受出行时间/min
上班就业	10	25	45
购　物	10	30	35
游　憩	10	30	85

表2－3　我国不同规模城市居民的出行耗时建议

城市人口/万人	＞100	100～50	50～20	20～5	＜5
95％的居民出行时间小于/min	50	50～40	40～30	30～20	＜20

表2－4　苏联不同城市乘车时耗定额

人口规模/万人	＞100	100～50	50～25	＜25
时耗定额/min	45	35	30	25

3. 社会影响

乘车安全性、舒适性、满意性不仅对乘客个人的生理、心理有影响，同时也对社会产生预想不到的影响。上下班等车与路途上时间过长、多次换乘、过分的拥挤给职工造成旅途疲劳、心理压力、情绪烦躁，就难免产生下列情况：

(1)容易引起乘客纠纷，发生过激行为；

(2)既有损职工身体健康，又会使劳动效率降低；

(3)下班回家过迟影响家庭和睦；

(4)引起居民对公交服务系统的不满；

(5)影响居民对社会生活和公共事业的态度，或对政府产生不满，等等。

(三)行人交通特性

步行交通是与人类生活密不可分的一项活动。步行能够使个人与环境及他人直接接触，达到生活、工作、交往、娱乐等各种目的。为了满足步行者的生理、心理和社会需要，并保证他们不消耗过多的体力、不受其他交通的干扰、不发生交通事故，就必须提供必要的物质设施。这些设施的规划、设计、实施需要对行人交通的特性有很好的认识和理解。

1. 行人交通流特性

相对于汽车交通来说，我国对行人交通特性的研究还很少。国外一些学者则已经做了不少工作。美国学者弗洛因(J. T. Fruin)在其博士论文《行人规划与设计》中，详细研究了行人流的速度、流量、密度及行人占有空间等特征要素及其相互关系，提出了人行道服务水平划分建议值，见表 2－5 所列。1979 年，以色列学者普鲁士(A. Polus)等人对行人交通做了实地观测和理论分析。他们发现，步行道行人的步行速度平均值为 1.03～1.28m/s。男性的步行速度比女性要快。步行速度随行人流密度增大而下降。他们在平均步行速度与平均行人密度之间建立了一元回归模型，如图 2－2 所示。

表 2－5　人行道流量、行人占有空间与服务水平

服务水平	行人流量 /[人·(m·min)$^{-1}$]	行人占有空间 /(m^2·人$^{-1}$)	行人交通情况
A	≤30	＞2.3	自由流
B	30～55	2.3～0.9	行人步行速度和超越行动受到限制；在有行人反向和横穿时严重地感到不方便
C	55～70	0.9～0.5	步行速度受到限制，经常需要调整步伐，有时只好跟着走；很难绕过前面的人；想要反方向走或横穿特别困难
D	≥70	＜0.5	不稳定流动，偶尔向前移动；无法避免与行人相挤；反向和横穿行动不可能

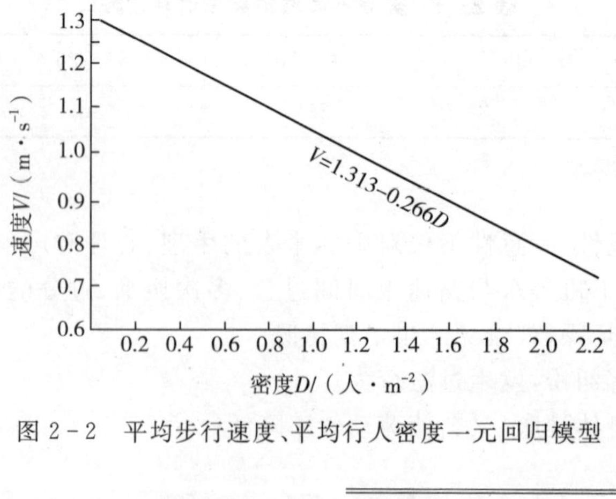

图 2－2　平均步行速度、平均行人密度一元回归模型

2. 行人交通特性及相关因素

行人交通特性表现在行人的速度、对个人空间的要求、步行时的注意力等方面。这些与行人的年龄、性别、出行目的、教养、心境、体质等因素有关，也与行人生活的区域、周围的环境、街景、交通状况等有关，总结起来见表 2-6 所列。

表 2-6 行人交通特性及相关因素分析

因素	行人速度	个人空间	行人注意力
年龄	成年人正常的步行速度为 1.0～1.3m/s，儿童的步行速度随机性较大，老年人较慢	成年人步行时个人空间要求为 0.9～2.5m^2/人，儿童个人空间要求比较小，老年人则要求比较大	成年人比较重视交通安全，注意根据环境调整步伐和视线，儿童喜欢任意穿梭
性别	男性比女性快	男性大、女性小	大致相当
出行目的	工作、事务性出行，步行速度较快，生活性出行较慢	—	工作、事务性出行注意力比较集中，生活性出行注意力分散
文化素养	—	受教育程度高的人一般要求高，为自己，也为别人；反之，则要求低，也不太顾及他人	受教育程度高的人一般对个人空间要求高，也比较注意文明走路和交通安全
心境	心情闲暇时速度正常，心情紧张、烦恼时速度较快	心情闲暇时个人空间要求正常，心情紧张时要求较小，烦恼时要求较大	心情闲暇时注意力容易分散，紧张时比较集中
街景	街景丰富时速度放慢，单调时速度加快	街景丰富时个人空间小，单调时个人空间大	街景丰富时注意力分散，单调时集中
交通状况	拥挤时，速度放慢	拥挤时，个人空间变小	拥挤时，注意力集中
生活的区域	城里人生活节奏快，步行速度高；乡村人生活节奏慢，步行速度慢	—	城里人步行时注意力比较集中，乡村人比较分散

二、车辆交通特性

车辆的特征和性能在确定交通工程的某项任务中起着重要的作用。车辆尺寸、质量决定道路桥梁的几何设计、结构设计以及停车场地等交通设施的设计；车辆的各种运行性能与使用这些性能的驾驶员相结合，决定交通流的特性和安全。目前，公路、城市道路上通行的各种车辆，有小汽车、公共汽车、货车、特种车、摩托车和自行车等，这里仅扼要介绍汽车的特性和自行车的交通特性。

(一)汽车的基本特性

1. 设计车辆尺寸

车辆尺寸与道路设计等有密切关系。例如,制定公共交通规划时要用到公共汽车额定载客量的参数;研究道路通行能力时要使用车辆长度等数据;车辆宽度影响着车行道宽度设计等;在我国《公路工程技术标准》(JTG B01—2014)和《城市道路设计规范》(CJJ37—2012)中都规定了机动车辆外廓尺寸界限,见表2-7、表2-8所列。

表2-7 《公路工程技术标准》(JTG B01—2014)规定的设计车辆外廓尺寸 (单位:m)

车辆类型	项目					
	总长	总宽	总高	前悬	轴距	后悬
小客车	6	1.8	2	0.8	3.8	1.4
载重汽车	12	2.5	4	1.5	6.5	4
半挂车	16	2.5	4	1.2	4+8.8	2

表2-8 《城市道路设计规范》(CJJ37—2012)规定的机动车设计车辆外廓尺寸 (单位:m)

车辆类型	项目					
	总长	总宽	总高	前悬	轴距	后悬
小客车	5	1.8	1.6	1.0	2.7	1.3
普通汽车	12	2.5	4.0	1.5	6.5	4.0
铰接车	18	2.5	4.0	1.7	5.8+6.7	3.8

注:自行车外廓尺寸采用宽0.75m,长1.9m。

2. 动力性能

汽车动力性能通常用三方面指标来评定,即最高车速、加速度或加速时间、最大爬坡能力。

(1)最高车速 V_{max}

是指在良好的水平路段上,汽车所能达到的最高行驶速度(km/h)。

(2)加速时间 t

分为原地起步加速时间和超车加速时间。原地起步加速时间是指汽车由第Ⅰ挡起步,以最大的加速度逐步换至高挡后达到某一预定的距离或车速所需要的时间。超车加速时间大多是用高挡或次高挡由30km/h或40km/h全力加速至某一高速度所需的时间来表示。

(3)最大爬坡能力

用汽车满载时第Ⅰ挡在良好的路面上可能行车的最大爬坡度 i_{max}(%)表示。

3. 制动性能

汽车的制动性能是汽车的主要性能之一,直接关系到交通安全,是汽车安全行驶的重要保障。汽车制动性能主要体现在制动距离或制动减速度上。制动距离计算公式为

$$L=\frac{V^2}{254(\varphi \pm i)} \tag{2-1}$$

式中，V——汽车制动开始时的速度(km/h)；

i——道路纵坡度(%)，上坡为正，下坡为负；

φ——轮胎与路面之间的附着系数。

汽车的制动性能还体现在制动效能的力度稳定性和制动时汽车的方向稳定性上。制动过程实际上是汽车行驶的动能通过制动器转化为热能。所以在制动片温度升高后，能否保持在冷状态时的制动效能，对于高速时制动或长下坡连续制动都是至关重要的。

方向稳定性是指制动时不产生跑偏、侧滑及失去转向能力的性能。制动跑偏与侧滑，特别是后轴侧滑是造成事故的主要原因。

(二)自行车的交通特性

自行车交通是目前我国城市交通的一大特点，除个别城市自行车不多外，不同规模城市的出行方式构成中，自行车出行均占有很大的比例。一般大城市自行车出行量占总出行量的35%～55%；中等城市占45%～65%；小城市更高，有的超过80%。因此，研究自行车的交通特性，对于治理城市交通，保障交通安全具有重要的意义。

1. 自行车的基本特性

(1)短程性

自行车是靠骑车人用自己的体力转动车轮，因此其行驶速度直接受骑车人的体力、心情和意志的控制，行、止、减速与制动亦取决于骑车人的操纵。同时，也受到路线纵坡度、平面线形、车道宽度、车道划分、气候条件与交通状况的直接影响。个人的体力虽有强、弱之分，但总是很有限的。因此，只适应于短距离出行，一般在5～6km以内(20min左右)。

(2)行进稳定性

自行车静态时直立不稳，当以一定速度前进时，则可保持行进的稳定性，只要不受突然加之的过大横向力的干扰，是可以稳定向前而不致侧向倾倒的。

(3)动态平衡

自行车骑行过程中重心较高，因此，存在如何保持平衡的问题，特别是在自行车转向或通过小半径弯道时，就必须借助于人体的变位或重心倾斜以维持运行中的动态平衡，一般有以下三种情况：

① 中倾平衡。人体同车倾斜角度一致，即自行车的中心线同身体的中心线完全重合。

② 内倾平衡。自行车的倾斜角度小于人体的倾斜角度。

③ 外倾平衡。自行车的倾斜角度大于人体的倾斜角度。

这种巧妙的动态平衡，每位熟练的骑车人都在实践中逐步掌握并应用自如。

(4)动力递减性

自行车前进的原动力是人的体力，是两脚蹬踏之力。一般成年男子10min以上可能发挥出的功率约为220.6W，成年女子则约为147.1W，儿童更小，约为73.5W，持续时间愈长，则可能发挥出的功率愈小，车速亦随之放缓。这就是动力递减的结果，一般自行车出行不宜超过10km。

(5)爬坡性能

由于自行车的动力递减，对于普通无变速装置的自行车，不能爬升大坡、长坡，也不宜爬陡坡，否则控制不住易酿成危险。通常规定在短坡道上坡度不大于5%，长坡道上坡度不大于3%；对纵坡3%、4%与5%的坡道，其坡长限制分别为500m、200m和100m。当然，对于北方冰雪地区，其坡度与坡长更应减小，否则冬天无法骑车。

(6)制动性能

自行车的制动性能，对于行车安全与通行能力具有重要意义。它与反应时间一起决定纵向安全间距，即纵向动态净空($L_{净}$)，根据国内外的研究资料，认为可采用公共汽车的制动模式，参数采用下限，即

$$L_{净}=1.9+0.14V_{max}+0.0092V_{min}^2 \tag{2-2}$$

式中，1.9——自行车车身长度(m)；

V_{max}——行驶时的最大车速(km/h)；

V_{min}——制动前减速后的车速，即刹车开始时的车速(km/h)；

0.0092——制动系数；

0.14——制动时的反应系数，采用0.5s的反应时间计算得出。

在实际使用时为安全起见，多采用$V_{min}=V_{max}$。制动距离要大些，因为车速不是太高，相差不会很大。从理论上考虑，因为经过反应时间自行车的速度已有所降低，应较正常速度稍低。现以$V_{min}=V_{max}$，并采用自行车的常见速度对纵向动态净空进行计算，得出的结果列于表2-9。

表2-9 纵向动态净空距离 (单位：m)

自行车速度/($km \cdot h^{-1}$)	5	10	15	20	25	30
$0.14V_{max}$	0.7	1.40	2.1	2.8	3.5	4.2
$0.0092V_{min}$	0.23	0.92	2.07	3.68	5.75	8.28
$L_{净}=1.9+0.14V_{max}+0.0092^2V_{min}^2$	2.83	4.22	6.07	8.38	11.15	14.38

注：自行车常见速度为10～20km/h。

2. 自行车流的交通特性

(1)群体性

由于自行车众多，在多车道高峰时间常首尾相连、成群结队地行驶，甚至连绵不断，像水流一样不可遏止。

(2)潮汐性

在信号灯控制的路段，自行车车流由于受到交叉口红灯的阻断，常一队一队地像潮汐一样向前流动。

(3)离散性

在车辆不多时，为了不受其他骑行者的约束与干扰，有不少骑车人常选择车辆少、空档大的路段骑行，在这样的车道上行驶较为自由、机动。

(4)赶超现象

青年骑行者多喜欢超赶其他骑行者，甚至有相互追逐、你追我赶的现象。

(5)并肩或并排骑行

下班或放学的青年人,常三五成群地并肩骑行,甚至拉手、搭肩,使其他自行车无法通过,形成压车现象。

(6)不易控制

由于自行车灵活机动,特别在机动车与非机动车混行的车道上,骑行者有空就钻,常常不遵守交通法规,甚至闯红灯或逆向骑行。

三、道路基本特性

道路是汽车交通的基础、支撑物。道路必须符合其服务对象的交通特性,满足它们的交通需求。道路服务性能的好坏体现在量、质、形三个方面,即道路建设数量是否充足,道路结构和质量能否保证安全快速行车,路网布局、道路线形是否合理。另外,还有附属设施、管理水平是否配套等。

1. 路网密度

要完成一定的客、货运输任务,必须有足够的道路设施。路网密度是衡量道路设施数量的一个基本指标。一个区域的路网密度等于该区域内道路总长与该区域的总面积之比。一般地,路网密度越高,路网总的容量、服务能力越大。但路网的密度也不是越大越好,道路网密度的大小应与一定的经济发展水平相当,与所在区域内的交通需求相适应,应使道路建设的经济性和服务水平以及道路系统的社会效益、经济效益、环境效益得到兼顾和平衡,要适当超前,也要节约投资。在我国《城市道路交通规划设计规范》(GB 50220—95)中,给出了不同规模城市道路网密度等规划指标,可供实际应用时参考。

2. 道路结构

道路结构基本部分是路基、路面、桥涵,另外还有边沟、挡墙、盲沟、护坡、护栏等,亦属其组成部分。这些结构物的设计标准和使用要求将在“路基工程”“路面工程”“桥梁工程”等有关课程中介绍,这里不再重复。

3. 道路线形

道路线形是指一条道路在平、纵、横三维空间中的几何形状,传统上分为平面线形、纵断面线形、横断面线形。线形设计的要求是通畅、安全、美观。随着交通需求的增大和道路等级的提高,人们对道路线形的协调性、顺适性的要求也越来越高,更加强调平、纵、横线形一体化,即立体线形的设计,详细内容在“道路勘测设计”课程中介绍。

4. 道路网布局

道路的规划、设计不能仅仅局限于一个点、一条线,而应从整个路网系统着眼。路网布局的好坏对整个运输系统的效率有很大影响,良好的路网布局可以大大提高运输系统的效率,增加路网的可达性,节约大量的投资,节省运输时间和运输费用,取得良好的经济效益、社会效益与环境效益。

对于不同的区域、不同的城市,不存在统一的路网布局模式。路网布局必须根据所在区域的自然、社会、经济情况等选取。

典型的公路网布局有三角形、并列形、放射形、树杈形等。这些布局形式的特点、性能见表 2－10 所列。

表 2－10　典型公路网布局形式及其性能

图示	特点与性能
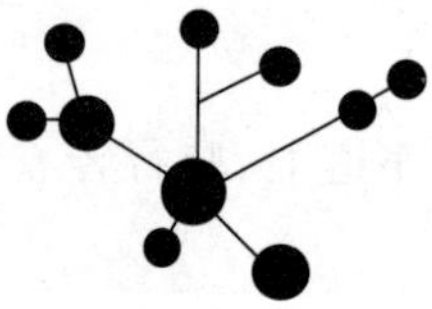 放射形路网	放射形路网一般用于中心城市与外围郊区、周围城镇间的交通联系，对于发挥大城市的经济、政治、科技、文化、信息中心作用，促进中心城市对周围地区的辐射和影响有重要作用，不足之处是周围城镇之间联系不便
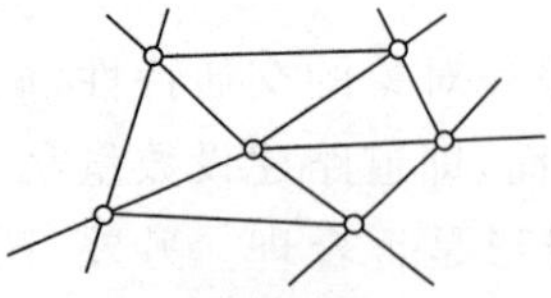 三角形路网	三角形路网一般用于规模相当的重要城镇间的直达交通联系。这种布局形式通达性好、运输效率高，但建设量大
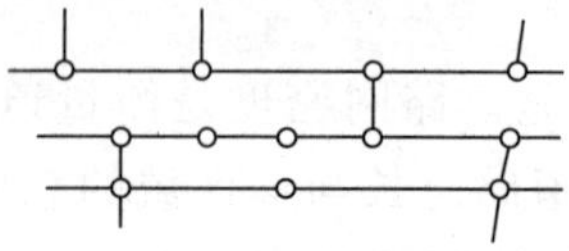 并列形路网	平行的几条干线分别联系着一系列城镇，而处于两条线上的城镇之间缺少便捷道路连接，是一种不完善的路网布局
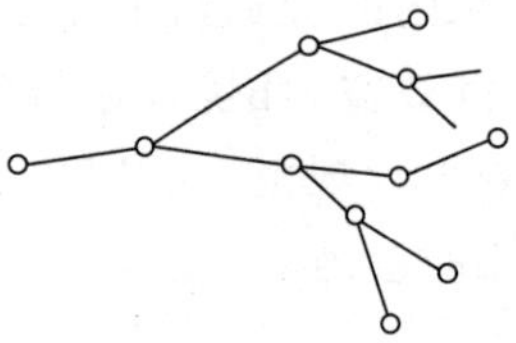 树杈形路网	树杈形的路网一般是公路网中的最后一级，是从干线公路上分叉出去的支线公路，将乡镇、自然村落与市、县政府连接起来

典型的城市道路网布局有棋盘形（方格形）、带形、放射形、放射环形等。我国古代城市道路以方格形最常见，近现代城市发展了许多其他形式的道路布局，这些路网布局的特点和性能见表 2－11 所列。

表 2－11　典型城市道路网布局及其性能

图示	特点与性能
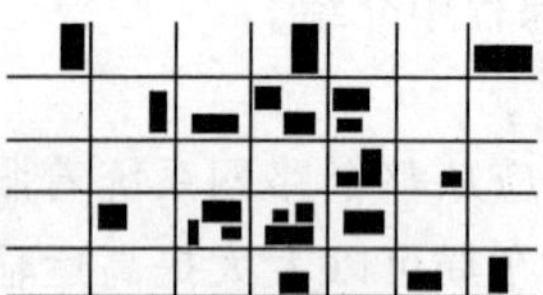 棋盘形	布局严整、简洁，有利于建筑布置，方向性好。网上交通分布均匀，交叉口交通组织容易，但非直线系数大，通达性差，过境交通不易分流，对大城市进一步扩展不利
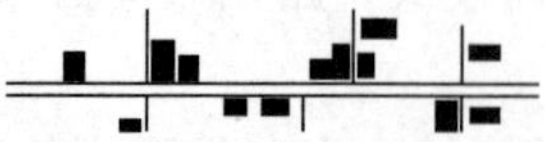 带形	建筑物沿交通轴线两侧铺开，其交通布置在主要交通干道范围内，横向靠步行或非机动车，有利于公共交通布线和组织，但容易造成轴向主干道交通压力过大，不易形成市中心

（续表）

图示	特点与性能
 放射形	交通干线以市中心为原点向外辐射，城市沿对外交通干线两侧发展，形成“指状”城市，这种布局具有带形布局的优点，同时缩短了到市中心的距离。缺点是中心区交通压力过大，边缘区相互间交通联系不便，过境交通无法分流
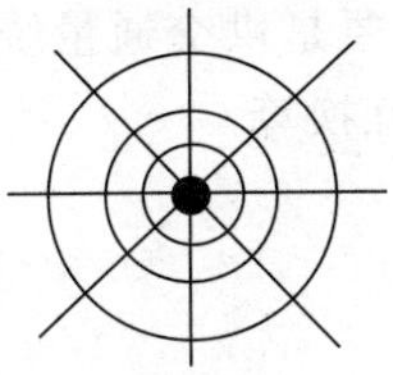 放射环形	这种布局具有通达性好，单直线系数小，有利于城市扩展和过境交通分流等优点，一般用于大城市。但不宜将过多的放射线引向市中心，以免造成市中心交通过分集中

2.2　交通量特性

一、交通量的定义

交通量是指在单位时间段内，通过道路某一地点、某断面或某一条车道的交通实体数。按交通类型分，有机动车交通量、非机动车交通量和行人交通量，一般不加说明则指机动车交通量，且指来往两个方向的车辆数。

交通量是一个随机数，不同时间、不同地点的交通量都是变化的。交通量随时间和空间而变化的现象，称为交通量的时空分布特性。研究或观察交通量的变化规律，对于进行交通规划、交通管理、交通设施的规划、设计方案比较和经济分析以及交通控制与安全，均具有重要意义。

交通量时刻在变化，在表达方式上通常取某一时间段内的平均值作为该时间段的代表交通量，当时间段不足1h时，所计算的平均交通量通常称为流率。如果以辆/d为单位，平均交通量表达式为

$$平均交通量=\frac{1}{n}\sum_{i=1}^{n}Q_i \tag{2-3}$$

式中，Q_i—— 各规定时间段内的日交通量（辆 /d）；

N—— 规定时间段的时间（d）。

按平均值所取的时间段的长度计，常用的平均交通量如下：

1. 年平均日交通量（AADT）

$$AADT=\frac{1}{365}\sum_{i=1}^{365}Q_i \tag{2-4}$$

2. 月平均日交通量(MADT)

$$MADT = \frac{\text{一个月的日交通量总合}}{\text{本月的天数}} \tag{2-5}$$

3. 周平均日交通量(WADT)

$$WADT = \frac{1}{7}\sum_{i=1}^{7} Q_i \tag{2-6}$$

其中,年平均日交通量在城市道路与交通工程中是一项极其重要的控制性指标,用作道路交通设施规划、设计、管理等的依据,其他平均交通量主要是供交通量统计分析、求各时段交通量变化系数之用,以便将各时段平均交通量进行相互换算。

二、交通量的时间分布特性

1. 月变化

一年内各月交通量的变化称为月变化,以一年为周期,统计12个月的交通量,每个月的交通量均不尽相同。以月份为横坐标,月平均日交通量相当于年平均日交通量的百分数为纵坐标,绘成曲线图,则此曲线简称为交通量的月变图,如图2-3所示。而年平均日交通量与月平均日交通量之比,称为交通量的月变系数(或称月不均衡系数、月换算系数),以$K_{月}$表示,则

$$K_{月} = \frac{AADT}{MADT} = \frac{\frac{1}{365}\sum_{i=1}^{365} Q_i}{\frac{1}{k}\sum_{i=1}^{k} Q_i} \tag{2-7}$$

式中,k为当月的天数,有30d、29d、31d和28d,年则有平年(365d)和闰年(366d),为简便起见,年平均日交通量可用下式计算:

$$AADT = \frac{\text{12个月的月平均交通量的总和}}{12} \tag{2-8}$$

通常月交通量变化系数($K_{月}$)可用以表示交通量的月变化规律。

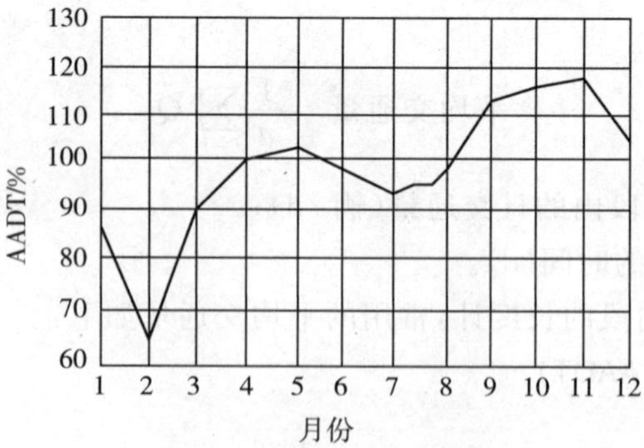

图2-3 交通量的月变图

例 2-1 某观测站测得各月的交通量及全年的累计交通量见表 2-12 所列，试计算各月的月平均日交通量与月变系数($K_{月}$)。

解：首先计算年平均日交通量：

$$\mathrm{AADT}=\frac{881516}{365}\approx 2415(\text{辆/d})$$

再计算月平均日交通量及月变系数，以 1 月份为例：

$$\mathrm{MADT}=\frac{65785}{31}\approx 2122(\text{辆/d})$$

$$K_{月}=\frac{\mathrm{AADT}}{\mathrm{MADT}}=\frac{2415}{2122}=1.14$$

其余类推，结果见表 2-12 第三、第四行。从表 2-12 可知，2 月份的月变化系数最大，为 1.58，说明气候寒冷和春节对出车影响较大，故 2 月份为一年交通量最小的一个月。

表 2-12 月平均交通量与月变系数计算表

月份	1	2	3	4	5	6	7	8	9	10	11	12	全年合计
全月交通量	65785	42750	67141	73317	77099	72782	70641	70951	83043	91661	88166	78180	881516
MADT	2122	1527	2166	2444	2437	2426	2279	2289	2768	2957	2. 939	2522	AADT≈ 2415
$K_{月}$	1. 14	1. 58	1. 11	0. 99	0. 97	0. 99	1. 06	1. 05	0. 87	0. 82	0. 82	0. 96	

2. 周变化

交通量的周变化是指一周内各天的交通量变化，因此也称日变化。对于一定的城市或某个路段，交通量的日变化存在一定规律。我国城市道路一般各工作日的交通量变化不大。而在节假日(或休息日)则变化显著，交通量一般都要小一些。在公路上一周内交通量变化较城市为小。

显示一周内 7d 中交通量日变化的曲线叫作交通量日变图，如图 2-4 所示。通常用此图或周变系数来描述一周内日交通量的变化。周变系数定义为：年平均日交通量除以某周日的平均交通量，即$K_{周日}=\frac{\mathrm{AADT}}{\mathrm{WADT}}$。某周日的平均日交通量(WADT)等于全年所有该周日的平均交通量除以全年该周日的总天数。若仅有抽样观测数据而缺乏全年的交通量观测数据，则其周日变化系数可以用公式(2-9)计算：

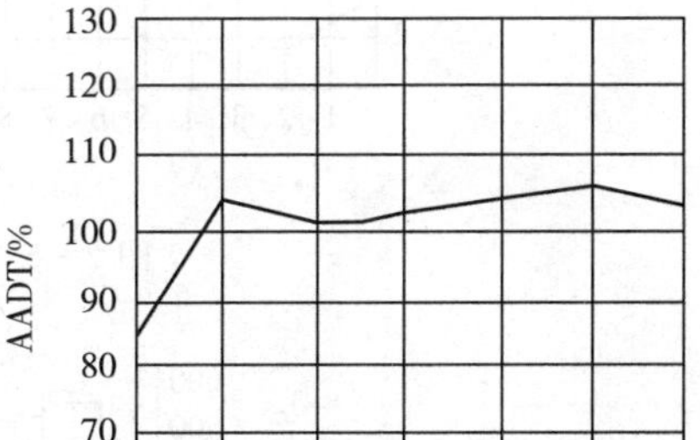

图 2-4 交通量日变图

$$K_{周日}=\frac{\text{周平均日交通量}}{\text{观测日交通量}}=\frac{\frac{1}{7}\sum_{i=1}^{7}Q_i}{Q_i} \tag{2-9}$$

例 2-2 某观测站测得各周日的全年累计交通量列于表 2-13 的第二行，试求各周日的周平均日交通量与日变系数。

解:先求周日平均交通量,以星期日为例(该年有 53 个星期日):

$$\mathrm{WADT}=\frac{111496}{53}\approx 2103(\text{辆/d})$$

星期日的日变系数为

$$K_{\text{周日}}=\frac{2415}{2103}=1.15$$

仿此计算其他各周日的日平均交通量、日变系数,列于表 2-13 的第三、四行。

表 2-13 周平均日交通量与日变系数计算表

周日	星期日	一	二	三	四	五	六	全年合计
累计交通量	111496	128809	129486	128494	127030	129886	126838	881516
WADT	2103	2477	2490	2471	2443	2488	2439	AADT≈ 2415
$K_{\text{周日}}$	1.15	0.97	0.97	0.98	0.99	0.97	0.99	

3. 时变化

一天 24h 中,每个小时的交通量亦在不断地变化。表示各小时交通量变化的曲线,称为交通量的时变图,如图 2-5 所示;亦有采用直方图表示的,如图 2-6 所示。

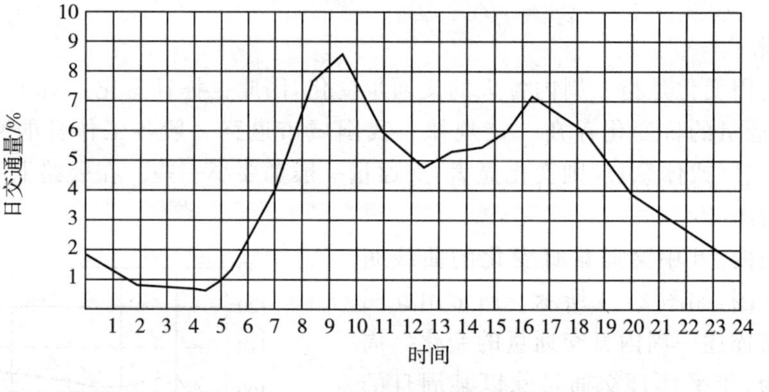

图 2-5 交通量小时变化曲线

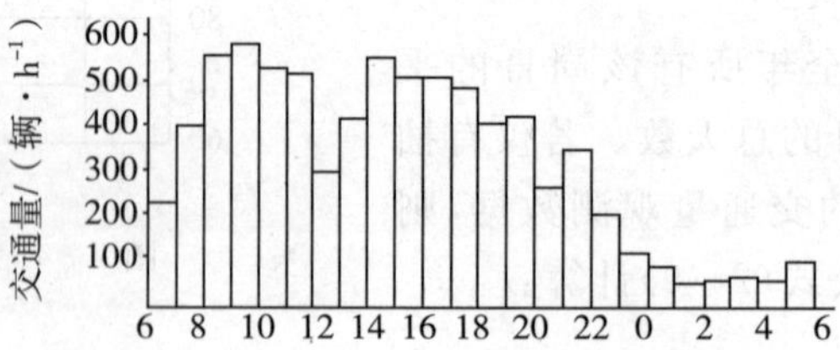

图 2-6 24h 交通量变化直方图

也可以用某一小时或某一时段交通量占全日交通量之比表示交通量的时变规律,常用的有 16h(6:00～22:00)或 12h(6:00～18:00),亦有用 18h(4:00～22:00)交通量占全日交通量之比及高峰小时占全日交通量之比作为特征变化系数的，见表 2-14 所列。

表 2-14　南京市宁六公路 16h 高峰小时交通量变化表

高峰日	1月 20日	2月 17日	3月 11日	4月 16日	5月 20日	6月 29日	7月 16日	8月 12日	9月 23日	10月 21日	11月 19日	12月 8日
高峰小时	8～9	8～9	8～9	8～9	8～9	8～9	8～9	8～9	8～9	8～9	9～10	9～10
该日全天汽车交通量/辆	5585	4354	4497	4851	5020	4915	4592	4727	5778	5743	5862	5421
高峰小时汽车交通量/辆	538	462	501	502	498	490	500	529	616	585	594	594
高峰小时占全天汽车比/%	9.6	10.6	11.1	10.3	9.9	10.0	10.9	11.2	10.7	10.2	10.1	11.1
16h 汽车交通量/辆	5223	4141	4267	4631	4611	44%	4197	4407	5417	5397	5501	4921
16h 占全天汽车比/%	93.5	95.1	94.9	95.5	91.9	91.5	91.4	93.2	93.8	94.0	93.8	90.8
全天交通量/16h 交通量	1.069	1.051	1.053	1.047	1.088	1.093	1.094	1.073	1.066	1.064	1.066	1.101

(1)高峰小时交通量

在城市道路上，交通量时变图一般呈马鞍形，上午、下午各有一个高峰，在交通量呈现高峰的那个小时，称为高峰小时，高峰小时内的交通量称为高峰小时交通量。

高峰小时交通量占该天全天交通量之比称为高峰小时流量比(以%表示)，它反映高峰小时交通量的集中程度，并可供高峰小时交通量与日交通量之间作相互换算之用。我国公路部门近年来对各交通量观测站的初步统计表明，高峰小时的流量约为 9%～10%，平均为 9.6%。南京宁六公路高峰小时占全天的 10.47%，详见表 2-14 所列。

(2)高峰小时系数 PHF

高峰小时系数就是高峰小时交通量与高峰小时内某一时段的交通量扩大为高峰小时的交通量之比。一般将高峰小时划分为 5min、6min、10min 或 15min 的连续时段内的统计交通，此连续 5min、6min、10min 或 15min 所计交通量中最大的那个时段，就是高峰小时内的高峰时段，把高峰时段的交通量扩大为 1h 的高峰小时交通量，因此，高峰小时系数系指高峰小时交通量与扩大的高峰小时交通量之比。高峰小时系数的一般表达式为

$$PHF_t=\frac{\text{高峰小时交通量}}{t\,\text{时段内统计所得最高交通量}\times\dfrac{60}{t}} \tag{2-10}$$

例如，当 $t=15\text{min}$ 时，

$$PHF_{15}=\frac{\text{高峰小时交通量}}{\text{高峰小时中高峰 15min 交通量}\times 4}$$

类似的还有 PHF_5、PHF_6、PHF_{10} 等表示的高峰小时系数。城市道路中短时间交通量过分集中往往会造成交通阻塞，如最大 15min 交通量可达小时交通量的 40%，最大 5min 交通量可达小时交通量的 20%，因此，掌握交通量的时变规律是十分重要的。

例 2-3　某观测站测得的连续各 5min 时段的交通量统计数见表 2-15 所列，高峰小时交通量为 1349 辆/h，求 5min 和 15min 的高峰小时系数。

表 2-15 某路段高峰小时以 5min 为时段的交通量统计

统计时间	8:00～8:05	8:05～8:10	8:10～8:15	8:15～8:20	8:20～8:25	8:25～8:30	8:30～8:35	8:35～8:40	8:40～8:45	8:45～8:50	8:50～8:55	8:55～9:00
5min 交通量	118	114	112	111	114	120	115	106	104	118	110	107

解:由表 2-15 知 8:25～8:30 为最高 5min,故

$$PHF_5=\frac{1349}{120\times12}=0.94$$

最高 15min 交通量为 8:20～8:35,故

$$PHF_{15}=\frac{1349}{349\times4}=0.97$$

三、交通量的空间分布特性

交通量的大小与社会经济发展速度、人民文化生活水平、人口分布、气候、物产等多方面因素有关,它除了随时间而变化外,还随空间位置的不同而变化。这种随空间位置变化的特性称为空间分布特性,一般是指同一时间或相似条件下,随地域、城乡、路线、方向、车道等的差别而变化的情况。

1. 城乡分布

由于城乡之间经济发展、生产与文化活动、对交通的需求不同,以及人口密度和汽车拥有量的差别,城乡道路上的交通量有显著差别。一般说来,城市道路上的交通量高于郊区道路,近郊高于远郊,乡村道路交通量最低。我国广大农村公路上交通量很小,甚至国道的某些线路上交通量也不大。而大城市出入口干道交通量一般大于 5000 辆/d,城市道路交通量就更大了,如南京的中央路机动车交通量达 35390 辆/d,自行车交通量为 71000 辆/d,中山路的机动车交通量为 26400 辆/d,自行车交通量为 79000 辆/d。

2. 在路段上的分布

由于路网上各路段的等级、功能、所处的区位不同,在同一时间内,路网上各路段的交通量有很大不同。一般我们用路网交通量分布图来表示交通量在各路段上的分布,如图 2-7 所示。从路网交通量分布图上可以很明显地分辨出路上交通的主要流向、走廊,判断交通量分布的均匀性。

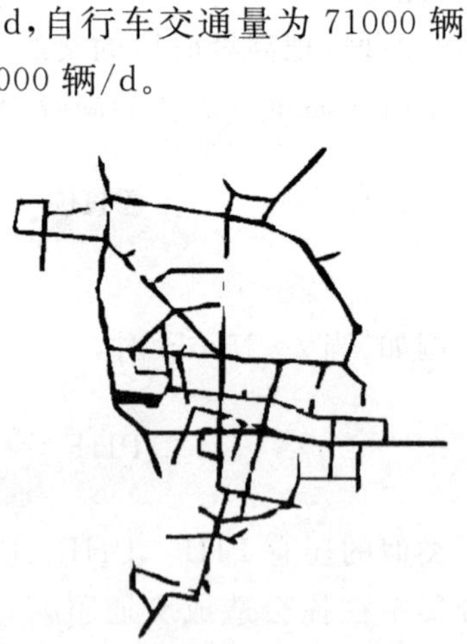

图 2-7 路网交通量分布图

3. 交通量的方向分布

一条道路往返两个方向的交通量,在很长时间内,可能是平衡的,但在某一短时间内,如一天中某几个小时。两个方向的交通量会有较大的不同。

为了表示这种方向不平衡性,常采用方向分布系数 K_D 表示:

$$K_D=\frac{主要行车方向交通量}{双向交通量}\times 100\% \tag{2-11}$$

据国外的数据，上下班路线$K_D=70\%$，主要干道$K_D=60\%$，市中心干道$K_D=50\%$。城市出入口道路高峰小时中进、出城交通量有明显的不同，早高峰时进城方向交通量占60%～70%，晚高峰时则反过来。国内数据表明，上下班路线$K_D=60\%\sim70\%$，郊区主要干线来往方向交通量变化不大。

4. 交通量在车道上的分布

多车道道路上，因非机动车数量及车辆横向出入口数量的不同，各条车道上交通量的分布也是不等的。在交通量不大的情况下，一般靠近右侧车道的交通量比较大。随着交通量增大，靠近中心线的车道交通量比重也增大。

四、设计小时交通量及其应用

交通量具有随时间变化和出现高峰小时的特点，在进行道路设施规划设计时，必须考虑这个特点。工程上为了保证道路在规划期内满足绝大多数小时车流能顺利通过，不造成严重阻塞，同时避免建成后车流量很低，投资效益不高，规定要选择适当的小时交通量作为设计小时交通量。根据美国的研究，第30位最高小时交通量是最合适的。所谓第30位最高小时交通量(30HV)就是将一年中测得的8760个小时交通量，从大到小按序排列，排在第30位的那个小时交通量。

研究表明，第30位小时交通量与年平均日交通量之比的K值十分稳定。据国外观测，按道路类别及所在地区不同，K值分布在12%～18%范围内。

我国20世纪80年代开始进行了大量的观测统计。根据对我国国家干线公路的观测统计，K值分布在0.11～0.15，平均为0.133，设计小时交通量与年平均日交通量的比值称为设计小时交通量系数。

对于多车道公路，运用设计小时交通量可确定车道数和路幅宽度，通过准确地计算可取得良好的经济效益，而对于双车道公路，由于车道数已定，设计小时交通量主要用于计算各不同时期的高峰小时交通量，并据以评价道路服务水平、使用品质等。

有了较准确的预测交通量、设计通行能力及设计小时交通量，则可以用下列公式计算车道数及路幅宽度。

$$\mathrm{DHV}=\mathrm{AADT}\cdot K/100 \tag{2-12}$$

$$n=\frac{\mathrm{DHV}}{C_1} \tag{2-13}$$

$$W=W_1\cdot n \tag{2-14}$$

式中，DHV——设计小时交通量(辆/h)；

K——设计小时交通量系数(%)；

n——车道数；

C_1——每一车道设计通行能力(辆/h)；

AADT——规划年度的年平均日交通量(辆/d)；

W——路幅宽度(m);

W_1——一条车道宽度(m)。

在考虑方向不均匀系数的情况下,单向设计小时交通量为

$$DDHV = AADT \cdot \frac{K}{100} \cdot \frac{K_D}{100} \tag{2-15}$$

式中,DDHV——单向设计小时交通量(辆/h);

K_D——方向不均匀系数(%)。

因此,

$$n = \frac{DDHV}{C_1} \times 2 = \frac{AADT}{C_1} \cdot \frac{K}{100} \cdot \frac{K_D}{100} \times 2 \tag{2-16}$$

2.3 行车速度特性

行车速度既是道路规划设计中的一项重要控制指标,又是车辆运营效率的一项主要评价指标,对于运输经济、安全、迅捷、舒适具有重要意义。了解和掌握各道路上行车速度及其变化规律是正确进行道路网规划、设计、运营、管理的基础。

一、基本定义

设行驶距离为 s 所需时间为 t,则车速可用 s/t 表示。按 s 和 t 的取值不同,可定义各种不同的车速。

1. 地点车速(Spot speed)

这是车辆通过某一地点时的瞬时车速,因此观测时 s 取值尽可能短,通常以 20～25m 为宜,用作道路设计、交通管制和规划资料。

2. 行驶车速(Running speed)

这是从行驶某一区间所需时间(不包括停车时间)及其区间距离求得的车速,用于评价该路段的线形顺适性和通行能力分析,也可用于计算道路使用者的成本效益分析。

3. 运行车速(Operating speed)

这是指中等技术水平的司机在良好的气候条件、实际道路状况和交通条件下所能保持的安全车速,用于评价道路通行能力和车辆运行状况。

4. 行程车速(Overall speed)

行程车速又称区间车速,是车辆行驶路程与通过该路程所需的总时间(包括停车时间)之比。行程车速是一项综合性指标,用以评价道路的通畅程度,估计行车延误情况。要提高运输效率归根结底是要提高车辆的行程车速。

5. 临界车速(Critical speed)

这是指道路理论通行能力达到最大时的车速,对于选择道路等级具有重要作用。

6. 设计车速(Design speed)

这是指在道路交通与气候条件良好的情况下仅受道路物理条件限制时所能保持的最大安全车速,用作道路线形几何设计的标准。

二、行车速度的统计分布特性

行车速度与交通量一样，也是一个随机变量。研究表明，在乡村公路和高速公路路段上，运行车速一般呈正态分布；在城市道路或高速公路匝道口处，车速比较集中，一般呈偏态分布，如皮尔逊Ⅲ型分布。

对行车速度进行统计分析，一般要借助车速分布直方图和车速频率、累计频率分布曲线，如图 2－8 所示。

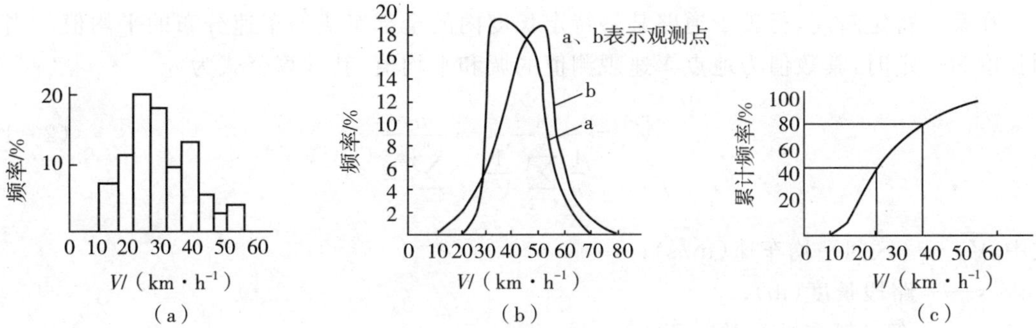

图 2－8　地点车速直方图、频率分布图、累积频率分布图

表征车速统计分布特性的特征车速常用以下几种：

1. 中位车速

中位车速也称 50%位车速，或中值车速，是指在该路段上在该速度以下行驶的车辆数与在该速度以上行驶的车辆数相等。在正态分布的情况下，50%位车速等于平均车速，但一般情况下两者不等。

2. 85%位车速

在该路段行驶的所有车辆中，有 85%的车辆行驶速度在此速度以下，只有 15%的车辆行驶速度高于此值，交通管理部门常以此速度作为某些路段的限制车速。

3. 15%位车速与速率波动幅度

意义类前。在高速公路和快速道路上，为了行车安全，减少阻塞排队现象，要规定低速限制，因此 15%位车速测定是非常重要的。

85%位车速与 15%位车速之差反映了该路段上的车速波动幅度，同时车速分布的标准偏差 S 与 85%位车速和 15%位车速之差存在着下列近似关系：

$$S \approx \frac{85\%\text{位车速} - 15\%\text{位车速}}{2.07} \tag{2-17}$$

三、时间平均车速与空间平均车速

由于平均数常常是表示数据集中特性的数值，所以车速也常常用平均值表示，如时间平均车速、区间平均车速等。

1. 时间平均车速

在单位时间内测得通过道路某断面各车辆的地点车速，这些地点速度的算术平均值，

即为该断面的时间平均车速，即

$$\overline{V_t}=\frac{1}{n}\sum_{i=1}^{n}V_i \tag{2-18}$$

式中，$\overline{V_t}$—— 时间平均车速(km/h)；

V_i—— 第 t 辆车的地点车速(km/h)；

n—— 单位时间内观测到车辆总数(辆)。

2. 区间平均车速

在某一特定瞬间，行驶于道路某一特定长度内的全部车辆的车速分布的平均值。当观测长度为一定时，其数值为地点车速观测值的调和平均值，其计算公式为

$$\overline{V_s}=\frac{1}{\frac{1}{n}\sum\limits_{i=1}^{n}\frac{1}{V_i}}=\frac{ns}{\sum\limits_{i=1}^{n}t_i} \tag{2-19}$$

式中，$\overline{V_s}$—— 区间平均车速(m/s)；

s—— 路段长度(m)；

t_i—— 第 i 辆车的行驶时间(s)；

n—— 车辆行驶于路段长度 s 的次数；

V_i—— 第 i 辆车行驶速度(m/s)。

3. 时间平均车速与区间平均车速之间的相互关系

由时间平均车速可以推算区间平均车速：

$$\overline{V_s}=\overline{V_t}-\frac{\sigma_t{}^2}{\overline{V_t}} \tag{2-20}$$

式中，σ_t—— 时间平均车速观测值的均方差。

由区间平均车速推算时间平均车速：

$$\overline{V_t}=\overline{V_s}+\frac{\sigma_s{}^2}{\overline{V_s}} \tag{2-21}$$

式中，σ_s—— 区间平均车速观测值的均方差。

显然，当等速行驶时，$\sigma_s=0$，故$\overline{V_s}=\overline{V_t}$。

例 2-4　设有3辆汽车，分别以20m/h、40m/h、60m/h的速度，通过路程长度为10km的路段，试求时间平均车速和区间平均车速。

解　先求时间平均车速，按公式(2-18)有

$$\overline{V_t}=\frac{1}{n}\sum_{i=1}^{n}V_i=\frac{1}{3}\times(20+40+60)=40(\text{km/h})$$

再求区间平均车速，按公式(2-19)有

$$\overline{V_t}=\frac{1}{\frac{1}{n}\sum\limits_{i=1}^{n}\frac{1}{V_i}}=\frac{1}{\frac{1}{3}\times\left(\frac{1}{20}+\frac{1}{40}+\frac{1}{60}\right)}=32.7(\text{km/h})$$

时间平均车速与区间平均车速之间的关系也可通过回归分析得到，即

$$\overline{V_s}=-1.88960+1.02619\,\overline{V_t}$$

从上式可以看出，速度提高，两者之间的差异变小，即区间平均车速接近于时间平均车速。

四、影响车速变化的因素

车速的变化特性是反映交通流特性的一个重要方面，它能说明车速在人、车、路和环境等因素影响和交通流作用下所产生的变化。主要因素有如下几项：

1. 驾驶员对车速的影响

汽车行驶速度除众所周知的与驾驶员的技术水平、开车时间长短有关外，还与驾驶员的个性、性别、年龄和婚姻状况有关。一般开新车、长途旅行的人比本地出行的人开得快，车上无乘客时比有乘客时开得快，青年、男性、单身驾驶员要比中年、女性、已婚的驾驶员开得快。

2. 车辆对车速的影响

车型和车龄对地点车速有显著影响，小汽车快于专用大客车、货车，新车快于旧车。运货汽车的平均车速按轻型车、中型车、中型组合车、重型单辆车的次序依次降低。单辆车和组合车的平均车速随总重的增加而降低。

3. 道路对车速的影响

驾驶员采用的实际车速不取决于街道的等级，而是根据街道的实际状况，如街道类型、平纵线型、坡长、车道数和路面类型等对汽车行驶的影响。另外，街道所处的地理位置、视距条件、车道位置、侧向净空、交通标准和交叉口间距等对车速也有很大的影响。

(1)街道类型及等级

在高速道路、城市快速干道和城际道路上，车辆一般都能按道路线型和交通设施所能容许的车速安全行驶。但在一般的街道上，车速会受到公共汽车停车站、行人过街道、交叉口、交通信号、高峰交通量、管理设施和城市环境等的限制。美国某州不同类型道路的平均车速为：高速道路 64～79km/h，无信号控制干道 51～64km/h，信号控制的边缘地带街道 35～51km/h，市中心的信号控制街道小于 35km/h，而且单向街道的车速总是高于双向街道的车速。

(2)平面线型

一般平曲线上车速比直线段上车速低，小半径平曲线上车速比大半径曲线上车速低。在设计车速很低的弯道上，平均车速接近设计车速；在设计车速高的弯道上，平均车速低于设计车速并接近于切线段上观测的平均车速。据国外的研究，道路上平均车速与弯道的曲度 D(度)有明显的线性关系，可用下式表示：

$$V_t=70.04-1.2D \tag{2-22}$$

英国还提出一个曲率和坡度对速度的公式：

$$\Delta\overline{V}=1.96D+2.2G \tag{2-23}$$

式中，$\Delta\overline{V}$——平均车速降低值(km/h)；

D——曲率度数(°)；

G——坡道的平均纵坡(%)。

(3)纵断面线型

道路纵断面线形对车速影响显著，对货车比对小汽车影响更大。下坡与平坡直线路段相比，对于货车行驶的纵坡大致为5%，对于专用大客车和小汽车纵坡大致为3%时，平均车速都比平坡直线路段有所增加。当下坡的路段超过此值以及上坡时，各类汽车的车速都要降低。重型货车上坡时，车速随坡长与坡度的增大急剧降低，直至降到等于爬坡车速，并以此速度继续爬坡。

(4)车道数及车道位置

车道多于四车道时，车速与四车道相似，有分隔带的四车道要比双车道和三车道道路的平均车速明显的高，三车道上的车速略高于相类似的双车道道路。

在行近市区的道路上，入境车辆的平均车速一般比出境车辆的车速高3～6km/h，多车道的道路上，各车道的车速由中间向两侧逐渐降低。

(5)视距

在无分隔带的街道上，当实际能保证的视距小于超车视距路段的百分比增加时，车速显著降低。

(6)侧向净空

在双车道道路上，侧向净空受到限制时，平均车速要降低2～5km/h，城市街道上的地点车速，随单位长度内障碍物数量的增加而降低，这些障碍物包括道路交叉口、铁路平交口、行人过街道等。

(7)路面

路面由低级到高级时，车速逐渐增加，路况不良引起车速降低比视距不足引起车速的降低更为严重。一般货车在高级路面直线上行驶，车速可达60～80km/h，在次高级路面上行驶可达40～60km/h，在中级路面上行驶仅达30～40km/h。

4. 交通条件对车速的影响

(1)交通量

大量的调查已确切地表明，当其他条件相同且不超过临界密度时，交通量和平均速度为线性关系。美国的资料表明，双车道道路双向总交通量约为2000辆(小汽车)/h，分隔行驶的四车道每条车道1009辆(小汽车)/h，临界密度车速为48km/h，且平均车速随交通量增加面降低。

(2)交通组成

当有多种车辆混合时，互相干扰使车速降低，当机动车与非机动车分开行驶或用分隔带分开时，车速增高。城市街道的三块板断面比一块板断面的汽车速度要高。在机动车流中重型车增加和拖挂车增加，则行车速度降低，小汽车多则车速提高。

(3)超车条件

在具有良好超车条件的情况下车速上升，当交通量增加使超车受到限制时，平均车速随运货汽车的增加而迅速下降。因为车速较快的车辆如不能转移车道超过慢行车辆，就无法提高车速。

(4)交通管理

严格的管理、良好的秩序能显著地提高车速。近年来,在城市实行快慢分流、各行其道之后车速显著提高。如北京前三门大街实行色灯信号线控后比线控前小汽车速度提高了19.5%,卡车速度提高了40%。

(5)交通环境的影响

车速同时间、气候、地理环境等有密切的关系,在通往卫星工业城的干道上或市际干道上受地形因素的影响较大。

2.4 交通密度特性

一、交通密度的定义

密度是指一条车道上车辆的密集程度,即在某一瞬时内单位长度一条车道上的车辆数,又称车流密度,常以 K 表示,其单位为:辆/km(如为多车道,则应除以车道数换算成单车道的车辆数然后再计算),于是有:

$$K=\frac{N}{L} \tag{2-24}$$

式中,K——车流密度(辆/km);

N——单车道路段内的车辆数(辆);

L——路段长度(km)。

交通密度还可以用式(2-25)计算:

$$K=\frac{Q}{V_s} \tag{2-25}$$

式中,Q——单车道上交通量(辆/h);

V_s——区间平均车速(km/h)。

交通量由零逐渐增大,接近或达到道路通行能力时的车流密度称为临界密度,相应车速称为临界速度。临界密度反映交通流量最大时的密度,故又称为最佳车流密度。当密度继续增大,达到导致所有车辆无法通行时,速度趋近于零,交通流量也趋近于零,此时的密度称为阻塞密度。

二、车头间距与车头时距

在同向行驶的一列车队中,相邻两辆车的车头之间的距离称为车头间距(或间隔)。路段所有车头间距的平均值称为平均车头间距(h_s)。如果用时间表示车头之间的间隔,则称为车头时距或时间车头间隔,以h_t表示。道路上车流的车头间距也反映交通密度,根据定义,车头间距h_s和密度之间的关系为

$$h_s=1000/K \tag{2-26}$$

式中，h_s——车头间距(m/辆)；

K——车流密度(辆/km)。

车头时距和交通量之间的关系为

$$h_t = 3600/Q \tag{2-27}$$

式中，Q——道路的交通量(辆/h)；

h_t——平均车头时距(s/辆)。

车头间距h_s、车头时距h_t及速度V三者之间的关系为

$$h_s = \frac{V}{3.6}h_t \tag{2-28}$$

式中，V——汽车行驶速度(km/h)。

例 2-5 在一条长 30km 的某路路段的起点断面上，在 5min 内测得 60 辆汽车，车流是均匀连续的，$V=30\text{km/h}$，试求 Q、h_t、h_s、K 以及第一辆车通过这段路所需时间 t。

解 $Q=\dfrac{60}{\left(\dfrac{5}{60}\right)}=720$(辆/h)

车头时距：$h_t=\dfrac{3600}{Q}=\dfrac{3600}{720}=5$(s/辆)

车头间距：$h_s=\dfrac{V}{3.6}h_t\approx\dfrac{30}{3.6}\times5\approx42$(m/辆)

车流密度：$K=\dfrac{1000}{h_s}=\dfrac{1000}{42}\approx24$(辆/km)

第一辆车通过时间：$t=\dfrac{s}{V}=\dfrac{30}{30}=1$(h)

从车头时距公式可知，车头时距与交通量有关，使车辆安全行驶的最短车头时距，称为极限车头时距或临界车头时距，此时距一般采用 2s。根据美国资料，最小车头时距的允许值为：支路来车不停右转驶入主干道最小车头时距为 3.0s，支路停车而后再右转入进入主干道，最小车头时距为 4.5～8.0s，左转弯驶入则为 3.75～4.75s。

复习思考题

2.1 交通特性包括哪个方面？为什么要进行分析？意义如何？分析中要注意什么问题？

2.2 交通特性对建立交通流理论、通行能力研究、道路交通的规划设计各有什么影响？在交通工程中应如何正确对待？

2.3 简述交通量的类型、定义及表示方法。交通量有哪些特性？研究这些特性有什么意义？

2.4 简述地点车速、行驶车速、行程车速的定义及测定方法。这些速度指标在交通工程中有什么作用？

2.5 行车速度有什么特性？具体表现在哪些方面？

2.6 时间平均车速与区间平均车速的定义及相互关系如何？

习 题

2.1 下表为某高速公路观测交通量，试计算：

(1)小时交通量；(2)15min 高峰小时系数。

统计时间	8:00～8:05	8:05～8:10	8:10～8:15	8:15～8:20	8:20～8:25	8:25～8:30	8:30～8:35	8:35～8:40	8:40～8:45	8:45～8:50	8:50～8:55	8:55～9:00
5min 交通量	201	208	217	232	219	220	205	201	195	210	190	195

2.2 某公路需进行拓宽改造，经调查预测在规划年内平均日交通量为 50000 辆(小汽车)/d，设计小时系数 $K=17.86x^{-1.3}-0.082$，x 为设计小时时位(x 取 30)，取一条车道的设计通行能力为 1500 辆(小汽车)/h，试问该道路需修几车道。

2.3 在一条 24km 长的公路段起点断面上，在 6min 内测得 100 辆汽车，车流量是均匀连续的，车速 $V=20\text{km/h}$，试求 Q、h_t、h_s、K 以及第一辆车通过该路段所需要的时间 t。

2.4 对长为 100m 的路段进行现场观测，获得如下表中所示的数据，试求平均行驶时间 t，区间平均车速 $\overline{V_s}$ 时间平均车速 $\overline{V_t}$。

车辆	行驶时间 t/s	车速 $V/(\text{km}\cdot\text{h}^{-1})$	车辆	行驶时间 t/s	车速 $V/(\text{km}\cdot\text{h}^{-1})$
1	4.8	75.0	9	5.1	70.6
2	5.1	70.6	10	5.2	69.2
3	4.9	73.5	11	4.9	73.5
4	5.0	72.0	12	5.3	67.9
5	5.2	69.2	13	5.4	66.7
6	5.0	72.0	14	4.7	76.6
7	4,7	76.6	35	4.6	78.3
8	4.8	75.0	16	5.3	67.9

3 交通调查

交通调查是一种用客观的手段，测定道路交通流以及与其有关现象的数据，并进行分析，从而了解与掌握交通流的规律，其目的是向交通城建规划与环保以及公安交通管理等部门提供改善、优化道路交通的实际参考资料和数据。

交通调查的对象主要是交通流现象，而与交通流有关的诸如国民经济发展、经济结构、运输状况、城乡规划、道路等交通设施、交通环境、汽车的行驶特性、地形、气候、气象及其他安全设施和措施等均可作专项调查。主要调查有交通量、行车速度、密度、延误、OD调查、停车、行人、自行车、交通事故、交通环境、交通流等。

本章主要介绍交通流三参数调查及OD调查。

3.1 交通量调查

一、目的

交通量调查是为了获得车和(或)人在街道或公路系统的选定点处运动情况的真实数据。交通量数据用一定时间内通过的车辆数表示，时间单位的长度根据调查目的和用途而定。

1. 年交通量(辆/a)的用途

(1)确定某一地区的年出行量。

(2)预估从道路使用者处获得的年收益。

(3)计算事故率。

(4)指出交通量的趋势，尤其是对于收费道路设施。

2. 日平均交通量(ADT)或年平均日交通量(AADT)(辆/d)的用途

(1)衡量当前对道路设施的需求。

(2)评价现状交通流量与道路系统是否适应。

(3)开发主要道路或城市干道系统。

(4)确定需要增加新设施或改善现有设施的地方。

(5)拟定主要的道路改造计划。

3. 小时交通量(辆/h)的用途

(1)确定高峰的持续时间和高峰交通量的大小。

(2)估算通行能力尚缺多少。

(3)为制定以下交通管理措施提供依据：

① 设置交通标志、信号和标线；

② 确定直通街道、单向交通街道、不平衡交通流和交通路线；

③ 禁止车辆停放、停靠和转向。

(4)对道路和交叉口进行几何设计或重新设计。

(5)由小时交通量可以得到交通密度(辆/km)。

4. 短时流量的主要用途

短时流量(有 5min、6min、10min 或 15min 的短时流量),通常扩展为小时交通量。主要用于分析:

(1)最大流率。

(2)高峰小时内的流量变化。

(3)通行能力对交通流的限制。

(4)高峰交通量的特性。

二、交通调查

就某一具体的交通量调查而言,收集哪类数据,取决于调查资料的用途。

1. 不分流向调查

不分流向调查用于研究日交通量、绘制交通流量图、确定交通量趋势等。

2. 分流向调查

分流向调查用于分析通行能力、确定信号灯配时、为实行交通管理措施提供依据、制定道路改造规划、获得圈定范围内的车辆总数等。

3. 转向调查或交叉口调查

转向调查或交叉口调查用于交通渠化设计、制定禁止转向措施、计算通行能力、分析多发事故交叉口、评价交通拥挤等。

4. 分车种调查(获得交通流中各车种的交通量)

分车种调查用于确定结构设计和几何设计标准、预估从道路使用者处获得的年收益,计算通行能力(受货运车辆影响的)、确定机械计数法的修正系数等。

5. 车辆占用调查

车辆占用调查用于确定每车乘客数的分布、某一区域内的累计人数、使用运输设施的人所占的比例等。

6. 行人交通调查

行人交通调查用于估算步行道和人行横道的需求量,为设置行人过街信号灯提供依据,确定交通信号配时等。

7. 境界出入调查

境界出入调查指在圈定的区域(中心商业区、购物中心、工业区等)的境界上进行交通量调查。用于统计在一定时间内进入和离开该区域的车辆和(或)人员的数量,得到该调查区域内聚集的车辆或人员的总数。

8. 分隔查核线调查

分隔查核线调查指在穿过分隔查核线的所有道路上进行的分车种交通量调查。用于确定交通趋势、扩充城市出行数据、进行交通分配等。

三、交通量计数方法

交通量计数调查的测记方法主要取决于所能获得的设备、经费和技术条件、调查的目的以及要求提供的资料情况等。

1. 人工计数法

人工计数法只要有一个或几个调查人员，即能在指定的路段或交叉口引道一侧进行调查，组织工作简单，调配人员和变动地点灵活，使用的工具除必备的计时器（手表或秒表）外，一般只需手动（机械或电子）计数器和其他记录用的记录板（夹）、纸和笔。

（1）调查所得资料

① 分类车辆交通量。可以根据公路部门、城建部门或其他需要来对车辆分类、选择和记录，分类可以很细，调查内容甚至可区分空载或重载，车辆轴数多少，各种不同的分类车辆数，公交车辆的各种分类（如公共汽车或无轨电车、通道车或单车、载客情况、公交路线区别）等。

② 车辆在某一行驶方向、某一车道（内侧或外侧、快车道或慢车道）上的交通量，以及双向总交通量。

③ 交叉口各入口引道上的交通量及每一入口引道各流向（左转、直行和右转）交通量，各出口引道交通量和交叉口总交通量。对于环形交叉口还可调查各交织段的交通量。

④ 非机动车（自行车、人力三轮车、电动车、畜力车、架子车等）交通量和行人交通量。

⑤ 车辆排队长度及车辆的时间和空间占有率等。

⑥ 车辆所属车主（单位或个人）、车辆所属地区（外省、外地区、外县或本地）、车辆所属部门或系统（民用车、军车、特种车、运输企业车、社会车辆、私人出租车等）。

⑦ 司机和骑车人对交通管理和控制的遵守情况。

以上所述各种资料中，有不少资料目前是无法用机械计数或其他手段获得的。

（2）人工计数法的优缺点和适用范围

人工计数法适用于任何地点、任何情况的交通量调查，机动灵活，易于掌握，精度较高（当调查人员经过培训，比较熟练，又具有良好的责任心时），资料整理也很方便。但是这种方法需要大量的人力，劳动强度大，冬夏季室外工作辛苦。对工作人员要事先进行业务培训，加强职业道德和组织纪律性的教育，在现场要进行预演调查和巡回指导、检查。另外，如需作长期连续的交通量调查，需要较多的费用。一般适用于以下场合：

① 转向交通量调查。

② 分车种交通量调查。

③ 车辆占用调查。

④ 行人交通量调查。

⑤ 高速公路的交通量调查。

2. 浮动车法

浮动车法系由英国道路研究试验所的华德鲁勃（Wardrop）和查尔斯沃思（Charlessworth）于 1954 年提出，可同时获得某一路段的交通量、行驶时间和行驶车速，是一种较好的交通综合调查方法。

(1)调查方法

需要有一辆测试车，小型面包车或工具车最好，吉普车或小汽车也可以，尽量不要使用警车等有特殊标志的车。

调查人员(除开车的驾驶员以外)需要一人记录与测试车对向开来的车辆数；一人记录与测试车同向行驶的车辆中，被测试车超越的车辆数和超越测试车的车辆数；一人报告和记录时间及停驶时间。行程距离应已知或由里程碑、地图读取，或自有关单位获取，如不得已则应亲自实地丈量。调查过程中，测试车一般需测调查路线往返行驶12～16次(即6～8个来回)。

(2)调查数据计算

根据所调查观测的数据，可分别按下列公式计算：

① 测定方向上的交通量q_c

$$q_c=\frac{X_a+Y_c}{t_a+t_c} \tag{3-1}$$

式中，q_c——路段待测定方向上的交通量(单向)(辆/min)；

X_a——测试车逆测定方向行驶时，测试车对向行驶(即顺测定方向)的来车数(辆)；

Y_c——测试车在待测定方向上行驶时，超越测试车的车辆数减去被测试车超越的车辆数(即相对测试车顺测定方向上的交通量)(辆)；

t_a——测试车与待测定车流方向反向行驶时的行驶时间(min)；

t_c——测试车顺待测定车流方向行驶时的行驶时间(min)。

② 平均行程时间$\overline{t_c}$

$$\overline{t_c}=t_c-\frac{Y_c}{q_c} \tag{3-2}$$

式中，$\overline{t_c}$——测定路段的平均行程时间(min)。

③ 平均车速$\overline{v_c}$

$$\overline{v_c}=\frac{l}{\overline{t_c}}\times 60 \tag{3-3}$$

式中，$\overline{v_c}$——测定路段的平均车速(单向)(km/h)；

l——观测路段长度(km)。

在利用以上各公式进行计算时，式中所用各数值(如X_a、Y_c、t_a、t_c等)一般都取用其算术平均值。如果分次计算q_c、$\overline{t_c}$和$\overline{v_c}$后再计算各次的平均值亦可，但计算比较麻烦。

(3)实例

表3-1列出了浮动车法调查记录，其中已填写了某一次调查的记录，根据这些记录数据，分别计算其向东行和向西行的交通量、行程时间和车速。先将记录表内的数据整理好，再填写在计算表(见表3-2)中。

① 先计算向东行情况

$$q_{东}=\frac{X_{西}+Y_{东}}{t_{西}+t_{东}}=\frac{36.2+0.67}{2.55+2.56}=7.22(辆/min)=433\ 辆/h$$

$$\overline{t_{东}}=t_{东}-\frac{Y_{东}}{q_{东}}=2.56-\frac{0.67}{7.22}=2.47(\text{min})$$

$$\overline{v_{东}}=\frac{l}{\overline{t_{东}}}\times 60=\frac{1.8}{2.47}\times 60=43.7(\text{km/h})$$

② 再计算向西行情况

$$q_{西}=\frac{X_{东}+Y_{西}}{t_{东}+t_{西}}=\frac{48.5+0.33}{2.56+2.55}=9.56(\text{辆/min})=573(\text{辆/h})$$

$$\overline{t_{西}}=t_{西}-\frac{Y_{西}}{q_{西}}=2.55-\frac{0.33}{9.56}=2.52(\text{min})$$

$$\overline{v_{西}}=\frac{l}{\overline{t_{西}}}\times 60=\frac{1.8}{2.52}\times 60=42.9(\text{km/h})$$

表 3-1 浮动车法调查记录表

地点距离 1.8km 天气

日期年____月____日 星期____上下午 调查人____

序号	测试车出发时间	行程时间 t/min	迎面驶来的车辆数 X/辆	超越测试车的车辆数 Y_1/辆	测试车超越的车辆数 Y_2/辆	$Y=(Y_1-Y_2)$/辆
	(1)	(2)	(3)	(4)	(5)	(4)-(5)

测试车行驶方向:向东行

1	09:20	2′31″	2.52	42	1	0	1
2	09:30	2′34″	2.57	45	2	0	2
3	09:40	2′22″	2.37	47	2	1	1
4	09:50	3′00″	3.00	51	1	1	1
5	10:00	2′25″	2.42	53	0	0	0
6	10:10	2′30″	2.50	53	0	1	−1
平均值		2′34″	2.56	48.5	1.17	0.5	0.67

测试车行驶方向:向西行

1	09:25	2′29″	2.48	34	2	0	2
2	09:35	2′22″	2.37	38	2	1	1
3	09:45	2′24″	2.73	41	0	0	0
4	09:55	2′25″	2.42	31	1	0	1
5	10:05	2′48″	2.80	35	0	1	−1
6	10:15	2′29″	2.48	38	0	1	−1
平均值		2′33″	2.55	36.2	0.83	0.5	0.33

表 3-2 浮动车法调查计算表

平均行驶时间 t/min	与测试车对向行驶的来车数 X/辆	超越测试车的车辆数减去被测试车超越的车辆数 Y/辆
向东行 6 次，$t_{东}=2.56$	$X_{东}=48.5$	$Y_{东}=0.67$
向西行 6 次，$t_{西}=2.55$	$X_{西}=36.2$	$Y_{西}=0.33$

3. 机械计数法

根据调查的要求，可以选择所需的自动机械计数装置，进行连续性调查，可以得到 1 天 24h 交通量、1 月累计交通量、1 年累计交通量等各种数据。这种装置可以节省大量人力，使用方便，可以同时进行大范围的调查，精度也较高，特别适用于长期连续性交通量调查。但是这类装置也存在着一些不足，如一次性投资大，使用率往往不太高，特别是对调查项目的适应性较差，它们大部分无法区分车辆类型、车辆分流流向，对于行人交通量和自行车(非机动车)交通量调查往往无能为力。

自动机械计数装置一般由车辆检测器(传感器)和计数器两部分组成。自动机械计数装置可分为便携式机械计数装置和永久性(或半固定型)计数装置两种，前者适用于临时、短期的交通量调查，后者适用于固定或长期的交通量调查。像录像机这样一类较高级的机械装置，可用于记录 1h 或 1h 以内的交通量资料。如果在某特定地点，搜集资料的时间从 1 天到 1 个星期，则大多数情况下将选用自动计数装置，在这两种情况下，所用的记录设备都是便携式的。在连续式观测站作长期调查，则往往采用固定的连续记录装置。

如果调查的资料，可用机械方法得到，那么对于需要超过 12h 连续资料的大量长期计数，就应当考虑用自动记录。这种形式的计数在只需要车辆数量资料时(不分车辆类型、方向、交叉口或车道转向行驶以及车道使用等)具有广泛的应用。在有些情况下，再辅以人工调查抽样，则可以用机械计数法得到某一方向(来向或去向)的计数乃至车道使用的资料。

然而，大多数自动计数装置可用于：

(1)确定交通量的时间分布图式(特别选择高峰小时)；

(2)确定逐日或逐月变化以及增长趋势；

(3)估计年交通量(如用于路面结构设计计算)。

4. 录像法

目前常利用录像机(摄像机、电影摄影机或照相机)作为高级的便携式记录设备。可以通过一定时间的连续图像给出定时间间隔的或实际上连续的交通流详细资料。在工作时要求专门设备，并升高到工作位置(或合适的建筑物)，以便能观测到所需的范围，将摄制到的录像(影片或相片)重新放映或显示出来，按照一定的时间间隔以人工来统计交通量。这种方法搜集交通量或其他资料数据的优点是现场人员较少，资料可长期反复应用，也比较直观，缺点是费用比较高，整理资料花费人工多。因此，一般目前多用于研究工作的调查中。

对于交叉口交通状况的调查，往往可采用录像法(或摄像法)。通常将摄像机(或摄影机或时距照相机)安装在交叉口附近的某制高点上，镜头对准交叉口，按一定的时间间隔(如 30s、45s 或 60s)自动拍摄一次或连续摄像(摄影)。根据不同时间间隔情况下每一辆车在交叉口内其位置的变化情况，数出不同流向的交通量。这种方法的优点是能够获取一组连续时间序列的画面，只要适当选择摄影的间隔时间，就可以得到较完全的交通资料，对于如自行车和行人交通量、分车种分流向的机动车交通量、车辆通过交叉口的速度及延误时间损失、车头时距、信号配时、交通堵塞原因、各种行人与车辆冲突情况等，均能提出令人信服的证据，并且资料可以长期保存。其缺点是费用大，内业整理工作量大，需要做大量图(像)上的量距和计算，并且在有繁密树木或其他遮挡物时，调查比较困难或会引起较大误差。

四、调查时间

交通量调查的时间和持续的时长应根据所要收集的数据类型及其用途而定。

较常用的一些调查时间如下：

(1)24h 交通量调查

一般取星期一中午至星期五中午之间任何一个连续 24h 进行观测(通常星期一上午和星期五下午的交通状况不同于正常时间)。如果希望调查特定的某一天(如星期日或星期三)的交通量，则应从当日零时至 24 时进行观测。

(2)16h 交通量调查

通常从上午 6 时至下午 10 时。其间包括了含有晚间交通在内的大部分日交通量。

(3)12h 交通量调查

通常从上午 7 时至下午 7 时。其间包括了大部分的白天交通量，尤其对于商业区域或工业区。当在夜间也营业的购物中心或商业区进行这种调查时，通常将调查时间延长到下午 9 时以后。

(4)高峰交通量调查

调查时间视城市规模、与主要交通源(如中心商业区或工业区)的距离和交通设施的类型(高速公路、辐射干道等)而异。通常为上午 7～9 时和下午 4～6 时。

(5)周末交通量调查

从星期五中午(或最晚从下午 6 时)开始至星期一中午(或最早至上午 6 时)结束。

除非调查目的旨在获得非正常情况的交通量数据，交通量调查应避开下面列举的特殊情况：

(1)特殊活动(节假日、体育比赛、展览会、拍卖等)。

(2)异常的气候条件。

(3)由于临时封闭道路而影响交通量模式的情况。

(4)运输行业罢工的情况。

为了消除季节或其他因素对交通量的影响，得到一般情况下的交通量的真实估值和(或)将某一次调查数据扩展为较长期间的交通量的近似值，必须用一些修正系数调整观察数据。这些系数借助于永久性观测站或靠已有的调查方案来确定。许多由专门调查得到的短时交通量都能用来作为原始数据。

五、调查方案

定期进行交通量调查是获得和掌握道路及公路系统精确的、最新的交通量数据最便利和最经济的手段。这些数据对于公路规划设计是极其重要的，也为估算公路年收益提供了基础资料。

1. 郊区交通量调查方案

郊区交通量调查方案随拟调查地区的类型和规模的不同而有很大的差别。为了得到交通量随季节的变化规律，每种类型的公路上都要设立控制性观测站。每类道路上设十个控制性观察站，每站两个月观测一次，每次一周，一年共观察六次。所有的公路路段上都要设普查性观测站，每年或两年观测一次，每次观测 24h 或 48h，在工作日进行。

2. 城区交通量调查方案

城区交通量调查方案与郊区不同，这是因为其交通模式有别于郊区。

(1)制定调查方案的第一步是将道路系统归类。

① 主要道路包括高速公路、快速道路、干线道路、集散道路。

② 次要道路或地方道路指的是住宅区、商业区或工业区道路。

(2)控制性观测对通常调查的交通量数据进行必要的控制。

① 选择主控制站。对主要道路系统的交通流进行抽样调查。每一条主要道路都应设置一个主控制站。建议用机械计数法，至少每隔一年进行一次 24h 分流向的观测。

② 设置次控制站。对次要辅路系统中每种典型的街道进行抽样调查。在小城市，每种类型的次要道路至少应设立三个次控制站。采用机械计数法，每两年进行一次 24h 不分流向的观测。

③ 关键观测站。从控制性观测站中选择一些作为关键观测站，用以获得交通量的日变化和季节变化规律。不管是主要道路还是次要道路，每种类型的街道至少应设一个关键观测站。其观测时间为：

A. 每年 7d，不分流向。

B. 每月或每季度连续观测 24h，不分流向，在工作日进行。

(3)普查性观测用于估算整个道路系统的日平均交通量。

① 在主要道路系统的每个控制性断面选择一个工作日，进行 24h 不分流向的观测，由于只需要 24h 通过的车辆总数，因此可以用不带记录的计数器。这种调查，每四年应重复一次。

② 在次要道路上，每公里应设一个观测点，使用不带记录的计数器，进行 24h 不分流向的观测。一旦现场环境需要，则要进行重复调查。也可以用浮动车法进行次要街道的普查性交通量调查。

(4)中心商业区的境界出入交通量调查用于观测由中心商业区生成的运输活动。这种调查每隔一年应重复一次。

(5)分隔查核线调查用于考察由于土地使用和出行方式的重大改变而引起的交通量和流向的大范围变化情况。分隔查核线调查应每隔一年进行一次。

六、交叉口的流向流量调查

1. 交叉口的流向流量观测

交叉口的流量调查的原理方法与路段相同，由于要同时记录车辆流向，所以通常由人工记录和观测。流量小的路口，可以只用一人在引道的入口处统计，如交通量大的交叉口，常需二至三人或更多的人组成一个观测小组来负责统计工作，记录进入交叉口的每辆汽车，并按车辆类型和转弯方向，每5min或15min小计一次，必要时可按每条车道分析统计。车种一般可分为小汽车、公共汽车，有时还要统计行人交通量，特别是过街行人量。

这类观测应选择在高峰小时车流、人流最大的时刻进行。当机动车高峰、自行车高峰和行人高峰不重合时，可分别测定，找出它们之间的关系及其合成量最大的数值。

为了控制观测的精度和便于检查，可以采用同时观测各路的进口车辆数和出口的车辆数并进行比较，其误差以不超过5%为合格。特别是交通量大或请中学生与社会青年观测时更应如此。要使观测的数据较为可靠，必须有一套检验的办法，对于原始资料一定要确保可靠，不能有含糊的数据。

2. 交叉口各观测点的布置

对于正常的十字交叉、T形交叉或道路断面的交通量观测，可用常规的方法进行，要求能定数量、定方向、定车型、定时段。

对于大型的环形交叉口，大于四路相交的多路交叉口及畸形交叉口，必须单独制定观测方案。如范围不太大的环形交叉口，其观测方案与十字交叉口略有不同，除在各相交道路进口道上设置测点并统计该断面入环车辆总数及右转车辆数外，还需在环道上设置四个观测断面，统计经过各断面的车辆数。根据以上所测数据即可计算出各进口道直行、左转的车辆数。测站布置如图3-1所示，图上的数字代表测站编号。

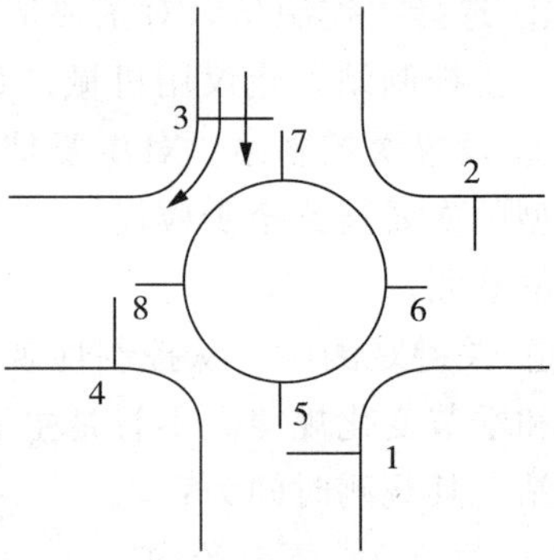

图3-1　环形交叉口测站布置

对于多路相交的交叉口或畸形交叉口，按照正常的观测方法一般难以测得车辆流向，因此最好用牌照法测定各进口道进入交叉口的车型及牌照号码，然后编制程序，用计算机算出各种车型的车辆通往各方向的流量。

确定各观测点的观测方案是一项十分仔细的工作，必须根据观测点的道路条件、交通情况确定观测断面及观测人员数，稍有疏忽，就会影响观测质量。

3. 交叉口交通量的表示法

各项调查所获得的交通资料，经过整理和数学处理，可列成总表，有时为了分析比较和一目了然，也绘成曲线图或柱状图(直方图)。这些图的绘法基本上与路段交通量调查的方法相同，可以参考使用，对于交叉口交通调查的结果多用流向流量图来表示，图3-2为分车种(小汽车、公共汽车、卡车和自行车以及行人)的流向流量示意图。

图3-3为高峰小时的流向流量示意图，机动车未分车种，一般高峰小时采用三天(星期六、星期日或星期一至星期五中的一天)高峰小时的平均值。

还有按运行方向用箭头表示的流向流量分布(见图3-4)，并将各向流量用数字注明，这种方法形象直观，可一目了然地看清交叉口的流向流量分布。通常根据高峰小时的交通量绘制，也可直接用混合交通量代替。但为了相互比较或与历史资料比较，最好一律换成当量交通量。当车种混杂而且彼此性能相差很大时，可如图3-2将各主要车种列出，同时标上换算交通量以利分析对比。当机动车与自行车高峰期间不重叠，且自行车的交通量亦较大时，可分别绘出机动车和自行车的高峰小时流向流量图，这样看起来比较清楚。

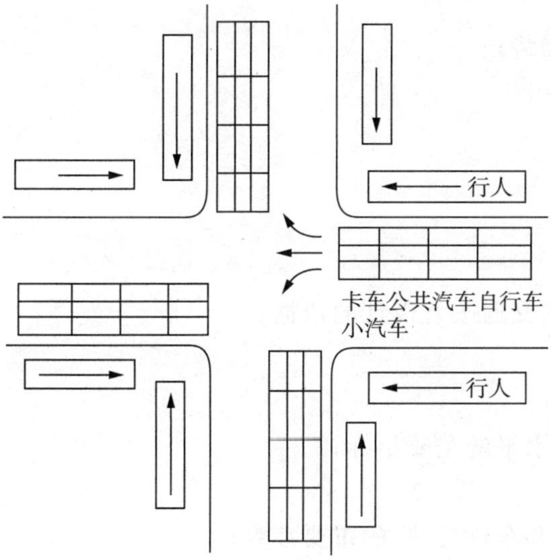

图 3-2 分车种的流向流量示意图

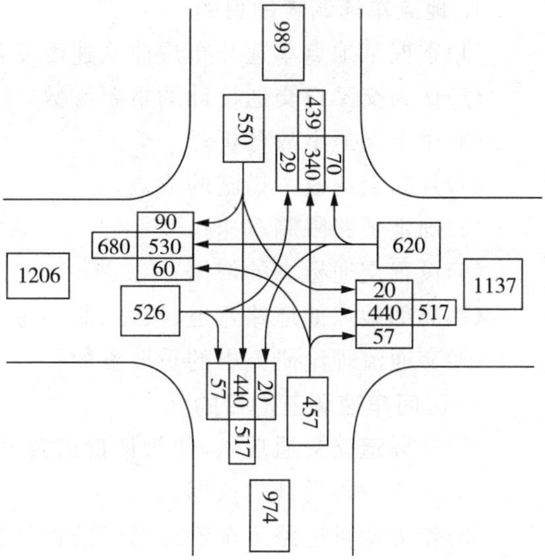

图 3-3 高峰小时的流向流量示意图

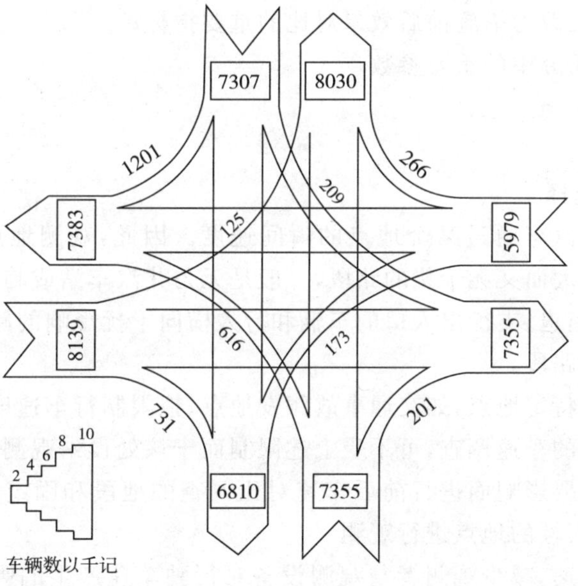

图 3-4 按方向表示的交叉口交通量的分布图

3.2 车速调查

一、车速调查的目的

由于道路设计、交通规划、交通控制与管理、交通设计及道路质量评价均以车速作为最基本的资料，因此车速调查成为道路交通工程中最重要的调查项目之一。常见的调查有地点车速调查和区间车速（行程车速）调查。

1. 地点车速调查的目的

（1）掌握某地点车速分布规律及速度变化趋势；

（2）作为交叉口交通设计的重要参数；

（3）用于交通事故分析；

（4）判断交通改善措施的成效；

（5）确定道路限制车速；

（6）设置交通标志的依据；

（7）局部地点如道路弯道、坡度、瓶颈等处的交通改善设计的依据；

（8）交通流理论研究中的重要参数。

2. 区间车速调查的目的

（1）掌握道路交通现状，作为评价道路服务水平的主要指标；

（2）路线改善设计的依据；

（3）作为衡量道路上车辆运营经济性（时间和车辆耗油）的重要参数；

（4）作为交通规划中路网交通流量分配的重要依据；

（5）确定交通管理措施及联动交通信号配时的重要依据；

（6）判断道路工程改善措施前后效果对比的重要指标；

（7）交通流理论研究中的重要参数。

二、地点车速调查

1. 观测地点的选择

地点车速是表征汽车通过某个地点的瞬间速度。因此，观测地点应选择在交叉口之间、地形平直、间距较大而又无干扰的路段，一般是无公共汽车站或临时停车站等侧旁停车影响，也不受行人过街道、支街出入口的车辆和行人横向干扰影响的路段，也就是对车速观测者没有多大影响的路段。

对于某些拟测的特定地点，如交通事故频发地点、拟限制行车速度地段、准备设置交通信号与交通标志地点的车速调查，可不受上述限制而于该处设站观测。

对交通运营有重要影响而进行前后车速对比调查的地段和固定观测收集基本数据的地段，均应选择有代表性的地点进行观测。

为了观测正常车速，减少观测者与观测设备对行驶车速产生的影响，车速调查地点应选在较隐蔽处，尽可能不被行近车辆的驾驶员发觉，避免行人围观与干扰，使观测记录能反映真实情况。

总之，观测地点的选择应服从于观测的目的，以取得实际正常车速为目标。

2. 调查时间的选择

通常，地点车速的调查应选择天气良好、交通和道路状况正常的日期进行，对于严寒、酷暑、大风雪等恶劣天气不宜进行观测。当有特殊需要时，才观测此特殊条件下的车速。

调查时间决定于调查的目的和用途，调查车速限制、收集基础资料等一般性的调查，应选择非高峰时段，国外常选用下列三个时段中一个小时：

(1)9:00～17:30；

(2)14:30～16:00；

(3)19:00～21:00。

究竟选择哪一个小时调查，要视具体情况而定，应以反映正常情况、有充分代表性为原则。

如作长期观测或对比调查，应尽可能使先后调查的交通状况保持大致相似的条件为宜。

3. 样本大小的选择

通常任一样本中，至少应测定 50 辆(最好为 100 辆以上)汽车的速度。交通量较低(高峰小时少于 200 辆或更少)时，观测员有可能测得其中 90%或更多车辆的车速。交通量较大时，就不可能将每辆车的速度都测量下来，因而需要选择，即进行抽样。为了不致产生偏见，观测人员应从车流中进行随机取样。为减少偏见应避免如下所述的一些常见错误做法：

(1)总是选择车队中的第一辆汽车

由于跟随的车辆速度至少同带头的车辆一样，甚至可能快些，但为头车所压，后车只好跟进，总是测头车就会使所得车速偏低，故应选单辆车或车队中不同位置上的车辆。

(2)选择某一车种的比例过大

某一车种的速度不能代表样本的其余车辆，应调查实际存在于车流中的各车种的比例，并按此比例选择样本进行测定，争取反映实际状况。

(3)选取高速车辆比例大

未经训练或初次参与此项工作的观测者，常常会无视正常速度的车辆，而去寻找个别高速行驶的车辆，或测定所有较高速度的车辆，这样就会使观测结果高于实际车速，从而使观测资料失真。

4. 地点车速的测量方法

地点车速可采用人工量测和自动量测的方法来收集。这些方法的选择取决于可得到的仪器设备、人员和费用等。在人工量测方法中，单独车辆的地点车速是采用车辆经过一定长度路段的时间来测定的，只需要一些简单的设备，但误差较大，精度不高。在自动量测方法中，则利用电测或机械装置来量测通过车辆的行驶速度，需要一定的仪器设备，但误差小，精度高。其具体方法分述如下：

(1)人工量测方法

① 在观测地点划线量测

首先，在调查路段选择量测地点车速的路段长度，其值应根据交通流平均速度按表 3-3 所示速度的范围选用。一般要求选择的长度使得记录时间最小不少于 1.5s，而计时平均值应在 2～2.5s 范围内。同时，为了便于计算，其长度可在表 3-3 范围内取 0.27778m $\left(\frac{1}{3.6}\text{m}\right)$的 n 倍，这样使量测的车辆在通过该量测路段后，测定出其运行的时间 t，则其地点车速可按 n/t 来计算，其单位为 km/h。

表 3-3 地点车速调查的测量长度建议值

交通流平均速度/km·h^{-1}	选定测量路段长度/m	变单位 m/s 为 km·h^{-1}的系数
<40	27.8	1.00
40～65	54	2.00
>65	83.1	3.00

这个方法的具体布置如图 3-5 所示。具体做法是，在选定的量测长度两端设置两个参考标记(可用色漆画横线或用行道树，布置参考标记时，要求能使观测员清晰地看到)，然后观测员站在量测路段的末端，当车辆前轮经过前参考线时，观测员立即开动秒表；当车辆前轮经过路段末端的参考线时，观测员立即停止秒表。

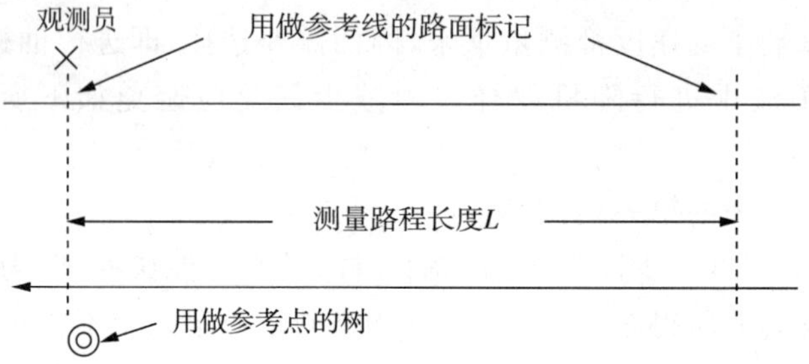

图 3-5 划线测定地点车速分布图

将车辆通过路程的时间记录在现场记录表上(见表 3-4)。那么地点车速 $v=L/t$(m/s)，如果 L 取 0.27778 的 n 倍，则 $v=n/t$(km/h)。

这种方法的显著缺点是，由于视差的影响而容易造成误差。为此，在观测时可采用特制的 L 形视车镜(或反射镜)来消除由视差而引起的误差。

表 3-4 交通量及地点速度观测记录表

车型 / 车号 / 分段时间	客车			货车			合计数量	进入时间	离开时间及方向								通过时间	距离/m	车速/(m/s)
	小客车	大客车	通道车	小货车	中货车	大货车		min:s	min	s	min	s	min	s	min	s	min:s		

观测日期____月____日 星期______ 起止时间：____时____分起 ____时____分止 天气________
观测人________

② 用反射镜观测

这种方法的具体布置如图 3-6 所示。在路线长度的始端或末端设置 L 形视车镜(或反射镜)，其量测路段长度值的选用和地点车速的计算式同划线量测法。

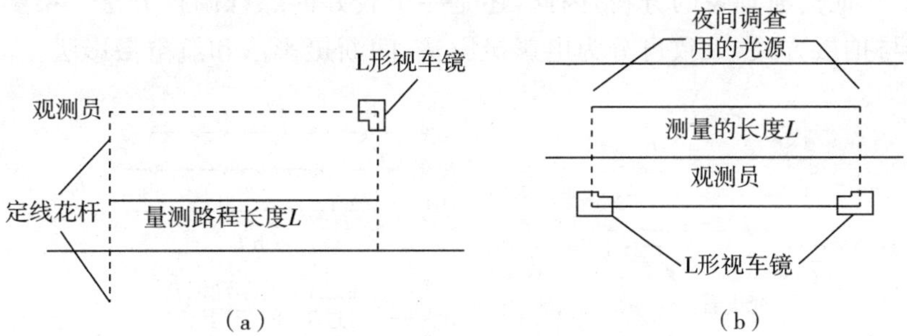

图 3-6　用反射镜测定地点车速布置图

(2)自动量测方法

① 道路检测器法

这种方法通常是在道路一固定距离间隔的每端横越车道各设置一根充气橡皮管，当车辆通过第一根管子上面时，压着管子的瞬时产生了空气冲击波，从而触发了计时装置开始计时：当车辆的该轮通过第二根管子时，计时装置就自动停止。计时的数据可由观测员读记，也可借用自动数据记录器记下。由于距离 L 是已知的，记录下通过时间 t，则 $v=L/t$(m/s)或 $v=n/t$(km/h)。如果有双向车流，为了量测另一行驶方向的车辆，可安装一个调换开始和停止计时方向的装置。

② 雷达速度计法

这是向车辆发射微波，根据其反射波的多普勒效应测定车速的方法。即用标定过的雷达仪瞄准运行的车辆，按与车辆行驶线约 20°的夹角发射高频微波，并接受从车辆反射回来的波，根据发射波与反射波频率变化与行车速度成正比的关系来测定行车速度。雷达速度计一般是安排在靠近车辆边缘约 1m 的地方，按与车辆行驶线约成 20°发射微波，并从行驶车辆正面接受其反射波，否则，就很难取得准确的数据。所以在交通繁忙的路段，要鉴别所有车辆的速度是困难的，一般在交通量大于 500 辆/h 的双向道路上就无法有效地工作。

③ 用光电管方法

此法如图 3-7(a)所示，将光源放在路侧的 A、B 两点，将光电管放在道路另一侧，分别接受由 A、B 两点来的光束。车辆通过时就会遮断光束，使接通的继电器移动电笔，在滚动纸上记下符号，如果从 A、B 两点记下的符号能平行于同一滚动纸上，如图 3-7(b)所示，则通过 A 点的第一辆车在 A 线上记下a_1，第二辆车记下a_2，直至 n 辆车a_n；通过 B 点也同样在 B 线上同样记下$b_1, b_2, \cdots, b_n$。于是，如果已知从a_1向 B 线的投影a_1'到b_1的长度 l，那么就可以知道从 A 到 B 所需的时间，而 A、B 的距离为已知，所以即可求得车速。但是，当 A、B 间距离比较长、自动记录同一辆车时，应为a_3b_3、a_4b_4，在有超车现象时，就容易在整理记录时错误地定为a_3b_4和a_4b_3，因此，观测员在整理与观测时要注意超车情况。

④ 摄影量测法

在非常拥挤的城市街道上，可借助摄影机拍摄照片，并从照片上精确地分析时间与距离的关系，从而得到地点车速。这种方法观测本身比较简单，但观测后的整理工作颇为费事，花钱较多。然而，由于用照片可以将交通实际情况记录保存下来，并能消除观测时的误差，还能用于其他交通现象的分析，因此，还是一个较好的综合调查方法。摄影量测法根据选用的机型与拍摄方式，大致可分为电影摄影法、间断摄影法和航空摄影法。

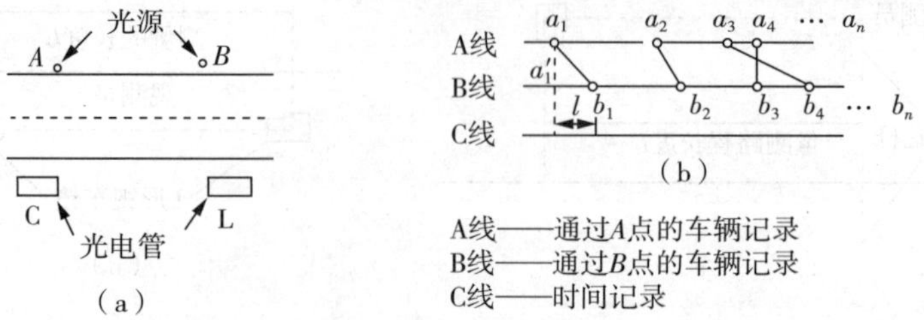

图 3-7　用光电管测地点速度

三、行驶速度与区间速度调查

行驶速度是指车辆行驶在某一区间时的运行车速，它等于区间距离除以在该区间运行所需要的时间(不包括停车时间)。

区间车速指的是车辆行驶在某一区间时根据道路交通状况而确定的综合车速，是用区间距离除以车辆行驶在该区间的总时间(包括停车时间)求得的。区间车速与行驶车速的区别在于停车时间，两者调查方法一样，只是前者需计入停车时间。

行驶车速和区间车速两者都是研究整条路线的畅通程度与发生延误的原因，或者分析整条道路通行能力的重要资料。若道路交通条件允许各个车辆自由选择行车速度时，则区间车速接近行驶车速。但是，由于路上有交叉口、停车和公交车辆停靠站的影响，所以区间车速与行驶车速一般总是相差较大。

行驶车速和区间车速都是通过量测通过已知长度道路的行驶时间或行程时间来获得。通常要求拟调查路线的长度大于 1.5km。观测时间取决于调查目的，可选在高峰时段，也可选在非高峰时段。我国在公路上进行车速调查，选用路段长度为 30km 左右。

量测行驶时间和行程时间的方法很多，下面介绍常用的三种。

1. 牌照法

在调查路段的起点、终点各设调查员 4～6 人，按上下行分为两组观测。当只需一个方向的资料时，起、终点各需 2～3 人。一人读通过该点的汽车车牌号码的末三位数及车型，一人读通过该点的时间，一人记录。当交通量很小时，记录者可同时看表。如果交通量很大，则可以只读车牌号码的最后一位数字，例如 0 与 5(抽查 20%)，或只读 0(抽查 10%)。观测完后，将起、终点同一车牌号码对起来，算出行驶时间，根据起、终点之间的距离，算出车速。如能有 50 组数据，则可取得很准确的资料。

对于中途交叉口较多，有较大出入口或中途停车、存车多的区间，应当避免使用这种调查方法。这是因为牌照法不能记录延误时间，只能测量通过起终点的时间，在这种情况下，无法分清总时间是行驶时间还是行程时间。

观测时要求起终点秒表必须同步，并且观测期间不得停表。若希望获得 50 组数据，则观测的车辆数必须大于 50，据经验，回收率能保证 80%就很不容易了。牌照法的另一个缺点是数据整理工作量较大，因此不是很理想的方法。

2. **流动车法**

测定方法及要求与调查交通量时的浮动车法完全相同。即在已知区间内作往复行驶调查,并记录通过区间的时间、对面车道来车数及本车道超车与被超车数量。平均行车时间用公式(3-2)计算,平均行驶速度用公式(3-3)计算。

3. **跟车法**

用图纸量测路段全长及各交叉口间及特殊地点(如道路断面宽度变化点)间的长度,并在实地上做好标记。测速时,测试车辆必须跟踪道路上的车队行驶。车上有两名观测人员,一人观测沿线交通情况,并用秒表读出经过各标记的时间、沿线停车时间及停车原因,另一人记录。

这种方法的主要优点是能量测全程各路段间的行程车速、行驶车速、停车延误时间及原因,便于综合分析与车速有关的因素;所需的观测人员少,劳动强度低,适用于交通量大、交叉口多的城市道路上。

缺点是测量次数受行程时间的影响,次数不可能很多,一般只能往返 6~8 次,有时还要受偶然因素的影响。当交通量大时,测量数据能代表道路上的实际行车速度,但当交通量小时,试验车较难跟踪到有代表性的车辆,所测车速受到试验车性能及驾驶员行车习惯的影响。

例 3-1 乘某路公共汽车从 B 出发到 E,中途经过两个交叉口(I_1,I_2)和三个停靠站(S_1,S_2,S_3)单方向行驶 5 次,用秒表计时,得到表 3-5 所示的结果。试计算平均行驶车速和平均区间车速。

表 3-5 跟车调查结果 单位:min

地点	停车时间 t_{1i}/min					行驶时间 t_{2i}/min					距离/m
B	1.03	0.95	1.10	1.17	0.86						
I_1	0.51	0.87	0.00	1.01	0.77	0.20	0.27	0.18	0.22	0.21	100
S_1	0.47	0.63	0.52	0.78	0.84	2.93	3.15	2.76	2.88	3.21	1650
I_2	3.21	4.37	1.55	2.73	2.87	0.27	0.38	0.41	0.23	0.29	150
S_2	0.66	0.54	0.72	0.69	0.79	0.65	0.72	0.51	0.63	0.55	400
S_3	0.41	0.37	0.34	0.45	0.57	1.00	0.97	1.21	1.37	0.85	600
E	0	0	0	0	0	0.91	0.86	1.17	1.06	1.35	500
合计	5.26	6.78	3.13	5.66	5.84	5.96	6.35	6.24	6.39	6.46	3400

解 根据定义,行程时间不应包括在起点站 B 的等候时间,因此应将其剔除后,再对停车时间按竖向求和。

1. 平均行驶时间

$$t_1=\frac{1}{n}\sum_{i=1}^{n}t_{2i}=\frac{1}{5}(5.96+6.35+6.24+6.39+6.46)=6.28(\text{min})$$

2. 平均停车时间

$$\overline{t_1}=\frac{1}{n}\sum_{i=1}^{n}t_{1i}=\frac{1}{5}\times(5.96+6.78+3.13+5.66+5.84)=5.33(\text{min})$$

3. 平均行程时间

$$\overline{T}=\overline{t_1}+\overline{t_2}=6.28+5.33=11.61(\text{min})$$

4. 平均行驶车速

$$\overline{v_R}=\frac{L}{\overline{t_2}}\times 60=\frac{3.4}{6.28}\times 60=32.48(\text{km/h})$$

5. 平均区间车速

$$\overline{v}=\frac{L}{T}\times 60=\frac{3.4}{11.61}\times 60=17.57(\text{km/h})$$

用跟车法通过测定行驶时间调查行驶车速，所需要的最少运行次数通常根据规定的容许误差和行驶车速的平均极差按表 3-6 选用。

表 3-6　跟车法调查行驶车速的最小样本量(置信度 95%)

行驶车速的平均极差/($km\cdot h^{-1}$)	与下列容许误差相应的最少运行次数				
	±2km/h	±3.5km/h	±5km/h	±6.5km/h	±8km/h
≤5.0	4	3	2	2	2
≤10.0	8	4	3	3	2
≤15.0	14	7	5	3	3
≤20.0	21	9	6	5	4
≤25.0	28	13	8	6	5
≤30.0	38	16	10	7	6

容许误差的选择与观测目的有关。对于运输规则调查，在估计平均行驶车速时的容许误差，建议取 ±5.0～±8.0km/h；交通运行趋势分析与经济评价，建议取 ±3.5～±6.5km/h；前后对比调查或运输路线运行，建议取 ±2.0～±5.0km/h。其他调查目的，可比照上述建议值确定。

表 3-6 中行驶车速的平均极差可按下式求出：

$$R=\frac{\sum_{i=1}^{N-1}S_i}{N-1} \tag{3-4}$$

式中，R—— 行驶车速的平均极差(km/h)；

S_i—— 第 i 次运行与第 $i+1$ 次运行行驶车速之差的绝对值(km/h)，$i=1,2,\cdots,N-1$；

N—— 跟车运行次数。

一般说来，测定行驶车速用跟车法较流动车法要好。因为在连续的试验运行期间，即使在交通条件比较相似的条件下，也会遇到不同的延误，跟车法可以排除这种影响，而流动车法则不能。另一方面，跟车法还可以同时取得区间车速等资料，对于研究和评价公共交通的运行情况以及确定行车时刻表尤为适用。

3.3 交通密度调查

交通密度调查的方法主要有出入量法和摄影法两种。摄影法又可分地面上(高处)摄影法和航空摄影观测法。

一、出入量法

所谓出入量法，是一种为了测定道路上两断面间无出入交通的路段内现有车辆数，以便计算该路段交通密度的方法。

1. 出入量法的基本原理

在某道路上选择 A、B 两点间的路段为观测路段，车流从 A 驶向 B，如图 3－8 所示。观测开始($t=t_0$)时，AB 路段内存在的初始车辆数为 $E(t_0)$，t 时刻内从 A 处驶入的车辆数为 $Q_A(t)$，从 B 处驶出的车辆数为 $Q_B(t)$，则 t 时刻 AB 路段内存在的现有车辆数应为初始车辆数与 t 时刻内 AB 路段的车辆数改变量之和。即

$$E(t)=E(t_0)+(Q_A(t)-Q_B(t))=Q_A(t)+E(t_0)-Q_B(t) \tag{3-5}$$

式中，$E(t)$——t 时刻 AB 路段内存在的现有车辆数；

$Q_A(t)$——从观测开始($t=t_0$)到 t 时刻内从 A 处驶入的累计车辆数；

$Q_B(t)$——从观测开始($t=t_0$)到 t 时刻内从 B 处驶出的累计车辆数；

$E(t_0)$——从观测开始($t=t_0$)时，AB 路段存在的初始车辆数；

t 时刻路段内的交通密度为

$$K(t)=\frac{E(t)}{L_{AB}} \tag{3-6}$$

式中，L_{AB}——AB 路段长度(km)。

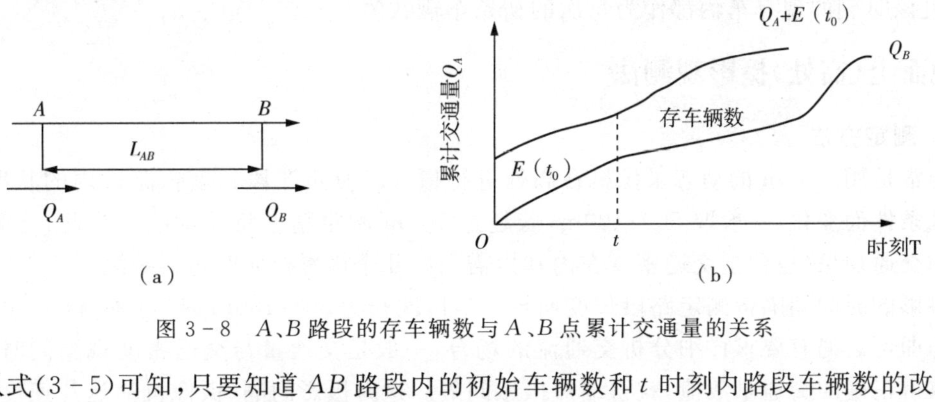

图 3－8　A、B 路段的存车辆数与 A、B 点累计交通量的关系

从式(3－5)可知，只要知道 AB 路段内的初始车辆数和 t 时刻内路段车辆数的改变量，就可计算得到 t 时刻 AB 路段的现有车辆数[见图 3－8(b)]。从而由式(3－6)可计算得到

t 时刻该路段的交通密度。

求初始车辆数的方法有车牌号码法、照相观测法等。这里介绍一种最简易的方法即试验车法。

参见图 3-8(a)，设试验车在观测开始($t=t_0$)时从 A 驶向 B，t_1 时刻到达 B。从 t_0 到 t_1 时刻，通过 B 处的车辆数为 q。若试验车在行驶期间没有超越别的车，也没有被别的车超越时，则就是 t_0 时刻 AB 路段内的初始车辆数；如果试验车在行驶期间存在超车和被超车的现象时，则观测开始($t=t_0$)时在 AB 路段内的初始车辆数应为

$$E(t_0)=q+a-b \tag{3-7}$$

式中，q——从 t_0 到 t_1 时刻通过 B 处的车辆数；

a——被试验车超越的车辆数；

b——超越试验车的车辆数。

2. 测定方法

(1)用出入量法测定交通密度，适用于高速公路上立交之间无出入交通的路段。由于实测密度均方差为实测时段和区间长度的减函数，为了保证有足够的精度，调查时选用路段的长度尽量大于 800m，时段延续 5min 以上。

(2)在测定路段的两端设置车辆情况示波器或动态录像机，从开始时刻(t_0)开始，测定通过这两端的车辆数，同时还要测定试验车在测定路段内的超车和被超车的车辆数。为了记取试验车通过 AB 路段两端的时刻，必须在试验车上标以特殊的记号，此时，若使用车辆情况示波器进行测定，当试验车通过两端时，要按动显示器把具有特殊记号的试验车记录在记录纸上；若使用动态录像机，也要对准试验车的记号摄影，以便整理资料时记取那个时刻。

3. 出入量法的优缺点

用出入量法测定路段交通密度的优点是方法简便，无须很多设备，适用于各种交通状况，既能保证精度又实用有效。

出入量法的缺点是，通过 A、B 两端车辆数的测量误差随时间而累加。为了防止误差的累加，除应增加试验车的观测次数外，要把试验车每次经过 A 端的时刻都作开始时刻(t_0)，且该时刻的现有车辆都作为每次的初始车辆数值。

二、地面上(高处)摄影观测法

1. 测定方法

通常是用 16mm 的动态录像机在高处进行摄影。测定路段长度依路段内的状况和周围地区条件而变化，一般取 50～100m，若超过 100m 测定精度将受影响。为此，当测定长路段的交通现象(也包括交通密度在内)时，需用好几个摄影机同时进行观测。

摄影的时间间隔依测定路段长度而异。当区间长为 50～100m 时，可每隔 5～10s 用一个画面即可。遇有要求详细分析交通流的场合，一般是交通量与交通密度观测同时进行。为了取得正确的交通量数值，就得缩短摄影间隔。这时摄影间隔(摄像机的送片速度)一般可取每秒 1 个画面；在高速公路上，由于车速高，这时可取每秒 2 个画面的速度。

测定交通密度时，在道路上要标记每台录像机所摄范围的道路路段长。一般有两处做标记即可。如果容许精度稍低时，亦可不必在路面上画记号，可利用车道分隔线的段数、护栏支柱数或电线杆数等代替。

2. 交通密度计算与分析

根据上述观测资料，可按下面介绍的顺序计算交通密度。在各卷胶卷的每一画面(Δt)中，读取摄影观测路段长度(L)内存在的车辆数(K_i)。将所有的K_i集中在总观测时间T内，用平均路段长来求算平均存在车辆数，然后再换算成每车道每公里存在的车辆数，即交通密度K，并用下式表示：

$$K=\frac{\sum_{i=1}^{n} K_i}{n}\cdot\frac{1}{L}\times 1000 \tag{3-8}$$

式中，K—— 交通密度(辆/km)；

L—— 观测路段长度(m)；

Δt—— 读取存在车辆数的时间间隔(s)；

T—— 总计时间(t)；

n—— 总计时间内，在胶卷上读取存在车辆数时的画面数，$n=\frac{T}{\Delta t}$；

K_i—— 第i画面上测定路段内存在的车辆数(辆)。

如前所述，总计观测时间如果在5min以上时，交通流的偶然性变化或周期性变化就能被消除。

三、航空摄影观测法

1. 测定方法

航空摄影观测要利用固定翼机(普通飞机)或旋转翼机(直升机)从空中向下摄影。多用具有低速且在某种程度上能停在空中的旋转翼机，这种飞机一般以在1000～1500m高空中能停留30min为极限。

进行航测时，一般都用测量用航空照相机。因为不要求像测量那样有太高的精度，所以这种相机的拍摄效果在交通调查中已足够满意了。航空摄影的缩小比例尺一般可按下式求得：

$$\text{摄影缩小比例尺}=\frac{\text{透镜的焦距}}{\text{摄影高度(飞行高度)}} \tag{3-9}$$

如果比例尺与透镜焦距已知，则可根据上式求得摄影高度。

航空摄影在交通调查中所使用的缩小比例尺，根据调查目的，种类有多种，但考虑到放大照片的限制，一般取1/10000～1/12000。

2. 交通密度的计算与分析

在摄影后的胶卷或是照片上读取观测路段内存在的车辆数后，按上述两种交通密度计算与分析方法用式(3-8)求得平均交通密度。但是，采用航测方法时，其目的一般不仅限于观测交通密度，还要对各种交通现象进行调查。故不宜硬性规定用一种分析方法，通常都是根据各种调查目的综合考虑分析方法的。

3. 航测法的优缺点

使用航空摄影观测法测定路段交通密度最为适宜，同时它也是能得到准确数值的唯一方法。

航测法不适宜长时间地观测。这不仅是因为航空摄影费用大，而且直升机在空中飞行时间有限，航空照相机一次摄影的胶卷张数亦受到限制。另外，在调查车流的空间平均速度和复杂的交通现象时，其精度与摄影间隔有关。摄影间隔越短，精度就越高，且目前还另外受到胶卷的张数和相机本身构造的影响。

另外，航测时观测不到诸如隧道、路桥、跨线桥下建筑物，同时也不能进行长时间观测。遇到这些场合，只能结合其他调查方法进行方能奏效。

四、道路占有率的检测和调查

空间占有率为在一瞬间测得已知路段上所有车辆占用的长度占路段长度的百分比，即

$$R_S = \frac{\sum_{i=1}^{n} L_i}{L} \times 100 \tag{3-10}$$

式中，R_S—— 空间占有率(%)；

L_i—— 第 i 辆车的长度(m)；

L—— 观测路段总长度(m)；

n—— 该路段内的车辆数(辆)。

如果事先已获得各车型的车长资料时，根据密度调查现场统计的分车型交通量资料，就可按式(3－10)计算空间占有率。如果事先没有各车型的车长资料，要在现场直接量测车长是很困难的，一般是在现场测定车辆的占用时间，按式(3－11)计算时间占有率：

$$R_t = \frac{\sum_{i=1}^{n} t_i}{T} \times 100 \tag{3-11}$$

式中，R_t—— 时间占有率(%)；

t_i—— 第 i 辆车的占用时间(s)；

T—— 总观测时间(s)；

n—— 观测时间内通过的车辆数(辆)。

车辆的占用时间是利用现场检测器(感应线圈、磁力计或超声波仪等)测定的。当车辆在检测器的有效地带范围内时，检测器就能保持接通状态，通过计时装置就可测计出车辆通过检测器的延续时间t_i，然后用式(3－11)计算时间占有率。

如果在测计车辆占用时间的同时，测计车辆的地点车速v_i，计算地点车速的平均值即时间平均车速v_t，则车辆的占用时间t_i与该辆车的地点车速v_i之乘积，为该辆车的占用长度L_i，总观测时间 T 与总观测时间内所有车辆地点车速的平均值即时间平均车速v_t之乘积，为总观测时间相应的路段长度 L，代入式(3－10)也可求得车辆的空间占有率R_S。

3.4 行车延误调查

一、行车延误

1. 延误

延误是指由于交通摩阻与交通管制引起的行驶时间损失，以 s 或 min 计。

2. 固定延误

固定延误指由交通控制装置、交通标志等引起的延误。它与交通流状态和交通干扰无关，主要发生在交叉路口。

3. 停车延误

停车延误指刹住车轮及车辆停止不动的时间，等于停车时间。其中包括车辆由停车到起动时驾驶员反应时间。

4. 行驶延误

行驶延误为行驶时间与计算时间之差。计算时间是相应于不拥挤车流的路线上，以平均车速通过调查路线计算的。

5. 排队延误

排队延误为排队时间与以畅行车速驶过排队路段的时间之差。排队时间是指车辆第一次停车到越过停车线的时间。排队路段是第一次停车断面到停车线的距离。

6. 引道延误

引道延误为引道时间与车辆畅行行驶越过引道延误段的时间之差。在入口引道上，从车辆因前方信号或已有排队车辆而开始减速行驶之断面至停车线的距离叫引道延误段。车辆受阻排队通过引道延误段的时间，叫引道时间。

图 3-9 是车辆在交叉路口入口引道上的行程图。由图可以看出，受到延误的车辆的引道时间为 E 点的纵坐标值。在引道延误段上畅行行驶时间为 F 点的纵坐标值。引道延误为 E、F 两点纵坐标值之差。停车延误为 D、C 两点纵坐标之差，排队时间为 E、C 两点纵坐标值之差。排队延误时间为排队时间减去 F、B 两点纵坐标值之差。由于后者相对于前者很小，所以实际应用时，对排队时间和排队延误不加区别。

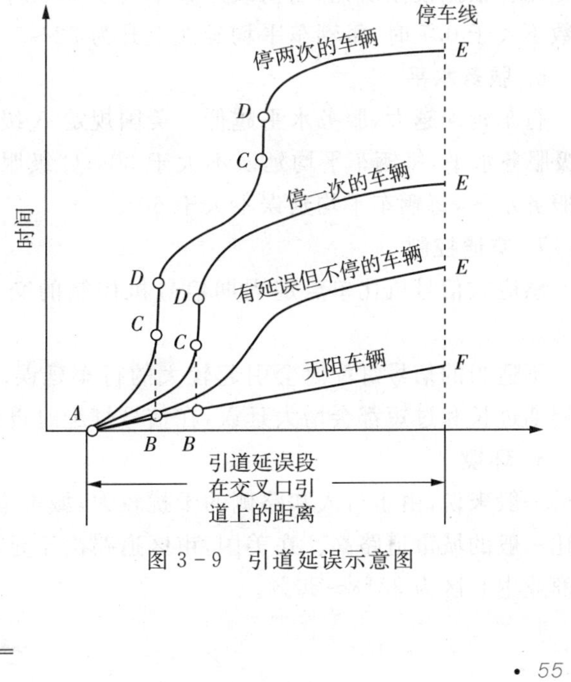

图 3-9　引道延误示意图

据调查，通常停车延误约占引道延误的 76%，排队延误约占引道延误的 97%。因此实际上常常以排队延误近似地代替引道延误。

二、影响行车延误的因素

1. 驾驶员

驾驶员的性别、年龄、气质、技术水平等都对行车延误有影响。一般来说，青年驾驶员、男性驾驶员较中年驾驶员、女性驾驶员反应快，反应时间短，应变能力强，车速高，因而行车延误低。单身驾驶员也较已婚驾驶员开车快，行车延误低。

2. 车辆

不同车型和不同车龄的车，其起动、加速和车速性能不同，对延误的影响不一样，据调查，绿灯亮时，头车反应时间加起动时间，小型车为 1.30s，大型车为 1.62s，拖挂车力 1.84s。路口内头车直行车速，小型车为 19km/h，大型车为 14km/h；尾车直行车速，小型车为 25km/h，大型为 19km/h。现代汽车的起动、加速性能，小型车为 0.8～3.6m/s^2，大型车为 0.6～0.8m/s^2；减速性能，小型车为 1.66m/s^2，大型车为 1.33m/s^2。因此，大型车越多，延误越大。

3. 道路

快慢车混行的道路比快慢车隔离的道路行车延误大。据调查，无隔离带路段上的行车延误约为有隔离带路段的 1.3 倍。入口引道有左转专用车道的交叉路口，其行车延误比没有左转专用车道的路口小。

4. 转向车比例

无论是左转还是右转行驶，通过路口的车速都低于直行车速。因此，转向车比例大，平均每辆车的延误大。

5. 交通负荷

交通负荷常以荷载系数，即实际交通量与通行能力的比值度量。行车延误与荷载系数成正比。根据模拟研究，当荷载系数不大于 0.3 时，每辆车平均延误不大于 19s；而当荷载系数不大于 0.7 时，每辆车平均延误上升为 32～55s。

6. 服务水平

行车延误越大，服务水平越低。美国规定 A 级服务水平，每辆车平均延误不大于 15s；B 级服务水平，每辆车平均延误不大于 30s；C 级服务水平，每辆车平均延误不大于 45s；D 级服务水平，每辆车平均延误不大于 60s。

7. 交通控制

感应式信号机比单点定周期信号机控制的交叉口行车延误低，而线控制则比前两者都低。

不适当的信号灯配时会引起较大的行车延误。一般来说，绿信比越大，延误越小。信号周期过长和过短都会增大延误，在信号灯配时设计时，应求解使延误为最小的周期长度。

8. 环境

一般来说，由于行人和路侧的干扰较大，城市道路比公路行车延误高，商业密集区道路又比一般的城市道路高。在美国，市区道路由于延误所引起的总时间损失为 15%～16%，而商业中心区为 35%～50%。

三、延误资料的应用

1. 评价道路交通堵塞程度

行车延误十分直观地反映了道路交通的堵塞情况。

2. 探求行车延误的发展趋势

在选定的地点，定期进行行车延误调查，得到延误随时间的变化规律，从而探求发展趋势，做出交通状况是日益好转还是恶化的判断。

3. 评价道路服务质量

道路的服务质量通常以服务水平来评价，而服务水平主要根据荷载系数划分。然而对于道路使用者，最关心的是时间和延误，因此建议应以荷载系数和行车延误两个指标同时作为划分服务水平的依据。

4. 道路改建的依据

在拟定道路或路口改建计划时，是否应拓宽道路或实行快慢车隔离，是否应设左转专用道等，都应以延误分析为依据。

5. 运输规划

交通运输部门在运营高峰时往往不是选择距离最短的路线而是选择行车时间最少的路线，有了延误资料，有利于运输部门进行路线选择。

公共交通运输部门制定行车时刻表、调整路线运行状况时，也要依据延误资料。

6. 经济分析

交通运输部门计算运输成本以及城建和交通管理部门对采取某一工程措施或管理措施进行可行性研究时，通常将时间换算成经济指标，而延误资料是重要的原始资料。

7. 前后对比研究

对交通设施改善前后的延误时间进行调查，可以对改善的效果做出评价。

8. 交通管制

根据延误资料，可以确定是否应限制停车，是否应采取单行或禁行等等交通管制措施。

延误资料还是确定路口信号灯配时的重要依据。当路口某一方向的延误明显大于另一方向时，则应调整绿信比，使两方向延误大致相等。

四、行车延误的调查方法

1. 跟车法

行车延误经常和行驶时间一起调查，这样可同时获得行驶时间、行驶车速、行程时间、行程车速和延误时间等完整资料。

用跟车法调查延误时间通常需要两名观测员、两只秒表，其中一人读表，一人记录。当车辆驶过调查起点时，观测员启动第一只秒表(车辆到达终点前不得中途停表)，记录沿路程各控制点经过的时间。当车辆停止或被迫缓行时，观测员启动第二只秒表，量测每次延误持续时间。记录员将其连同延误地点，原因一起记录于表 3－7 中。待车辆恢复正常行驶时，观测员将第二只秒表及时回零。最后，车辆驶过调查路线终点时，停止第一只秒表，记录运行总时间。

表 3-7　跟车法观测行驶时间与延误现场记录表

日期＿＿＿＿＿＿天气＿＿＿＿＿＿运行编号＿＿＿＿＿＿

路线＿＿＿＿＿＿＿＿＿＿方向＿＿＿＿＿＿＿＿＿＿

运行开始时间＿＿＿＿＿地点＿＿＿＿＿里程＿＿＿＿＿

运行结束时间＿＿＿＿＿地点＿＿＿＿＿里程＿＿＿＿＿

控制点	
地点	时间

停驶或被迫缓行		
地点	延误/s	原因

行驶距离＿＿＿＿＿行驶时间＿＿＿＿＿行驶车速＿＿＿＿＿

行程时间＿＿＿＿＿停驶时间＿＿＿＿＿行程车速＿＿＿＿＿

观测员＿＿＿＿＿＿＿＿＿记录员＿＿＿＿＿＿＿＿＿

调查路线的长度和所选各控制点之间的距离必须确定，这样才可能将时间转换为速度。距离可用皮尺量测，或在可靠的地图上用比例尺量出，也可以根据车辆上装置的里程表得到。即使不需要求出车速，也要确定起终点间的距离，以便得到单位长度的延误值。

调查结果可汇总为图 3-10 所示的形式。

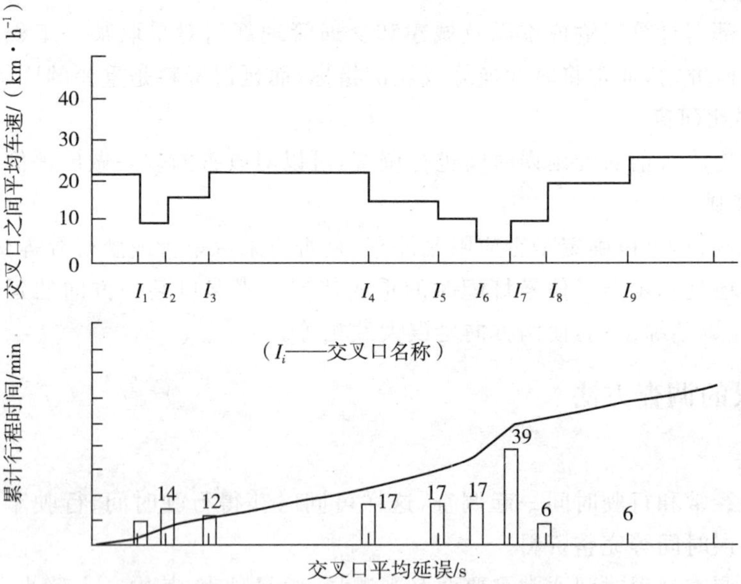

图 3-10　行程时间、平均车速和延误

用跟车法调查公共运输车辆的延误和行程时间，在选择调查时间时，要考虑早晚上下班高峰，以反映该时段的运行状况。

公交路线的行程时间通常绘成图 3-11 所示的时间-区间图。经过分类后的时间可用图 3-12 表示。

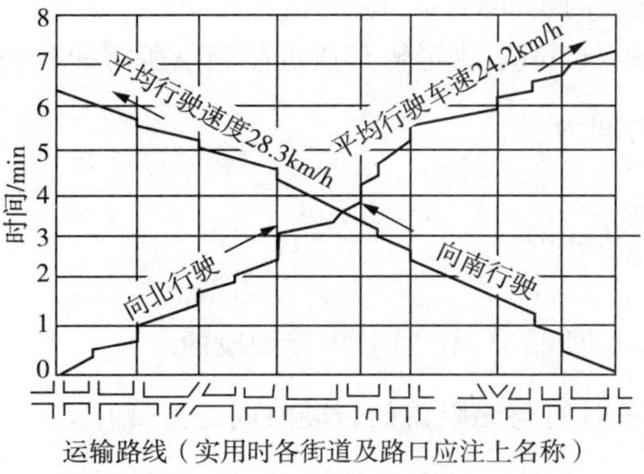

图 3－11　公共汽车行驶的时间-区间图

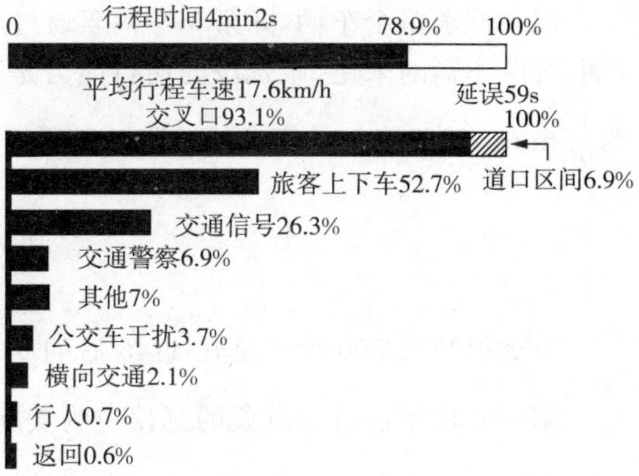

图 3－12　公共汽车延误分析示意图

2. 输出－输入法

这种方法只适合于调查瓶颈路段的行车延误。

该方法的假设前提为车辆出入是均一的。车辆排队现象存在于某一持续时间内，在其中某一时段中，若到达的车辆数大于道路的通行能力时则开始排队，而当到达车辆数小于道路的通行能力时，则排队便将逐渐消散。

调查在两个断面同时进行，即在瓶颈路段的起、终点各设一名观测员，用调查交通量的办法，以 5min 或 15min 为间隔累计交通量。要求两断面的起始时间同步，当车辆受阻排队有可能超过瓶颈时，该断面的位置要根据实际情况后移。若该路段通行能力已知时，瓶颈终点（出口）断面可以不予调查。

表 3－8 所列为某公路上的瓶颈路段发生阻塞时的调查结果。已知该处通行能力为 360 辆/h，或每 15min 平均通过 90 辆车。

从表 3－8 可见，最初的 15min 内到达的车辆数少于道路通行能力，路上没有阻塞。第二个 15min 内因累计离去车数比累计到达车数少，有 10 辆车通不过，于是开始堵塞。4:45～5:00是高峰。4:45～5:00 来车量已减少，但累计车辆数仍远远超过累计通行能力。这 45min(4:15～5:00)是排队开始形成，并且其长度有增无减，直至出现最大排队长度的一段时间，5:00 以后到达车辆累计数和通行能力累计数的差距开始缩小，即表明排队开始消散，直至 5:30 累计车辆数等于路上累计通行能力，于是堵塞结束。

表 3－8　某瓶颈堵车调查结果

时　间	到达车数/辆		离去车数/辆		阻塞情况
	到达	累计	离去	累计	
4:00～4:15	80	80	80	80	无阻塞
4:15～4:30	100	180	90	170	阻塞开始
4:30～4:45	120	300	90	260	阻塞
4:45～5:00	90	390	90	350	阻塞
5:00～5:15	70	460	90	440	阻塞在消散
5:15～5:30	70	530	90	530	阻塞结束

现在试求单个车辆，如第 300 辆车通过瓶颈段的延误时间。它的位置在 300－260＝40（辆）排队车辆的末尾，瓶颈段的通行能力是 90 辆/15min，故每辆车通过瓶颈段所需的时间为$\frac{15}{90}$min。因此第 300 辆车通过瓶颈段所需的时间为

$$\frac{15}{90}\times 40=6\,\frac{2}{3}(\text{min})$$

由此得知第 300 辆车是在 4:45 后的 $6\,\frac{2}{3}$min 即 4:51:40 时驶出瓶颈段的。

第 300 辆车通过瓶颈段的延误应为实际行程时间与无阻碍的行驶时间之差，即

$$6\,\frac{2}{3}-\frac{15}{90}=6.5(\text{min})$$

将表 3－8 的数据绘成图 3－13 所示的到达一离去曲线。当通行能力预先不能确定时，图中离去曲线（实线）应以终点处的实测数据绘制。图中虚线为到达车辆累计数，两曲线间的水平间隔为某车通过瓶颈段所需的时间，垂直间隔为某一时段的阻车数（排队车数）。两曲线围成的面积即为受阻车辆通过瓶颈段的总车时数，记为D_a。当无阻通过瓶颈段所需的时间与受阻车辆所需的行程时间相比（如第 300 辆车，10s 与 400s 即 $6\,\frac{2}{3}$min 相比）很小时，可以将D_a直接当作总延误车时数，常以“辆・h”或“辆・min”计。由数学分析可知：

$$D_a=\int_a^b[\varphi_2(t)-\varphi_1(t)]\mathrm{d}t \tag{3-12}$$

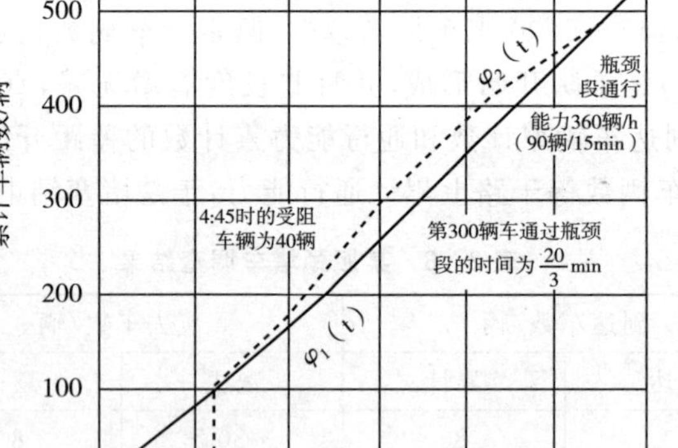

图 3－13　到达一离去曲线图

然而，在实际问题中，$\varphi_1(t)$、$\varphi_2(t)$的解析式一般不易求得，不能直接应用式（3－12）计算D_a，通常用微积分中介绍的近似公式计算。由于$\varphi_1(t)$、$\varphi_2(t)$经常是折线而不是曲线，因

此其近似程度还能满足要求。由图 3－13 求得：

$$D_a = 1351(\text{辆} \cdot \text{min})$$

有了D_a，便可求出每辆通过瓶颈路段的车辆所需的平均行程时间T_s（s 或 min）：

$$T_s = \frac{D_a}{\text{总通过量}} \tag{3-13}$$

而无堵塞时，每辆车所需行驶时间t_n为

$$t_n = \frac{3600}{\text{通行能力}}(\text{s})\text{或 } t_n = \frac{60}{\text{通行能力}}(\text{min}) \tag{3-14}$$

于是，平均每辆车延误d_s为

$$d_s = T_s - t_n \tag{3-15}$$

当t_n可以忽略不计时，$d_s = T_s$。

在本例中，由表 3－8 查得总通过量（4:00～5:30 间一个半小时的累计离车数）为 530 辆，于是，由式（3－13）～式（3－15）得到：

$$d_s = \frac{1351}{530} - \frac{60}{360} = 2.38(\text{min})$$

用输出-输入法调查延误很难得到平均每一受阻车辆的延误和受阻车辆占总数的百分比，并且无法确定产生延误的准确地点和原因，也无法分清延误的类型，这是该法不如跟车法的地方。还有最重要的一点，作为该法前提的来车与离去是均一的假设与实际的交通状况不相符，事实上来车率与离去率往往不是均一而是随机的。因此计数交通量的间隔取的越小，精度越高；瓶颈长度越短，精度也越高。

尽管这种方法存在上述这些缺点，但由于简单，调查结果又能整理成十分直观的形式，因此，作为客观地研究瓶颈路段的行车延误，有一定的实用价值。

五、交叉口的延误调查

1. 调查地点

一般选择经常发生交通堵塞的交叉口进行延误调查。若一个交叉口只有其中一个或几个入口方向上经常发生交通堵塞，也可以只对这一个或几个方向进行调查。但若调查是为了评价整个交叉口的运行效率，则要对该路口的各个方向同时调查。

2. 调查时间

过分的延误通常出现在高峰时段，所以一般选择高峰时段进行延误调查。至于是选早高峰还是晚高峰，机动车高峰还是非机动车高峰，则要根据调查目的确定。

当希望获得高峰和非高峰时延误的对比资料时，还要在非高峰时调查。

为了便于前后对比分析，两次调查应具备相似的条件，在时间上尽可能保持一致。

交叉口延误调查应在天气良好、交通正常的条件下进行。只有当需要研究不利条件下的延误特征时，才选择恶劣的天气或不利的交通条件进行调查。

3. **要求的样本量**

(1)在进行引道延误调查时,需要调查的最少车辆数按式(3-16)确定。

$$N \geqslant \left(\frac{SK}{E}\right)^2 \tag{3-16}$$

式中,S——引道延误的样本标准差,通常取10~20s;

E——引道延误的容许误差,根据要求的精度取用,通常取2~5s。

在任何情况下,所取最小样本量不少于30辆车。经验表明,观测60辆车,可获得满意的结果。

(2)在进行停车百分比调查时,最小样本量按式(3-17)取用。

$$N \geqslant \frac{(1-p)K^2}{p\,d^2} \tag{3-17}$$

式中,p——在引道上停驻的车辆百分比,用小数表示。根据以往调查资料取用,或者假设。

d——停车百分比时容许误差,可在0.01至0.10之间选取。精度要求高时,取小值,一般取$d=0.05$。

K——相应于要求的置信度的常数。对于典型情况,置信度95%,$K=1.96$。

在任何情况下,所取样本量不应少于50辆车。

调查工作结束后,要根据实际的样本量N,计算出的样本标准差S(或停车百分比p)和所要求的置信度用上面的公式反算出容许误差E(或d),若不能满足要求,则需要增加样本量,重新调查。

4. **调查方法**

(1)点样本法

点样本法获得的是车辆在交叉口引道上的排队时间,每一入口需要3~4名观测员和一块秒表。观测员站在停车线附近的路侧人行道上。其中一人持秒表,按预先选定的时间间隔(通常为15s,根据情况也可以取其他值,例如20s)通知另外2~3名观测员。第二名观测员负责清点停在停车线后面的车数,记录在表3-9中,每到一个预定的时间间隔就要清点一次。第三名观测员负责清点经过停车通过停车线的车辆数(停驶数)和不经停车通过停车线的车辆数(不停驶数)。当交通量较大时,可由两个观测员分别清点,每分钟小计一次,并记入表3-9中相应的栏内。连续不间断地重复上述过程,直至取得所需的样本量或道口交通显著地改变,不同于拟研究的交通状况时为止。

表3-9 交叉口延误时间抽样过程 单位:辆

开始时间	对于交叉口引道抽样时间间隔为5min的数据					
	交叉口引道上不同时间停过的车辆数				交叉口引道交通量	
	0	15s	30s	45s	停止车辆数	不停车辆数
17:00	0	2	7	9	11	6
17:01	4	0	0	3	6	14
17:02	9	16	14	6	13	0

（续表）

开始时间	对于交叉口引道抽样时间间隔为 5min 的数据					
	交叉口引道上不同时间停过的车辆数				交叉口引道交通量	
	0	15s	30s	45s	停止车辆数	不停车辆数
17:03	1	4	9	13	17	0
17:04	5	0	0	2	4	17
小计	19	22	30	33	56	37

若所调查的交叉口为定时信号控制，选定的取样间隔时间应保证不能被周期长度整除，否则，清点停车数的时间有可能是周期中的某个固定时刻，而失去了抽样的随机性，调查启动（开始）时间应避开周期开始（如绿灯或红灯启亮）时间。

每到一个清点停到入口车辆数的时刻（例如 30s 时），要清点停车入口（或拟调查的车道）上的所有车辆，而不管它们在上个时刻（例如 15s 时）是否已被清点过。也就是说，若一辆车停驶超过一次抽样时间间隔，则这辆车就要不止一次地被清点。在任一分钟内，入口交通量的停驶数一栏中的数值总是小于或等于这一分钟内停在入口车辆的总数（即 0s、15s、30s、45s 时停在入口车辆数之和），这一特性可用来判断记录的正确性。

对于入口为多车道的交叉口，若不要求区分某一具体车道上的延误，可不分车道调查，否则要按车道安排调查人员。

交叉口延误调查通常要求提供以下成果：

$$总延误=总停驶车辆数\times抽样时间间隔(辆\cdot s)$$

$$每一停驶车辆的平均延误=\frac{总延误}{停驶车辆数}(s)$$

$$每一入口车辆的平均延误=\frac{总延误}{入口交通量}(s) \tag{3-18}$$

$$停驶车辆百分比=\frac{停驶车辆数}{入口交通量}\times100\%$$

$$停车百分比的容许差值=\sqrt{\frac{(1-p)K^2}{pN}}$$

式中符号的意义同前。

例 3-2 某交叉口采用抽样法调查停车延误，根据 5min 观测（间隔为 15s）所得资料列于表 3-9，试求总延误、平均延误和停车百分率。

解：表 3-9 中停车辆数系考虑有的车辆停车时间长于一个周期，因此，应重复计算，故表中列出了停止车辆数和不停车直接通过辆数。

$$总延误=观测到的停驶车辆总数\times观测时间间隔=104\times15=1560(辆\cdot s)$$

$$每辆停车的平均延误=\frac{总延误}{停车数量}=\frac{1560}{56}=27.9(s)$$

$$\text{交叉口引道上每辆车的平均延误}=\frac{\text{总延误}}{\text{引道上总交通量}}=\frac{1560}{56+37}=16.8(\mathrm{s})$$

$$\text{停车的百分数}=\frac{\text{停车辆数}}{\text{引道上交通量}}=\frac{56}{93}=60\%$$

取置信度 90%，则$K^2=2.70$，于是停车百分比的容许误差$=\sqrt{\dfrac{(1-0.60)\times 2.70}{0.60\times 93}}=13.9\%$。

点样本法的优点是能自动调整，一个样本中的错误或遗漏对总结果几乎没有影响，因为每一个样本相对于前一个样本都是独立的。同时，该法除了周期性的约束（前面曾提到的选择时间间隔的要求）外，不依赖于信号设备。这种约束为整个信号周期内排列了一组数据点，给周期中所有交通条件都提供代表性的样本。点样本法能够提供一组比较完整的描述交叉口延误的统计数。

但是，当停驶车辆百分数很高（例如达到 100%）时，点样本法是很难适用的，这时排队车辆数很大，要在 15s 或 20s 的时间间隔里清点停在入口的车辆数几乎是不可能的。当入口为多车道且有左、右转专用车道时，若想运用点样本法获得多车道的延误，就需要增加观测小组及观测人员。对于这种多车道入口情况，无论是否分车道调查，清点停驶数与不停驶数都是比较困难的。当入口为单车道时，用点样本法无法区分不同流向的车辆的延误时间。另外，点样本法只能得到平均延误时间，而无法获得延误时间的分布特性，后者在理论研究和电子计算机模拟时很有用处。

(2)抽样追踪法

用抽样追踪法可获取引道延误数据。因为引道延误等于引道时间减去引道畅行行驶时间，所以理应测量引道时间和引道畅行行驶时间。但实际上，通常根据以往资料，可以知道入口引道上的畅行行驶车速。因此，只要量测引道延误段长度，就可计算出引道畅行行驶时间。当做前后对比调查时，若假定引道畅行行驶时间不变，则前后两次调查都可不必测定引道畅行行驶时间。因为交通设施改善前的平均引道时间减去改善后的平均引道时间即为交通改善所降低的引道延误值。

用抽样追踪法调查引道延误，简便、易行，调查人员不紧张，同时能得到引道延误分布特征、各流向车辆的延误及个别车的延误资料。

抽样追踪法的主要缺点是不能获得每一停驶车辆的平均延误和停车百分比这两个统计数。

3.5 通行能力调查

一、路段车头时距调查

一条车道的通行能力最主要决定于车头时距或车头间距。车头时距可直接用秒表测量，而车头间距则需在高处进行摄影观测。由于后者整理工作量大，测量成本高，国内很少使用，而大都用测量车速及司机随车行驶的反应时间，推算车头间距。

路段车头时距必须考虑到车道分工及车道位置，是小汽车专用车道、公共汽车专用车道还是混合行驶车道；是中间车道还是靠路边的车道。如果靠路边车道上还设置公共汽车停靠站，还必须调查公共汽车停靠站的通行能力。

1. 调查地点选择

调查地点应在平坡直线路段，并不受交叉口停车、加减速、车辆换车道及行人过街的影响。

调查的车流应该是连续行驶的车队，当车队中混有各种车型时应分别调查各种车型的车头时距。由于车头时距与行驶车速关系极大，故在观测车头时距的同时，测量被测车辆的地点车速。

2. 观测方法

最常用的方法是人工测定，在测量地点预先做好标记，一人用秒表读连续车流中第一辆车经过定长距离（一般为 15～20m）前后两断面的时间，以求得该车队的地点车速。同时连续读以后各车辆经过第二断面的时间及车型（另一人记录）。如果观测人数只有一人，则可用笔式自动平衡记录仪并配触发器量测。当不同车型的车辆经过断面时，只需按不同键钮，就可记录下车型和时间记号。使用这种仪器，测量简单，读数精确，但内业整理工作量大。

3. 资料整理与分析

(1)各种车型的车头时距

将同类型车辆的车头时距整理在一起，按统计方法剔除异常数据、车头时距的最大和最小值。一般可用样本标准偏差的两倍来控制，即车头时距 h 应在平均值$\bar{h}\pm 2S$ 之间（S 为样本偏差），然后算出各种车型的平均车头时距。

(2)车辆换算系数

在混合车流中有大、中、小三种车型，若以小车为标准车，则需将大车及中车乘以各自的换算系数，成为当量小车。

车辆换算系数的计算方法：

$$a_{中}=\frac{\bar{h}_{中}}{\bar{h}_{小}}$$

$$a_{大}=\frac{\bar{h}_{大}}{h_{小}}$$

式中，$a_{大}$、$a_{中}$——分别为大车及中车换算成当量小车的换算系数；

$\bar{h}_{大}$、$\bar{h}_{中}$、$\bar{h}_{小}$——分别为大车、中车、小车的平均车头时距。

二、公共汽车停靠站的通行能力调查

公共汽车停靠站的通行能力对于公共汽车专用车道及单向一车道的道路影响很大，有些道路在正常路段的通行能力尽管较大，但由于受停靠站的限制，仍然出现交通阻塞现象。以往在计算道路通行能力时，只是笼统地考虑了环境影响，如日本公路技术标准中，通行能力修正系数中有沿途条件修正，但这种修正方法对于有公共汽车停靠站的车道还欠精确，因此必须进一步研究。这里只是介绍确定修正系数时，或计算停靠站通行能力时应调查的几个因素：

(1)停靠站的长度和同一时间停靠站可停靠的车辆数；

(2)相应于各种候车人数时不同大小公共汽车的停靠时间；

(3)前后车辆进、出站时的最短时间间隔；

(4)道路车行道上不同车道的交通量。

三、信号交叉口穿越空档调查

信号交叉口通行能力的计算方法，按我国最新制定的《城市道路设计规范》采用了两种方法，即停车线法和冲突点法(前一计算方法详见第五章)。随着计算方法的不同，观测方法亦有差异，本节介绍用冲突点计算信号灯交叉口通行能力时应调查的内容。

(1)调查交叉口的几何组成、各进口道车道数、同一绿灯时直行车与对向左转车的冲突点位置、停车线位置。以上内容除冲突点及停车线位置需在现场调查外，其他均可在图纸上量出或询问交叉口的交通民警。

调查交叉口冲突点的方法是观察直行车辆与对向左转车辆的行驶轨迹，定出冲突点位置，并在实地做好标记，丈量直行车辆及对向左转车辆自停车线至冲突点的行车轨迹线长度，见图 3-14。图中l_1为直行车自停车线到冲突点的距离；l_2为对向左转车自停车线到冲突点的轨迹线距离。

(2)调查交叉口各进口道的车道分工。

(3)观测信号灯周期时长及各相位时长。

(4)观测绿灯启亮后，对向左转头车到冲突点的时间或本向直行头车到冲突点的时间(比较哪一方向先到冲突点，就测先到方向的时间)。

(5)观测黄灯启亮后，对向左转车辆通过交叉口的车辆数。

(6)观测各类车辆连续通过冲突点的临界车头时距。

(7)观测本向直行车道(或合用车道)的周期流量。

(8)观测绿灯与绿灯中期对向左转车辆各自的流量数。

(9)观测车流中可穿越空挡及不饱和周期中出现可穿越空挡的空挡数。

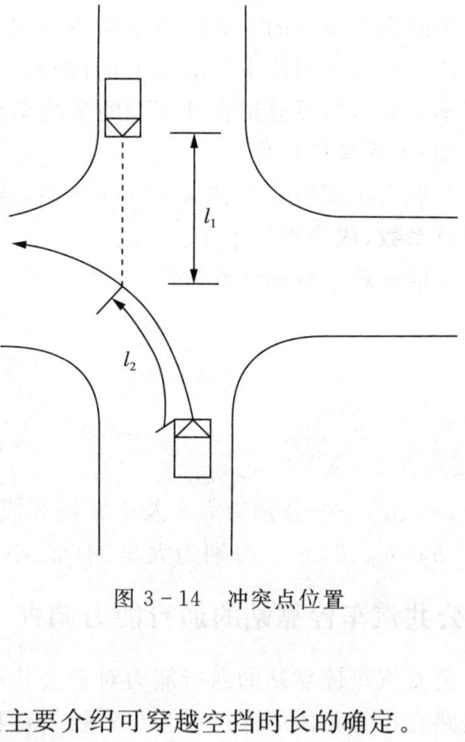

图 3-14　冲突点位置

以上自(1)到(8)的观测内容均较方便，这里主要介绍可穿越空挡时长的确定。

可穿越空挡是指交叉口对向左转车辆穿越直行车流中的最小空挡或直行车辆穿越对向左转车流中的最小空挡。由于左转车辆一般情况下所占比例较少，故主要讨论穿越直行车流的最小空档。

观测可分解为三个步骤，如图 3－15 所示。

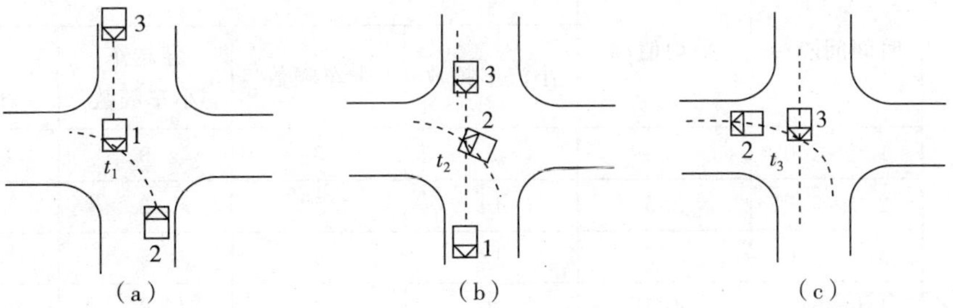

图 3－15　车辆穿越空挡分解图

① 测量直行车到达冲突点的时间t_1及车型；

② 测量对向左转车紧接到冲突点的时间t_2及车型；

③ 测量左转车后的直行车紧接到冲突点的时间t_3。

穿越空挡的前半部分，简称前挡，以t_f表示；穿越空挡的后半部分，简称后挡，以t_r表示：

$$t_f = t_2 - t_1 \tag{3-19}$$

$$t_r = t_3 - t_2 \tag{3-20}$$

空档的总时长以 t 表示，故 $t = t_f + t_r = t_3 - t_1$。

在实地观测中，很难得到直行车－左转穿越车－直行车紧接过冲突点的样本，因而将t_f与t_r分别测得，然后叠加得到 t 值。

可穿越空档的大小与车型、驾驶员的心理和行车状态有关，常用的分析方法有平均值法和临界值法两种。

① 平均值法

根据前直行车和穿越车的车型及行车状态分别计算可穿越空挡的平均值。

穿越车的行车状态分为：正常速度通过冲突点，令它为 A 状态；减速通过冲突点，令它为 B 状态，实测数值见表 3－10 所列。

表 3－10　可穿越空档值

行车状态	时间间隔/s	平均值/s	t_f		t_r	
			小汽车频数	卡车频数	穿越车小车频数	穿越车卡车频数
A	1.0～2.0	1.5	4	2	0	0
	2.0～3.0	2.5	26	12	4	3
	3.0～4.0	3.5	8	16	3	3
	4.0～5.0	4.5	6	6	4	6
	5.0～6.0	5.5		2	8	7
	6.0～7.0	6.5			8	6
	7.0～8.0	7.5				4

（续表）

行车状态	时间间隔/s	平均值/s	t_f		t_r	
			小汽车频数	卡车频数	穿越车小车频数	穿越车卡车频数
B	1.0～2.0	1.5	2	3	0	0
	2.0～3.0	2.5	14	7	3	2
	3.0～4.0	3.5	12	9	5	4
	4.0～5.0	4.5	3	6	6	6
	5.0～6.0	5.5		2	10	9
	6.0～7.0	6.5			6	8
	7.0～8.0	7.5			4	4

表 3－10 中的t_f和t_r的平均值汇总见表 3－11 所列。

表 3－11　两种行车状态时t_f，t_r的平均值

	t_f（直行车）		t_r（穿越车）	
	小汽车	卡车	小汽车	卡车
A	2.86	3.34	4.98	5.26
B	2.75	3.39	5.18	5.38
平均	2.81	3.37	5.08	5.32

有了t_f，t_r就可以组合成不同的穿越空挡值，见表 3－12 所列。

表 3－12　不同车辆组合的穿越空挡值

前列直行车	穿越车	
	小	中
小	7.89	8.13
中	8.45	8.69

② 临界值法

观测统计冲突点处直行车辆的各种空挡时能穿越的左转车辆次数与不能穿越的左转车辆次数，然后绘制成图 3－16 所示的两条曲线，曲线的交点即为可穿越空档的临界值。

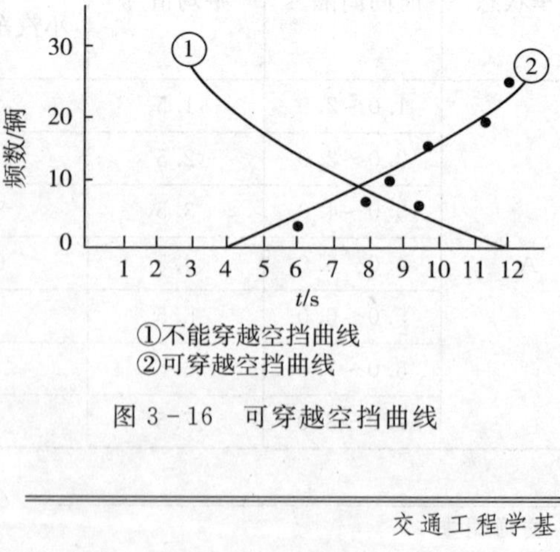

图 3－16　可穿越空挡曲线

四、信号灯交叉口的饱和流量测定

1. 饱和流量

指在一次绿灯时间内，进口道或冲突

点上连续车队能通过停车线或冲突点的最大流量。此值对交通控制设计十分有用。

2. 观测地点

选择交叉口进口道大于二车道，交通流量大、右转、直行、左转有明确分工的交叉口进口道。

3. 调查方法

主要调查红灯期间到达或绿灯初期到达而排队随后连续地通过停车线或冲突点的车辆。下面介绍几种常用的方法。

(1)方法一：统计定时信号灯交叉口进口道的饱和流量

在绿灯和黄灯期间以 0.1min 为一个观测单元，记录这些间隔时间内饱和车流通过的车型、车辆数和方向，最后的一个间隔都小于 0.1min，故应分别列出最后间隔的时长和通过的车辆数和车型。

例 3-3 某交通信号控制的交叉口上，对混合直行车辆做饱和流量观测，共统计了 32 个饱和周期，其中最后饱和间隔 24 个，平均间隔持续时间为 5.9s，其总和为 24×5.9=142(s)。

将已观测的数据整理成表 3-13。

表 3-13 饱和流量观测资料汇总表

时间/min	0	0.1	0.2	0.3	0.4	0.5
通过停车线车辆数/辆	60　76　71　78　79					
观测饱和间隔数/辆	32　32　32　32　32					
每 0.1min 的驶出率/%	2.38　2.22　2.44　2.47					

由于绿灯初期车辆起动和最后间隔车辆减速等的影响，使这两个间隔有损失时间，故计算饱和流量应去除第一和最后间隔的车辆数和时间。

$$饱和流量\ S=\frac{2.38+2.22+2.44+2.47}{4}=2.40(辆/0.1\text{min})$$

每小时饱和流量值为 1440 辆/h。

方法一必须选择定时周期内是全饱和周期，这给选择地点带来很大的困难。

(2)方法二：非定周期饱和流量的观测

每周期分为三个时间间隔，第一间隔为绿灯最初的 10s，第二间隔为 10s 以后余下的绿灯时间，第三个间隔为黄灯时间。测量各个间隔饱和连续车流通过停车线(或冲突点)的车辆数，见表 3-14 所列，然后计算饱和流量。

表 3-14 饱和流量观测整理表

周期	饱和车流通过停车线的车辆数/辆			饱和时间/s	绿灯时间/s
	第一间隔	第二间隔	最后间隔		
(1)	(2)	(3)	(4)	(5)	(6)
1	3	12	1	35	35
2	4	3	0	20	20

(续表)

周期	饱和车流通过停车线的车辆数/辆			饱和时间/s	绿灯时间/s
	第一间隔	第二间隔	最后间隔		
3	3	6	—	14	29
4	3	—	—	10	11
5	1	—	—	—	12
6	4	10	—	34	46
7	3	23	1	52	52
8	3	14	—	44	53
9	3	10	2	34	34
10	2	8	1	27	27
11	2	4	—	18	33
12	3	8	—	25	30
13	4	6	—	22	27
14	3	4	—	21	34
15	3	15	0	45	45
16	2	17	3	52	52
17	3	18	1	52	52
18	3	10	—	25	26
19	4	12	2	33	38
20	3	9	1	37	37
21	4	6	—	23	28
22	2	—	—	—	10
23	3	9	1	20	20
24	3	18	0	46	46
25	3	19	—	45	48
26	2	10	1	32	32
27	4	—	—	10	13
28	4	7	—	24	29
29	2	15	1	50	so
30	3	17	1	52	52
总计	$x_1=89$	$x_2=290$	$x_3=16$	$x_4=902$	$x_5=1024$
样本数	$n_1=30$	$n_2=26$	$n_3=15$	$n_4=23$	$n_5=30$

表 3－14 的第(5)列饱和时间指绿灯启亮后，饱和车流通过停车线的总时间。若饱和时间等于绿灯时间，则为全饱和周期，饱和时间小于绿灯时间为非全饱和周期，此时第(3)列为零。当饱和时间小于 10s 时，在计算饱和流量时应予排除。

饱和流率：

$$S^{*}=\frac{x_2}{x_4-10n_4} \tag{3-21}$$

式中，x_2——中间间隔的饱和车辆数；

x_4——饱和时间(s)；

n_4——记录饱和时间的周期数。

现$S^{*}=\frac{290}{902-10\times28}=0.466$(辆/s)，饱和流量 $S=3600\times0.466=1678$(辆/h)。

以上两个方法计算中若记录车辆为混合车辆，则还需按其组成换算成小汽车，再计算饱和流量。

(3)方法三：用测量车头时距的方法来计算饱和流量

测量饱和车流各车辆经过进口道停车线的时间和车型、色灯变换时间(各相位时间)。整理中以每周期第四辆车以后计算各饱和车流中车辆间的车头时距及车头时距平均值，用 3600s 除以平均车头时距即得饱和流量。

例 3－4 在某交叉口进口道测得停车线处饱和车流的车辆组成及车头时距见表 3－15 所列。

表 3－15 某交叉口进口道饱和车流组成及车头时距

车辆类型	大	中	小
平均车头时距/s	5.5	3.6	2.7
饱和车流中的车辆比重	20	23	57

根据表 3－15 计算得到混合饱和车流的平均车头时距 $\bar{h}_t$：

$$\bar{h}_t=5.5\times0.2+3.6\times0.23+2.7\times0.57=3.467\text{(s)}$$

$$\text{饱和流量 } S=\frac{3600}{3.47}=1038\text{(辆/h)}$$

3.6 起讫点调查(OD 调查)

起讫点调查即 OD 调查(OD 取自英文 Origin 和 Destination 的第一个字母)。它在交通规划中占有极为重要的地位。

OD 调查主要包括人的出行调查、车辆 OD 调查和货流 OD 调查三大内容。OD 调查的最大特点是将人、车、货的出行活动视作交通形成的细胞，据此研究交通的产生与分布。OD 调查是交通运输规划研究最基础的调查，可以全面地再现城市交通随机易逝、变化多端的特点，能揭示出城市交通症结的原因，反映交通需求与土地利用、经济活动的规律。

一、基本定义与术语

1. 出行

出行指人、车、货从出发点到目的地移动的全过程。出行“起点”，指一次出行的出发地点；“讫点”指一次出行的目的地。

出行作为交通行业的计测单位，它须具有三个基本属性：①每次出行有起讫两个端点；②每次出行有一定目的；③每次出行采用一种或几种交通方式。

居民出行调查对出行定义补充了另外三点：①每次出行必须利用有路名的街道或公路；②步行单程时间必须在 5min 以上，自行车单程距离在 400m 以上；③凡是以步行（或自行车）方式完成购物为目的连续出行，以其出发点为始点，最远到达地点为终点计为一次出行。

2. 出行端点

出行端点是出行起点、讫点的总称。每一次出行必须有且只有两个端点，出行端点的总数为出行次数的两倍。

3. 境内出行

境内出行指起讫点都在调查区域范围内的出行。

4. 过境出行

过境出行指起讫点都在调查区域范围外的出行。

5. 区内出行

区内出行指调查区域分成若干小区后，起讫点都在小区内的出行。

6. 区间出行

区间出行指调查区域分成若干小区后，起讫点分别位于不同小区间的出行。

7. 小区形心

小区形心指小内区出行端点（发生或吸引）密度分布的重心位置，即小区内交通出行的中心点，不是该小区的几何面积重心。

8. 期望线

期望线又称愿望线，为连接各小区形心间的直线，它的宽度表示区间出行的次数。因为反映人们期望的最短距离而得名，与实际出行距离无关。

9. 主流倾向线

主流倾向线又称综合期望线，是将若干条流向相近的期望线合并汇总而成，目的是简化期望线图，突出交通的主要流向。

10. OD 表

OD 表即表示起讫区之间出行交换数量的表格，如图 3-17 所示。

（甲）

讫点 起点	A	B	C	Σ
A	10	20	30	60
B	34	40	50	124
C	18	54	26	98
Σ	62	124	96	282

（乙）

小区号	A	B	C	Σ
A	20	64	38	122
B		80	104	184
C			52	52
Σ				358

（丙）

j i_2^1	1	2	3	…	n	$P_i=\sum_j t_{ij}$
1_2^1	t_{11}	t_{12}	t_{13}	…	t_{1n}	P_1
2_2^1	t_{21}	t_{22}	t_{23}	…	t_{2n}	P_2
3_2^1	t_{31}	t_{32}	t_{33}	…	t_{3n}	P_3
…	…	…	…	…	…	…
n_2^1	t_{n1}	t_{n2}	t_{n3}	…	t_{nn}	P_n
$A_t=\sum_j t_{ij}$	A_1^1	A_2^1	A_3^1	…	A_n^1	$T=\sum P_i\times\sum A_i^1$

（丁）

1	2	3	…	n	$T_i=\sum_j t_{ij}$
t_{11}	t_{12}	t_{13}	…	t_{1n}	T_1
	t_{22}	t_{23}	…	t_{2n}	T_2
		t_{33}	…	t_{3n}	T_3
			…	…	…
				t_{nn}	T_n
					$T=\sum T_i$

图 3－17　OD 表

11. 调查区域境界线

调查区域境界线指包围全部调查区域的一条假想线，有时还分设内线和外线，内线常为城市中心商业区（CBD）的包围线，如图 3－18 所示。

12. 分隔查核线

分隔查核线是为校核 OD 调查成果精度而在调查区域内按天然、人工障碍设定的调查线，可设一条或多条。它们将调查区域划成几个部分，用以实测穿越该线的各道路断面的交通量，如图 3－18 所示。

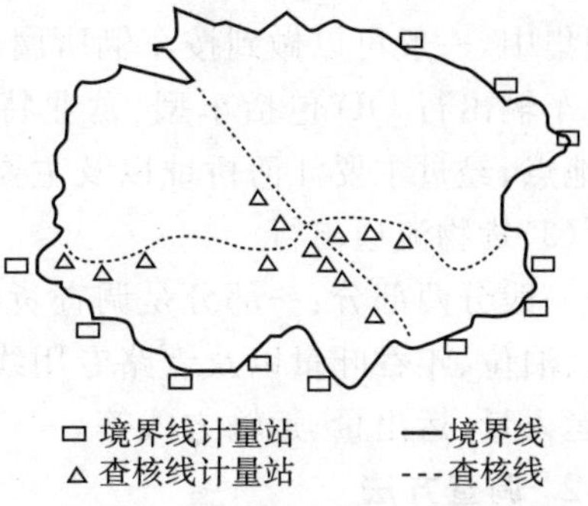

图 3－18　外围境界线和分隔查核线

13. 出行产生

出行产生包括交通分区内下述出行端点：家庭出行中的家庭一端端点，不论其为出发点或到达点;非家庭出行的出发点。

14. 出行吸引

相对于出行产生,出行吸引包括交通分区内下述出行端点:家庭出行中的非家庭一端的端点,不论其为出发点或到达点;非家庭出行中的到达点。整个调查区域的出行吸引数应等于出行产生数。

15. 出行分布

出行分布又称OD交通量。调查区域内各交通小区之间的车、人出行次数(见图3-17中t_{ij}),当限为车辆出行时,亦称交通分布。现状出行分布由OD调查得到。

二、起讫点调查目的

起讫点调查的实质是把出行(人、车、货)从技术与社会综合的角度进行研究。这种方法改变了传统的单靠断面交通量的调查与增长率估计来研究交通需求与交通运输能力的关系,是交通研究进程中的一个重大进步。

起讫点调查的具体目的:

(1)通过搜集出行类别与数量资料,在计算机上模拟现状的出行,为发现主要交通症结,调整与改善道路系统功能,从系统上和政策上对近远期工程项目排序提供依据;

(2)由OD调查资料、土地使用资料建立各类交通预测模型,为远期交通规划提供依据;

(3)客观地分析评价各类交通出行的特征,特别是公共交通服务水平,为提高公共交通系统运行效率,制定近期、远期交通政策提供有效信息。

三、起讫点调查类别与方法

1. 起讫点调查类别

(1)个人出行

个人出行包括城市居民和流动人口的出行,调查内容主要包括出行目的、出行方式、出行时间、出行距离、出行起讫点以及用地设施等。城市居民出行调查属世界各国开展交通调查最常用的方式之一。

(2)车辆出行

机动车辆包括货车与客车。机动车出行调查包括所有牌照车辆和调查日进入调查区域的外地车辆。摩托车、出租车和公共汽车应包含在客车调查范畴,在我国大中城市,由于管理集中,一般可以做到按车辆所属系统全样调查。

车辆出行OD包括车型、营业特点、装载客(货)、出行目的、出行次数、出发和到达时间、地点、经过主要江河桥址以及主要路口等。

(3)货物流通出行

一般分两部分:一部分是调查货物流通集散点(列名单位),调查运输设施能力(岸线、码头、泊位、年吞吐量以及铁路专用线、货运汽车)、停车场地、仓储情况;另一部分是货物种类、运入量、运出量、运输方式等。

2. 调查方法

调查方法很多,主要有以下几种方法:

(1)家访调查(个人出行)

对居住在调查区内的住户,进行抽样家访。由调查员当面了解该户中包括学龄儿童在内的全体成员一天的出行情况。

我国许多大城市居民出行调查采用这种方法进行出行调查。这种调查内容比较可靠,表格回收率高。在工作中辅以大量的宣传,实行市调查办、街道居委会、调查员三级管理质量保证,可以获得事半功倍之效。

家访调查还应包括在城市活动的流动人口出行调查。

(2)发(放)表调查(车辆出行)

将调查表格发给机动车驾驶员,由车辆管理系统落实到每个人,由他们填写后回收。填写前应做好动员与解释工作。对调查未出车的应注明原因,若系节假日则改填次日出行情况。

(3)路边询问调查

在主要道路或城市出入口设调查站,让车辆停下,询问该车的出行起讫点以及其他出行资料对访问地点的选择,如果调查只涉及一条孤立路线上的资料,取一个中间点位置进行驾驶员访问就可以了;如果要取得一个城市全部出入交通数据,应在该城市放射出去的所有路线上选择访问点。在调查人员有限的情况下,这种方法很有用,每天调查可限于一个站点,调查周期可以延至一周以上。路边询问一般要让驾驶员停车,一要警察协助,二要注意问答简练、准确,不致引起对方反感,应避免交通堵塞和注意交通安全。

(4)明信片法

当交通繁忙不能长时间停下车来作路边询问时,应采用在访问站对驾驶员发明信片的办法,要求驾驶员填写后投递寄回。访问站尽量设在交通减速地段,如通行收费处、交通信号处或有停车标志处。明信片法的回收率一般只有25%～35%。

(5)工作出行调查

对调查区内的职工抽样进行居住点(O点)和工作地点(D点)的调查,由于这项资料可以从工作单位的现成档案中抄得,能大大减轻调查工作量。虽然只是工作出行,但都是城市客流的主体,很适于公共交通规划。自行车专题调查也可以采用此方法进行。

(6)车辆牌照调查

由各调查站分时段记下通过测点的全部车辆牌照末几位数字,然后汇总各调查站记录进行汇总校对。凡第一次记牌照的地点即为该车的起点,凡最后一次记录牌照的地点便是该车的讫点。这种方法得到的信息往往太粗略,且投入的人力很大。因此,仅在研究一个枢纽地区的流量流向分布时采用。

(7)公交站点调查

为了了解公交客流分布,派人去车上或站上对乘客进行询问调查,了解乘客起、讫点与中转情况。主要内容有:①乘车路线,哪站下车;②下车后是否转车;③终点。这种调查抽样率高(可达20%)。

(8)购月票填卡调查

持月票者是一些城市公交客运的基本客流。利用月票换卡和购买之际,发表给购票者填写家庭地址、单位地址,上班出行、转车、上下车步行时间、候车时间、行程时间等项目。

(9)境界线出入调查

在调查区的境界上设调查站,对所有穿越该路线的车辆作统计,在干线边做询问调查,此法可做家访调查的补充。小城市的OD通常不做家访,而直接采用本方法。

(10)货物流通调查(货流OD)

在货源点和吸引点调查货源种类、数量,调查日的货流流向与流量,采用的运输工具等。

复习思考题

3.1 为什么要进行交通调查?交通调查有什么重要意义和作用?

3.2 交通量调查方法有哪几种?这些调查方法各有什么优缺点?要注意什么问题?

3.3 为什么要进行车种换算?换算的原则和方法是什么?

3.4 地点车速调查方法有哪几种?这些方法各有什么优缺点?

3.5 影响行车速度的因素有哪些?在进行行车速度调查时应如何考虑这些影响因素?

3.6 交叉口的交通调查包括哪些项目?各要调查什么内容?

3.7 什么叫延误?如何调查交叉口的停车延误?

习　题

3-1 测试车在一条东西长2km的路段上往返行驶12次,得出平均数据如下表:

行驶时间 t/min	与测试车对向行驶的来车数 x/辆	测试车被超车次数减去测试车超车数 y/辆
东行6次2.00	29.0	1.5
西行6次2.00	28.6	1.0

试分别求出东行和西行的交通量与车速。

3-2 在某城市一条两车道长100m的道路路段上测定地点车速,希望得到平均车速的容许误差在2.1km/h以内,并具有95.5%的置信水平。问至少应取多少样本?经实际观测,得到60个观测原始数据如下表:

地点车速观测原始数据　　单位:s

2.73	3.03	2.71	2.68	2.71	3.02
2.88	2.73	2.70	2.62	2.67	2.77
2.46	2.68	2.81	3.43	2.84	3.19
2.87	3.57	2.81	2.32	2.57	2.93
2.98	2.32	2.72	2.28	3.30	3.04
2.60	2.37	2.40	2.57	2.66	2.88

（续表）

2.78	2.59	2.70	2.71	2.51	2.54
3.15	2.41	2.49	2.23	2.90	2.45
2.77	2.47	2.51	2.80	2.53	2.56
2.66	2.59	2.73	2.70	2.92	2.90

问所取样本量是否满足要求，并对车速资料进行调整和分析。

3-3　在某一条车流中有30%的车辆以60km/h的稳定速度行驶，有30%的车辆以80km/h行驶，其余40%则以100km/h行驶，一观测车以70km/h的稳定车速随车流行驶5km，其中超越观测车减去被测试车超越的有17辆，在观测车以同样的车速逆车流行驶5km时，迎面相遇的有303辆车，试问：

(1)车流的平均车速和流量是多少？

(2)用上述观测法得到的是时间平均车速还是空间平均车速？

(3)试求有多少辆以100km/h的速度行驶的车超越观测车？

3-4　某交叉口采用抽样法调查停车延误，由10min观测（间隔为15s）所得资料列于表中，试作延误分析。

开始时间	在以下时间内停在进口内的车辆				进口流量	
	0s	15s	30s	45s	停止车数	没有停止车数
8:00	0	0	2	6	8	10
8:01	2	0	4	4	10	9
8:02	3	3	6	0	12	15
8:03	1	4	0	5	10	8
8:04	0	5	0	1	5	11
8:05	9	1	2	6	15	12
8:06	3	0	7	0	10	7
8:07	1	2	6	2	9	8
8:08	5	7	5	0	16	13
8:09	1	3	0	4	8	16
8:10	3	0	6	5	10	10

4 道路交通流理论

交通流理论是交通工程学的基础理论，它是运用数学和物理学的定理来描述交通流特性的一门边缘科学。它以分析的方法阐述交通现象及其机理，探讨人和车在单独或成列运行中的动态规律及人流或车流流量、流速和密度之间的变化关系，以求在交通规划、设计和管理中达到协调和提高各种交通设施使用效果的目的。

虽然交通流理论迄今还没有形成完整的体系，但就已有研究成果，大致可归纳为四种：

(1)概率统计分布的应用；

(2)随机服务系统理论(排队论)的应用；

(3)流体力学模拟理论(波动理论)的应用；

(4)跟驰理论(动力学模拟理论)的应用。

4.1 交通流特性

交通流由单个驾驶员与车辆组成，以独特的方式在车辆间、公路要素以及总体环境之间产生影响。由于驾驶员的判断能力及驾驶技术的影响，交通流中的车辆行为不可能一致。更进一步地讲，即使在完全相同的环境中，由于驾驶员的行为受当地特征及驾驶习惯的影响，也就不会存在两个表现完全相同的交通流。

研究交通问题与研究纯物理现象是很不相同的。根据水力学的原理，通过给定特性的涵管的既定水流会呈现出一种完全可以预知的状态。而通过既定特性的道路和公路的既定交通流则会随着地点和时间的不同而不同。这就是对交通工程的一种挑战：在规划和设计时，虽确切知道某一事件所受到的特定物理条件和复杂的人类行为的约束，却仍然难以事先预知其发展情况。

然而，总是存在一个合理的较一致的驾驶员行为范围，因而也就存在着一个合理一致的交通流表现范围。

定量描述交通流，一方面是为了理解交通流特性的内在变化关系，另一方面也是为了限定交通流特征的合理范围。为了做到这些，必须定义和测量一些重要参数。基于这些参数以及由此而确定的交通流发生的合理范围，交通工程必须分析、评估，并最后制定出改造交通设施的规划方案。本章将重点讨论对于这类参数的定义，同时也将对交通流的重要特性进行讨论。

一、交通设施种类

交通设施从广义上被分为连续流设施与间断流设施两大类。这些设施与交通流要素间的相互作用有关，交通流要素控制着沿线设施的大体特性。

连续流设置下，无内部因素会导致交通流周期性中断。连续流主要存在于设置了连续流设施的高速公路及一些限制出入口的路段。在这些路上，没有停车或让路一类的交通标志，也不会由于平交而中断车流。在乡村公路重要交叉口之间的较长路段也可能属于该类设施，这些路段的设施特性接近于限制出入口路段的设施。

在连续设施下，交通流是由单个车辆之间及车辆与公路几何特征和总体环境之间相互作用的结果。在这类设施下的车流模式仅仅由土地的使用特性而衍生的车辆行程所控制。甚至当极端拥挤时，那也只是由于交通流内部的而非外部的干扰导致了车流停滞。因此，即使司机在公路上遇到了交通堵塞，这类设施仍被划分为"连续流"范畴。

间断流设施是指那些由于外部设备而导致了交通流周期性中断的设置。导致间断流的主要装置是交通信号，它使车流周期性中止运行。其他设置，如停车或让路标志，也会中止交通。同样，在一些有着重要用途却没有任何控制的路段上，车流也会受到中断。

在间断流设施下，交通工程师必须注意车流经常性的停车和重新启动。车流不仅受车辆与道路环境的相互影响，也受着周期性信号的影响。比如说，交通信号只在部分时间内允许车流运动，在这类设施下，由于车流受到周期性的干扰，车流就表现为成队行进的车群。车群是指一队车辆一起沿着同一方向运动，在一队与另一队之间存在着明显的间隔。在信号设施下，车群是由连续的交叉口内绿灯时段的模式而形成的。从本质上来说，间断流设施不可能连续使用，且时间作为一个重要参数影响着车流。

交通信号分隔出车群，因而车群有分散的趋向。当信号离得足够远时，车辆分散的趋向就较明显，以致在某些路段形成了连续流。信号标志之间距离多大时才会产生连续流尚未有一个确切的标准。许多变化因素影响着车流的分散，包括信号安装的合适程度，从未设信号标志的交叉口进入交通流的车辆数量和模式以及信号之间的驾驶方式。一般认为，信号间间隔 3.2km 是产生连续流的足够长的距离。

二、连续流特征

1. 总体特征

交通量 Q、行车速度 $\overline{V_s}$、车流密度 K 是表征交通流特性的三个基本参数。

这三个参数之间的基本关系为

$$Q=\overline{V_s}\cdot K \tag{4-1}$$

式中，Q—— 平均流量(辆/h)；

$\overline{V_s}$—— 空间平均车速(km/h)；

K—— 平均车流密度(辆/km)。

流量、密度、速度三者之间的关系式可以用三维空间中的图像来表示，如图 4-1 所示，尽管如此，为了便于理解，通常将这个三维空间曲线投影到二维空间中，如图 4-2 所示。

由图 4-2，我们可以找出反映交通流特性的一些特征变量：

(1) 极大流量 Q_m，就是 $Q-V$ 曲线上的峰值。

(2) 临界速度 V_m，即流量达到极大时的速度。

(3) 最佳密度 K_m，即流量达到极大时的密度。

(4) 阻塞密度 K_j，车流密集到车辆无法移动($V=0$)时的密度。

(5) 畅行速度V_f，车流密度趋于零，车辆可以畅行无阻时的平均速度。

图 4－2 阐明了这些变量之间的大致关系，这些关系不仅适用于连续流，也适用于两个固定干扰点之间的间断流，这些关系会随不同地点或同一地点不同时间而有很大变化。

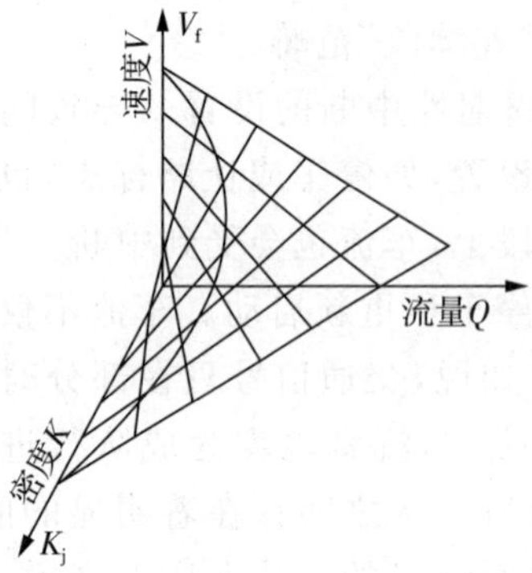

图 4－1　$Q=V\cdot K$ 交通流模型曲线图

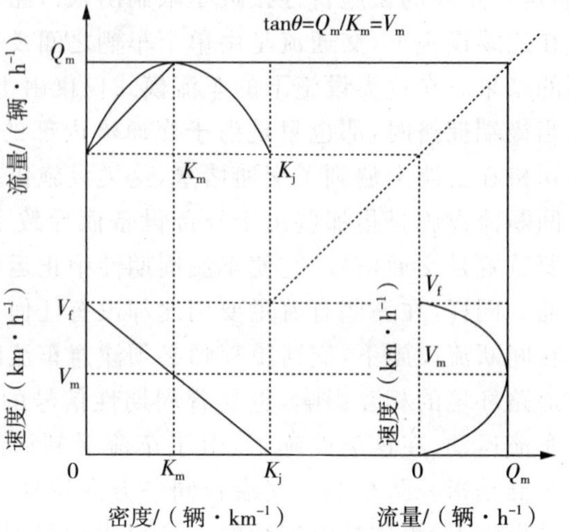

图 4－2　$Q-K$、$V-Q$、$V-K$ 关系曲线图

2. **数学描述**

(1) 速度与密度的关系

1963 年，格林希尔茨(Greenshields) 提出了速度-密度线性关系模型：

$$V=V_f\left(1-\frac{K}{K_j}\right) \tag{4-2}$$

式中符号意义如前。

这一模型简单直观(见图 4－3)，研究表明，式(4－2) 表示的模型与实测数据拟合良好。

由图 4－3 可见，当 $K=0$ 时，$V=V_f$，即在交通量很小的情况下，车辆可以自由速度行驶。当 $K=K_j$ 时，$V=0$，即交通密度很大时，车辆速度就趋于零。流量变化也可以在速度-密度图上说明，例如，已知 C 点的速度为V_m 和密度为K_m，因为$Q=K\overline{V}_s$，故流量就等于矩形面积(阴影部分，$Q_m=V_m K_m$)。

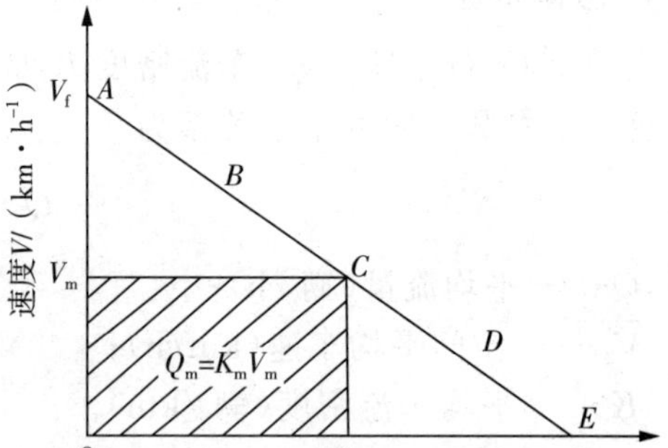

图 4－3　速度-密度关系图

当交通密度很大时，可以采用格林柏 (Grenberg) 提出的对数模型：

$$V=V_m\ln\frac{K_j}{K} \tag{4-3}$$

式中，V_m—— 对应最大交通量时的速度；其余符号意义同前。

当密度很小时，可采用安德伍德(Underwood)提出的指数模型：

$$V=V_f\,e^{-\frac{K}{K_m}} \tag{4-4}$$

式中，K_m—— 对应最大交通量时的密度。

(2) 流量与密度的关系

交通流的流量-密度关系是交通流的基本关系。根据格林希尔茨公式(4-2)及基本关系式(4-1)，得：

$$Q=K\,V_f\left(1-\frac{K}{K_j}\right) \tag{4-5}$$

式(4-5)表示一种二次函数关系，用图表示就是一条抛物线，如图4-4所示。图上点C代表通行能力或最大流量Q_m，从这点起，流量随密度增加而减小，直至达到阻塞密度K_j，此时，流量$Q=0$。以原点A、曲线上的B、C和D点的箭头为矢径，这些矢径的斜率表示速度。通过点的矢径与曲线相切，其斜率为自由速度V_f。在流量-密度曲线上，对于密度比K_m小的点表示不拥挤情况，而密度比K_m大的点表示拥挤的情况。

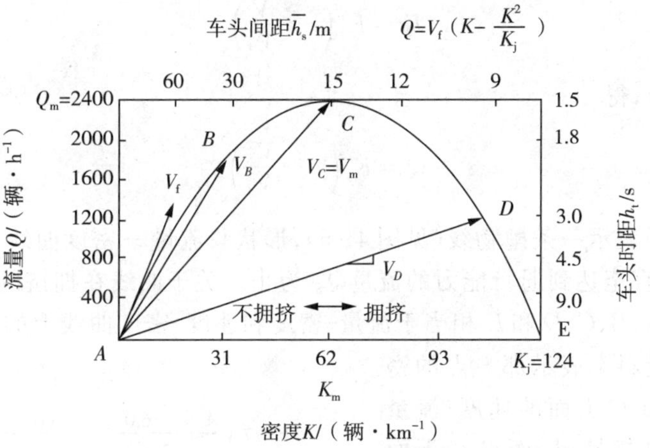

图 4-4　流量—密度关系图

从基本定义出发，可证明平均车头时距$\overline{h_t}$及平均车头间距$\overline{h_s}$分别为流量及密度的倒数。假定车辆平均长度为6.1m，在堵塞密度时，单车道的车辆间的平均距离为1.95m，因此$\overline{h_s}=8.05$m。因为

$$\overline{h_s}=\frac{1000}{K}$$

曲线上点E的堵塞密度值：

$$K_j=\frac{1000}{\overline{h_s}}=\frac{1000}{8.05}=124(\text{辆}/\text{km})$$

然后假定：$\overline{h_t}=1.5$s，因为

$$\overline{h_t}=\frac{3600}{Q}$$

曲线上C点表示最大流量值或通行能力$Q_m=\frac{3600}{\overline{h_t}}=\frac{3600}{1.5}=2400$(辆/h)。点$C$的密度$K_m$可直接从图中看出,等于62辆/km。

确定最大流量时的速度V_m,只要计算从原点A到C的矢径斜率,即

$$V_m=V_C=2400/62=38.7(\mathrm{km/h})$$

流量-密度曲线上的其他点的数值以同样的方式找出。点B是表示不拥挤情况的一个典型点。从图4-4来看,点B的流量为1800辆/h,密度为30辆/km及速度(AB矢径的斜率)为58km/h。

点D是表示拥挤情况的一个典型点。从图4-4中看出,点D的流量为1224辆/h,密度为105.6辆/km,速度(AD矢径的斜率)为11.6km/h。根据定义,点A的密度、流量都等于零。

(3) 流量与速度关系

由式(4-2)知

$$K=K_j\left(1-\frac{V}{V_f}\right)$$

代入式(4-1),得

$$Q=K_j\left(V-\frac{V^2}{V_f}\right) \tag{4-6}$$

式(4-6)同样表示一条抛物线(见图4-5),形状与流量－密度曲线相似。通常速度随流量增加而降低,直至达到通行能力的流量Q_m为止。关于曲线在拥挤的部分时,流量和速度则都降低。点A、B、C、D和E相当于流量-密度和速度-密度曲线上的同样点。从原点E到曲线上点的向量斜率表示那一点的密度的倒数$1/K$。点C上面的速度-流量曲线部分表示不拥挤情况,而点C下面的曲线部分则表示拥挤的情况。

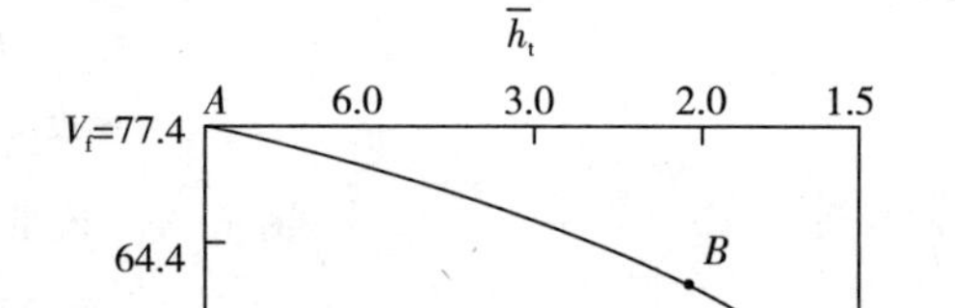

图4-5 速度-流量关系图

综上所述,按格林希尔茨的速度-密度模型、流量-密度模型、速度-流量模型(见图4-3、图4-4、图4-5)可以看出,Q_m、V_m和K_m是划分交通是否拥挤的重要特征值。当$Q\leqslant Q_m$、$K>K_m$、$V<V_m$时,则交通属于拥挤;当$Q\leqslant Q_m$、$K\leqslant K_m$、$V\geqslant V_m$时,则交通属于不拥挤。

例4-1 设车流的速度密度的关系为$V=88-1.6K$,如限制车流的实际流量不大于最大流量的0.8倍,求速度的

最低值和密度的最高值？（假定车流的密度 $K <$ 最佳密度K_m）

解　由题意可知：当 $K=0$ 时，$V=V_f=88\text{km/h}$，当 $V=0$ 时，$K=K_j=55$ 辆 /h。

则$V_m=44\text{km/h}$，$K_m=27.5$ 辆 /km，$Q_m=V_m K_m=1210$ 辆 /h。

由 $Q=VK$ 和 $V=88-1.6K$，有 $Q=88K-1.6K^2$（如图 4-6）。

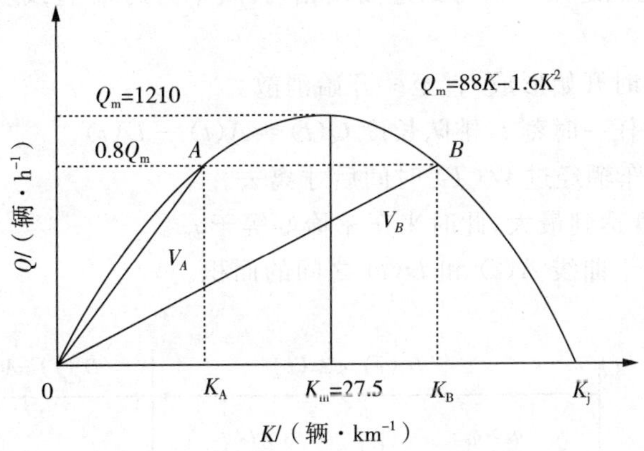

图 4-6　例 4-1 流量－密度关系图

当 $Q=0.8Q_m$ 时，由 $88K-1.6K^2=0.8Q_m=968$，解得：$K_A=15.2$，$K_B=39.8$。

则有密度K_A 和K_B 与之对应，又由题意可知，所求密度小于K_m，故为K_A。

故当密度为$K_A=15.2$ 辆 /km 时，其速度为$V_A=88-1.6K_A=88-1.6\times15.2=63.68(\text{km/h})$

即$K_A=15.2$ 辆 /km 时，$V_A=63.68\text{km/h}$ 为所求密度最高值与速度最低值。

3. 连续交通流的拥挤分析

(1) 交通拥挤的类型

连续交通流不一定是不拥挤的，因为它受到内部的干扰。连续交通流的拥挤可以分为两种类型。

① 周期性的拥挤。在同一地点和同一时间，例如每个工作日的早晨或夏季的每个星期日，重复出现的交通拥挤。

② 非周期性的拥挤。是由某种偶然事件造成的，例如交通事故或关闭一条道路所引起的交通拥挤。

(2) 瓶颈处的交通流

当进入某路段上游端的车辆数超过下游端道路通行能力时，在连续交通流中就会出现交通拥挤。图 4-7 所示为一条高速公路中去掉一个车道的情况。

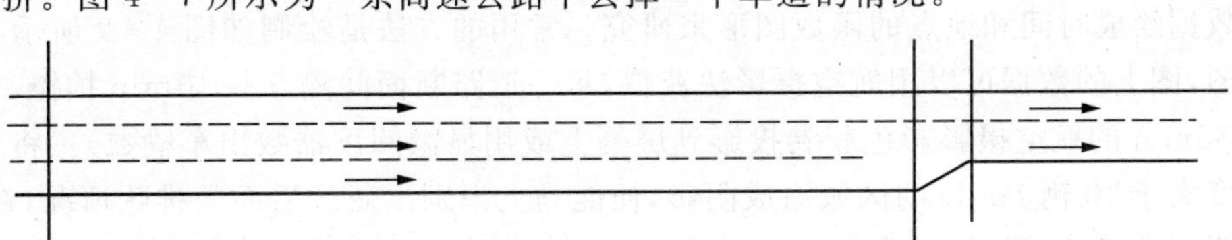

图 4-7　瓶颈示意图

通过绘制到达和离开瓶颈的累计车辆数曲线，可以分析临近瓶颈处的交通情况。在图 4－7 所示的简单的例子中，统计通过 x_1 断面的车辆数，可以得到累计到达曲线 $A(t)$（见图 4－8），x_1 位于距瓶颈相当远的上游处。设 q_m 为 x_3 至 x_4 之间的断面上可能达到的最大流量，显然，车辆不可能以大于 q_m 的流量通过 x_2，所以，离去曲线 $D(t)$ 的斜率不可能大于 q_m。因此，离去曲线可以近似地用一条与到达曲线相切，斜率为的 q_m 直线表示。由图 4－8 可以看出：

① 车辆排队在 t_1 时开始形成，直至 t_3 开始消散。

② 在 t_1 至 t_3 间的任一时刻 t，排队长度 $Q(t)=A(t)-D(t)$。

③ 时刻 t 到达的车辆经过 $W(T)$ 时间后才离去。

④ t_2 时，排队长度达到最大，此时来车率恰好等于 q_m。

⑤ 排队总延误等于曲线 $A(t)$ 和 $D(t)$ 之间的面积。

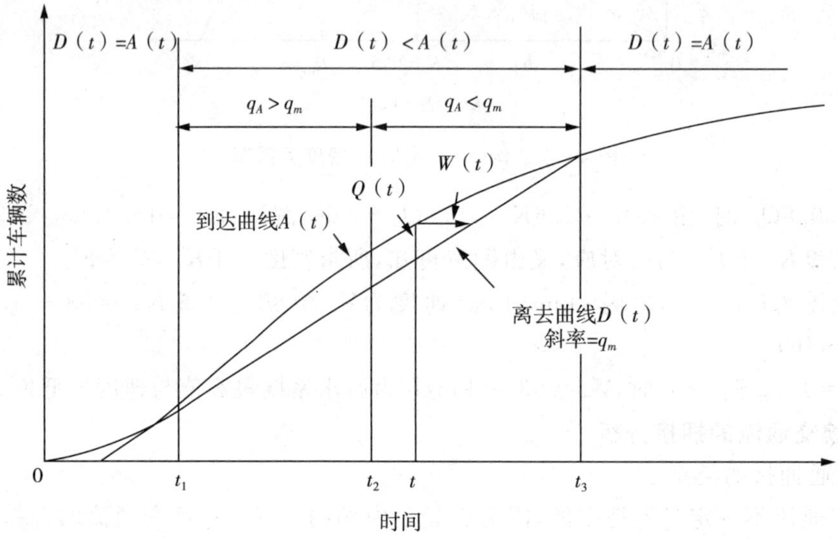

图 4－8　连续车流排队示意图

周期性的交通拥挤可能发生在任何通行能力降低处的上游，如窄桥的上游。当两股交通流的来车率之和超过下游可能允许的最大流量时，合流处的上游也经常会出现交通拥挤，如高速公路的驶入匝道。

（3）交通密度分析

虽然瓶颈上游周期性拥挤的概念十分简单，但是由几个现场观测不能判明的瓶颈相互作用所形成的交通模式通常是相当复杂的。这种情况下的交通模式可以通过观测交通特性并将数据绘成时间和地点的函数图形来研究。常用的方法是绘制如图 4－9 所示的密度等值线图，图上的数据可以用航空摄影法获得，每一道路断面间隔 5 ～ 10min 拍摄一次（通常是将 35mm 的航空摄影彩色胶卷投影到屏幕上或用显微阅读器数出车辆数）。将等值线图上密度大于 50 辆 / mile 的区域涂成阴影，便能马上识别出瓶颈后面的排队情况，在图 4－9 中，排队约在 7:10 形成，约在 7:45 达到最大长度，大约 8:00 排队消散，此即为图 4－8 中的 t_1 和 t_2，t_3 要注意较大的交通密度是在瓶颈的上游而不在瓶颈段内。

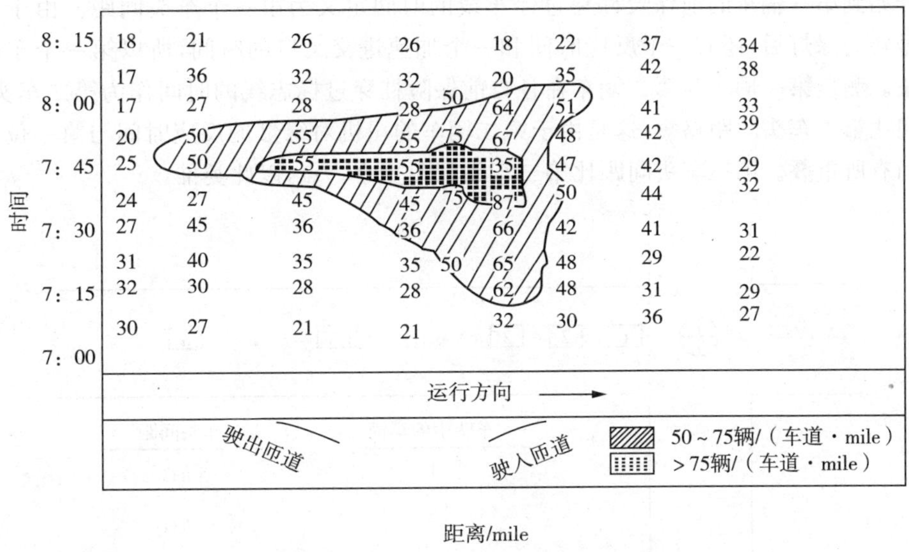

图 4－9　密度等值线图

将密度等值线图看作等高线图，先算出等密度线内的面积，然后再算出其体积，便可得到道路上所有车辆的总行程时间。

有时也可用速度等值线图代替密度等值线图，速度等值线图用流动车法（见第三章）的观测数据绘制。这时，虽然不能直接算出总行程时间，但仍能确定瓶颈的位置，因为车辆排队的特征是密度增大而车速降低。在多雾的地区，由于航空摄影有困难，经常使用速度等值线图。

密度或速度等值线图是一种特别有用的管理工具，用来监视高速公路系统的运行情况。因为在这种图上，瓶颈的位置及由此引起的交通拥挤的程度一目了然。

应当注意，如果用拓宽道路的方法来消除瓶颈，增加的交通流量有可能超过下游某些断面的通行能力。在这种情况下，为了判断拓宽费用是否合算，要看交通运行状况能否得到充分改善。通常在作出拓宽瓶颈的决定之前应当对这个问题进行调查研究。

（4）非周期性拥挤

周期性拥挤和非周期性拥挤的主要区别在于可预报性。图 4－8 和图 4－9 也可用来描述非周期性拥挤的特性，但一般不这样做，这是因为只有当过去的事件预料会重演时，人们才使用这样的图。

三、间断流特征

1. 信号间断处的车流

任何间断流设施，其最重要的地方是用于信号灯交叉口。在这些点上，瞬息万变的交通受到周期性的干扰，然后再从某一方式接着运行。如果规划合理，可以通过对交叉口时间利用及避开主要冲突的管理来实现有效且安全的优化。

把握好信号交叉口附近交通流的特征对于理解间断流具有重要意义。图 4－10 显示了一列车队通过信号交叉口的情形，当信号变为绿灯时，车队开始进入交叉。如果从车队进入交叉口即穿过图 4－10 所示的停车线时开始记录车头间距，就能观察到一个有趣的现象。从绿灯信号开始到第一辆车的前保险杠穿过停车线的时间定义为第一个车头间距。由于司机在看到信号转为绿灯后，还有一个反应时间和一个加速进交叉口的时间，所以第一个车头间距相对较长。测量第一辆车与第二辆车在各自前保险杠穿过标志线的时间作为第二车头间距、这一时间比第一车头间距略短，这是由于第二辆车的司机对绿灯的反应时间与第一位司机的反应时间有所重叠。第三车头间距比第二车头间距更小一点，以此类推。

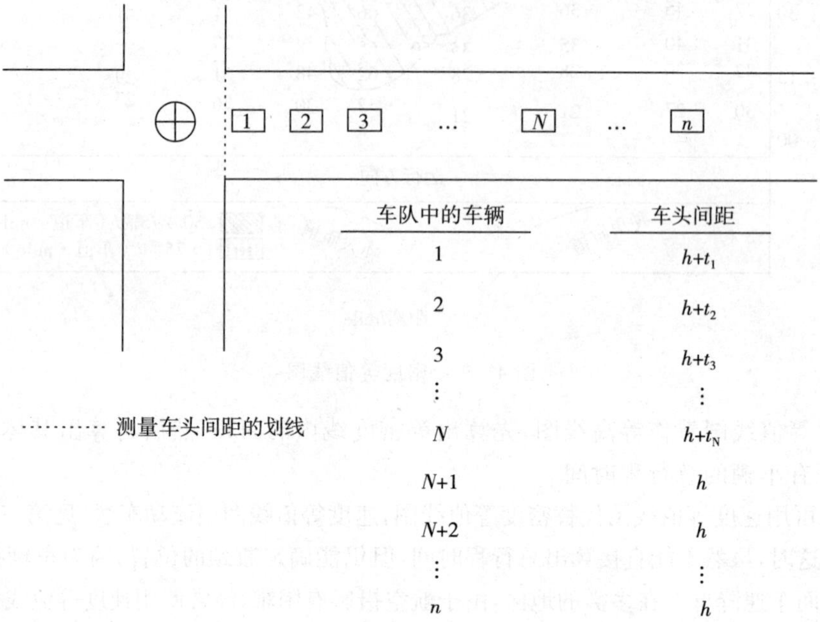

图 4-10　交通干扰点状况

最后(一般在第四与第六车头间距之间)，进入交叉口的车辆在它们到达停车线时已经完全加速，因而它们的车头间距大小一致。

图 4-11 是对应于车辆在车队中的位置所绘的车辆进入交叉口的平均车头间距。它说明了上述的模式，即司机必须对信号及他们的车辆作出反应，所以前几辆车的车头间距相对较大。

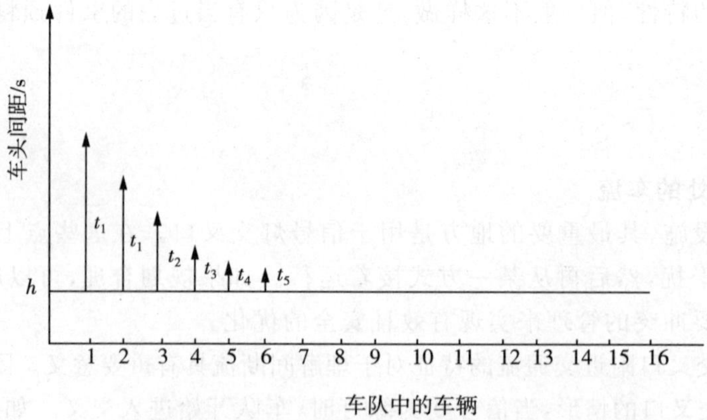

图 4-11　交通干扰点处的车头间距

车辆启动过程所造成的影响随着后续车辆的到来，逐渐减弱，直到某一时刻车辆在穿过停车线时已完全加速，这一时刻，可以观察到大小接近的车头间距。

2. 关键变量及其定义

在一列稳定移动的车队中观察获得的不变的车头间距被称为饱和车头间距A，假设车辆进入交叉口耗时为h，那么一个车道上进入交叉口的车辆数可以按式(4-7)计算：

$$S=\frac{3600}{h} \tag{4-7}$$

式中，S—— 饱和交通量比率(单车道每小时车辆数)；

h—— 饱和车头时距(s)。

饱和交通量比率S，指在一个信号为绿灯的单个车道上，进入交叉且不停的车辆数量。这是一个理论值，对于考虑具有不同引道形式的交叉口上交流量的统计有着重要意义。

然而，信号交叉口的交通流总会受到周期性的阻隔。当交通流开始移动时，前几辆车耗时均大于h，将前几辆车的超时(即消耗的大于平均车头时间h的时间)加在一起，称为启动损失时间(Start-up lost time)。如图4-10及图4-11所示，以t_i表示车队中第i辆车的超时，因而

$$l_1=\sum_i t_i \tag{4-8}$$

式中，l_1—— 启动损失时间(s)；

t_i—— 第i辆车的超时(s)。

每次车流从静止开始启动，不仅每辆车要耗时h，而且还要加上一个启动损失时间。这其中还假定了为使一列车队达到稳定行驶所需的车辆数量。每次车流停下时，也要消耗一部分时间。

在假定绿灯时间得到充分利用的前提下，净损失时间l_2指最后一辆车从离开引道进入交叉到绿灯信号再次开始之间的时间。

饱和交通量比率与损失时间的关系是十分值得注意的。在任何给定的车道上，用于表述饱和交通量比率的是可用时间或是每秒车辆数。“可用时间”不包括红灯时间，也不包括启动损失时间和净损失时间。

因而，信号交叉口车道通行能力是基于饱和交通量比率、损失时间和信号配时而得出的。

3. 在停车或让路标志处的车流

在停车或让路标志处的引道上，司机必须作出一些判断，以选择主干道车流中合适的间隙穿过车流。这一选择是建立在主干道车流中存在可通过的间隙t且司机对间隙距离持认可态度的基础之上。

空档是指车辆连续横过交通流中一条行车路线时形成的时间间隔，等于车头时距减去车辆驶过自身车长所需的时间，而间隙是指要穿越另一行车路线连续车流的车辆，其到达时间与被穿越车流中下一辆车到达时间之间的间隔，主要街道的总容量、方向分布、车道数都将影响可利用的间隙数。

司机确定间隙是否可通过取决于穿过街道的距离、所要达到的运行行动的复杂性、主

街道车流流速、视距、等待一个车间隙的时间和司机自身特点。

4. 有效性指标 —— 延误

在间断流中，速度、密度等指标不足以表征服务水平。在某一地点，存在周期性的停止，停车的次数和延续时间是表示服务水平的一些有效手段。

延误是经常用于表征间断流服务水平的一个指标。大体说来，有两类延误：

(1) 停车延误，指车辆用于横穿公路所消耗的停车总时间。

(2) 运行延误，指预先决定的最优条件下的理想运行时间与实际运行时间的差值。它包括停车延误和由运行速度低于理想速度而造成的延误。

由于运行延误需要确定一个理想的运行时间或运行速度，而停止延误较易识别和确定，因而比起停车延误来，较少使用运行延误这一指标。

在信号交叉口，也用其他一些延误，称为引道延误。这包括停车延误加上减速至停止和加速至正常车速所损失的时间。虽然这一延误不好直接测量，但研究发现信号交叉口处每辆车的平均引道延误大约是每辆车平均停车延误的 1.3 倍。

4.2 概率统计模型

车辆的到达在某种程度上具有随机性，描述这种随机性的统计分布规律的方法有两种：一种是以描述可数事件的离散型分布为工具，考察在一段固定长度的时间或距离内到达某场所的交通数量的波动性；另一种是以描述事件之间时间间隔的连续型分布为工具，研究事件发生的间隔时间或距离的统计分布特性，如车头时距分布、可穿越空档分布、速度分布等。

一、离散型分布

在一定的时间间隔 t 内到达的车辆数 K 是变化不定的。例如，在某大桥上取一个断面，以 $T=30\text{s}$ 为计数间隔，对一个方向的车流到达数连续作了 232 个间隔的观测，得到 232 个到达数如表 4-1 所列。为了显示这些到达数的内在规律，把该表重新整理得到表 4-2。此表第一列为各到达数 K，第二列为到达数是 K 的那些间隔出现的次数，第三列由第二列各次数除以总次数 232 而得，这一列称为到达数的实测分布。这个分布具有如下特征到达数为 5 出现的概率(即分布值) 最大，达到 15.95%，而 5 是最接近平均流量 5.25 辆 /30s 的一个整数(232 个到达数的总和为 1218 辆，所历时间 116 分钟，由此算出流量为 630 辆 /h，或每 30s 通过 5.25 辆)。到达数离平均流量愈远，大体上出现的概率愈小。为了预测概率 p_k，有必要找出与实测分布贴近的理论分布。常用的可供选择的理论分布有泊松分布、二项分布和负二项分布三种，下文逐一加以讨论。

表 4-1　某大桥车流到达数观测值

2	4	3	4	10	5	6	2	2	5	8	5	4	5	5	3	1
7	10	6	6	3	2	11	7	8	5	10	6	5	7	3	3	1
0	1	1	1	10	5	8	6	2	3	4	2	6	3	9	5	8
1	5	3	4	6	6		6	10	10	4	4	7	10	6	7	6

（续表）

6	8	6	2	11	7	3	3	3	8	9	9	6	5	4	9	9
5	9	7	2	7	7	8	2	7	5	8	3	9	6	5	6	4
7	8	5	7	5	5	5	7	1	6	6	1	5	7	4	12	6
5	2	8	4	3	4	6	9	9	8	3	5	5	1	8	4	8
2	10	9	5	8	3	4	2	3	5	11	4	7	5	6	7	8
6	3	8	3	6	3	2	4		5	8	1	5	7	3	4	3
1	2	2	5	6	5	4	6	7	6	5	5	4	8	6	1	5
1	8	2	5	6	0	3	3	4	11	3	2	6	9	7	4	6
8	8	9	3	1	3	4	3	7	6	7	7	5	2	4	6	7
4	6	1	4	3	5	9	5	7	3	11						

表 4-2　分布拟合计算表

到达数 K	实测次数 f_K	实测分布 P_K	泊松分布的 f_K	负二项分布的 f_K
0	2	0.0086	1.2	2.4
1	15	0.0647	6.4	9.7
2	20	0.0862	16.7	20.7
3	28	0.1207	29.3	31.0
4	27	0.1164	38.5	36.5
5	37	0.1595	40.5	36.0
6	31	0.1336	35.4	30.9
7	20	0.1034	26.6	23.7
8	21	0.0905	17.5	16.5
9	13	0.0560	10.2	10.7
10	8	0.0345	5.4	6.4
11	4	0.0172	2.0	3.7
12	2	0.0086	1.1	2.0
>12	0	0	0.7	1.8
$\sum$	333	1	232	232

1. 泊松分布

在时间间隔 t 内到达 K 辆车的概率 P_K，若为

$$P_K=\frac{(\lambda t)^K}{K!}\mathrm{e}^{-\lambda t},k=0,1,2,\cdots \tag{4-9}$$

就称该车流到达服从泊松分布。式中e为自然对数的底，λ为平均流量。通常t以s作单位，λ以“辆/s”作单位。λt等于时间间隔t内平均到达的车辆数，若记$a=\lambda t$，则

$$\begin{cases} P_0 = 0^{-a} \\ P_1 = \dfrac{a^1}{1!}\, 0^{-a} = \dfrac{a}{1}\, P_0 \\ P_2 = \dfrac{a^2}{2!}\, 0^{-a} = \dfrac{a}{2}\, P_1 \\ \quad\cdots\cdots \\ P_K = \dfrac{a}{K}\, P_{K-1} \end{cases} \tag{4-10}$$

上式称为递推公式，用它来计算从0直到K的若干个P_K值，会比用公式(4-9)计算快速得多。

记E为数学期望，D为方差。对于泊松分布，E和D的计算如下

$$E = \sum_{K=0}^{\infty} K\, P_K = \sum_{K=0}^{\infty} \frac{a^K}{K!}\, e^{-a} = a \tag{4-11}$$

$$D = \sum_{K=0}^{\infty} (K-E)^2\, P_K = \sum_{K=0}^{\infty} (K-a)^2\, \frac{a^K}{K!}\, e^{-a} = a \tag{4-12}$$

数学期望等于方差，这是泊松分布的特性。

例4-2 某信号灯交叉口的周期$C=97$s，有效绿灯时间$g=44$s，饱和流量$s=900$辆/h，设到达流量$Q=369$辆/h，车辆服从泊松分布。求到达的车辆能在本周期内通过交叉口的那些周期所占的最大百分率。

解：以周期C作为计数间隔。一个间隔能通过的最大车辆数为$44\times900/3600=11$辆。到达数不超过11的那些周期就是要计算其百分率的周期。

$$\lambda t = \frac{369\times97}{3600} = 9.9，即\ a = 9.9$$

按泊松分布公式分别计算到达车辆数为0、1、2、3、4、5、6、7、8、9、10、11辆车的概率，可得到到达车辆数大于11辆的周期出现的概率为

$$P(车辆数大于11) = 0.29$$

即不发生二次排队的周期最多占71%。

2. 负二项分布

平均到达流量为λ辆/s，计数间隔为t秒的车流到达数k出现的概率P_k若为

$$\begin{cases} P_0 = \left(1+\dfrac{\lambda t}{\beta}\right)^{-\beta} \\ P_K = \dfrac{k+\beta-1}{k}\, \dfrac{\lambda t}{\beta+\lambda t}\, P_{K-1},\ k=1,2,\cdots \end{cases} \tag{4-13}$$

就称车辆到达服从负二项分布。式中 λ、β 为分布的参数，取正实数值。

若令

$$P=\left(1+\frac{\lambda t}{\beta}\right)^{-1},q=1-p \text{ 则 } 0<p<1 \tag{4-14}$$

上面的概率公式可写成

$$\begin{cases}P_0=P^{\beta}\\ P_k=\dfrac{k+\beta+1}{k}q\,P_{k-1}\end{cases} \tag{4-15}$$

通过推证，可得分布的数学期望 E 和方差 D：

$$E=\frac{\beta(1-p)}{p},D=\frac{\beta(1-p)}{p^2},D>E \tag{4-16}$$

容易验证 $E=\lambda t$。即数学期望等于平均到达数。方差大于数学期望（均值）是负二项分布的特性。它表明车流到达服从负二项分布，则到达的不均匀性高于到达分布为泊松分布的车流。

如果按上文公式算出了实测分布的均值 m 和方差 S^2，那么让它们分别代替 E 和 D，就可从公式(4-16)中解出参数 β、p：

$$p=\frac{m}{S^2},\beta=\frac{m^2}{S^2-m} \tag{4-17}$$

3. 二项分布

车流的到达数参差程度不高，则算出的 S^2/E 肯定小于 1，此时的到达分布不会服从负二项分布，也可能不服从泊松分布，可采用下面公式定义的二项分布来拟合实测分布：

$$P_k=C_k^n\left(\frac{\lambda t}{n}\right)^k\left(1-\frac{\lambda t}{n}\right)^{n-k},k=0,1,2,\cdots,n \tag{4-18}$$

式中，P_k、λ、t 的意义同前文，λ 和 n 是两个参数，n 为正整数，λt 平均到达数，且

$$C_k^n=\frac{n!}{k!\ (n-k)!} \tag{4-19}$$

由于 λt 为平均到达数，必有 $0<\lambda t<n$，若记 $p=\dfrac{\lambda t}{n}$，则 $0<p<1$。

则上面概率公式可改写成

$$P_k=C_k^n p^k\ (1-p)^{n-k},k=0,1,2,3,\cdots \tag{4-20}$$

或演变成利于计算的递推公式：

$$P_0=(1-p)^0,P_{k+1}=\frac{n-k}{k+1}\frac{p}{1-p}P_k \tag{4-21}$$

且

$$E = np, D = np(1-p), D < M \quad (4-22)$$

方差小于数学期望是二项分布区别于前两种分布的显著特点。用 m、S^2 分别代替 E 和 D，可反解出两个参数：

$$P = \frac{m - S^2}{m}, n = \frac{m^2}{m - S^2} \quad (4-23)$$

二、连续型分布

描述事件之间时间间隔的分布称为连续型分布。连续型分布常用来描述车头时距或穿越空档、速度等交通流特性的分布特征。

1. 负指数分布

若车辆到达符合泊松分布，则车头时距就是负指数分布。

由式(4-9)可知，在计数间隔 t 内没有车辆到达($k=0$)的概率为

$$P(0) = e^{-\lambda t} \quad (4-24)$$

上式表明，在具体的时间间隔 t 内，如无车辆到达，则上次车到达和下次车到达之间，车头时距至少有 t，换句话说，$P(0)$ 也是车头时距等于或大于 t 的概率，于是得

$$P(h \geqslant t) = e^{-\lambda t} \quad (4-25)$$

而车头时距小于 t 的概率则为

$$p = (h < t) = 1 - e^{-\lambda t} \quad (4-26)$$

若 Q 表示每小时的交通量，则 $\lambda = Q/3600$ 辆/s，式(4-26)可以写成：

$$P(h \geqslant t) = e^{-Qt/3600} \quad (4-27)$$

式中 $Qt/3600$ 是到达车辆数的概率分布的平均值。若令 M 为负指数分布的均值，则应有

$$M = 3600/Q = \frac{1}{\lambda} \quad (4-28)$$

负指数分布的方差为

$$D = \frac{1}{\lambda^2} \quad (4-29)$$

用样本的均值 m 代替 M、样本的方差 S^2 代替 D，即可算出负指数分布的参数 λ。

2. 移位负指数分布

为克服负指数分布的车头时距愈趋近零其频率出现愈大这一缺点，可将负指数分布曲线从原点 0 沿 t 轴向右移一个最小间隔长度 τ(根据调查数据确定，一般在 1.0 至 1.53 之间)，得到移位负指数分布曲线，它能更好地拟合观测数据。

移位负指数分布的分布函数：

$$P(h \geqslant t) = e^{-\lambda(t-\tau)}, \quad t \geqslant \tau \quad (4-30)$$

$$P(h < t) = 1 - e^{-\lambda(t-\tau)}, \quad t \geqslant \tau \tag{4-31}$$

其概率密度函数为

$$f(t) = \begin{cases} \lambda' e^{-\lambda'(t-\tau)}, t \geqslant \tau \\ 0, t < \tau \end{cases} \tag{4-32}$$

式中$\lambda' = \dfrac{1}{\bar{t} - \tau}$,$\bar{t}$为平均车头时距

分布的均值和方差分别为

$$M = \frac{1}{\lambda'} + \tau, \quad D = \frac{1}{\lambda^2} \tag{4-33}$$

用样本均值m代替M样本方差S^2代替D,则可算出移位负指数分布的两个参数λ和τ。

3. 韦布尔分布

(1) 基本公式

$$P(h \geqslant t) = \exp\left[-\left(\frac{t-\gamma}{\beta-\gamma}\right)^{\alpha}\right], \gamma \leqslant t \leqslant \infty \tag{4-34}$$

式中β、γ、α为分布参数,取正值且$\beta > \gamma$。γ称为起点参数,α称为形状参数,β称为尺度参数。显然,负指数分布和移位负指数分布是韦布尔分布的特例。

韦布尔分布的概率密度函数为

$$p(t) = \frac{\mathrm{d}[1 - P(h \geqslant t)]}{\mathrm{d}t} = \frac{1}{\beta - \gamma}\left(\frac{t-\gamma}{\beta-\gamma}\right)^{\alpha-1} \exp\left[-\left(\frac{t-\gamma}{\beta-\gamma}\right)^{\alpha}\right] \tag{4-35}$$

图4-12是$y=0$、$\beta=1$的韦布尔分布的概率密度曲线,曲线的形状随着参数的大小而变化,可见韦布尔分布的适用范围是比较广泛的。当$\alpha=1$时即为负指数分布,$\alpha=3$或2时,与正态分布没有多少差异。

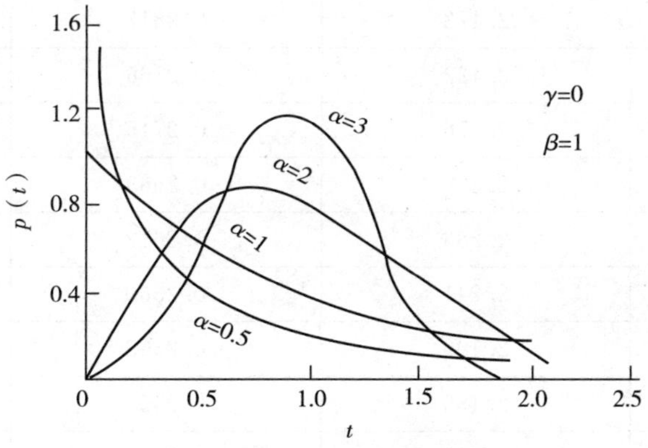

图4-12　韦布尔概率密度曲线

(2) 拟合方法

设$t_1, t_2, t_3, \cdots, t_n$为某随机变量$t$的一组观测值，则韦布尔分布拟合的步骤如下：

① 计算t的样本均值m和方差S^2并用下式计算样本分布的偏倚系数C_s：

$$C_s = \frac{\sum_{i=1}^{n}(t_i - m)^3}{(n-3)S^3} = \frac{\sum_{j=1}^{g}(t_i - m)^3 \cdot f_j}{(n-3)S^3} \tag{4-36}$$

② 从表4-3中查出与相对应的$1/\alpha$、$B(\alpha)$、$A(\alpha)$，计算出参数α。

表4-3 韦布尔拟合用表

$1/\alpha$	$B(\alpha)$	$A(\alpha)$	C_s
0.28	3.573	0.3537	0.0075
0.29	3.468	0.3501	0.0383
0.30	3.370	0.3455	0.0687
0.31	3.277	0.3408	0.0989
0.32	3.190	0.3361	0.1287
0.33	3.106	0.3313	0.1583
0.34	3.030	0.3265	0.1876
0.35	2.955	0.3217	0.2167
0.36	2.885	0.3168	0.2455
0.37	2.818	0.3119	0.2741
0.38	2.754	0.3069	0.3024
0.39	2.692	0.3019	0.3306
0.40	2.634	0.2969	0.3586
0.41	2.578	0.2919	0.3865
0.42	2.524	0.2368	0.4141
0.43	2.472	0.2817	0.4417
0.44	2.422	0.2766	0.4691
0.45	2.376	0.2715	0.4963
0.46	2.328	0.2663	0.5235
0.47	2.283	0.2612	0.5505
0.48	2.241	0.2560	0.5775
0.49	2.199	0.2508	0.6043
0.50	2.159	0.2456	0.6311
0.51	2.120	0.2404	0.6578

（续表）

$1/\alpha$	$B(\alpha)$	$A(\alpha)$	C_s
0.52	2.082	0.2352	0.6844
0.53	2.045	0.2299	0.7110
0.54	2.009	0.2247	0.7376
0.55	1.975	0.2195	0.7640
0.56	1.941	0.2142	0.7905
0.57	1.909	0.2090	0.8169
0.58	1.877	0.2038	0.8433
0.59	1.846	0.1985	0.3697
0.60	1.815	0.1933	0.8960
0.61	1.786	0.1881	0.9224
0.62	1.757	0.1829	0.9488
0.63	1.729	0.1777	0.9751

③ 计算参数 β、γ 的估计值。

$$\beta = m + S \cdot A(\alpha), \gamma = \beta - S \cdot B(\alpha) \tag{4-37}$$

将参数 α、β、γ 代入式(4-34)，即可以求得韦布尔分布。

(3) 应用举例

例 4-3 在某坡道断面上测得重型车辆爬坡速度的156个值，经整理后列于表4-4的第一、三列，试用韦布尔分布拟合。

$$m = \frac{6 \times 3.5 + 25 \times 4.5 + \cdots + 3 \times 10.5 + 1 \times 11.5}{156} = 6.51$$

$$S = \left\{\frac{1}{155} \times \left[6 \times (3.5 - m)^2 + 25 \times (4.5 - m)^2 + \cdots + 1 \times (11.5 - m)^2\right]\right\} = 1.65$$

$$C_s = \frac{6 \times (3.5 - m)^3 + 25 \times (4.5 - m)^3 + \cdots + 1 \times (11.5 - m)^3}{153\, S^3} = 0.41$$

根据$C_s = 0.41$ 查表 4-3 求出：

$$\alpha = 2.381, B(\alpha) = 2.524, A(\alpha) = 0.2868$$

计算得：

$$\beta = 6.51 + 1.65 \times 0.2968 = 6.983 \gamma = 6.983 - 1.65 \times 2.524 = 2.818$$

所求的韦布尔分布函数为

$$P(v) = \exp\left[-\left(\frac{v - 2.818}{4.165}\right)^{2.381}\right]$$

以速度为3,4,…,12分别代入所求得的$P(v)$中,可分别算出大于3,4,…,12的速度出现的理论频数,列于表4-4的第四列,这一列中上下两数之差就是各速度分组的理论频数,列于表4-4的第五列。

表4-4　某坡道观测车辆爬坡速度整理表

速度分组/($m\cdot s^{-1}$)	组中值/($m\cdot s^{-1}$)	实测频数	$156P(v)$(v为组下界)	理论频数
<3		0		
3～4	3.5	6	156	8
4～5	4.5	25	148	22
5～6	5.5	28	126	34
6～7	6.5	41	92	35
7～8	7.5	27	57	38
8～9	8.5	17	29	17
9～10	9.5	8	12	8
10～11	10.5	3	4	3
11～12	11.5	1	1	1
<12		0	0	0
$\sum$		156		

4. 爱尔朗分布

爱尔朗分布亦是较为通用的车头时距、速度等交通特征的分布模型。根据分布函数中参数"l"的改变而有不同的分布函数。

累积的爱尔朗分布可写成:

$$P(h \geqslant t)=\sum_{i=0}^{l-1}(\lambda l t)^{i} \frac{e^{-\lambda l t}}{i!} \tag{4-38}$$

当$l=1$时,式(4-38)简化成负指数分布;当$l=\infty$时,式(4-38)将产生均一的车头时距。这说明,爱尔朗分布中,参数l可以反映畅行车流和拥挤车流之间的各种车流条件。l越大,说明车流越拥挤,驾驶员自由行车越困难。因此,l是非随机性程度的粗略表示,非随机性程度随着l的增加而增加。

实际应用时,l可由观测数据的均值m和方差S^2用下式估算:

$$l=\frac{m^2}{S^2} \tag{4-39}$$

l值四舍五入,取整数。

爱尔朗分布的概率密度函数为

$$P(t)=\lambda e^{-\lambda t} \frac{(\lambda t)^{l-1}}{(l-1)!}, l=1,2,3,\cdots \tag{4-40}$$

图 4-13 为 $l=1,2,4$ 时的概率密度曲线。

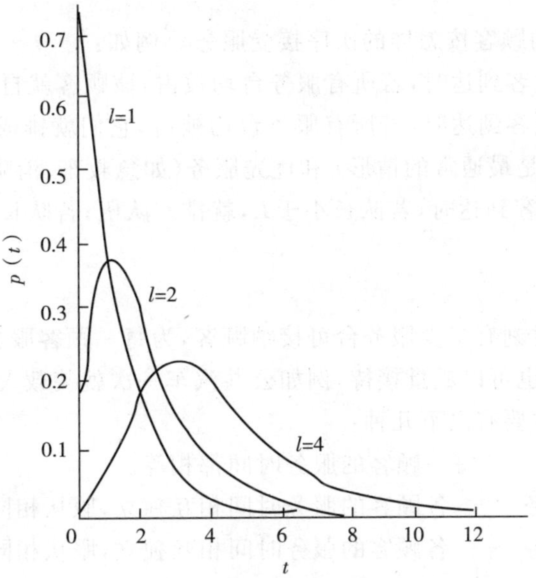

图 4-13　λ 固定时，不同 l 值的爱尔朗分布密度曲线

4.3　排队论模型

排队论也称随机服务系统理论，是研究“服务”系统因“需求”拥挤而产生等待行列（即排队）的现象以及合理协调“需求”与“服务”关系的一种数学理论。它以概率论为基础，是运筹学的一个重要分支。

一、基本概念

1.“排队”与“排队系统”

“排队”单指等待服务的顾客（车辆或行人），不包括正在被服务的顾客；而“排队系统”既包括等待服务的顾客，又包括正在被服务的顾客。

例如，一队汽车在加油站排队等候加油，它们与加油站构成一个排队系统。其中尚未轮到加油、依次排队等候的汽车行列称为排队，所谓“排队车辆”或“排队（等待）时间”都是仅指排队本身而言；如说“排队系统中的车辆”或“排队系统（消耗）时间”则把正在接受服务的车辆也包括在内，后者当然大于前者。

2. 排队系统的三个组成部分

（1）输入过程

输入过程就是指各种类型的顾客按怎样的规律到来。输入过程种类繁多，具体如下：

① 定长输入 —— 顾客等时距到达。

② 泊松输入 —— 顾客到达符合泊松分布或顾客到达时距符合负指数分布。这种输入过程最容易处理，因而应用最广泛。

③ 爱尔朗输入 —— 顾客到达时距符合爱尔朗分布。

(2) 排队规则

排队规则指到达的顾客按怎样的次序接受服务。例如：

① 损失制 —— 顾客到达时，若所有服务台均被占，该顾客就自动消失，永不再来。

② 等待制 —— 顾客到达时，若所有服务台均被占，它们就排成队伍，等待服务。服务次序有先到先服务(这是最通常的情形)和优先服务(如急救车、消防车等)等多种规则。

③ 混合制 —— 顾客到达时，若队长小于L，就排入队伍；若队长等于L，顾客就离去，永不再来。

(3) 服务方式

服务方式指同一时刻有多少服务台可接纳顾客，为每一顾客服务了多少时间。每次服务可以接待单个顾客，也可以成批接待，例如公共汽车一次就装载大批乘客。

服务时间的分布主要有以下几种：

① 定长分布服务 —— 每一顾客的服务时间都相等。

② 负指数分布服务 —— 各顾客的服务时间相互独立，服从相同的负指数分布。

③ 爱尔朗分布服务 —— 各顾客的服务时间相互独立，服从相同的爱尔朗分布。

为了以后叙述方便，引入下列记号：令M代表泊松输入或负指数分布服务，D代表定长输入或定长服务，E_k代表爱尔朗输入或服务。于是，泊松输入、负指数分布服务，N个服务台的排队系统可以定成$M/M/N$，泊松输入、定长服务、单个服务台的系统可以写成$M/D/1$。同样，可以理解$M/E_k/N$、$D/M/N$等记号的含义。如果不附其他说明，则这种记号一般都指先到先服务、独个顾客服务的等待制系统。

3. 排队系统的主要数量指标

最重要的数量指标有以下三个：

(1) 等待时间

从顾客到达时起至开始接受服务时为止的这段时间。

(2) 忙期

服务台连续繁忙的时期，这关系到服务台的工作强度。

(3) 队长

有排队顾客数与排队系统中顾客数之分，这是排队系统提供的服务水平的一种衡量。

二、*M/M/1* 系统

由于$M/M/1$系统排队等待接受服务的通道只有单独一条，也叫"单通道服务"系统，如图 4-14 所示。

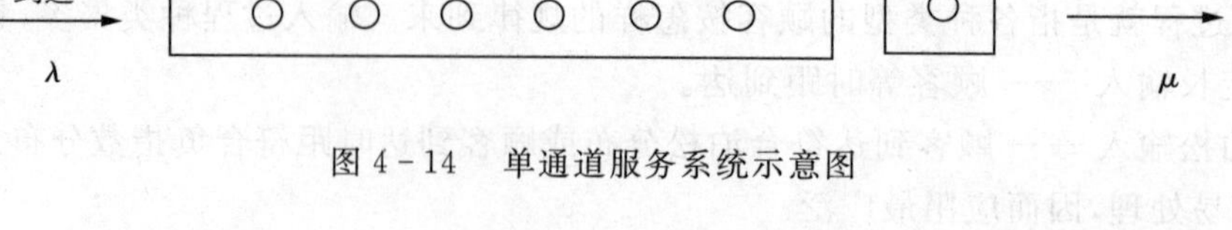

图 4-14　单通道服务系统示意图

设顾客平均达到率为 λ，则到达的平均时距为 $1/\lambda$，排队从单通道接受服务后通过的平均服务率为 μ，则平均服务时间为 $1/\mu$。比率 $\rho=\lambda/\mu$ 叫作服务强度或交通强度或利用系数，可确定各种状态的性质。所谓状态，指的是排队系统的顾客数。如果 $\rho<1$，并且时间充分，每个状态都按一定的非零概率反复出现。当 $\rho\geqslant 1$ 时，任何状态都是不稳定的，而排队的长度将会变得越来越长。因此，要保持稳定状态即确保单通道排队能够消散的条件 $\rho<1$（即 $\lambda<\mu$）。

(1) 系统中没有顾客的概率

$$P(0)=1-\rho \tag{4-41}$$

(2) 系统中有 n 个顾客的概率

$$P(n)=\rho^n(1-\rho) \tag{4-42}$$

(3) 系统中的平均顾客数

$$\bar{n}=\frac{\rho}{1-\rho} \tag{4-43}$$

(4) 系统中顾客数的方差

$$\sigma=\frac{\rho}{(1-\rho)^2} \tag{4-44}$$

(5) 平均排队长度

$$\bar{q}=\frac{\rho^2}{1-\rho}=\rho\cdot\bar{n}=\bar{n}-\rho \tag{4-45}$$

(6) 非零平均排队长度

$$\bar{q}_w=\frac{1}{1-\rho} \tag{4-46}$$

(7) 排队系统中的平均消耗时间

$$\bar{d}=\frac{1}{\mu-\lambda}=\frac{\bar{n}}{\lambda} \tag{4-47}$$

(8) 排队中的平均等待时间

$$\bar{w}=\frac{\lambda}{\mu(\mu-\lambda)}=\bar{d}-\frac{1}{\mu} \tag{4-48}$$

例 4-4 某条道路上设一调查统计点，车辆到达该点是随机的，服从泊松分布，单向车流量为 800 辆/h。所有车辆到达该点要求停车领取 OD 调查卡，假设工作人员平均能在 4s 内处理一辆汽车，符合负指数分布。试估计在该点上排队系统中的平均车辆数、平均排队长度，非零平均排队长度、排队系统中的平均消耗时间以及排队中的平均等待时间。

解 这是一个 $M/M/1$ 排队系统；

$$\lambda = 800(\text{辆}/\text{h})$$

$$\mu = \frac{1}{4}(\text{辆}/\text{s}) = 900(\text{辆}/\text{h})$$

$$\rho = \frac{\lambda}{\mu} = \frac{800}{900} = 0.89 < 1\text{，系统是稳定的}$$

系统中的平均车辆数：

$$\bar{n} = \frac{\rho}{1-\rho} = \frac{\lambda}{\mu - \lambda} = \frac{800}{900-800} = 8(\text{辆})$$

平均排队长度：

$$\bar{q} = \bar{n} - \rho = 8 - 0.89 = 7.11(\text{辆})$$

非零平均排队长度：

$$\bar{q}_w = \frac{1}{1-\rho} = \frac{1}{1-0.89} = 9.09(\text{辆})$$

系统中的平均消耗时间：

$$\bar{d} = \frac{\bar{n}}{\lambda} = \frac{8}{800}\text{h}/\text{辆} = 36\text{s}/\text{辆}$$

排队中的平均等待时间：

$$\bar{w} = \bar{d} - \frac{1}{\mu} = 36 - 4 = 32(\text{s}/\text{辆})$$

三、$M/M/N$ 系统

在 $M/M/N$ 排队系统中，服务通道有 N 条，所以也叫“多通道服务”系统。

设 λ 为进入多通道服务系统顾客的平均到达率，排队行列从每个服务台接受服务后的平均输出率为 μ，则每个服务的平均服务时间为 $1/\mu$。仍记 $\rho=\lambda/\mu$，则 ρ/N 称为 $M/M/N$ 系统的服务强度或交通强度或利用系数，亦可称为饱和度。和 $M/M/1$ 相仿，当 $\rho/N < 1$ 时，系统是稳定的；而 $\rho/N \geqslant 1$ 时，系统的任何状态都是不稳定的，排队长度将趋向于无穷大。

$M/M/N$ 系统根据顾客排队方式的不同，又可分为以下两种：

(1) 单路排队多通道服务

单路排队多通道服务指排成一个队等待数条通道服务的情况，排队中头一顾客可视哪个通道有空就到哪里去接受服务，如图 4-15 所示。

(2) 多路排队多通道服务

多路排队多通道服务指每个通道各排一个队，每个通道只为其相对应的一队顾客服务，顾客不能随意换队，如图 4-16 所示，这种情况相当于由 N 个 $M/M/1$ 系统组成的系统，其计算公式亦由 $M/M/1$ 系统的计算公式确定。

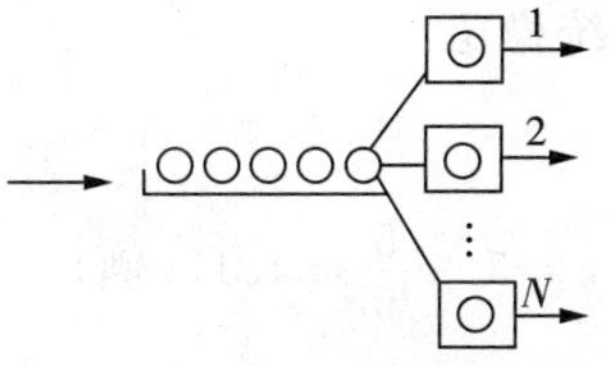

图 4－15　单路排队多通道服务

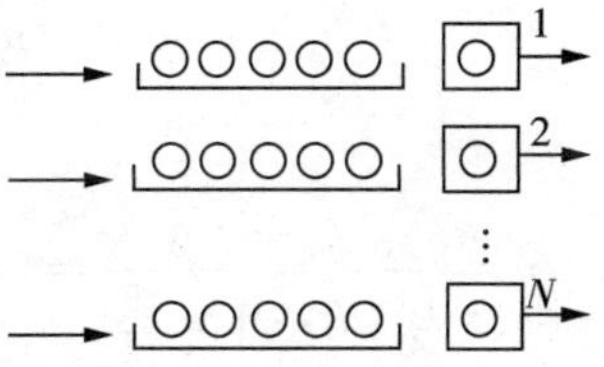

图 4－16　多路排队多通道服务

对于单路排队多通道服务的 $M/M/N$ 系统，其计算公式如下：

① 系统中没有顾客的概率为

$$P(0)=\frac{1}{\sum_{k=0}^{N-1}\frac{\rho^{k}}{k!}+\frac{\rho^{N}}{N!\ (1-\rho/N)}} \tag{4-49}$$

② 系统中有 K 个顾客的概率为

$$P(k)=\begin{cases}\frac{\rho^{k}}{k!}\cdot P(0),k<N\\ \frac{\rho^{k}}{N!\ N^{k-N}}\cdot P(0),k\geqslant N\end{cases} \tag{4-50}$$

③ 系统中的平均顾客数为

$$\bar{n}=\rho+\frac{\rho^{N+1}}{N!\ N}\cdot\frac{P(0)}{(1-\rho/N)^{2}} \tag{4-51}$$

④ 平均排队长度为

$$\bar{q}=\bar{n}-\rho \tag{4-52}$$

⑤ 系统中平均消耗时间为

$$\bar{d}=\frac{\bar{q}}{\lambda}+\frac{1}{\mu}=\frac{\bar{n}}{\lambda} \tag{4-53}$$

⑥ 排队中的平均等待时间为

$$\bar{w}=\frac{\bar{q}}{\lambda} \tag{4-54}$$

例 4－5　一加油站有 2400 辆 /h 的车流量通过四个通道引向四个加油泵，平均每辆车加油时间为 5s，服从负指数分布，试分别按多路多通道系统（4 个 $M/M/1$ 系统）和单路多通道系统（$M/M/4$ 系统）计算各相应指标并比较。

解　（1）按 4 个平行 $M/M/1$ 的系统计算

根据题意，每个油泵有它各自的排队车道，排队车辆不能从一个车道换到另一个车道上去。把总车流量四等分，就是引向每个油泵的车流量，于是对每个油泵有：

$$\lambda=\frac{2400/4}{3600}=\frac{1}{6}(\text{辆 /s}),\mu=\frac{1}{5}\text{ 辆 /s}$$

$$\rho=\lambda/\mu=\frac{5}{6}<1\text{，系统稳定}$$

$$\bar{n}=\frac{\rho}{1-\rho}=\frac{\frac{5}{6}}{1-\frac{5}{6}}=5(\text{辆}),\bar{q}=\bar{n}-\rho=5-\frac{5}{6}=4.17(\text{辆})$$

$$\bar{d}=\frac{\bar{n}}{\lambda}=\frac{5}{\frac{1}{6}}=30(\text{s/ 辆}),\bar{w}=\bar{d}-\frac{1}{\mu}=30-5=25(\text{s/ 辆})$$

而对四个油泵构成的系统：

$$\bar{n}=5\times4=20(\text{辆}),\bar{q}=4.17\times4=16.68(\text{辆}),\bar{d}=30\text{s/ 辆},\bar{w}=25\text{s/ 辆}$$

(2) 按 $M/M/4$ 系统计算

$$\lambda=\frac{2400}{3600}=\frac{2}{3}(\text{辆 /s}),\mu=\frac{1}{5}\text{ 辆 /s},\rho=\frac{\lambda}{\mu}=\frac{3}{10}$$

$$\frac{\rho}{N}=\frac{10}{3\times4}=\frac{5}{6}<1\text{，系统稳定}$$

$$P(0)=\frac{1}{\sum_{k=0}^{3}\frac{\left(\frac{10}{3}\right)^{k}}{k!}+\frac{\left(\frac{10}{3}\right)^{4}}{4!\left(1-\frac{5}{6}\right)}}=\frac{1}{16.0617+30.8642}=0.0213$$

$$\bar{q}=\frac{\left(\frac{10}{3}\right)^{5}}{4!\times4}\times\frac{0.0213}{\left(1-\frac{5}{6}\right)^{2}}=3.3(\text{辆})$$

$$\bar{n}=\bar{q}+\rho=3.3+\frac{10}{3}=6.6(\text{辆})$$

$$\bar{w}=\frac{\bar{q}}{\lambda}=\frac{3.3}{\frac{2}{3}}=5(\text{s/ 辆})$$

两种系统的相应指标对比见表 4－5 所列。

表 4－5　两种系统相应指标对比

服务指标 \ 系统类别	4 个平行的 $M/M/1$ (1)	$M/M/4$ (2)	$\frac{(1)-(2)}{(1)}\times100\%$
$\bar{n}$	20	6.6	67
$\bar{q}$	16.68	3.3	80
$\bar{d}$	30	10	67
$\bar{w}$	25	5	80

由上表可见，在相同通道数目的条件下，$M/M/4$ 系统明显优于 4 个平行的 $M/M/1$ 系统。原因在于，4 个平行的 $M/M/1$ 系统表面上到达车流量被分散，但实际受着排队车道与服务通道一一对应的束缚，如果某一通道由于某种原因拖长了为某车的服务时间，显然要增加在此通道后面排队车辆的等待时间，甚至会出现邻近车道排队车辆后来居上的情形。而 $M/M/4$ 系统就要灵活得多，排在第一位的车辆可视哪个服务台有空就到哪个服务台，避免了各油泵忙闲不均的情形，充分发挥了它们的服务能力，因而显得优越。

4.4　跟驰模型

跟驰理论是运用动力学方法，研究在无法超车的单一车道上车辆列队行驶时，后车跟随前车的行驶状态的一种理论。它用数学模式表达跟驰过程中发生的各种状态。

跟驰理论研究的一个主要目的是试图通过观察各个车辆逐一跟驰的方式来了解单车道交通流的特性。这种特性的研究可用来检验管理技术和通信技术，以预测短途车辆对市区交通流的影响、在稠密交通时使尾撞事故减到最低限度等。

一、车辆跟驰特性分析

在道路上，当交通流的密度很大时，车辆间距较小，车队中任一辆车的车速都受前车速度的制约，驾驶员只能按前车提供的信息采用相应的车速，我们称这种状态为非自由运行状态。跟驰理论就是研究这种运行状态车队的行驶特性。

非自由状态行驶的车队有如下三个特性：

1. 制约性

在一队汽车中，驾驶员总不愿意落后，而是紧随前车前进，这就是"紧随要求"。同时，后车的车速不能长时间的大于前车车速，只能在前车车速附近摆动，否则会发生碰撞，这就是"车速条件"。此外，前后车之间必须保持一个安全距离，在前车刹车后，两车之间有足够的距离，从而有足够的时间供后车司机作出反应，采取制动措施，这就是"间距条件"。

紧随要求、车速条件和间距条件构成了一队汽车跟驰行驶的制约性，即前车车速制约着后者车速和两车间距。

2. 延迟性(也称滞后性)

从跟驰车队的制约性可知，前车改变运行状态后，后车也要改变。但前后车运行状态的改变不是同步的，后车运行的状态改变滞后于前车，因为驾驶员对前车运行状态的改变要有一个反应过程，需要反应时间。假设反应时间为 T，那么前车在 t 时刻的动作，后车在 $t+T$ 时刻才能作出相应的动作，这就是延迟性。

3. 传递性

由制约性可知，第 1 辆车的运行状态制约着第 2 辆车的运行状态，第 2 辆车又制约着第 3 辆车，……，第 n 辆车制约着第 $n+1$ 辆车。一旦第一辆车改变运行状态，它的效应将会一辆接一辆地向后传递，直至车队的最后一辆，这就是传递性。而这种运行状态的传递又具有延迟性。这种具有延迟性的向后传送的信息不是平滑连续的，而是像脉冲一样间断连续的。

二、线性跟驰模型

根据上述跟驰车队的特性，图 4－17 中第 $n+1$ 号车在 $t+T$ 时刻的速度可用下式表示

$$X_{n+1}(t+T)=\lambda[X_n(t)-X_{n+1}(t)]+\lambda L \quad (4-55)$$

式中，$X_n(t)$—— 在 t 时刻，第 n 号车（引导车）的位置；

$X_{n+1}(t)$—— 在 t 时刻，第 $n+1$ 号车（跟随车）的位置；

λ—— 反应灵敏度系数（1/s）；

L—— 在阻塞情况下的车头间距。

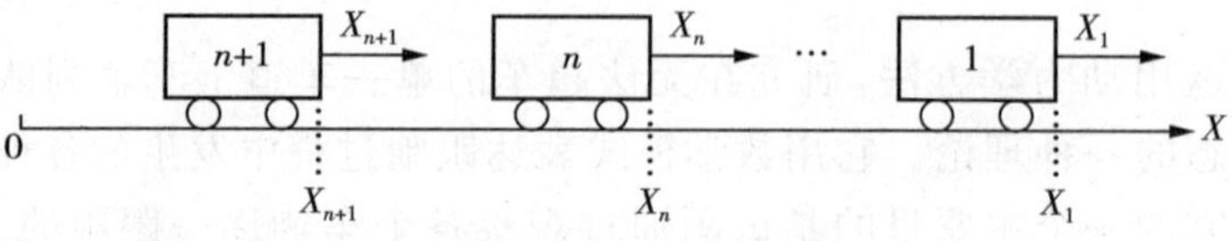

图 4－17　车辆跟驰运动示意图

对于跟驰车辆的反应，一般指加速、减速，因此，将式（4－55）微分，得到

$$X_{n+1}(t+T)=\lambda[X_n(t)-X_{n+1}(t)] \quad (4-56)$$

式中，$X_{n+1}(t+T)$—— 在延迟 T 时间后，第 $n+1$ 号车的加速度；

$X_n(t)$—— 在 t 时刻，第 n 号车的速度；

$X_{n+1}(t)$—— 在 t 时刻，第 $n+1$ 号车的速度。

式（4－56）可理解为反应（$t+T$）＝灵敏度 × 刺激（t）。

该式说明，在（$t+T$）时刻，第 $n+1$ 号车驾驶员发生的反应，是按第 n 号和第 $n+1$ 号车的相对速度正（负）差额成比例地加（减）速，而灵敏度则可用 1/s 度量。研究表明，$T=1.0\sim2.2$s，对于 50% 的驾驶员，T 约为 1.5s。

由于跟驰车的加速度与两车相对速度呈线性关系，故称式（4－56）为线性跟驰模型。

4.5　流体模拟理论

1955 年，英国学者莱特希尔（Lighthill）和惠特汉（Whitham）将交通流比拟为流体流，在一条很长的公路隧道里，对密度很大的交通流的规律进行研究，提出了流体力学模拟理论。

该理论运用流体力学的基本原理，模拟流体的连续性方程，建立车流的连续性方程。把车流密度的疏密变化比拟成水波的起伏而抽象为车流波。当车流因道路或交通状况的改变而引起密度的改变时，在车流中产生车流波的传播。通过分析车流波的传播速度，以寻求车流流量和密度、速度之间的关系。因此，该理论又可称为车流波动理论。

流体力学模拟理论是一种宏观的模型。它假定在车流中各单个车辆的行驶状态与它前面的车辆完全一样，这是与实际不相符的。尽管如此，该理论在“流”的状态较为明显的场合，如在分析瓶颈路段的车辆拥挤问题时，有其独特的用途。

一、车流连续性方程

假设车流顺次通过断面 Ⅰ 和 Ⅱ 的时间间隔为$\mathrm{d}t$,两断面的间距为$\mathrm{d}x$。同时,车流在断面 Ⅰ 的流入量为 q,密度为 k。车流在断面 Ⅱ 的流出量为$(q+\mathrm{d}q)$,密度为$(k-\mathrm{d}k)$。$\mathrm{d}k$ 取负号表示在拥挤状态,车流密度随车流量的增加而减少。

根据质量守恒定律:

流入量 - 流出量 = 数量上的变化

即

$$[q-(q+\mathrm{d}q)]\mathrm{d}t=[k-(k-\mathrm{d}k)]\mathrm{d}x$$

化简得到

$$-\mathrm{d}q\mathrm{d}t=\mathrm{d}k\mathrm{d}x$$

$$\frac{\mathrm{d}k}{\mathrm{d}t}+\frac{\mathrm{d}q}{\mathrm{d}x}=0 \tag{4-57}$$

又因为 $q=kv$,于是

$$\frac{\mathrm{d}k}{\mathrm{d}t}+\frac{\mathrm{d}(kv)}{\mathrm{d}x}=0 \tag{4-58}$$

方程(4-58)表明,车流量随距离而降低时,车流密度随时间而增大。

同样,我们还可以用流体力学的理论来建立交通流的运动方程:

$$\frac{\mathrm{d}k}{\mathrm{d}x}=-\frac{\mathrm{d}V}{\mathrm{d}t} \tag{4-59}$$

方程(4-59)表明,车流密度增加将产生减速。

二、车流中的波

图 4-18 是由 8 车道路段过渡到 6 车道路段的半幅平面示意图。由图可以看出,在 4 车道的路段(即原路段)和 3 车道的路段(即瓶颈段),车流都是各行其道,井然有序。而在由 4 车道向 3 车道过渡的那段时间内,车流出现了拥挤、紊乱,甚至堵塞。这是因为车流在即将进入瓶颈段时会产生一个方向相反的波,就像声波碰到障碍物的反射,或者管道内的水流突然受阻时的后涌那样。这个波导致在瓶颈段之前的路段车流出现紊流现象。

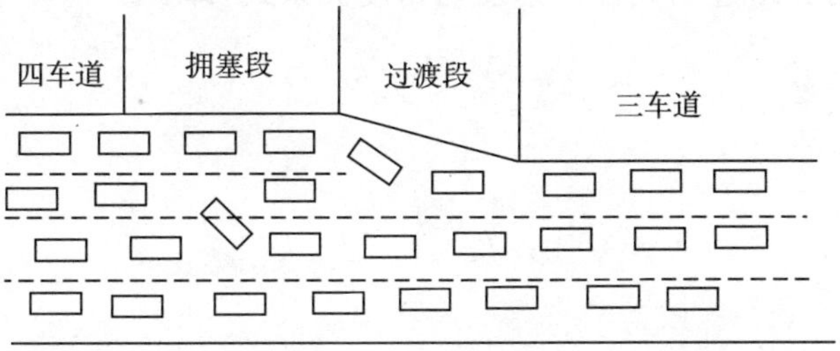

图 4-18 瓶颈处的车流波

为讨论方便起见，取图 4-19 所示的计算图式。假设一直线路段被垂直 S 分割为 A、B 两端。A 段的车流速度为 V_1，密度为 k_1；B 段的车流速度为 V_2，密度为 k_2；S 处的速度为 V_w，假定沿路线按照所画的箭头 x 正方向运行，速度为正，反之为负。并且：

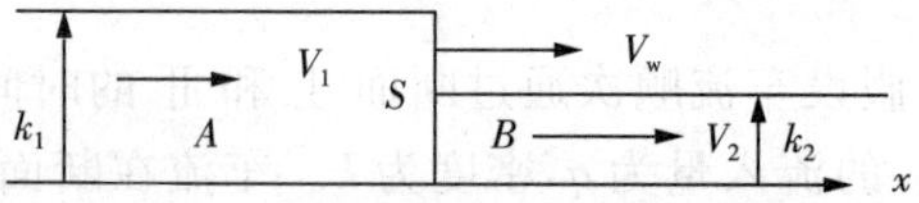

图 4-19　两种密度的车流运行情况

V_1 为在 A 区的车辆的区间平均车速；

V_2 为在 B 区的车辆的区间平均车速。

则在时间 t 内横穿 S 交界线的车数 N 为

$$N=(V_1-V_w)k_1t=(V_2-V_w)k_2t$$

即

$$(V_1-V_w)k_1=(V_2-V_w)k_2 \tag{4-60}$$

$$V_w=\frac{(V_1k_1-V_2k_2)}{k_1-k_2} \tag{4-61}$$

令 A、B 两部分的车流量分别为 q_1、q_2，则根据定义可得

$$q_1=k_1V_1, q_2=k_2V_2$$

于是，式(4-61)变为

$$V_w=\frac{q_1-q_2}{k_1-k_2} \tag{4-62}$$

当 $q_1>q_2$，$k_1<k_2$ 时，V_w 为负值，表明波的方向与原车流流向相反，此时，在瓶颈过渡段(见图 4-18)内的车辆即被迫后涌，开始排队，出现拥塞，有时 V_w 可能为正值，这表明此时不致发生排队现象，或者是已有的排队将开始消散。

若 A、B 两区车流量与交通密度大致相等，则可以写成

$$q_2-q_1=\Delta q, k_2-k_1=\Delta k$$

因此，可得传播小紊流的速度

$$V_w=\frac{\Delta q}{\Delta k}=\frac{dq}{dk} \tag{4-63}$$

至此，以上分析尚未触及区间平均车速 V_1 及 V_2 与密度及 k_1 及 k_2 之间的任何具体关系。如果我们采用已介绍过的线性的速度与密度关系式，即

$$V_i=V_f(1-k_i/k_j)$$

如果再进一步，设

$$\eta_i=k_i/k_j \tag{4-64}$$

则可以写出

$$V_1=V_f(1-\eta_1), V_2=V_f(1-\eta_2)$$

式中η_1及η_2是在界线S两侧的标准化密度。

将以上关系式代入方程(4-63)，得波速为

$$V_w=\frac{k_1 V_f(1-\eta_1)-k_2 V_f(1-\eta_2)}{k_1-k_2} \tag{4-65}$$

从方程(4-64)得到η_1及η_2的关系式可用来简化式(4-65)，结果为

$$V_w=V_f[1-(\eta_1+\eta_2)] \tag{4-66}$$

上式说明，波速可用交通密度不连续线两侧的标准化密度表示。

三、车流波动理论的应用

例4-6 车流在一条6车道的公路上畅通行驶，其速度为$V=80$km/h。路上有座4车道的桥，每车道的通行能力为1940辆/h，高峰时车流量为4200辆/h(单向)。在过渡段的车速降至22km/h，这样持续了1.69h，然后车流量减到1956辆/h(单向)。试估计桥前的车辆排队长度和阻塞时间。

解 **1. 计算排队长度**

(1) 在能畅通行驶的车道里没有堵塞现象，其密度为

$$K_1=\frac{q_1}{V_1}=\frac{4200}{80}=53(\text{辆/km})$$

(2) 在过渡段，由于该处只能通过$1940\times 2=3880$(辆/h)，而现在却需要通过4200辆/h，故出现拥挤，其密度为

$$K_2=\frac{q_2}{V_2}=\frac{3880}{22}=177(\text{辆/km})$$

由式(4-62)得

$$V_w=\frac{q_2-q_1}{k_2-k_1}=\frac{3880-4200}{177-53}=-2.58(\text{km/h})$$

表明此处出现迫使排队的反向波，其波速为2.58km/h。

因距离为速度与时间的乘积，故此处的平均排队长度为

$$L=\frac{0\times 1.69+2.58\times 1.69}{2}=2.18(\text{km})$$

2. 计算阻塞时间

高峰过去后，排队即开始消散，但阻塞仍要持续一段时间。因此阻塞时间应为排队形成时间(即高峰时间)与排队消散时间之和。

(1) 排队消散时间t'

已知高峰后的车流量$q_3=1956$辆/h<3880辆/h，表明通行能力已有富裕，排队已开始消散。

排队车辆为

$$(q_1 - q_2) \times 1.69 = (4200 - 3880) \times 1.69 = 541(\text{辆})$$

疏散车辆数为

$$q_3 - q_2 = 1956 - 3880 = -1924(\text{辆}/\text{h})$$

则排队消散时间

$$t' = \frac{(q_1 - q_2) \times 1.69}{|q_3 - q_2|} = \frac{541}{1924} = 0.28(\text{h})$$

(2) 阻塞时间 t

$$t = t' + 1.69 = 0.28 + 1.69 = 1.97(\text{h})$$

复习思考题

4.1　交通流三参数间有什么关系？有哪些特征变量？

4.2　简述离散型车流分布模型的类型、表达式、适用条件和适用情况。

4.3　简述离散型分布拟合优度检验的基本原理、方法和注意事项。

4.4　简述连续型车流分布模型的类型、表达式、适用条件和适用情况。

4.5　简述描点检验法的基本原理和适用范围。

4.6　简述车流波动理论、回波速度及在交通工程中的应用。

习　题

4.1　在交通流模型中，假定流速 V 与密度 k 之间的关系式为 $V=a(1-bk)^2$，试依据两个边界条件，确定系数 a、b 的值，并导出速度与流量以及流量与密度的关系式。

4.2　已知某公路上中畅行速度 $V_f=82\text{km/h}$，阻塞密度 $k_j=105$ 辆/km，速度与密度用线性关系模型，求：

(1) 在该路段上期望得到的最大流量；

(2) 此时所对应的车速是多少？

4.3　对通过一条公路隧道的车速与车流量进行了观测，发现车流密度和速度之间的关系具有如下形式：

$$\overline{V_s} = 35.9\ln\frac{180}{k}$$

式中车速 $\overline{V_s}$ 以 km/h 计；密度 k 以辆/km 计，试问在该路上的拥塞密度是多少？

4.4　某交通流属泊松分布，已知交通量为 1200 辆/h，求：

(1) 车头时距 $t \geqslant 5\text{s}$ 的概率；

(2) 车头时距 $t > 5\text{s}$ 所出现的次数；

(3) 车头时距 $t > 5\text{s}$ 车头间隔的平均值。

4.5　已知某公路 $q=720$ 辆/h，试求某断面 2s 时间段内完全没有车辆通过的概率及其出现次数。

4.6　某享有优先通行的主干道车流量 $N=360$ 辆 /h，车辆到达服从泊松公布，主要道路允许次要道路穿越的最小车头时距 $t=10s$，求：

(1) 每小时有多少个可穿空档？

(2) 若次要道路饱和车流的平均车头时距为 $t_0=5s$，则该路口次要道路车流穿越主要道路车流的最大车辆数为多少？

4.7　不设信号灯管制的十字交叉口，次要路上的车辆为能横穿主要路上的车流，车辆通过主要路上车流的最小车间时距为 6s，次要道路饱和车流的平均车头时距为 3s，若主要车流的流量为 1200 辆 /h。试求：

(1) 已知车间时距为 6s 或更大的概率是多少？次要路可能通过的车辆为多少？

(2) 若最小车间时距为 1.0s，那么已知车间时距大于 6.0s 的概率是多少？次要路可能通过的车辆为多少？

4.8　今有 1500 辆 /h 的车流量通过三个服务通道引向三个收费站，每个收费站可服务 600 辆 /h，试分别按单路排队和多路排队两种服务方式计算各相应指标。

5 道路通行能力

5.1 概 述

一、通行能力概述

进行通行能力分析的主要目的是求得在不同运行质量情况下1h所能通行的最大交通量，即可求得在指定的交通运行质量条件下所能承担交通的能力。因此，通行能力分析过程中同时要进行运行质量的分析，将公路规划、设计及交通管理等与运行质量联系起来，这样可以合理地使用公路工程资金和提高公路工程和汽车运输的综合经济效益。

1. 通行能力的种类及其定义

确定道路通行能力的种类主要考虑两点：一是通行能力分析必须与运行质量相联系；二是需要有一种具体公路均能与之对比的基本参照通行能力。因此，通行能力按作用性质分为以下三种：

(1)基本通行能力

基本通行能力是指公路组成部分在理想的道路、交通、控制和环境条件下，该组成部分一条车道或一车行道的均匀段上或一横断面上，不论服务水平如何，1h所能通过标准车辆的最大辆数。

(2)可能通行能力

可能通行能力是指一已知公路的一组成部分在实际或预测的道路、交通、控制及环境条件下，该组成部分一条车道或一车行道对上述诸条件有代表性的均匀段上或一横断面上，不论服务水平如何，1h所能通过的车辆(在混合交通公路上为标准汽车)的最大辆数。

(3)设计通行能力

设计通行能力是指一设计中的公路的一组成部分在预测的道路、交通、控制及环境条件下，该组成部分一条车道或一车行道对上述诸条件有代表性的均匀段上或一横断面上，在所选用的设计服务水平下，1h所能通过的车辆(在混合交通公路上为标准汽车)的最大辆数。

2. 计算通行能力的时间单位、交通量和交通流率

由于时间单位愈大，交通不均匀性亦愈大，就愈不能很好反映交通量与运行质量之间的关系。因此，通常是以小时为单位来计算通行能力和设计交通量。

美国考虑到稳定交通流的最短存在时间为15min，因此观测分析出15min的交通量和运行质量的关系。但设计交通量仍以1h为单位，故美国以交通流率而不是以小时交通量来反映通行能力。我国现阶段仍用小时交通量而不用交通流率。

3. 理想条件

理想条件原则上是指对条件更进一步提高也不能提高基本通行能力的条件。各理想条件的内容包括：

(1)道路条件

道路条件是指公路的几何特征，包括车道数，车道、路肩和中央带等的宽度，侧向净宽，设计速度及平、纵线形和视距等。

(2)交通条件

交通条件是指交通特征，它包括交通流中的交通组成、交通量以及在不同车道中的交通量分布和上、下行方向的交通量分布。

(3)控制条件

控制条件是指交通控制设施的形式及特定设计和交通规则。其中交通信号的设置地点、形式和预定时对通行能力的影响最大。其他重要交通控制包括"停车"和"让路"标志、车道使用限制及转弯限制，等等。

(4)环境条件

环境条件主要指横向干扰程度以及交通秩序等。

对于混合交通的双车道和单车道公路，一车道中所有车辆基本上不是以一列形式行驶，各类车辆行驶的横向位置的范围有差别，常交错行驶，不宜应用理想条件，故定出具体路段可与之对比的基准条件。

4. 车辆换算系数和换算交通量

(1)车辆换算系数

在分析计算通行能力和服务水平时，需要将标准汽车交通量与实际或预测的交通组成中各类车辆交通量进行换算，需要用到车辆换算系数。此系数的定义是：在通行能力方面一辆某类车辆等于标准车辆的辆数。

(2)换算交通量

换算交通量也称为当量交通量，就是将总交通量中各类车辆交通量换算成标准车型交通量之和。其计算式如下：

$$V_e = V \sum P_i E_i \tag{5-1}$$

式中，V_e—— 当量交通量；

V—— 未经换算的总交通量；

P_i—— 第 i 类车交通量占总交通量的百分比；

E_i—— 第 i 类车的车辆换算系数。

5. 影响通行能力的主要因素及其对通行能力的修正系数

公路各组成部分的主要影响因素及其对通行能力的修正系数参见本章有关内容。要说明的是，路面使用质量尤其是不平整度对通行能力有较大的影响；气候尤其是雨、雪、雾以及台风等对通行能力有时也有较大的影响。但路面使用质量及气候的影响程度变化范围很大，且不易用数字具体表示，故在主要影响因素中没有计及路面使用质量及气候这两种影响因素。通行能力和服务水平的各种关系及参数值均是在路面使用质量良好及气候正常情况下得出的。

二、公路服务水平概述

公路通行能力的分析计算离不开交通运行质量。因此通行能力的分析计算必须与服务水平的分析计算一起进行。

1. 公路服务水平的定义

公路服务水平是交通流中车辆运行的以及驾驶员和乘客所感受的质量量度。亦即公路在某种交通条件下所提供运行服务的质量水平。

2. 公路服务水平的分级及各级服务水平的运行质量描述

在达到基本通行能力(或可能通行能力)之前,交通量愈大,则交通密度也愈大,而车速愈低,运行质量也愈低,即服务水平愈低。达到基本通行能力(或可能通行能力)之后,则交通量不可能再增加,而是运行质量愈低交通量也愈低,但交通密度仍愈大,直至车速及交通量均下降至零为止。高速公路的交通量-车速关系图及交通量-交通密度关系图分别如图 5-1 及图 5-2 所示。

美国将服务水平分为 A 至 F 六级,各级服务水平的一般描述摘要如下:

服务水平 A:交通量很小,交通为自由流,使用者不受或基本不受交通流中其他车辆的影响,有非常高的自由度来选择所期望的速度和进行驾驶,为驾驶员和乘客提供的舒适便利程度极高。

服务水平 B:交通量较前增加,交通在稳定流范围内的较好部分。在交通流中,开始易受其他车辆的影响,选择速度的自由度相对来说还不受影响,但驾驶自由度比服务水平 A 稍有下降。由于其他车辆开始对少数驾驶员的驾驶行为产生影响,因此所提供的舒适和便利程度较服务水平 A 低一些。

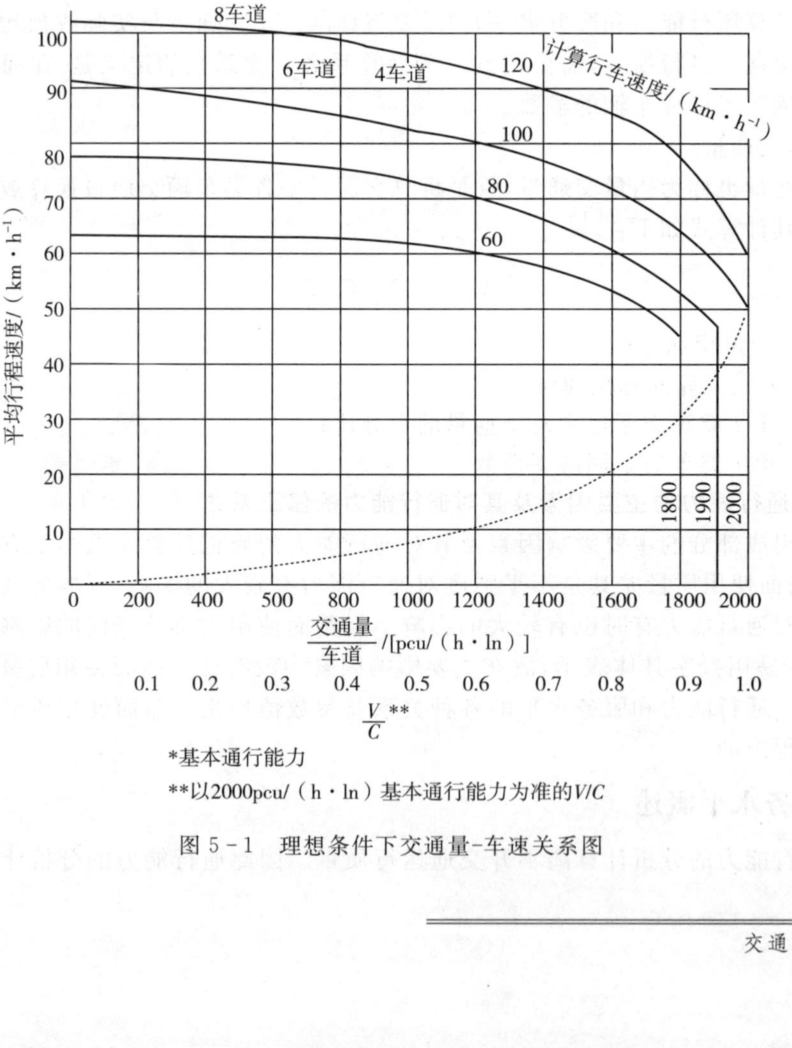

图 5-1 理想条件下交通量-车速关系图

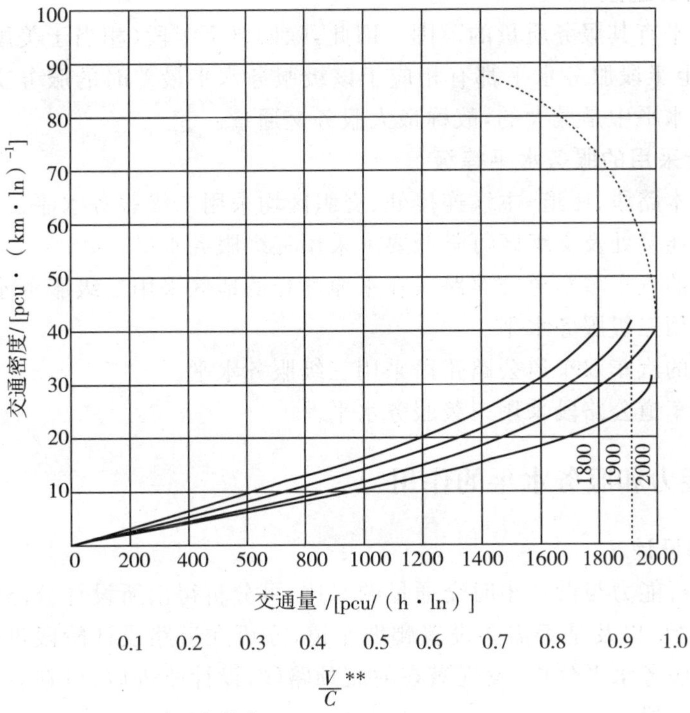

图 5-2　理想条件下交通量-交通密度关系图

服务水平 C:交通量大于服务水平 B,交通处在稳定流范围的中间部分,但车辆间的相互影响变得大起来,选择速度受到其他车辆的影响,驾驶时需相当留心部分其他车辆,舒适和便利程度有明显下降。

服务水平 D:交通量又增大,交通处在稳定交通流范围的较差部分。速度和驾驶自由度受到严格约束,舒适和便利程度低下。当接近这一服务水平下限时,交通量有少量增加就会在运行方面出现问题。

服务水平 E:此服务水平的交通常处于不稳定流范围,接近或达到水平最大交通量时,交通量有小的增加,或交通流内部有小的扰动就将产生大的运行问题,甚至发生交通中断。

此水平内所有车速降到一个低的但相对均匀的值,驾驶自由度极低,舒适和便利程度也非常低,驾驶员受到的影响通常是大的。此服务水平下限时的最大交通量即为基本通行能力(理想条件下)或可能通行能力(具体公路)。

服务水平 F:交通处于强制流状态,车辆经常排成队,跟着前面的车辆停停走走,极不稳定。在此服务水平中,交通量与速度同时由大变小,直到零为止,而交通密度则随交通量的减少而增大。

以上六级服务水平的描述是针对非中断性交通流的公路设施的。

我国公路服务水平现分为四级,一级相当于美国的 A、B 两级,二、三级分别相当于美国的 C 级及 D 级,四级相当于美国的 E、F 两级。

3. 最大服务交通量

每一服务水平有其服务质量的范围。因此，除四级下半段（相当于美国的F级）外，一、二、三级及四级上半段服务水平都有相应于该级服务水平最差时的服务交通量，该服务交通量在该级服务水平中是最大的，故称最大服务交通量。

4. 公路设计采用的服务水平等级

高速公路基本路段、匝道-主线连接处、交织区均采用二级服务水平。但在不得已的情况下，匝道-主线连接处及交织区可降低要求采用三级服务水平。

不控制进入的汽车多车道公路路段在平原微丘的地区采用二级服务水平，在重丘山岭地形及在近郊采用三级服务水平。

不控制进入的汽车双车道公路路段采用三级服务水平。

混合交通双车道公路段采用三级服务水平。

三、道路通行能力和服务水平的作用

1. 用于道路设计

根据设计通行能力与设计小时交通量的对比，可分析得出所设计公路的技术等级及多车道公路的车道数，以及是否需要设置爬坡车道，亦可在道路设计阶段进行公路各组成部分的通行能力和服务水平分析，发现潜在的瓶颈路段，设计改进后，可在设计阶段就消除将来可能形成的瓶颈段。

2. 用于道路规划

在分析当前交通流的质量水平，评估现有公路网承受交通的适应程度的基础上，通过交通量预测及投资效益和环境影响等的评估，提出改善和提高公路网的规模和建设项目及其实施步骤。

3. 用于道路交通管理

根据预测交通量增长情况对运行条件的分析，计算各阶段交通管理措施。

5.2 高速公路基本路段通行能力

一、引言

1. 高速公路的定义及其组成

高速公路是有中央分隔带，上下行每个方向至少有两车道，全部立体交叉，完全控制出入的公路。高速公路是彻底的非中断性交通流设施。在正常情况下，高速公路上的车辆可以不停顿地连续行驶。

高速公路一般由以下三部分组成：

(1)高速公路基本路段；

(2)交织区；

(3)匝道，其中包括匝道-主线连接处及匝道-横交公路连接处。

2. 高速公路基本路段的定义

高速公路基本路段是指主线上不受匝道附近车辆汇合、分离以及交织区运行影响的路段部分，如图 5－3 所示。

高速公路是多车道公路，和其他多车道公路一样，由于两个方向的交通运行互不依赖，且两个方向在其前进方向上的线形（其中主要是纵断线形上）的不同，因此，两个方向车行道的通行能力和服务水平的分析计算是分别进行的。

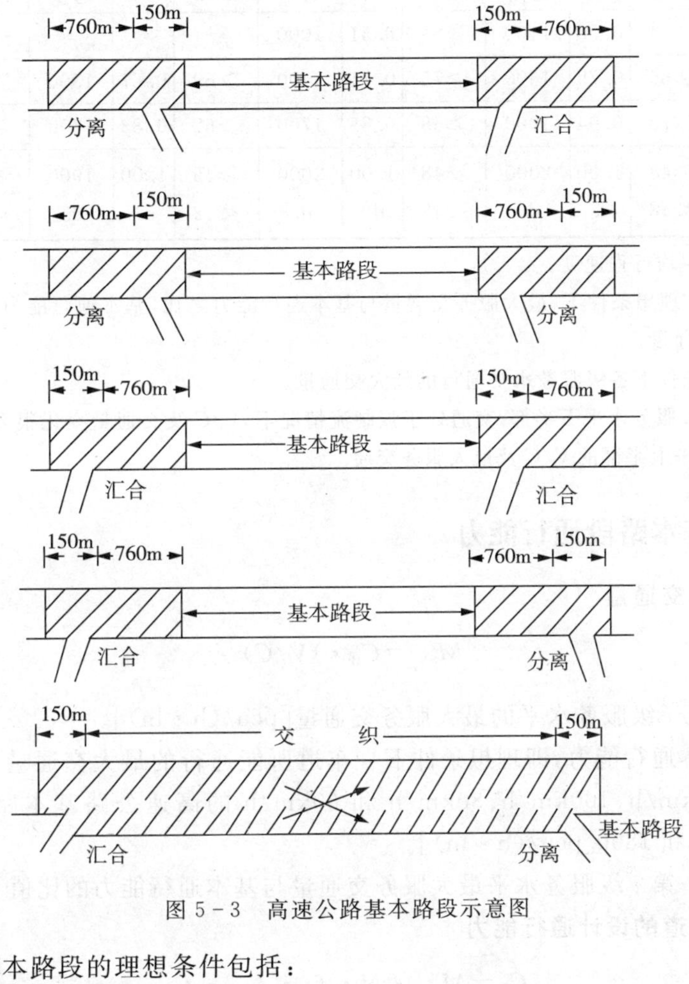

图 5－3 高速公路基本路段示意图

高速公路基本路段的理想条件包括：

(1)3.75m≤车道宽度≤4.50m；

(2)侧向净宽≥1.75m；

(3)车流中全部为小客车；

(4)驾驶员均为经常行驶高速公路且技术熟练、遵守交通法规者。

二、高速公路基本路段服务水平

高速公路基本路段服务水平分级的关键性参数是最大交通密度。根据交通密度将服务水平分成四级。各种设计速度的基本路段在理想条件下各级服务水平的平均行程速度、

V/C 及最大服务交通量列于表 5-1。

表 5-1　高速公路基本路段分级表

服务水平等级	密度/[pcu·(km·ln)$^{-1}$]	设计速度/(km·h^{-1})											
		120			100			80			60		
		a. 车速/(km·h^{-1})	b. V/C	c. 最大服务交通量	a. 车速/(km·h^{-1})	b. V/C	c. 最大服务交通量	a. 车速/(km·h^{-1})	b. V/C	c. 最大服务交通量	a. 车速/(km·h^{-1})	b. V/C	c. 最大服务交通量
一	≤12	≥94	0.56	1100	≥81	0.51	1000	—	—	—	—	—	—
二	≤19	≥86	0.79	1600	≥75	0.71	1400	≥69	0.67	1300	≥59	0.64	1150
三	≤26	≥73	0.94	1900	≥68	0.85	1700	≥62	0.83	1600	≥53	0.81	1450
四	≤42	≥48	1.00	2000	≥48	1.00	2000	≥45	1.00	1900	≥43	1.00	1800
	>42	<48	d.	d.	<48	d.	d.	<42	d.	d.	<43	d.	d.

注：a. 车速指平均行程速度。

b. V/C 是在理想条件下，最大服务交通量与基本通行能力之比，基本通行能力是四级服务水平上半部的最大服务交通量。

c. 在理想条件下各级服务水平通行的最大交通量。

d. 在第四级服务水平下半部，交通处于强制流情况下，V/C 及交通量变化很大且频繁，但最大不会超过四级服务水平上半部的 V/C 及最大服务交通。

三、高速公路基本路段通行能力

1. 最大服务交通量

$$M_{SV_i}=C_B\cdot(V/C)_i \tag{5-2}$$

式中，M_{SV_i}——第 i 级服务水平的最大服务交通量[pcu/(h·ln)]。

C_B——基本通行能力，即理想条件下一车道所能通行的最大交通量[pcu/(h·ln)]；设计速度为 120km/h、100km/h、80km/h 和 60km/h 的高速公路基本路段的 C_B 分别为 2000、2000、1900 和 1800[pcu/(h·ln)]。

$(V/C)_i$——第 i 级服务水平最大服务交通量与基本通行能力的比值。

2. 单向车行道的设计通行能力

$$C_D=M_{SV_i}\cdot N\cdot f_w\cdot f_{HV}\cdot f_p \tag{5-3}$$

式中，C_D——单向车行道设计通行能力，即在具体条件下，采用 i 级服务水平时所能通行的最大交通量(veh/h)；

N——单向车行道的车道数；

f_w——车道宽度和侧向净宽对通行能力的修正系数；

f_{HV}——大型车对通行能力的修正系数；

f_p——驾驶员条件对通行能力的修正系数。

$$C_D=C_B\cdot(V/C)_i\cdot N\cdot f_w\cdot f_{HV}\cdot f_p \tag{5-4}$$

四、影响高速公路基本路段通行能力的主要因素及修正方法

1. 车道宽度及侧向宽度的修正系数f_w(见表5-2)

表5-2 车道宽度和侧向净宽修正系数

侧向净宽/m	行车道一边有障碍物		行车道两边有障碍物	
	车道宽度/m			
	3.75	3.50	3.75	3.50
	有中央分隔带的4车道公路(每边有2车道)			
≥1.75	1.00	0.97	1.00	0.97
1.60	0.99	0.96	0.99	0.96
1.20	0.99	0.96	0.98	0.95
0.90	0.98	0.95	0.96	0.93
0.60	0.97	0.94	0.94	0.91
0.30	0.93	0.90	0.87	0.85
0	0.90	0.87	0.81	0.79
	有中央分隔带的6或8车道公路(每边有3或4车道)			
≥1.75	1.00	0.96	1.00	0.96
1.60	0.99	0.95	0.99	0.95
1.20	0.99	0.95	0.98	0.94
0.90	0.98	0.94	0.97	0.93
0.60	0.97	0.93	0.96	0.92
0.30	0.95	0.92	0.93	0.89
0	0.94	0.91	0.91	0.87

注:(1)一些高级型式的中央带护栏为广大司机所熟悉且基本上不影响其行驶时,可不作为障碍物。

(2)两边侧向净宽不足且不相等时,取两侧向侧净宽的平均值。

2. 大型车的修正系数f_{HV}

$$f_{HV}=\frac{1}{1+P_{HV}(E_{HV}-1)} \qquad (5-5)$$

式中,P_{HV}——大型车交通量占总交通量的百分比;

E_{HV}——大型车换算成小客车的车辆换算系数,值见表5-3所列,特定纵坡路段上的E_{HV}值见表5-4及表5-5所列。

表5-3 高速公路、一级公路路段车辆换算系数E_{HV}

车型	平原微丘	重丘	山岭	说明
大型车	1.7/2.0	2.5/3.0	3.0	分子适用于高速公路,分母适用于一级公路
小客车	1.0	1.0	1.0	

注:(1)大型车包括中型及重型载货汽车、拖挂车、单个及通道式大客车。

(2)小客车包括吉普车、摩托车、载重≤2t载货车≤12座面包车。

3. 驾驶员条件的修正系数f_p

根据驾驶员的技术熟练程度、遵守交通法规的程度、在高速公路上尤其是在所指高速公路或其相似的路段上的行驶经验以及驾驶员的健康状况，在0.90～1.00范围内取f_p的值。

五、特定纵坡路段

1. 概述

凡在单一坡路段的坡度-坡长，以及几个上(或下)坡段的组合坡段的等效坡度-坡长值符合表5-4或表5-5中的一项坡度-坡长值时，称为特定纵坡路段。在特定纵坡上坡路段由于大型车的车辆换算系数较大，单向车行道上的当量小客车交通量亦随之增大，常常成为基本路段上运行质量较差甚至最差的段落。有的特定上坡路段的设计小时交通量基本超过其所在单向车行道的设计通行能力而需要设置爬坡车道。因此，要对特定纵坡上坡路段和下坡路段分别单独进行通行能力和服务水平的分析计算，并分别以其中的为最大的特定上坡路段或下坡路段作为控制段。

2. 特定纵坡段的坡度-坡长范围及相应的上坡段大型车换算系数(见表5-4及表5-5)

(1)当大型车中总重/千瓦为122kg/kW左右及以下的车辆较多，成为影响设计通行能力的主要因素时，则特定上坡段的坡度-坡长范围内大型车换算系数E_{HV}见表5-4所列。

表5-4 特定纵坡上坡路段(122kg/kW)大型车换算系数E_{HV}

坡度/%	坡长/m	4车道高速公路	6或8车道高速公路
2	≥1000	3	3
3	400～1000	3	3
	≥1000	4	4
4	＜400	3	3
	400～800	4	4
	≥800	5	4
5	＜300	4	4
	300～500	5	4
	300～1000	6	5
	≥1000	7	6
6	＜300	5	4
	300～500	6	5
	500～1000	7	6
	≥1000	8	7

(2)当大型车中177kg/kW左右及以上的车辆较多，对设计通行能力起主要影响时，则特定上坡段的坡度-坡长范围及E_{HV}值见表5-5所列。

3. 特定纵坡下坡段的E_{HV}求法

(1)当大型车中以 122kg/kW 左右及以下者占大型车主导地位时，纵坡坡度-坡长为 3%-≥1000m，4%-≥400m 以及纵坡坡度大于 4%的诸下坡路段；及大型车中以 177kg/kW 左右及以上者大型车占主导地位时，当坡度-坡长为 2%-≥1200m，4%-≥400m 及坡度大于 4%的诸下坡路段(不论单一坡或组合坡段)，E_{HV}可应用同样坡度一坡长上坡段E_{HV}值的 1/2。

表 5-5　特定纵坡上坡路段(177kg/kW)大型车换算系数E_{HV}

坡度/%	坡长/m	4 车道高速公路	6 或 8 车道高速公路
2	400～1200	3	3
	≥1200	4	4
3	400～800	4	4
	800～1200	5	4
	≥1200	6	5
4	<400	3	3
	400～800	5	4
	800～1200	6	5
	1200～1600	7	6
	≥1600	8	7
5	<300	4	4
	300～700	6	6
	700～1200	10	8
	≥1200	12	10
6	<300	5	4
	300～600	8	7
	≥600	16	12

(2)坡度-坡长小于(1)中所述范围的特定下坡路段的E_{HV}可应用表 5-3 平原微丘地形之中E_{HV}值。

六、高速公路基本路段通行能力及服务水平分析计算

例 5-1　已知：一条四车道高速公路，设计速度为 100km/h，单向高峰小时交通量V_p=1800veh/h，大型车占 40%，车道宽 3.50m，紧挨行车道两边均有障碍物，重丘地形。分析其服务水平，问其达到可能通行能力之前还可增加多少交通量。实地观测的平均速度为 56km/h。

解　为求服务水平要计算 V/C：

(1)查表 5-2、表 5-3 得诸修正系数

$$f_w=0.79, E_{HV}=0.25$$

$$f_{HV}=1/[1+0.40\times(2.5-1)]=0.625, f_p=1.0$$

(2)计算 V/C

$$V/C=V_p/[C_B\cdot N\cdot f_w\cdot f_{HV}\cdot f_p]=1800/[2000\times2\times0.79\times0.625\times1.0]=0.91$$

(3)该公路服务水平属四级上半段

(4)求算达到可能通行能力前可增加的交通量

$$行车道的可能通行能力=C_B\cdot N\cdot(V/C)\cdot f_w\cdot f_{HV}\cdot f_p$$

$$=2000\times2\times1.00\times0.79\times0.625\times1.0=1975(\text{veh/h})$$

达到可能通行能力前可增加的交通量 V：

$$V=1975-1800=175(\text{veh/h})$$

(5)求理想条件下的速度及密度

1800veh/h 的 V/C 在(2)中已求出为 0.91。查图 5－1 及图 5－2，得平均行程速度为 63km/h，平均交通密度为 30pcu/(km・ln)，观测到的速度 56km/h 小于理想条件下的速度 63km/h，这是由于有大型车及非平原的重丘地形所致。

5.3 高速公路交织区段通行能力

一、概述

1. 交织运行的定义及分类

(1)交织运行的定义

两个或更多交通流沿公路相当长路段运行的总方向相同且在没有交通控制设施的情况下，相交而过的运行称交织运行。

(2)交织区的分类

交织区分简单交织区和多重交织区两类。

简单交织区由一单个汇合点接着有一单个分离点形成，多重交织区由一个汇合点接着有两个分离点、或由两个汇合点接着有一分离点形成。

2. 交织区长度

交织区长度对驾驶员完成所需的全部车道变换所用的时间和空间起着制约作用。交织区长度短了，实行车道变换的密度和骚乱的程度就要增加。

交织区长度是从汇合三角区上一点，即从车道 1 右边缘至入口(汇合)车道左边缘的距离为 0.6m 的那一点，至分离三角区车道 1 右边缘至出口(分离)车道左边缘距离 3.7m 的点的距离。

交织区长度如图 5－4 所示。

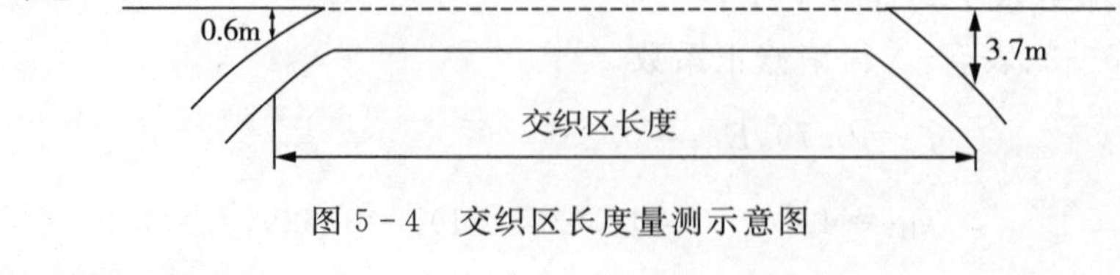

图 5－4　交织区长度量测示意图

3. **简单交织区构造型式**

由于交织运行受到车道变换极为不利的影响，因此车道变换成了交织区的重大运行特征，故又有一个极大地影响运行的几何特征，即交织区构造型式。交织构造涉及交织区段的入口车道及出口车道的数目和相对位置，它对交织区段中所发生的车道转换数目能产生重大影响。

交织区构造型式由交织车辆在通过交织区段时所必须进行的最少车道变换数来区分。构造型式 A、B、C 的一般示意图分别如图 5－5、图 5－6 及图 5－7 所示。

图 5－5(a)中，当两匝道间的辅助车道长度大于 610m 时，就不作为交织区，而将两匝道作为孤立匝道处理。

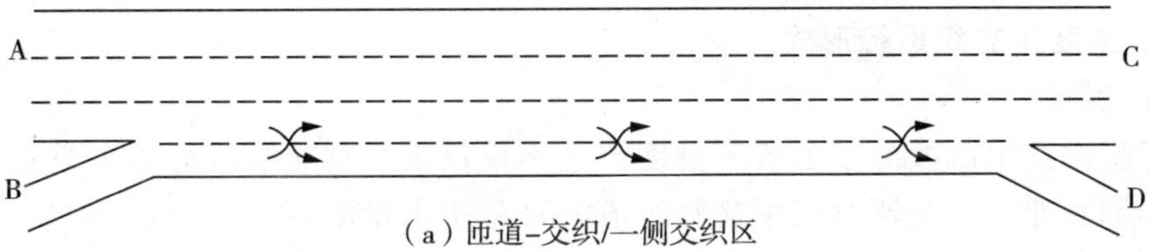

（a）匝道–交织/一侧交织区

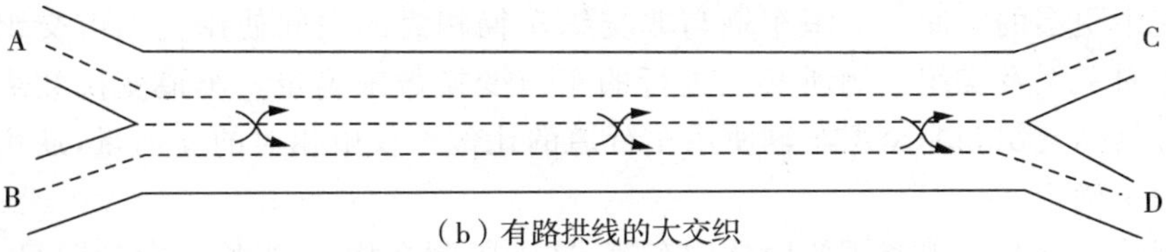

（b）有路拱线的大交织

图 5－5　构造型式 A 交织区

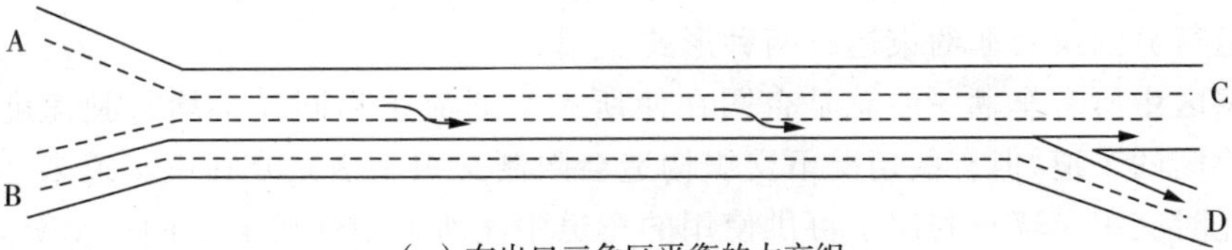

（a）在出口三角区平衡的大交织

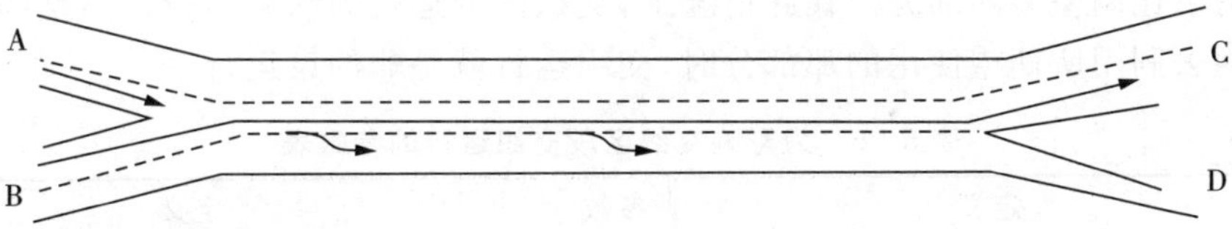

（b）在入口三角区汇合的大交织

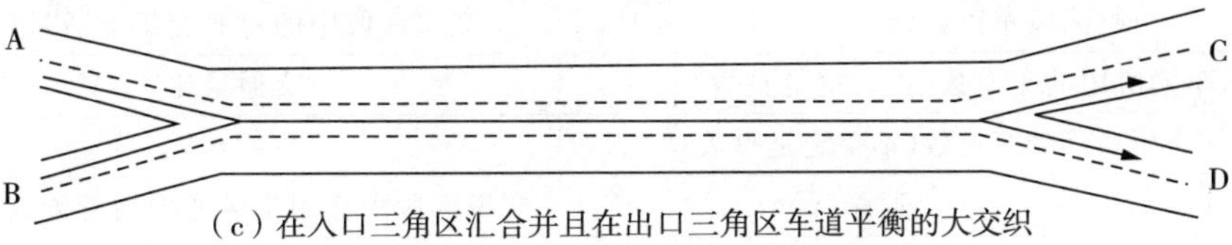

（c）在入口三角区汇合并且在出口三角区车道平衡的大交织

图 5－6　构造型式 B 交织区

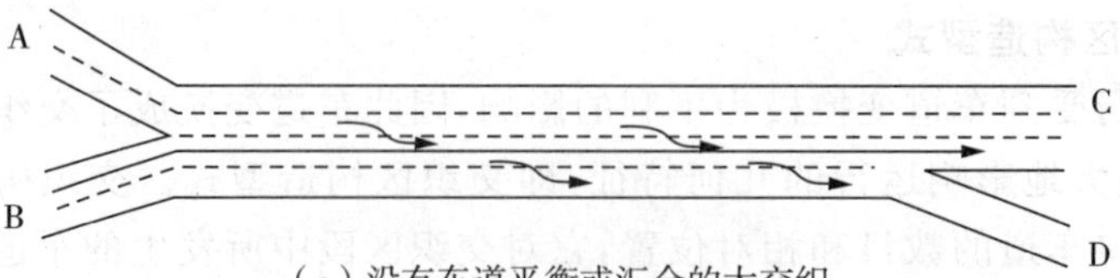

（a）没有车道平衡或汇合的大交织

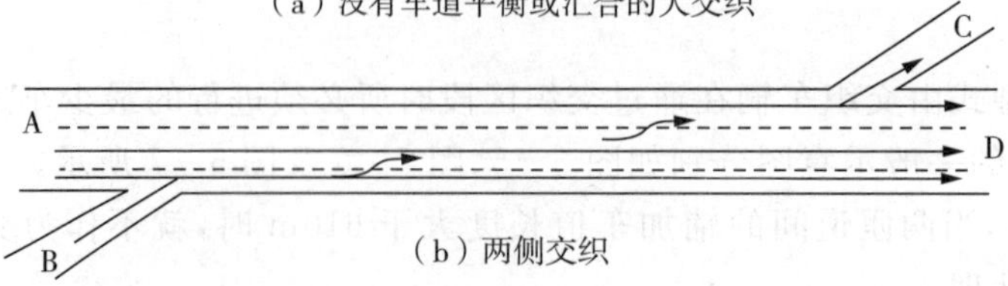

（b）两侧交织

图 5-7　构造型式 C 交织区

4. 交织宽度和交织运行形式

(1)交织宽度

交织宽度由交织区段的车道数来量度。这不仅仅由影响交织运行的车道总数来量度，还由交织车辆和非交织车辆所使用这些车道的百分率来量度。

交织运行由于其性质决定必然产生交通扰乱。因此，一交织车辆比一非交织车辆需要占用车行道中更多的空间。交织车辆与非交织车辆相对的空间使用关系由交织和非交织交通量的相对关系及交织车辆所必须进行的车道变换数来确定。车道变换数决定于交织构造型式，因此，交织和非交织车辆使用车行道的比例不仅由相对的交通量，还由交织区构造型式共同来确定。

构造型式能限制交织车辆使用外侧车道，这种限制在构造型式 A 中最明显，因为所有交织车辆都必须穿过一路拱线。这种限制在构造型式 B 中最小。

(2)交织运行形式

交织运行分约束及非约束运行两种形式。

在交织区中所有车辆一般总是企图在使所有交通流达到同样平均行驶速度的方式下来利用可使用的车道，但有些情况下交织构造会限制交织车辆充分利用车道来达到上述平衡运行。此时交织车辆只利用了可供使用的车道中比所期望使用的少的一部分，而非交织车辆则利用了比期望多的部分。在此情况下，交织区的运行为约束运行。当交织构造不限制交织车辆去利用所期望使用的那部分时，交织运行就是非约束运行。

表 5-6　为影响交织区段交织运行的参数表

参数	定义	参数	定义
L	交织区段长度(m)	V_{w2}	两交织流中较小的交织交通量(pcu/h)
N	交织区段车道数(整数)	V_{nw}	交织区段中的总非交织交通量(pcu/h)
N_w	交织车辆所用的车道数(不一定是整数)	V_R	交通量比V_w/V
N_{nw}	非交织车辆所用的车道数(不一定是整数)	R	交织比V_{w2}/V_w
V_w	交织区段中的总交织交通量(pcu/h)	S_w	交织区段中交织车辆的平均行驶速度(km/h)
V	交织区段中的总交通量(pcu/h)	S_{nw}	交织区段中非交织车辆的平均行驶速度(km/h)
V_{w1}	两交织流中较大的交织交通量(pcu/h)		

二、交织运行形式的确定

1. 交织车辆运行速度(S_w)和非交织车辆运行速度(S_{nw})的计算

(1)平均行驶速度S_w和S_{nw}的计算见式(5-5)。

$$S_w 或 S_{nw} = 24.1 + \frac{80.47}{1 + a(0.3048)^d (1+V_R)^b (V/N)^c / L^d} \quad (5-6)$$

式中 a、b、c、d 均为常数,其值见表 5-7 所列。

表 5-7 常数 a、b、c、d 值

构造型式		交织车速S_w的常数值				非交织车速S_{nw}的常数值			
		a	b	c	d	a	b	c	d
A	非约束	0.226	2.2	1.00	0.90	0.020	4.0	1.30	1.00
	约束	0.280	2.2	1.00	0.90	0.020	4.0	0.8	0.60
B	非约束	0.100	1.2	0.77	0.50	0.020	2.0	1.42	0.95
	约束	0.160	1.2	0.77	0.50	0.015	2.0	1.30	0.90
C	非约束	0.100	1.5	0.85	0.50	0.015	1.8	1.10	0.50
	约束	0.100	2.0	0.85	0.50	0.013	1.6	1.00	0.50

在计算过程中需将交通量换算成理想条件下的小客车当量交通量。应用的车辆换算系数见表 5-3 所列。

先以非约束形式计算S_w和S_{nw}代入表 5-8 中相应公式计算N_w,与该表中右列的N_{wmax}比较,确定为约束或非约束,如为约束,则需重新计算约束运行的S_w和S_{nw}。

(2)从式(5-6)可看出:长度加大,车道变换的密集程度减小,因此车速加大;当交织交通量在总交通量中的比例V_R增加时,扰乱增加,非交织和交织车辆的车速都减低了;当平均每车道承担的总交通量 V/N 增加时,交织和非交织车辆的车速也都减低了。

2. 运行形式的确定

(1)在确定一交织区是约束运行还是非约束运行时,可对N_w和N_{wmax}进行比较。当$N_w \leqslant N_{wmax}$时,是非约束运行,当$N_w > N_{wmax}$时,为约束运行。其中:

N_w——交织车辆为达到平衡(或非约束)运行所必须使用的车道数(不一定为整数)。

N_{wmax}——对于一指定的交织构造型式,可被交织车辆使用的最大车道数(不一定为整数)。

N_w的计算式及N_{wmax}的值见表 5-8 所列。

表 5-8 N_w计算式及N_{wmax}值

构造型式	非约束运行所需要车道数N_w计算式	N_{wmax}
A	$N_w = 1.21N \cdot V_R^{0.571} \cdot L^{0.234} / S_w^{0.438}$	1.4
B	$N_w = N \cdot [0.085 + 0.703V_R + (71.57/L) - 0.011(S_{nw} - S_w)]$	3.5
C	$N_w = N \cdot [0.761 - 0.00036L - 0.0031(S_{nw} - S_w) + 0.047V_R]$	3.0[a]

注:a. 对于双侧交织区,主线所有车道均用作交织车道。

（2）三种型式的特点

① 型式A路段中能被交织车辆作用的最大车道数是最受限制的。一般交织车辆将它们限制在邻接路拱线两车道之中来进行交织运行，但非交织车辆也将留一些在这两车道中，故不论有用的车道数是多少，交织车辆一般最多用到1.4车道。

② 型式B路段对交织车辆作用车道方面没有大的约束。由于交织车辆使用“贯行”交织车道以及紧挨其的两个车道，以及部分使用外侧车道，故交织车辆可以占据多至3.5车道。当交织交通量占总交通量的大部分时，这种构造型式最为有效。

③ 型式C路段亦有一“贯行”的交织车道。但由于有一交织流需要两条或两条以上的车道变换，就约束了交织车辆去使用路段的外侧车道，因此交织车辆能用的车道数不大于3.0，有一例外就是双侧构造，其中高速公路的所有车道都是“贯行”交织车道，故交织车辆可使用全部车道而不受限制。

④ 型式A路段当路段长度增加时，交织车速变得很高，交织车辆为了保持这样的车速而需要更多的车道，因此，当路段长度增加时，型式A路段更易发生约束运行，型式B和型式C路段与此相反，增加路段长度对交织车速的影响较型式A路段上小（这主要因为型式B和型式C路段上交织车辆和非交织车辆的混合行驶），这就不易发生约束运行。

三、交织区段运行参数

交织区段运行参数的限制值见表5－9所列。

表5－9　交织区段运行参数的限制值

<table>
<tr><th>构造型式</th><th>交织通行能力V_w最大值/(pcu/h)</th><th>最大V/N值/(pcu/h)</th><th colspan="2">最大交通量比V_R</th><th>最大交织比R</th><th>最大交织长度L/m</th></tr>
<tr><td rowspan="5">A</td><td rowspan="5">1800</td><td rowspan="5">1900</td><td>N</td><td>V_R</td><td rowspan="5">0.50</td><td rowspan="5">610</td></tr>
<tr><td>2</td><td>1.00</td></tr>
<tr><td>3</td><td>0.45</td></tr>
<tr><td>4</td><td>0.35</td></tr>
<tr><td>5</td><td>0.22</td></tr>
<tr><td>B</td><td>3000</td><td>1900</td><td colspan="2">0.80</td><td>0.50</td><td>760</td></tr>
<tr><td>C</td><td>3000</td><td>1900</td><td colspan="2">0.50</td><td>0.40</td><td>760</td></tr>
</table>

注：（1）型式C的限制值不适用于两侧交织区；

（2）表中$R=v_{w2}/V_w$，v_{w2}的单位为pcu/h。

四、交织区段服务水平

交织区衡量服务水平及划分服务水平级别的关键性参数是交织车辆的平均行驶速度和非交织车辆的行驶速度。其服务水平标准见表5－10所列。

表 5-10 交织区服务水平标准

服务水平等级	最小平均交织速度/(km/h)	最小非平均交织速度/(km/h)
一	80	86
二	72	77
三	64	67
四	56[a,b]	56[a,b]

注:a. 四级服务水平下半部系强制流状态,车速很不稳定,变化在 0～56km/h 之间;

b. 56km/h 系计算时使用,与实地测速相比有一些差别。

通常设计时采用二级服务水平。当需要采取改进措施而有困难不得已时可降低一级采用三级服务水平。当交织流和非交织流中一个或两者均低于设计采用的服务水平等级时,就需采取改进措施,改进措施之一是改变交织构造型式。

五、交织区段设计通行能力

交织区设计通行能力分析计算方法如下:

(1)给出交织构造型式及 N、L 和交通量各值。

(2)根据所采用的服务水平级别,从表 5-10 中查出最小平均交织行驶速度S_w及最小平均非交织行驶速度S_{nw}。

(3)从表 5-7 中查出非约束运行所需的常数 a、b、c、d 各值,分别计算出对应于S_w及S_{nw}的 V 值,取两个 V 值中的小者。

(4)从表 5-8 中取相应于已给定构造型式的N_w计算式进行计算,得到N_w后与表中已给出的该种型式的N_{wmax}相比,以决定运行是约束的还是非约束的。如果是非约束运行,则第 3 步所得的 V 值即为交织区的设计通行能力,分析计算就此结束。如果是约束运行,则取表 5-8 中对应于已给定构造型式的算式,此时取算式中的 V 等于表中相应的N_{wmax},即可算出S_w(型式 A)或$S_{nw}-S_w$(型式 B 或型式 C)。再进行第 5 步计算。

(5)对于构造型式 A,用第 4 步计算出之 S_w 代入式(5-6),并用表 5-7 中相应之非约束运行的 a、b、c、d 诸常数值算出 V 值,并与第 3 步中得到的 V 值比较,取其中较小者为设计通行能力,计算就此结束。

对于构造型式 B 或型式 C,则用第 2 步的S_w值,并根据第 4 步算出之($S_{nw}-S_w$)值算出S_{nw}值。用此S_{nw}值代入式(5-6)并用表 5-7 中相应之非约束运行的 a、b、c、d 诸常数算出 V 值,此 V 值即为设计通行能力。分析计算就此结束。

例 5-2 对已有的一匝道-交织段作运行质量分析。

已知:交织段及其交通量示于图 5-8,车道宽 3.75m,平原地形,两侧在 1.75m 内无侧向障碍物,主线及匝道交通量中均有 30%的大型车。问这交织在什么服务水平下运行?

解 ① 道路及交通条件如上述及图 5-8 所示,这是构造型式 A 的简单交织段。

② 将交通量换算成理想条件下的小客车交通量。仍用基本路段一节中所述的f_w,f_p及f_p的计算法及E_{HV}值。

根据已知条件,$f_w=1.00$,$f_p=1.0$,$E_{HV}=1.7$,得:

$$f_{HV}=1/[1+P_{HV}(E_{HV}-1)]=1/[1+0.3\times(1.7-1)]=0.83$$

换算后，

$$V_{w1}=480/[f_w\cdot f_{HV}\cdot f_p]=480/[1.00\times0.83\times1.0]=578(pcu/h)$$

$$V_{w2}=250/[1.00\times0.83\times1.0]=301(pcu/h)$$

$$V_w=V_{w1}+V_{w2}=578+301=879(pcu/h)$$

$$V_{nw}=(3000+100)/[1.00\times0.83\times1.0]=3735(pcu/h)$$

$$V=V_w+V_{nw}=879+3735=4614(pcu/h)$$

③ 作交织图及列出计算所需的参数。

交织图见图 5-8。参数如下：

$$V_R=V_w/V=879/4614=0.191$$

$$R=V_{w2}/V_w=301/879=0.342$$

$$L=300m$$

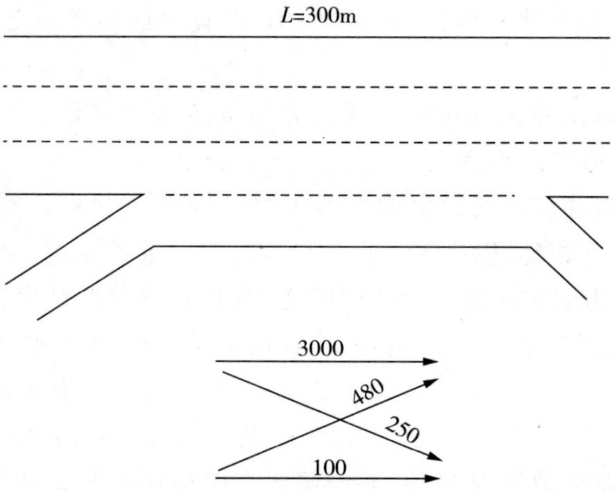

图 5-8　交织段及交织段交通示意图

④ 计算非约束情况下的交织车速S_w及非交织车速S_{nw}。

$$S_w或S_{nw}=24.1+\frac{80.47}{1+a(0.3408)^d(1+V_R)^b(V/N)^C/L^d}$$

非约束情况下型式 A 的常数值如下：

	a	b	c	d
S_w	0.226	2.2	1.0	0.9
S_{nw}	0.020	4.0	1.3	1.0

计算得到：$S_w=69.4km/h$，$S_{nw}=81.9km/h$。

⑤ 利用非约束情况下的S_w及S_{nw}求算交织车辆为达到非约束运行所需的车道数N_w。

计算得到

$$N_w=1.21N\cdot V_R^{0.571}\cdot L^{0.234}/S_w^{0.438}=1.21\times4\times0.191^{0.571}\times300^{0.234}/69.4^{0.438}=1.12$$

查表5-7，型式A可被交织车辆使用的最大车道数$N_{wmax}=1.4$，现$N_w<N_{wmax}$，故是非约束运行，步骤④中计算所得的S_w及S_{nw}可用于分析。

⑥ 核查交织区段各限制值。

$$V_w<1800, V/N<1900, V_R<0.35, R<0.5, L<610m$$

均未超过限制值。

⑦ 确定服务水平。

查表5-8，交织车辆的运行属于三级服务水平，非交织车辆的运行属于二级服务水平。

5.4 高速公路互通立体交叉匝道的通行能力

一、概述

1. 高速公路互通立体交叉匝道组成部分

匝道由以下三个部分组成：

(1)匝道与高速公路连接处(或称匝道-主线连接处)；

(2)匝道车行道；

(3)匝道与横交公路连接处。

2. 设计要求及运行特征

(1)设计要求

通常要将匝道与主线连接处设计成为车辆能以高速汇入或分离，但对相邻接的高速公路过境交通流的干扰降至最低程度的几何构造。匝道车行道在不同地点也会相差很多，匝道车道数有变化，通常是单车道或两车道的差别；在匝道长度，设计速度，平、纵线形方面都可能有变化。但匝道车行道的变化很少引起运行发生困难，除非在其上发生交通事件可能引起变通骚乱甚至中断。匝道与支线连接处要设计成使从主线驶来的车辆能顺利汇入该连接处，这种连接处一般设计成平面交叉。

对于匝道与主线连接处的设计要强调交通安全。

只有当匝道的所有部分，即匝道与主线连接处、匝道车行道及匝道与支线连接处都进行合理的设计，都达到所要求的服务水平或设计通行能力，匝道上的交通运行才会是高效率的。值得注意的是，在三个组成部分中的任何一部分交通受阻时，将会对整个匝道上的运行产生不利影响。更要注意到，在匝道上交通受阻可能扩展到高速公路主线或(和)支线(横交道路)上去。

因此，应很好地进行匝道各组成部分的通行能力和服务水平的分析计算。匝道和交织区是高速公路上干扰较大、运行易发生问题的两个组成部分，要小心处理。

(2)运行特征

在汇入区中，从驶入匝道来的车辆试着去找到邻接的主线车道上交通流中可用的空隙以便汇入。由于绝大部分匝道在主线右边，因此主线上右边第1车道（也叫路肩车道）是主线车道中最直接受影响者。在汇入区中，汇入的车流与过境车流之间是相互影响的，而驶入匝道上来的车流对整个运行具有相当影响。在驶出匝道上，基本是车辆从过境交通中分离出来的车辆必须先到与匝道相邻的车道1上来。因此就使得其他驾驶员在车行道之间调整车辆的分布百分率。在有双车道匝道的地方，车辆分离的影响会扩大到高速公路若干车道上。

3. 孤立匝道和非孤立匝道

不论驶入匝道或驶出匝道，当其与相邻匝道之间的间距小至足以影响其交通运行者就是非孤立匝道，就要考虑相邻匝道对其通行能力和服务水平的影响。上述间距因交通量和其他因素而定，对非孤立匝道进行通行能力和服务水平的分析计算时要考虑到其他匝道的影响。

当匝道与相邻匝道的间距大于对匝道交通产生影响的间距时，此匝道就是孤立匝道。对孤立匝道单独进行通行能力和服务水平的分析计算。

二、匝道与主线连接处的运行分析

1. 导言

由于在三个组成部分中，匝道与主线连接处对主线过境交通及总的运行有最大的影响，因此，本节的重点在于对匝道与主线连接处的分析计算。由于一般分析计算得到的是服务水平，因此称为运行分析。

因为汇入和分离发生在匝道邻接的车道1上，车道1上的交通量和其特性就成为分析计算中主要关心的因素了，故这一节中大部分分析计算步骤集中在估算紧挨驶入匝道或驶出匝道上游车道1中的交通量。一般，车道1交通量根据以下几个因素而变化：

(1)匝道交通量V_r；

(2)匝道上游高速公路单向交通量V_f；

(3)与相邻上游和（或）下游匝道的距离D_u、D_d；

(4)相邻上游和（或）下游匝道的交通量V_u、V_d；

(5)匝道型式（驶入匝道还是驶出匝道，在连接处的匝道车道数等）。

在决定车道1交通量时，相邻匝道的位置及交通量是重要因素，因为它们很大程度上影响着主线交通量的车道分布。

2. 在匝道与主线连接处需要分析计算的三个关键交通量

(1)汇合交通量V_m，用于驶入匝道，它是相互汇合的车流交通量之和(veh/h)；

(2)分离交通量V_d，用于驶出匝道，它是即将进行分岔的交通流的交通量(veh/h)；

(3)主线交通量V_f，用于任何汇合或分离点，它是匝道与主线连接处最大的主线单向交通量，即驶入匝道下游或驶出匝道上游主线单向行车道的交通量(veh/h)。

以上三个交通量是匝道与主线连接处的三个检验点交通量，如图5-9所示。

3. 服务水平标准

各级服务水平简要描述如下：

V_m，V_d，V_f三个检驶点处交通量的服务水平标准见表5-11所列。

表 5-11　匝道与主线连接处检验点服务水平标准

服务水平等级	汇合交通量[a] V_m/(pcu·h^{-1})	分离交通量[a] V_m/(pcu·h^{-1})	以下计算行车速度(km/h)的主线单向交通量 V_f/(pcu·h^{-1})[a]							
			120		100		80		60	
			四车道	六车道	四车道	六车道	四车道	六车道	四车道	六车道
一	≤1000	≤1050	≤2200	≤3300	≤2000	≤3000	—[b]	—[b]	—[b]	—[b]
二	≤1450	≤1500	≤3200	≤4600	≤2600	≤4200	≤2600	≤3900	≤2300	≤3450
三	≤1750	≤1800	≤3800	≤5700	≤3400	≤5100	≤3200	≤4800	≤2900	≤4350
四	≤2000[c]	≤2000[c]	≤4000[c]	≤6000[c]	≤4000[c]	≤6000[c]	≤3800[c]	≤5700[c]	≤3600[c]	≤5400[c]

注：a. 在驶出匝道上游或匝道下游主线一个行驶方向的总交通量。

b. 由于计算行车速度限制，不能达到该级服务水平。

c. 由于交通流处于强制流状态，交通量在低于四级上半部情况下变化高度不稳定。

d. 三个检验点交通量均换算成每小时小客车数。

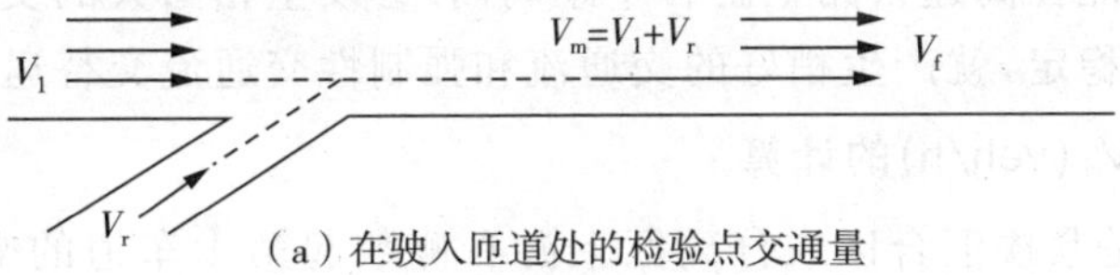

（a）在驶入匝道处的检验点交通量

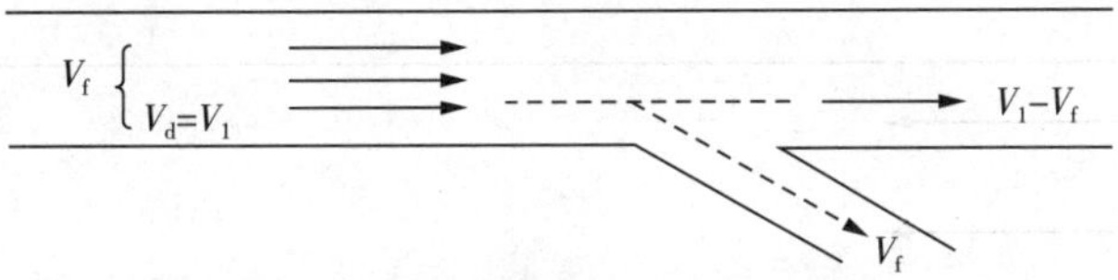

（b）在驶出匝道处的检验点交通量

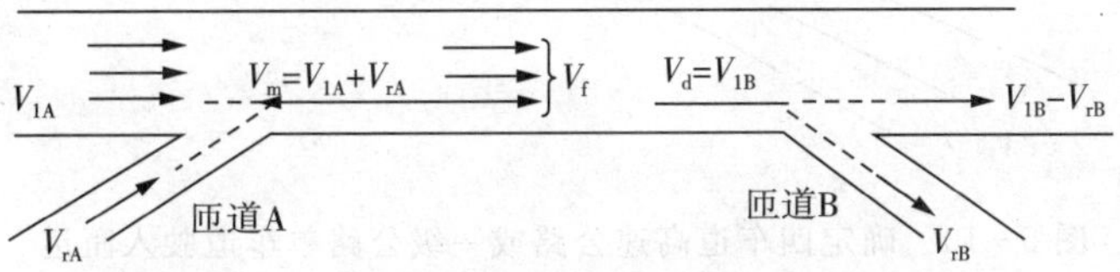

（c）在后接驶出匝道的驶入匝道处的检查点交通量

图 5-9　匝道与主线连接处检验点交通量示意图

一级服务水平，相当于美国通行能力手册（HCM）的服务水平 A 和 B。

服务水平 A，是不受约束的运行，汇入车辆和分离车辆对主线上的过境车流的影响很小。汇入时运行流畅，在进入过境交通流车辆间隙时仅需很小的车速调整。分离运行时不会遇到多大的扰动。

服务水平 B，汇入的车辆驶进车道 1 过境车辆间隙时需要稍许调整车速。分离出来的车辆仍然没有多大扰动。主线上的过境车辆受到的影响不大，交通流一般是流畅和稳定的。

二级服务水平，相当于 HCM 中的服务水平 C。仍然是稳定流，但接近车流有小的变化就会产生运行质量的大范围变化。车道 1 和驶入匝道上的车辆都必须调整速度以达到流畅的汇入，并且当驶入匝道上的交通量大时还会有小的车队形成。在分离区车速也会有些降低。驶入车辆和驶出车辆所引起的扰乱扩展的范围更大些，并且这种扰乱可能延伸到与车道 1 相邻的主线其他车道上去。高速公路总的交通速度和密度不会有大的变化。

三级服务水平，相当于 HCM 中的服务水平 D，在此水平范围内难以达到流畅的汇入，不论要汇入的车辆还是车道 1 中的过境车辆都必须频频调整其车速以防止在汇入区内发生冲突。分离区附近的车辆车速减低得更多，汇入和分离运行所引起的扰乱将影响若干主线车道。在有大交通量的驶入匝道上，匝道车队可以变成对运行具有破坏性的因素。

四级服务水平，相当于 HCM 中的服务水平 E 和 F。

服务水平 E，在此水平的下限交通量达到基本通行能力。在此水平汇入行为产生大的扰乱，但在主线上仍没有形成明显的车队。在驶入匝道上则会形成大的车队。分离运行的车速大为降低，并且在分离区内会形成一些车队。所有车辆均受到扰乱的影响，主线上的过境车辆则企图到靠近中央带一侧的诸车道上去行驶以躲开扰乱。

服务水平 F，所有汇入基本上都是停停行行的，在匝道上广泛地形成车队，车道 1 上的过境交通被破坏。许多扰乱是由于过境车辆改变车道以避开汇入区和分离区而产生的，在匝道端部附近（并且可能在高速公路上游若干距离内）会发生相当大的交通延误，且情况变化的范围很大，因为不稳定，就产生稍好的交通流和强制性交通流交替运行状态。

4. 车道 1 交通量 V_1 (veh/h) 的计算

车道 1 交通量V_1是紧挨汇合区或分离区上游右侧数起第 1 车道的交通量。它是计算图V_m和V_d的基础。计算V_1有多种图式，具体计算图式如图 5－10 至图 5－14 所示。

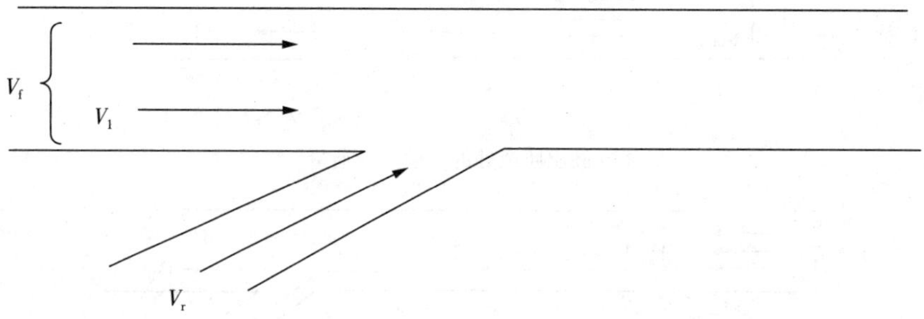

图 5－10　确定四车道高速公路或一级公路单车道驶入匝道上游车道 1 交通量V_1的计算图式

计算式：$V_1=136+0.345\,V_f-0.115\,V_r$。

使用条件：

(1)四车道高速公路或一级公路上的单车道驶入匝道(非环形)，有或无加速车道。

(2)仅用于在上游 610m 内无相邻驶入匝道的情况。

(3)一般使用范围：$V_f=360\sim3100$veh/h；$V_r=50\sim1300$veh/h。

车道 1 交通量V_1的计算图示：

计算式：$V_1=165+0.345\,V_f+0.520\,V_r$。

使用条件：

(1)四车道高速公路或一级公路上的单车道驶出匝道有或无减速车道。

(2)仅用于在上游 980m 内无相邻驶入匝道的情况。

(3)一般使用范围：$V_f=360\sim3800$veh/h；$V_u=50\sim1400$veh/h。

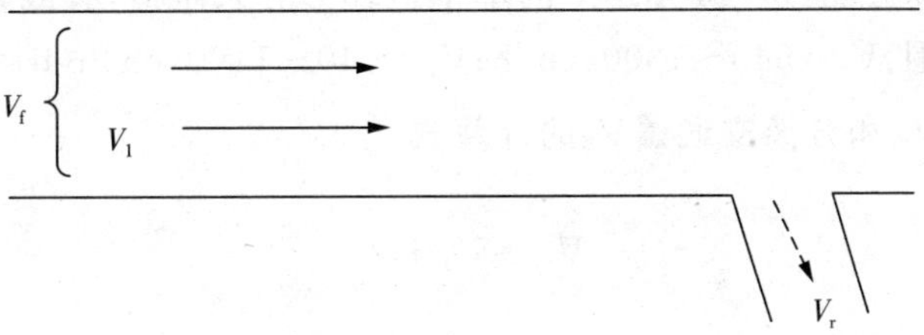

图 5-11 确定四车道高速公路或一级公路单车道驶出匝道上游车道 1 交通量 V_1 的计算图式

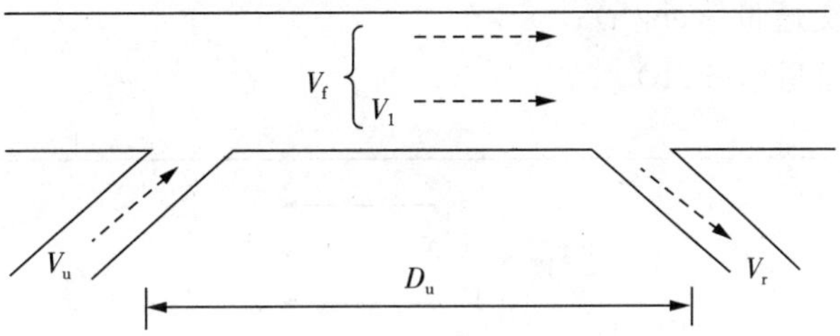

图 5-12 确定四车道高速公路或一级公路上，上游有相邻驶入匝道的单车道驶出匝道上游车道 1 交通量 V_1 的计算图式

计算式：$V_1=202+0.362V_f+0.496V_r-0.226D_u+0.096V_u$。

使用条件：

(1)四车道高速公路上一单车道驶出匝道在其上游 980m 以内有一相邻的驶入匝道，该驶出匝道有或无减速车道。

(2)一般使用范围：$V_f=64\sim3800$veh/h；$V_r=50\sim1450$veh/h；$V_u=50\sim810$veh/h；$D_u=210\sim980$m。

计算式：

(a)$V_1=166+0.280V_f$(用于 $V_r<550$veh/h 的情况)。

(b)$V_1=128+0.482V_f-0.301V_r$(用于 $V_r=550\sim1100$veh/h 的情况)。

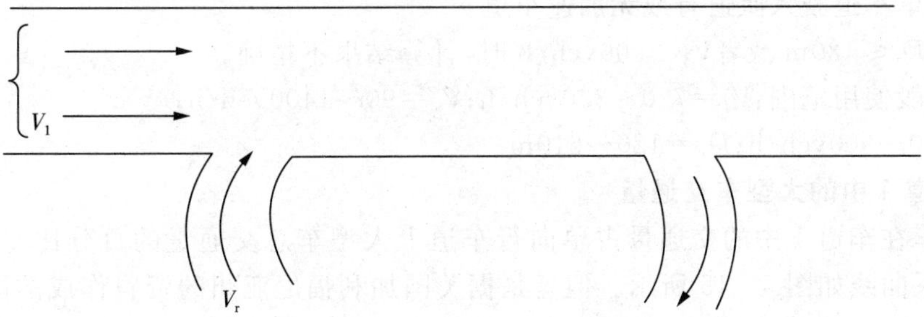

图 5-13 确定四车道高速公路或一级公路单车道环形驶入匝道上游车道 1 交通量 V_1 的计算图式

使用条件：

1. 在四车道高速公路或一级公路上的单车道环形驶入匝道，有或无加速车道

2. 一般使用范围：$V_f=540\sim1800$veh/h；$V_r=540\sim1100$veh/h(b)＝$0\sim540$veh/h(a)。

5. 汇合交通量V_m和分离交通量V_d的计算式

$$V_m=V_1+V_r \tag{5-7}$$

$$V_d=V_1 \tag{5-8}$$

式中，V_m——汇合交通量(veh/h)；

V_d——分离交通量(veh/h)；

V_1——车道1交通量(veh/h)；

V_r——匝道交通量(veh/h)。

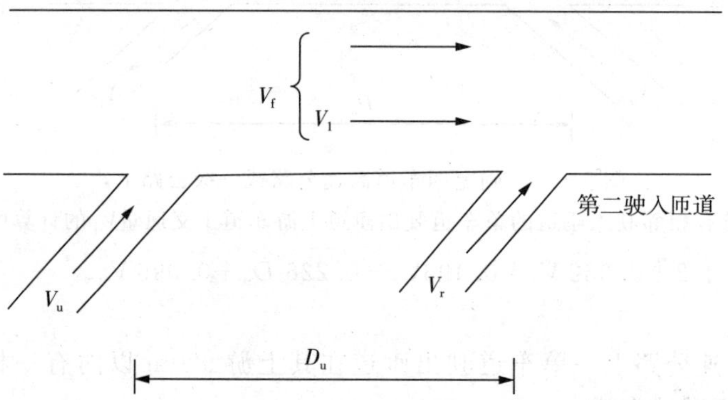

图5-14　确定四车道高速公路或一级公路上，上游有相邻驶入匝道的单车道驶入匝道上游车道1交通量V_1的计算图式

计算式：$V_1=123+0.376V_f-0.142V_r$。

使用条件：

(1)四车道高速公路或一级公路上，上游120～610m之间有相邻驶入匝道的单车道驶入匝道，此单车道驶入匝道有或无加速车道。

(2)当$D_y\leqslant120$m或者$V_y\geqslant900$veh/h时，计算结果不精确。

(3)一般使用范围：$V_f=720\sim330$veh/h；$V_r=90\sim1400$veh/h；

$V_y=90\sim900$veh/h；$D_y=120\sim610$m。

6. 车道1中的大型车交通量

大型车在车道1中的交通量占单向行车道上大型车总交通量的百分比与主线单向交通量的关系曲线如图5-15所示。但这是据美国加利福尼亚州的资料作成的图，我国一般大型车在总交通量中的百分比比美国的要大，因此，有条件时应尽量用当地或我国的曲线，只有在不得已情况下才参照图5-15中的曲线。在使用图5-15过程中，如求得的车道1中的大型车交通量大于或等于车道1交通量，则仍用已得的车道1交通量，不过其中全部为大型车。

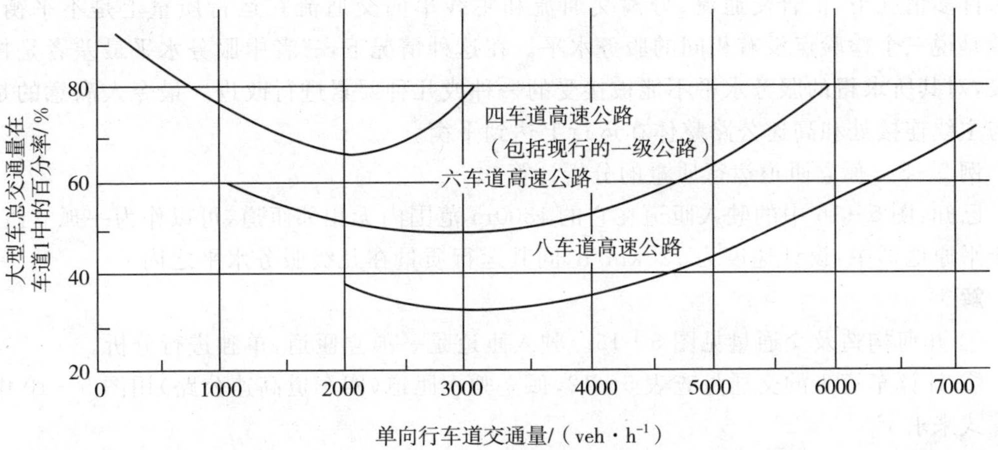

图 5－15　大型车交通量与主线单向行车道交通量的关系曲线

7. 检验点的服务水平计算及服务水平级别的采用

(1)应用主线基本路段的车辆换算系数(见表 5－3)，将三个检验交通量均换算成当量小客车交通量(pcu/h)，然后与检验点交通量服务水平标准中的有关数值进行比较即可得到三个检验点V_m、V_d及V_f的服务水平。

(2)检验点一般与主线基本路段一样采用二级服务水平。但在需要采取改善措施而又有困难的不得已情况下，可降低一级采用三级服务水平。

三个检验点中如果有低于所采用的服务水平者，则要采取改变几何设计或其他措施以使三个检验点的服务水平均达到所采用服务水平的要求。

三、匝道与主线连接处服务水平

分析计算的步骤如下：

(1)建立匝道几何构造及交通量。

几何构造的建立(包括匝道的型式和位置)是计算交通量的基础。交通量是指匝道上及匝道附近的交通量。在初步考虑时，与所分析的匝道相距在 1800m 以内的相邻匝道应按对所分析的匝道有影响者来处理。在一单独匝道的上、下游均有相邻匝道时，常常成双进行分析。对此，在计算图式中有更详细的数值来说明什么情况下另一"相邻"匝道是隔离的，对所分析的匝道没有影响，什么情况下必须将相邻匝道对所分析的匝道的影响考虑进去。

(2)计算车道 1 交通量。

车道 1 交通量可用相应计算图式中的计算式计算或者用近似法估计。

(3)将所有交通量(veh/h)换算成每小时小客车交通量，在将车道 1 交通量换算为当量小客车交通量之前必须确定车道 1 中的大型车百分率。

(4)计算检验点交通量V_m、V_d及V_f。

(5)确定各检验点的服务水平。

对于一个分析过程，是用检验点交通V_m、V_d及V_f分别与服务水平标准表中相应的数字相比较以得到三个检验点处的服务水平等级。

许多情况下，汇合交通流、分离交通流和主线单向交通流在运行质量上是不平衡的。也就是说三个检验点没有相同的服务水平。在这种情况下，三者中服务水平最差者是控制因素，对其所求得的服务水平不能被接受的一种或几种要素进行改进。最令人满意的是匝道与主线连接处和高速公路整体在运行上达到平衡。

例 5-3 孤立匝道运行质量的分析计算。

已知：图 5-16 中的驶入匝道在它的 1800m 范围内无相邻匝道，可以作为一孤立匝道，处于平原地形中，设计速度为 120km/h，问其运行质量在几级服务水平之内。

解

① 几何构造及交通量见图 5-16。驶入匝道是一孤立匝道，单独进行分析。

② 计算车道 1 的交通量查表 5-12，孤立驶入匝道（四车道高速公路）用图 5-10 中的计算式来求 V_1。

$$V_1 = 136 + 0.345\,V_f' - 0.115\,V_r = 136 + 0.345 \times 2000 - 0.115 \times 410 = 779(\text{veh/h})$$

③ 将所有以 veh/h 为单位的交通量转换成理想条件下的以 pcu/h 为单位的交通量，见表 5-12 所列。

表 5-12 交通量转换表

交通量/(veh/h)	E_{HV}	大型车百分比	f_{HV}	交通量/(pcu/h)
2000	1.7	0.50	0.741	2699
410	1.7	0.40	0.74	554
779	1.7	0.82	0.635	1227

上表车道 1 中大型车百分比的求算：从图 5-15 中查到，四车道高速公路主线单向交通量为 2000veh/h 时，车道 1 中大型车占单向总大型车交通量之百分比为 0.64，即在车道 1 中有大型车 2000×0.50×0.64=640 辆，640 辆占车道 1 交通量 779 辆的百分比为 640/779=0.82。

匝道交通量 410veh/h，其中 40% 为大型车，其 f_{HV} 见表 5-13 所列。

表 5-13 大型车对匝道通行能力的修正系数 f_{HV} 值

大型车交通量占总交通量的百分比/%	10	20	30	40	50	60	70	80
f_{HV}	0.88	0.81	0.77	0.74	0.72	0.71	0.704	0.70

④ 计算检验点交通量 V_m 及 V_f

$$V_m = V_1 + V_r = 1227 + 554 = 1781(\text{pcu/h})$$

$$V_f = V_f' + V_r = 2699 + 544 = 3253(\text{pcu/h})$$

⑤ 确定服务水平。

从表 5-11 对比出 $V_f = 3253$pcu/h 属于三级服务水平，但靠近二、三级服务水平交界处，汇合交通量 $V_m = 1781$pcu/h 属于四级服务水平，靠近三、四级服务水平交界处。因此汇合交通量所处位置的服务水平最差，是控制因素，最好设法加以改进，其措施之一是实行匝道调节。

5.5 双车道一般公路路段通行能力

一、双车道一般公路路段车流运行特性

1. 概述

在双车道一般公路上，汽车超车时，必须进入对向车道行驶若干距离后，回到本向车道，才能完成超车过程。因此双车道公路的两个方向中任何一个方向的汽车流运行都受到对向交通的制约，故不能对单个方向而必须对车行道双向通行能力和服务水平进行总的分析与计算。

2. 理想条件

(1)设计速度大于或等于 80km/h；

(2)车道宽度大于或等于 4.00m，但不大于 4.50m；

(3)侧向净宽大于或等于 1.75m；

(4)在公路上无"不准超车区"；

(5)交通流中全部为中型载重汽车；

(6)两个方向交通量之比为 50/50；

(7)对过境交通没有横向干扰且交通秩序良好；

(8)处于平原微丘地形。

二、服务水平

双车道一般公路路段服务水平标准参见表 5－14 所列。

表 5－14　汽车双车道公路路段服务水平表

服务水平级别	a. V/C c. 不准超车区/% b. 平均行程速度 /(km/h)	0	20	40	60	80	100
一	≥64	0.27	0.24	0.21	0.19	0.17	0.15
二	≥53	0.43	0.39	0.36	0.34	0.32	0.31
三	≥45	0.63	0.61	0.58	0.56	0.55	0.54
四	≥37	1.00	0.98	0.98	0.98	0.97	0.97
四	<37	d	d	d	d	d	d

注：a. V/C 是理想条件下各级服务水平最大服务交通量与基本通行能力之比，基本通行能力为 2000 辆中型载重汽车/h。

b. 表中平均行程速度是设计速度为 80km/h 时的数值。当计算车行速度小于 80km/h 时，应减小平均行程速度数值。

c. 不准超车区是指超车视距小于设计速度所要求的最小通车视距的路段长度占区段总长的百分率(双向的平均值)。

d. 四级服务水平的后半段是强制流，V/C 在很大范围内变化，但均小于四级服务水平上半段的 V/C。

三、双车道一般公路路段通行能力

1. 车行道最大服务交通量

$$M_{SV_i}=C_B\cdot(V/C)_i \tag{5-9}$$

式中，M_{SV_i}——在理想条件下第 i 级服务水平的车行道双向最大服务交通量(mvu/h)；

C_B——基本通行能力，理想条件下车行道每小时双向合理的期望能通行的最大交通量，$C_B=2000$mvu/h；

$(V/C)_i$——第 i 级服务交通量与基本通行能力之比。

2. 车行道的设计通行能力

$$C_D=M_{SV_i}\cdot f_s\cdot f_d\cdot f_w\cdot f_T\cdot f_L \qquad (5-10)$$

式中，C_D——行车道设计通行能力，是实际或预测交通和道路等条件下，采用 i 级服务水平的车行道双向最大服务交通量(veh/h)；

f_s——设计速度小于 80km/h 时对通行能力的修正系数；

f_d——交通量方向分布对通行能力的修正系数；

f_w——车道宽度及(或)侧向净宽小于理想条件时对通行能力的修正系数；

f_T——交通流中有非中型载重汽车时，交通组成对通行能力的修正系数；

f_L——横向干扰及交通秩序处于非理想条件时对通行能力的修正系数。

$$C_D=C_B\cdot(V/C)_i\cdot f_s\cdot f_d\cdot f_w\cdot f_T\cdot f_L \qquad (5-11)$$

四、对通行能力的修正系数

1. 设计速度修正系数 f_s(见表 5-15)

表 5-15　设计速度修正系数 f_s

设计速度/(km/h)	80	70	60	50	40
f_s	1.00	0.98	0.96	0.94	0.92

2. 交通量方向分布修正系数 f_d(见表 5-16)

表 5-16　交通量方向分布修正系数 f_d

交通量方向分布	50/50	60/40	70/30	80/20	90/10	100/0
f_d	1.00	0.945	0.89	0.82	0.75	0.71

3. 车道宽度及侧向净宽修正系数 f_w(见表 5-17)

表 5-17　车道宽即侧向净宽修正系数 f_w

车道宽/m 侧向净宽/m	4.00～4.50	3.50	3.00	车道宽/m 侧向净宽/m	4.00～4.50	3.50	3.00
1.75	1.00	0.96	0.84	0.75	0.84	0.80	0.70
1.50	0.96	0.92	0.80	0.50	0.79	0.76	0.66
1.00	0.88	0.84	0.74	0.00	0.70	0.67	0.58

4. 交通组成修正系数 f_T

$$f_T=1/[1+P_{SV}(E_{SV}-1)+P_t(E_t-1)] \quad (5-12)$$

式中，P_{SV}，P_t——分别为汽车和拖挂车交通量占总交通量的百分比；

E_{SV}，E_t——分别为小汽车及拖挂车的车辆换算系数，见表 5-18 所列。

表 5-18 一般二、三、四级公路路段换算系数

车辆类型	中型汽车①	小汽车②	拖挂车③	大中型农用拖拉机	小型农用拖拉机	兽力车	人力车	自行车
换算系数	1.0	0.8	2.0	3.0	1.7	4.0	2.0	0.3

注：①中型汽车内包括单个大客车、>18 座面包车；

② 小汽车包括小客车、吉普车、三轮摩托车、≤2t 货车及客货两用车、≤18 座面包车；

③ 拖挂车包括全挂车、单拖车、≥10t 载货车、通道式大客车。

5. 横向干扰修正系数 f_L（见表 5-19）

表 5-19 横向干扰系数

横向干扰程度	f_L	横向干扰程度	f_L
较小	$0.85 \leqslant f_L < 1.00$	较大	$0.65 \leqslant f_L < 0.75$
中等	$0.75 \leqslant f_L < 0.85$	严重	a

注：a. 干扰严重程度差别较大，f_L 按实际或预测情况采用；交通秩序较差的路段，f_L 值按干扰程度采用的数值再减小 0.05 至 0.10 取用。

5.6 城市道路路段通行能力

一、一条车道的理论通行能力

理论通行能力是指在理想的道路与交通条件下，车辆以连续车流形式通过时的通行能力。其计算公式为

$$N_0=3600/h_t$$

或

$$N_0=1000V/L \quad (5-13)$$

式中，N_0——一条车道的理论通行能力（辆/h）；

h_t——饱和连续车流的平均车头时距（s）；

V——行驶车速（km/h）；

L——连续车流的车头间距（m）。

连续车流条件下的车头间距 L，可采用下式计算：

$$L=L_0+L_1+U+I \cdot V^2 \quad (5-14)$$

式中，L_0——停车时的车辆安全车间距；

L_1——车辆的车身长度(m)；

V——行驶车速(m/s)；

I——与车重、路面阻力系数、黏着系数及坡度有关的参数，根据有关研究，I 可以按表 5-20 取值。

表 5-20 参数 I 与坡度的关系

坡度/%	5	4	3	2	1	0	−1	−2	−3	−4	−5
$I\times10^3$	50	51	52	53	53	54	55	56	57	58	59

在通常的城市道路设计范围内(坡度≤14%)，其 I 值近似为 0.054，取 $L_0=2\text{m}$，$L_1=5\text{m}$，则一条车道的理论通行能力(小汽车单位)见表 5-21 所列。

表 5-21 按车头间距计算的一条车道理论通行能力

V/(km/h)	20	30	35	40	50	60
L/m	14.32	19.08	21.82	24.78	31.31	38.67
N_0/(pcu/h)	1406	1572	1604	1614	1597	1552

我国对一条车道的理论通行能力也进行过专门的研究。《城市道路设计规范》建议的一条车道理论通行能力(可能通行能力)(小汽车单位)见表 5-22 所列。

表 5-22 《城市道路设计规范》建议的一条车道理论通行能力

V/(km/h)	20	30	40	50	60
N_0/(pcu/h)	1380	1550	1640	1690	1730

通过对城市道路饱和连续车流条件下的车头时距进行观测，观测结果及计算的理论通行能力见表 5-23 所列(车速范围 15～60km/h)。

表 5-23 按车头时距计算的理论通行能力

车型	小客车(含三轮卡车)	大客车	卡车	通道车
h_t/s	2.671	3.696	3.371	4.804
N_0/(pcu/h)	1348	974	1068	749

由国内外的研究成果可知，对于一条车道的理论通行能力，取 1500pcu/h(小汽车单位)是比较合理的。

二、路段设计通行能力

城市道路路段设计通行能力(或实用通行能力)可根据一个车道的理论通行能力进行修正而得。对理论通行能力的修正应包括车道数、车道宽度、自行车影响及交叉口影响四个方面。

$$N_a = N_0 \cdot \gamma \cdot \eta \cdot C \cdot n' \tag{5-15}$$

式中，N_a——单向路线设计通行能力(pcu/h)；

γ——自行车影响修正系数；

η——车道宽影响修正系数；

n'——车道数修正系数；

C——交叉口影响修正系数。

修正系数 γ,η,C 的计算方法如下。

1. 自行车影响折减系数 γ 的确定

自行车对机动车道机动车的影响，应视有无分隔带(墩)及自行车道交通负荷的大小分三种情况考虑。

(1)机动车道与非机动车道之间有分隔带(墩)

当机动车道与非机动车道之间设有分隔带时，路段上的自行车对机动车几乎没有影响，可不考虑折减，故取 $\gamma=1$。

(2)机动车道与非机动车道间无分隔带(墩)，但自行车道负荷不饱和

当机动车道与非机动车之间没有设置分隔带时，自行车对机动车有影响，但如果自行车道上的自行车交通量小于自行车道通行能力，此时，自行车基本上在非机动车道上行驶，对机动车的影响不大，建议取 $\gamma=0.8$。

(3)机动与非机动车道间无分隔带(墩)，且自行车道超饱和负荷

当自行车交通量超过自行车道的通行能力时，自行车将侵占机动车道而影响机动车的正常运行，使机动车的车速、通行能力大大降低，其影响系数可根据自行车侵占的机动车道宽度与机动车道单向总宽之比确定，其影响系数为

$$\gamma = 0.8 - (Q_{bic}/[Q_{bic}] + 0.5 - W_2)/W_1 \tag{5-16}$$

式中，Q_{bic}——自行车交通量(辆/h)；

$[Q_{bic}]$——每米宽自行车道的实用通行能力(辆/h)；

W_2——单向非机动车道宽度(m)；

W_1——单向机动车道宽度(m)。

对于自行车道通行能力，在连续车流条件下(有分隔带)，每米宽自行车道的理论通行能力为

$$[Q_{bic}] = 2200 \text{ 辆/h}$$

无分隔带时，自行车道的通行能力小于有分隔带的自行车道通行能力，《城市道路设计规范》建议的有无分隔带的自行车道通行能力比为 0.82，即无分隔带时，每米宽自行车道的理论通行能力为

$$[Q_{bic}] = 2200 \times 0.82 = 1800 (\text{辆/h})$$

由于平面交叉口的影响，路段上一般只有 50% 的时间能有效通行，故每米宽自行车道的实用通行能力为

$$[Q_{bic}] = 1800 \times 0.5 = 900 (\text{辆/h})$$

该值与《城市道路设计规范》建议值 800～1000 辆/h 是一致的。

2. 车道宽度影响系数 η 的确定

车道宽度对行车速度有很大的影响，在城市道路设计中，取标准车道宽度为 3.5m，当车道宽度大于该值时，有利于车辆行驶，车速略有提高；当车道宽度小于该值时，车辆行驶的自由度受到影响，车速降低。经观测发现，车道宽度不足对车速的影响远远大于宽度富裕对车速的影响，如宽度不足 1m 引起的车速降低值远远大于宽度富裕 1m 引起的车速提高值。当宽度不足标准宽度 1m（此时车道宽 2.5m）时，小车的车速几乎下降至正常车速的一半，大车已难以通行。当宽度大于标准宽度 2.5m（此时车道宽 6m，接近于两个车道的宽度）时，其车速约提高 30%，此时，即使车道宽再增加，由于受到车辆本身性能的限制，其车速不可能再提高。因此可以认为车道宽与车速之间呈下陡上缓的曲线关系，其车道宽度影响系数可由下式确定：

$$\eta=\begin{cases}50(W_0-1.5),W_0\leqslant 3.5\text{m}\\-54+188W_0/3-16W_0^2/3,W_0\leqslant 3.5\text{m}\end{cases}\tag{5-17}$$

式中，W_0——一条机动车道宽度（m）。

当车道宽为标准宽度 3.5m 时，$\eta=100\%$，车道宽度与影响系数之间的变化关系如表 5-24 所列。

表 5-24　η，W_0 关系表

W_0/m	2.5	3	3.5	4	4.5	5	5.5	6
η/%	50	75	100	111	120	126	129	130

3. 交叉口影响修正系数 C 的确定

交叉口影响修正系数主要取决于交叉口控制方式及交叉口间距。当交叉口间距较小时，交叉口的停车延误在车辆行驶时间中所占的比例较小，不利于道路空间的利用、路段通行能力的发挥及路段车速的提高。交叉口间距的增大有利于提高路段通行能力及路段车速，有利于充分利用道路空间，经研究表明，交叉口间距从 200m 增大到 800m 时，其通行能力可提高 80%左右。表 5-25 为通行能力与交叉口间距的关系值。

表 5-25　交叉口间距与路段通行能力关系

车道数 \ 间距/m	200	300	400	500	600	700	800
2	1258	1555	1762	1912	2060	2157	2240
3	1780	2208	2505	2720	2930	3060	3180
4	2310	2850	3250	3520	3800	3865	4130

注：路段交叉口为信号控制，周期为 80s。

由上表可见，路段通行能力提高值与交叉口间距基本上呈线性关系。因此，交叉口影响修正系数可采用下式计算：

$$C=\begin{cases}C_0, & s\leqslant 200\text{m}\\ C_0(0.0013s+0.73), & s\geqslant 200\text{m}\end{cases} \tag{5-18}$$

式中，s——交叉口间距(m)；

C_D——交叉口有效通行时间比，视路段起点交叉口控制方式而定，信号交叉口即为绿信比。

如果由式(5-21)计算的 C 大于1，则取 $C=1$。

式(5-21)也可用于道路空间利用(密度)的修正。

车道数修正系数n'可根据车道利用系数确定。苏联采用的车道数修正系数见表5-26所列。

表5-26　苏联采用的车道修正系数

单向车道数	1	2	3	4
n'	1.0	1.9	2.9	3.5

我国通常采用的车道利用系数见表5-27所列。

表5-27　我国通常采用的车道利用系数

车道	第一车道	第二车道	第三车道	第四车道
车道利用系数	1	0.8～0.89	0.65～0.70	0.50～0.65

根据表5-25换算的车道数修正系数见表5-28所列。

表5-28　车道数修正系数

车道数	1	2	3	4
车道数修正系数	1	1.8～1.89	2.5～2.63	3.07～3.22
平均值	1	1.85	2.57	3.15

根据国内外研究结果，在具体规划时，可采用表5-29所示的车道修正系数，即相当于各车道的利用系数为1，0.87，0.73，0.6。

表5-29　车道数修正系数采用值

车道数	1	2	3	4
车道数修正系数 n'	1	1.87	2.60	3.20

例5-4　某路段单向机动车道宽为8m，交叉口间距离为300m，两端交叉口采用信号控制，绿信比为0.48，机动车道与非机动车道之间设有隔离带。试计算该路段的设计通行能力。

解　一个车道的理论通行能力为

$$N_0=1500\text{pcu/h}$$

路段设计通行能力为

$$N_a = N_0 \cdot \gamma \cdot \eta \cdot n' \cdot C$$

由于机动车道与非机动车道之间有隔离带，故

$$\gamma = 1.0$$

机动车道总宽为 8m，不足 3 车道，只能按 2 车道处理，每个车道宽 $W_0 = 4\text{m}$，则

$$\eta = -54 + 188\,W_0/3 - 16\,W_0^2/3 = -54 + 188 \times 4/3 - 16 \times 4^2/3 = 111.3\%$$

由表 5-29 可知，车道数修正系数为

$$n' = 1.87$$

交叉口间距修正系数为

$$C = C_0(0.0013s + 0.73) = 0.48 \times (0.0013 \times 300 + 0.73) = 0.538$$

所以，该路段的设计通行能力为

$$N_a = 1500 \times 1.0 \times 1.113 \times 1.87 \times 0.538 = 1680(\text{pcu/h})$$

5.7 道路平面交叉口的通行能力

一、无信号交叉口通行能力

1. 行车规定

在无信号灯控制的交叉口上，我国未采取其他交通管理措施。按照惯例，主要道路上的车辆，优先通行，通过路口不用停车，一直通过；沿次要道路行驶的车辆，让主要道路上的车辆先行，寻找机会，穿越主要道路上车流的空档，通过路口。

主要道路上能够通过的车辆多少，按路段计算。次要道路上能够通过多少车辆，受下列因素影响：主要道路上车流的车头间隔分布、次要道路上车辆穿越主要道路车流所需时间、次要道路上车辆跟驰的车头时距大小、主要道路上车流的流向分布。

这种路口的通行能力，等于主要道路上的交通量加上次要道路上车辆穿越空档能通过的车辆数。若主要道路上的车流已经饱和，则次要道路上的车辆一辆也通不过。因此，无信号交叉口的通行能力最大等于主要道路路段的通行能力。事实上，在无信号交叉口，主要道路上的交通量不大，车辆呈随机到达，有一定空档供次要道路的车辆穿越，相交车流无过大阻滞，否则，需加设信号灯，分配行驶权。

2. 交通流向分析

在无信号交叉口，次要道路上的车流每一流向都面临与之发生冲突的交通流，如图 5-17所示。

例如，次要道路上的右转车流与主要道路右侧车道的直行车流发生侧向摩擦、合流。主要道路上的右转车流，驶近交叉口时，由于没使用或没及时使用转弯信号，致使次要道路上右转车流产生误判，行进受到影响。

次要道路的直行车流与主要道路上所有车流都有冲突、摩擦。

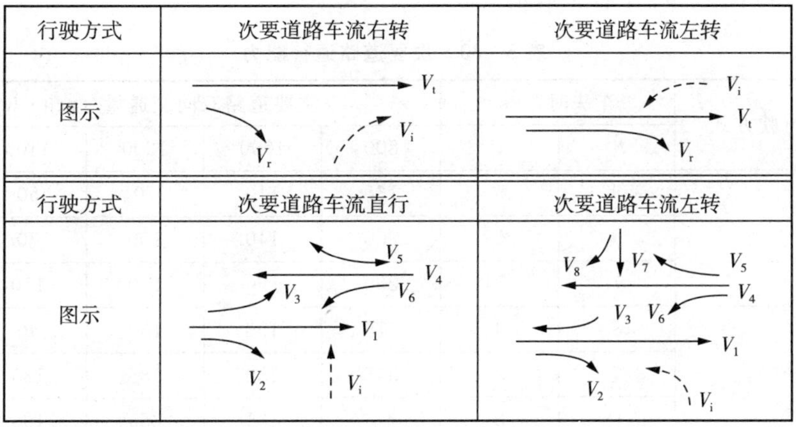

图 5－17　交通流向分析图

次要道路的左转车流与次要道路的右转车流、直行车流、主要道路上的各股车流发生冲突、摩擦。

此外，主要道路上的左转车流与主要道路上的直行、右转车流也有冲突、摩擦。

由此可见，主要道路上车流存在的可穿越间隙，有多股车流争相利用。

3. 穿越间隙

可穿越间隙大小与次要道路上的车流通过交叉口的状态有关系。若在进口停车等候，则所需间隙时间为 7～9s；若驶近路口降速待机，则所需间隙时间为 6～8s。此外，穿越间隙还与穿越车流的流向有关系。

4. 计算公式

假设主要道路上的车辆优先通过路口；主要车道上的双向车流视为一股车流；交通量不大，车辆之间的间隙分布符合负指数分布；当间隙大于临界间隙时，次要道路上车辆方可穿越。次要道路上车辆跟驰行驶时的车头时距 $t=3\text{s}$。

按可穿越间隙理论，推算出次要道路上的车辆每小时能穿越主要道路车流的数量为

$$Q_{次}=\frac{Q_{主}\,e^{-qt_0}}{1-e^{-qt}} \tag{5-19}$$

式中，$Q_{主}$——主要道路上的交通量(pcu/h)；

$Q_{次}$——次要道路可能通过的车辆数(pcu/h)；

q——$Q_{主}/3600$(pcu/s)；

t_0——临界间隙时间，对停车待机通过者 $t_0=7\sim9\text{s}$，对减速待机通过者，$t_0=6\sim8\text{s}$；

t——次要道路上车辆跟驰行驶的车头时距，$t=3\sim5\text{s}$。

例 5－5　一无信号灯控制的交叉口，主要道路的双向交通量为 1200pcu/h，车辆到达符合泊松分布。次要道路上车辆可穿越的临界车头时距 $t_0=6\text{s}$，车辆跟驰行驶的车头时距 $t=3\text{s}$。求次要道路上的车辆可穿越主要道路车流的数量。

解　由式(5－19)得

$$Q_{次}=\frac{1200\times e^{-\frac{1200}{3600}\times 6}}{1-e^{-\frac{1200}{3600}\times 3}}=257(\text{pcu/h})$$

类似，得到表 5－30 中各个数值。

表 5－30　次要道路通行能力

次要道路行驶方式	车头时距/s		主要道路双向交通量/(pcu・h^{-1})				
	t_0	t	800	1000	1200	1400	1600
停车等空档	9	5	160	110	70	50	30
	8	5	200	140	100	70	50
	7	5	250	190	140	110	80
低速等空档	8	3	275	190	130	90	60
	7	3	345	250	185	135	95
	6	3		335	255	195	150

注：次要道路通行能力很少超过主要道路交通量的 1/2。

美国各州道路运输工作者协会认为，无信号交叉口，在不影响主要道路车辆通行的情况下，次要道路可通过的交通量不超过表 5－31 中的数值。

表 5－31　无信号交叉口的通行能力

主要道路为二车道	主要道路交通量	400	500	600
	次要道路交通量	250	200	100
主要道路为四车道	主要道路交通量	1000	1500	2000
	次要道路交通量	100	50	25

二、信号交叉口通行能力

我国道路交通管理条例规定，在没有实施多相位信号灯控制的交叉口，绿灯亮时，允许各行驶方向的车辆进入交叉口。红灯亮时，只允许右转车辆沿右转专用车道行进，但不得影响横向道路上直行车辆的正常行驶。黄灯亮时，已越过停车线的车辆继续行驶，通过交叉口；没越过停车线的车辆应在停车线后等候绿灯。

1. 十字形交叉口的设计通行能力

十字形交叉口(见图 5－18)设计通行能力等于各进口道设计通行能力之和。进口道设计通行能力等于各车道设计通行能力之和。

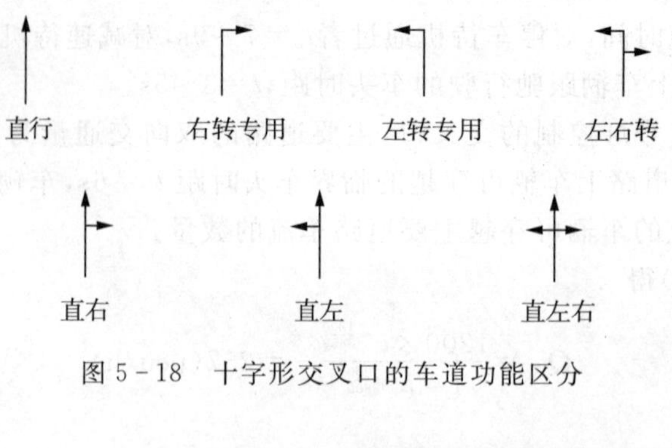

图 5－18　十字形交叉口的车道功能区分

(1)一条直行车道的设计通行能力计算公式

$$C_s = \frac{3600}{T}\left(\frac{t_g - t_0}{t_i} + 1\right)\varphi \tag{5-20}$$

式中，C_s——一条直行车道的设计通行能力(pcu/h)；

T——信号灯周期(s)；

t_g——信号每周期内的绿灯时间(s)；

t_0——绿灯亮后，第一辆车启动、通过停车线的时间(s)，如无本地实例数据，可采用2.3s；

t_i——直行或右行车辆通过停车线的平均时间(s/pcu)；

φ——折减系数，可用0.9。

车辆平均通过停车线的时间t_i与车辆组成、车辆性能、驾驶员条件有关。设计时，可采用本地区调查数据，如无调查数据，直行车队可参考下列数值取用。

小型车组成的车队，t_i=2.5s；

大型车组成的车队，t_i=3.5s；

拖挂车组成的车队，t_i=7.5s。

混合车组成的车队，按表5-32选用。为计算方便，将拖挂车划归大型车。

表5-32 混合车队的 t_i 值

大车：小车	2：8	3：7	4：6	5：5	6：4	7：3	8：2
t_i/s	2.65	2.96	3.12	3.26	3.30	3.34	3.42

(2)直右车道通行能力计算公式

$$C_{sr} = C_s \tag{5-21}$$

式中，C_{sr}——一条直右车道的设计通行能力(pcu/h)。

(3)直左车道设计通行能力计算公式

$$C_{sl} = C_s(1 - \beta_1'/2) \tag{5-22}$$

式中，C_{sl}——一条直左车道的设计通行能力(pcu/h)；

β_1'——直左车道中左转车所占比例。

(4)直左右车道设计通行能力计算公式

$$C_{slr} = C_{sl} \tag{5-23}$$

式中，C_{slr}——一条直左右车道的设计通行能力(pcu/h)。

(5)交叉口进口道的设计通行能力

前已提及，进口道的设计通行能力等于进口各车道设计通行能力之和。此外，也可根据本进口车辆左、右转比例计算。

① 进口设有专用左转与专用右转车道时，进口道设计通行能力按式(5-24)计算：

$$C_{elr} = \sum C_s/(1 - \beta_l - \beta_r) \tag{5-24}$$

式中，C_{elr}—— 设有专用左转与专用右转车道时，本面进口道的设计通行能力(pcu/h)；

$\sum C_s$—— 本面直行车道设计通行能力之和(pcu/h)；

β_l、β_r—— 分别为左、右转车占本面进口道车辆的比例。

专用左转车道的设计通行能力为

$$C_l = C_{elr} \cdot \beta_l \tag{5-25}$$

专用右转车道的设计通行能力为

$$C_r = C_{elr} \cdot \beta_r \tag{5-26}$$

② 进口设有专用左转车道而未设专用右转车道时，进口道的设计通行能力按式(5-27)计算：

$$C_{el} = (\sum C_s + C_{sr})/(1 - \beta_l) \tag{5-27}$$

式中，C_{el}—— 设有专用左转车道时，本面进口道设计通行能力(pcu/h)；

$\sum C_s$—— 本面直行车道设计通行能力之和(pcu/h)；

C_{sr}—— 本面直右车道设计通行能力(pcu/h)。

专用左转车道的设计通行能力为

$$C_l = C_{el} \cdot \beta_l \tag{5-28}$$

③ 进口道设有专用右转车道而未设专用左转车道时，进口道的设计通行能力按式(5-29)计算：

$$C_{er} = (\sum C_s + C_{sl})/(1 - \beta_r) \tag{5-29}$$

式中，C_{er}—— 设有专用右转车道时，本面进口道的设计通行能力(pcu/h)；

$\sum C_s$—— 本面直行车道设计通行能力之和(pcu/h)；

C_{sl}—— 本面直左车道设计通行能力(pcu/h)。

专用右转车道的设计通行能力为

$$C_r = C_{er} \cdot \beta_r \tag{5-30}$$

④ 通行能力折减

在一个信号周期内，对面到达的左转车越过 3 ～ 4pcu 时，左转车通过交叉口将影响本面直行车。因此，应折减本面各直行车道(包括直行、直左、直右、直左右车道)的设计通行能力。

当$C_{le} > C'_{le}$时，本面进口道折减后的设计通行能力为

$$C'_e = C_e - n_s(C_{le} - C'_{le}) \tag{5-31}$$

式中，C'_e—— 折减后本面进口道的通行能力(pcu/h)；

C_e—— 本面进口道的设计通行能力(pcu/h)；

n_s—— 本面各种直行车道数；

C'_{le}—— 不折减本面各种直行车道设计通行能力的对面左转车数(pcu/h)，当交叉口

小时为 $3n$，大时为 $4n$，n 为每小时信号周期数。

C_{le}——本面进口道左转车的设计通过量(pcu/h)。

$$C_{le}=C_e \cdot \beta_l \quad (5-32)$$

2. T 形交叉口的设计通行能力

(1) 图 5-19 所示 T 形交叉口的设计通行能力

该交叉口的设计通行能力为 A、B、C 各进口道通行能力之和。应验算 C 进口道左转车对 B 进口道通行能力的折减。具体计算如下：

① A 进口道的设计通行能力，用式(5-20) 计算；

② B 进口道为直右车道，其设计通行能力用式(5-21) 计算；

③ C 进口车道为直左车道，其设计通行能力用式(5-22) 计算。

当C进口道每个信号周期的左转车超过3～4pcu时，用式(5-31) 折减B进口道的设计通行能力。

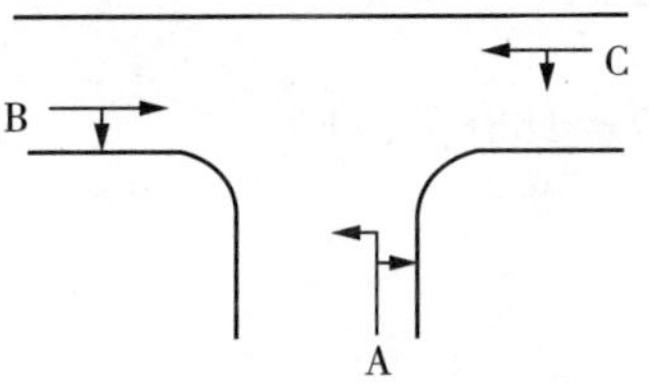

图 5-19　通行能力典型计算图示一

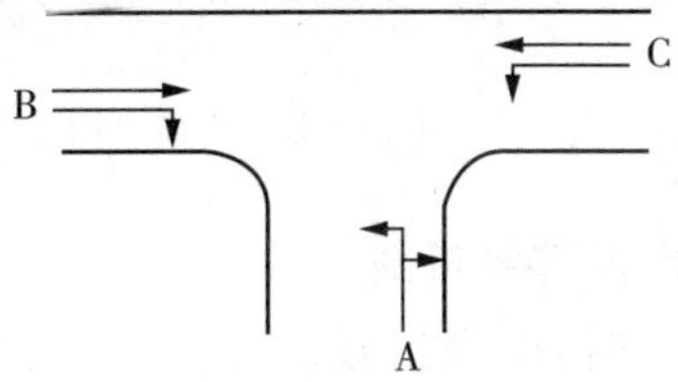

图 5-20　通行能力典型计算图示二

(2) 图 5-20 所示 T 形交叉口的设计通行能力

该交叉口的设计通行能力等于 A、B、C 各进口道设计通行能力之和。应验算 C 进口道左转车对 B 进口道设计通行能力的折减。具体计算如下：

① A 进口道的设计通行能力，用式(5-20) 计算；

② B 进口道的车道布置为设专用右转车道，而未设专用左转车道，其设计通行能力可用式(5-29) 计算，式中分子只有 C_s；

③ 当 C 进口道每个信号周期的左转车超过 3～4pcu 时。左转车对 B 进口的直行车有影响，应用式(5-31) 折减 B 进口道的设计通行能力。

例 5-6　已知某交叉口设计如图 5-21 所示。东西干道一个方向有三条车道，南北支路一个方向有一条车道。信号灯管制交通。信号配时：周期 120s，绿灯 $t_g=52$s，车种比例为大车∶小车为 2∶8，东西方向左转车占该进口交通量的 15%，右转车占该进口交通量的 10%。求交叉口的设计通行能力。

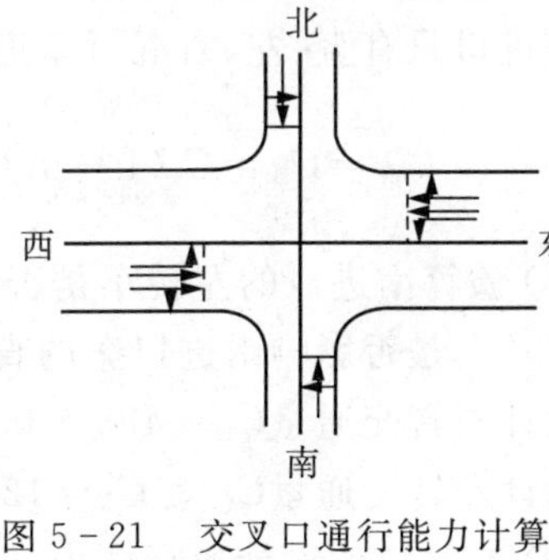

图 5-21　交叉口通行能力计算图

解　先计算东西方向干道。东进口有三条车道，区分为专用左转、直行和直右三种车道。

(1) 计算直行车道的设计通行能力，用公式(5-20) 计算

$$C_s=\frac{3600}{T}\left(\frac{t_g-t_0}{t_i}+1\right)\varphi$$

取 $t_0=2.3\text{s}$，$\varphi=0.9$。

据车种比例为 2∶8，查表 5-32，得$t_i=2.65$。将已知参数代入公式(5-20)，则

$$C_s=\frac{3600}{120}\times(\frac{52-2.3}{2.65}+1)\times 0.9=533(\text{pcu/h})$$

(2) 计算直右车道的设计通行能力，用公式(5-21)计算

$$C_{sr}=C_s=533\text{pcu/h}$$

(3) 东进口属于设有专用左转车道而未设右转专用车道类型，其设计通行能力用公式(5-10)计算

$$C_{el}=(\sum C_s+C_{sr})/(1-\beta_l)=(533+533)/(1-0.15)=1254(\text{pcu/h})$$

(4) 该进口专用左转车道的设计通行能力，用公式(5-28)计算

$$C_l=C_{el}\cdot\beta_l=1254\times 0.15=188(\text{pcu/h})$$

(5) 验算是否需要折减

当$C_{le}>C'_{le}$时，应当折减。

不影响对面直行车辆行驶的左转交通量 C'_{le}等于 $4n$，n 为 1h 内周期个数，因为

$$T=120\text{s}$$

所以 $n=\dfrac{3600}{120}=30$，有 $C'_{le}=4\times 30=120(\text{pcu/h})$。

进口设计左转交通量$C_{le}=C_l=188\text{pcu/h}$。本题情况$C_{le}>C'_{le}$，需按公式(5-31)折减

$$C'_e=C_e-n_s(C_{le}-C'_{le})=1254-2\times(188-120)=1254-136=1118(\text{pcu/h})$$

(6) 西进口设计通行能力同东进口

(7) 南进口设计通行能力

该进口只有直、左、右混行车道，其设计通行能力按公式(5-23)计算

$$C_{slr}=C_{sl}=C_s(1-\beta'_1/2)=533\times(1-0.15\times 0.5)=493(\text{pcu/h})$$

(8) 验算南进口的左转车是否影响对面直行车，因为南北进口车道划分相同，即验算北进口左转车是否影响南进口车的直行

设计左转交通量$C_l=493\times 0.15=74\text{pcu/h}$；

设计左转交通量$C_l<C'_{le}=120\text{pcu/h}$，不需要折减。

(9) 交叉口的设计通行能力

交叉口设计通行能力等于四个进口设计通行能力之和。

东进口折减后的设计通行能力为 1118pcu/h；

西进口同东进口，为 1118pcu/h；

南进口和北进口都为 493pcu/h。

故该交叉口的设计通行能力为

$$C = 1118 \times 2 + 493 \times 2 = 3222(\mathrm{pcu/h})$$

三、环形交叉口的通行能力

环形交叉口是自行调节的交叉口。这种交叉口是在中央设置中心岛，使进入交叉口的所有车辆都以同一方向绕岛行进。车辆行驶过程一般为合流、交织、分流，避免了车辆交叉行驶。环形交叉口的优点是车辆连续行驶，安全，不需要设置管理设施，避免停车，节省燃料，噪声低，污染小。同时，起到美化城市的作用。缺点是占地大，绕行距离长。非机动车和行人较多及有轨道交通线路时，不宜采用。

1. 环形交叉口类型

环形交叉口按中心岛直径大小分为三类：

(1) 常规环形交叉口，中心岛直径大于 25m，交织段比较长，进口引道不拓宽成喇叭形(见图 5-22)。我国现有的环形交叉口大都属于此类。

(2) 小型环形交叉口，中心岛直径小于 25m，引道进口加宽，做成喇叭形，便于车辆进入交叉口(见图 5-23)。

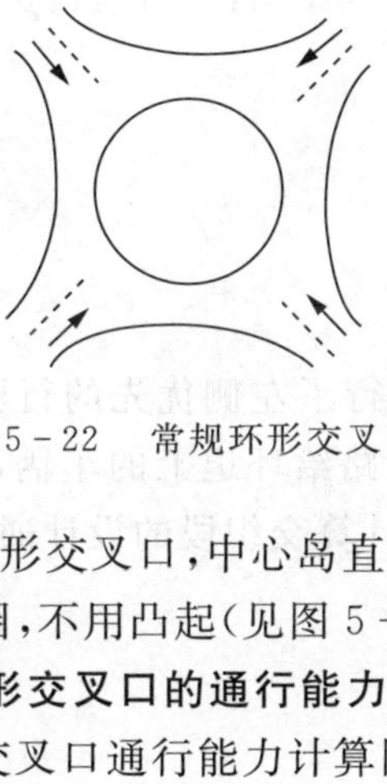

图 5-22　常规环形交叉口

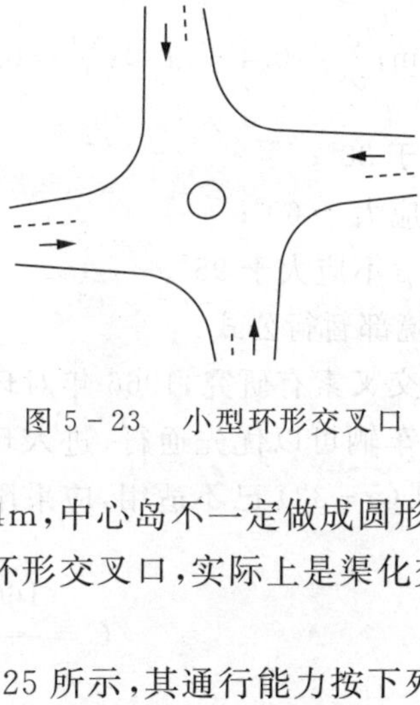

图 5-23　小型环形交叉口

(3) 微型环形交叉口，中心岛直径一般小于 4m，中心岛不一定做成圆形一个实体岛，可用白漆画成圆圈，不用凸起(见图 5-24)。这种环形交叉口，实际上是渠化交叉口。

2. 常规环形交叉口的通行能力

常规环形交叉口通行能力计算图示如图 5-25 所示，其通行能力按下列公式计算。

图 5-24　剪刀式微型环形交叉口

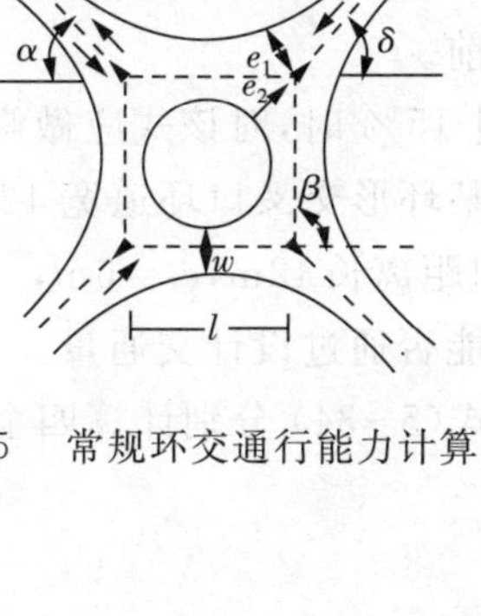

图 5-25　常规环交通行能力计算图示

(1) 沃尔卓普(Wardrop) 公式

$$C=\frac{280\left(1+\frac{e}{w}\right)\left(1-\frac{p}{3}\right)}{1+\frac{w}{l}} \tag{5-33}$$

式中,C—— 交织段上设计通行能力(pcu/h);

l—— 交织段长度(m);

w—— 交织段宽度(m);

e—— 环交人口平均宽度,$e=\frac{1}{2}(e_1+e_2)$(m);

e_1—— 入口引道宽度(m);

e_2—— 环道突出部分的宽度(m);

p—— 交织段内进行交织的车辆与全部车辆之比(%)。

公式(5-33) 适用于下列条件:

引道上没有因故暂停的车辆;

环交位于平坦地区,纵坡 $\leqslant 4\%$;

各参数应在下列范围:

$w=6.1\sim 18.0$m;$\frac{e}{w}=0.4\sim 1.0$;$\frac{w}{l}=0.12\sim 0.4$;$\frac{e_1}{e_2}=0.34\sim 1.41$;$p=0.4\sim 1.0$。

驶入角应小于 30°;

驶出角 δ 不应大于 60°;

交织段内角 β 不应大于 95°。

(2) 英国环境部暂行公式

英国对环形交叉素有研究,1966 年对环形交叉口实行了左侧优先的行驶法规,即规定行驶在环道上的车辆可以优先通行,进入环道的车辆让路给环道上的车辆,等候间隙驶进环道。这样,公式(5-33) 已不适用,应采用式(5-34) 计算交织段的设计通行能力:

$$C=\frac{160w\left(1+\frac{e}{w}\right)}{1+\frac{w}{l}} \tag{5-34}$$

式中,C—— 交织段通行能力,再乘以 0.85,等于设计通行能力(pcu/h);其余各参数的意义、取值范围同前。

当重车超过 15% 时,对该式应做修正。

例 5-7 某环形交叉口环道宽 12m,西北和东南象限中的交织距离长 48m,东北和西南象限中的交织距离长 42m,$e_1=6$m,$e_2=12$m,远景年设计交通量如图 5-25 所示。求设计通行能力,验算能否通过设计交通量。

解 用公式(5-34) 分别计算四个象限交织段的设计通行能力。现列表 5-33 计算如下:

表 5-33　环形交叉口通行能力计算用表

象限	l	$\frac{w}{l}$	$\frac{e}{w}$	$1+\frac{e}{w}$	$160w\left(1+\frac{e}{w}\right)$	$1+\frac{w}{l}$	N	$0.85N$	远景流量
东北	42	0.286	0.75	1.75	3360	1.286	2612	2220	1450
西北	48	0.25	0.75	1.75	3360	1.25	2283	2283	1400
西南	42	0.286	0.75	1.75	3360	1.286	2612	2220	1450
东南	48	0.25	0.75	1.75	3360	1.25	2686	2283	1450

由计算结果可知，各象限的设计通行能力均大于相应象限的远景设计交通量。

我国长春、沈阳、哈尔滨、大连、长沙、南京、广州等城市都有不少环形交叉口，使用效果很好。特别是作为小区中心、城乡分界标志和解决复杂路口等方面很适用。根据我国使用经验，结合自行车交通的情况，环形交叉口的设计通行能力见表 5-34 所列。

表 5-34　环形交叉口设计通行能力

机动车车行道设计通行能力/($pcu \cdot h^{-1}$)	2700	2400	2000	1750	1600	1350
相应自行车数/(辆$\cdot h^{-1}$)	2000	5000	10000	13000	15000	17000

表列数值适用于交织长度 $l_w=25\sim30$m。若 $l_w=30\sim60$m 时，表中数值按下式修正：

$$\varphi_w = 3\,l_w/(2\,l_w+30) \tag{5-35}$$

3. 小型环形交叉口的通行能力

小型环交的特点是环道较宽、进出口做成喇叭形，对进入环道的车辆提供较多的车道，车流运行已不存在交织现象。在所有进口引道都呈饱和状态条件下，经过试验，得到公式(5-36)。

$$C=K\left(\sum w+\sqrt{A}\right) \tag{5-36}$$

式中，C—— 环交实用通行能力，该值乘以 0.8 等于设计通行能力(pcu/h)；

$\sum w$—— 所有引道基本宽度的总和(m)，如图 5-27 所示；

A—— 引道拓宽增加的面积(m^2)，$A=\sum a$，即图 5-27 中阴影部分；

K—— 系数[pcu /(h · m)]。

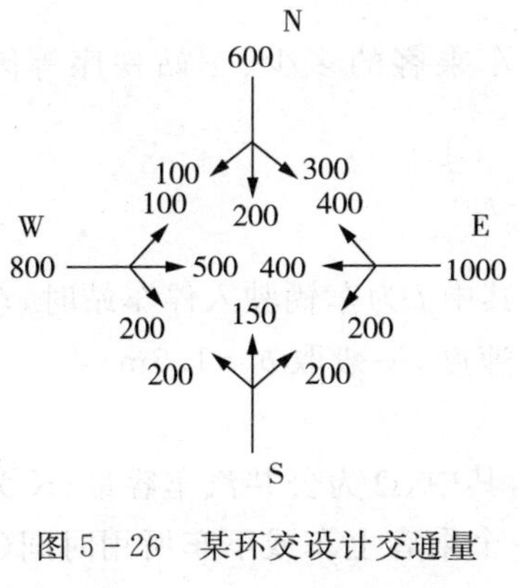

图 5-26　某环交设计交通量

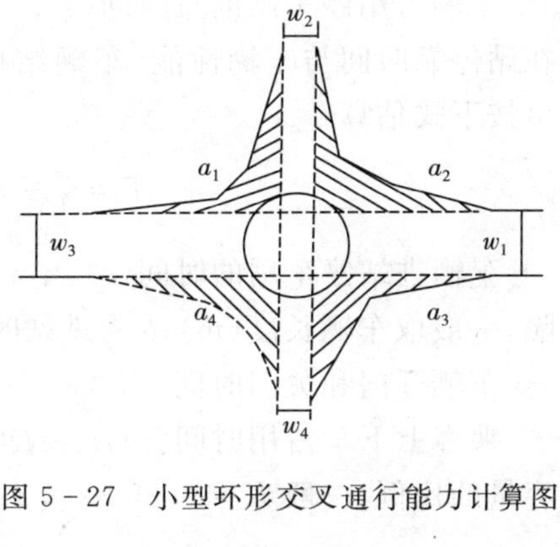

图 5-27　小型环形交叉通行能力计算图

二路交叉，$K=70$；

四路交叉，$K=50$；

五路交叉，$K=45$。

5.8　公共交通线路的通行能力

一、公共交通

公共交通是指城市空间内地面的、地下的与地上架空的，按规定线路行驶，有固定的停靠站，行车间隔小，客流量大，随上随下的客运交通。如公共汽车、公共无轨电车、地铁、轻轨、轮渡等交通。与此相对应的是私人个体交通，如小汽车、摩托车、自行车等。

在经济发达国家，小汽车交通量大，给城市交通造成很大压力。交通拥挤，经常阻塞，停放车辆很困难，且污染城市环境。在发展中国家，非机动车交通面广量大，同样给城市交通造成很大压力。因此，世界各国都倡导发展公共交通。

公共交通的车辆与小汽车相比，占用道路空间小，客运能力大。一般而言，一条公共交通线路的客运能力如下：

公共汽车：6000～8000 人/h；

无轨电车 ：8000～10000 人/h；

轻　轨：10000～30000 人/h；

地　铁：40000～60000 人/h。

二、公共汽车交通线路的通行能力

公共汽车交通线路的通行能力受沿线各站通行能力的制约，其中通行能力最小的停靠站，是控制线路通行能力的站点。停车站的通行能力取决于车辆占用停车站的时间长短。因此，公共汽车交通线路的通行能力为

$$C_{线}=\min[C_{站}]=3600/T \tag{5-37}$$

式中，$C_{线}$—— 公共汽车交通线路的通行能力（辆 /h）；

$C_{站}$—— 停车站的通行能力（辆 /h）；

T—— 车辆占用停车站的总时间（s）。

汽车在站停靠时间与车辆性能、车辆结构、上下车乘客的多少、车站秩序等因素有关系。一般可按下式估算：

$$T=t_1+t_2+t_3+t_4 \tag{5-38}$$

式中，t_1—— 车辆进站停车用的时间（s），$t_1=\sqrt{2l/b}$，其中 l 为车辆驶入停车站时，车辆之间的最小间隔，一般取车辆长度（m）；b 为进站时刹车减速度，一般取 $b=1.5\text{m/s}^2$。

t_2—— 车辆开门和关门时间，为 3 ～ 4s。

t_3—— 乘客上下车占用时间（s），$t_3=\Omega K t_0/n_d$，其中，Ω 为公共汽车容量；K 为上下车乘客占车容量的比例，一般 $K=0.25\sim0.35$；t_0 为一个乘客上车或下车所用时间（s），平均

约为 2s；n_d 为乘客上下车用的车门数。

t_4—— 车辆启动和离开车站的时间(s)，$t_4 = \sqrt{2l/a}$，其中，a 为离开车站时的加速度，可取 $a = 1.0\text{m/s}^2$；含义同前。

将上述各值代入式(5－37)，简化，得到

$$C_{线} = \frac{3600}{T} = \frac{3600}{2.57\sqrt{l} + \dfrac{\Omega \cdot K \cdot t_0}{n_d} + 4} \tag{5-39}$$

按式(5－39)可以计算公共汽车交通线路的通行能力。线路的设计通行能力等于该计算值乘 0.8。

例 5－8 一条公共汽车线路，配备 BK661 铰接公共汽车。该车车身长 17m，额定容量 195 人，3 个车门，计算该线路的设计通行能力。

解 经分析，找到乘客上下车最多的站点，该站的 $K=0.4$。一个乘客上下车平均占用时间 $t_0 = 2.5\text{s}$。将参数代入(5－39)，得

$$C_{线} = \frac{3600}{2.57\sqrt{17} + \dfrac{0.4 \times 2 \times 195}{2} + 4} = 53(\text{辆}/\text{h})$$

设计通行能力为 $53 \times 0.8 = 42$(辆/h)。

公共汽车线路的客运能力等于线路的通行能力乘汽车的额定容客量。对上述例题而言，公共汽车线路的客运能力 $=53 \times 195 = 10335$(人/h)，该线路设计客运能力 $=42 \times 195 = 8190$(人/h)。

三、提高公共汽车交通线通行能力的措施

从通行能力计算公式来看，通行能力大小与客流分布、运营管理情况、车辆特性有关系。客流沿线各站分布比较均匀，通行能力大；客流集中某几个站，通行能力小。此外，可考虑如下各点：

维持好站点乘车秩序，缩短乘客上下车时间。

增加车门个数，加大车门宽度，降低车辆底盘高度，减少踏步阶数，缩短乘客上下车时间。

改善车辆动力性能，提高驾驶员驾驶技术，缩短车辆进、出站时间。

在一条较长的街道上，同时开设几条公共汽车线，在同一站点将几路公共汽车沿行车方向分开设置停靠站位，提高通行能力。

$$C'_{线} = n \cdot C \cdot K \tag{5-40}$$

式中，$C'_{线}$—— 各线路总通行能力(辆/h)。

n—— 分开布设停靠站的个数，$n = 1 \sim 3$。

K—— 分开布设站时，相邻站位互相干扰，使通行能力降低的系数。

C—— 一条公共汽车线路的通行能力。

$n=1$ 时，$K=1$；

$n=2$ 时，$K=0.8$；
$n=3$ 时，$K=0.7$。

5.9 自行车道的通行能力

一、服务水平分级与指标选定

对于自行车道服务水平标准，如级别分得太多，各指标的定性定量难以掌握，太少又不能反映自行车变通运行现实状况的差异。因此建议按五级划分，对路段与交叉口分别考虑，指标亦有所不同。

对路段的服务水平建议用骑行速度、占用道路面积、交通量负荷与车流状况等指标。对交叉口服务水平标准增加了停车延误时间和路口停车率两个指标，而删去了车流状况，力图简明实用，并便于测定，同时也考虑这些资料获得的可能性。

1. 服务水平指标

(1) 交通量负荷系数 X

交通量负荷系数为所评定路段高峰小时自行车交通量与该路通行能力的比值。

$$X=N/C \tag{5-41}$$

式中，N—— 路段上高峰小时自行车交通量(辆 /h)；

C—— 路段上自行车的通行能力(辆 /h)。

此值愈大表明道路负荷愈重，越小负荷越轻，运行条件越好。

根据现在一些城市的交通调查资料，城市主干线上、交叉口上的交通负荷均较重，一般此值均超过0.5，有些路段和交叉口甚至达到或接近1，因此，可将0.5作为一级服务水平的一个指标，而1作为最不利的五级服务水平指标。

(2) 速度比例系数 Y

速度比例系数为在某种服务水平条件下自行车骑车速度$v_{实}$与自由状态(理想状态)下骑车人实际选择的舒适理想的行车速度v_{max}之比。

$$Y=v_{实}/v_{max} \tag{5-42}$$

式中，$v_{实}$—— 某种服务水平条件下实际骑行速度(km/h)；

v_{max}—— 理想条件下骑行者所选择的速度(km/h)。

在路段上速度比例系数为0.3～0.8，而在交叉口处则情况较差，一般为0.2～0.6，为了更直观和明确的表达，服务水平标准中直接采用了运行速度。

(3) 密度饱和系数 q

在某种服务水平条件下实际行车密度$q_{实}$与最大的行车密度q_{max}之比为密度饱和系数。

$$q=q_{实}/q_{max} \tag{5-43}$$

式中，$q_{实}$—— 某种服务水平条件下实际的行车密度(辆 /m^2)；

q_{max}—— 最大的行车密度(辆 /m^2)。

这个从 0 到 1 的无量纲系数表示自行车实际运行时所占有的空间的大小，越小则自行车可占用的空间就越大，骑行的自由度也越大，骑车人越感到舒适、轻松。

(4) 车流状况

车流状况是指在某种服务水平条件下车辆可以自由行动的程度，如加速减速、超车转向等，即运行时所处的状态。一般用自由运行、基本自由运行、稳定运行、接近(准) 稳定运行和束缚(受限) 运行等表示。

(5) 延误时间

延误时间主要是指车辆在通过路口处于红灯受阻情况下等待绿灯开放的时间延误，另外还包括停车线后在路口内的二次延误。

(6) 停车率

停车率主要说明通过路口时停车等候的车辆数占全部流量的百分率。停车率大表示路口通过困难，停车率小表示易于通过。

二、自行车道的理论通行能力

1. 按汽车行驶原理计算自行车道通行能力与最佳速度

根据交通流原理，一条自行车道的最大通行能力可由前后车辆之间动的安全净空进行计算。

$$L=\frac{vt}{3.6}+\frac{v^2}{254(\varphi \pm i)}+l_{车}+l_0 \tag{5-44}$$

式中，L—— 动的安全净空；

v—— 车速，大多为 10 ～ 20km/h；

t—— 反应时间(s)，一般为 0.5 ～ 1.0s，取平均值为 0.7s，则 $vt/3.6=0.194v$；

φ—— 轮胎与路面之间的黏着系数，多在 0.3 至 0.6 之间，取 0.5；

i—— 道路纵坡，在平原区城市可取 0；

β—— 制动系数 $=\frac{1}{254(\varphi \pm i)}=0.0079$；

l_0—— 安全间距，一般为 0 ～ 1m；

$l_{车}$—— 自行车的车身长度，常用 1.9m。

则其理论通行能力计算值 N 为

$$N=\frac{1000v}{l_0+1.9+0.194v+0.0079v^2}=\frac{1000v}{L} \tag{5-45}$$

求最大值，令 $x=1000v$，$y=l_0+1.9+0.194v+0.0079v^2$，

$$\frac{dN}{dv}=\frac{y\left(\frac{dx}{dv}\right)-x\left(\frac{dy}{dx}\right)}{y^2}=\frac{1000y-x(0.194+0.0158v)}{y^2}$$

设 $\mathrm{d}N/\mathrm{d}v=0$，求得 v 的最大值，

$$1000y-x(0.194+0.0158v)=l_0+1.9+0.194v+0.0079v^2=0$$

当$l_0=0.5$ 时，通行能力最大的车速 $v=(2.4/0.0079)^{\frac{1}{2}}=17.43\mathrm{km/h}$，通行能力 $N=2119$ 辆/h。当$l_0=1.0$ 时，通行能力最大的车速 $v=(2.9/0.0079)^{\frac{1}{2}}=19.16\mathrm{km/h}$，通行能力 $N=2012$ 辆/h。当$l_0=0$ 时，通行能力最大的车速 $v=(1.9/0.0079)^{\frac{1}{2}}=15.51\mathrm{km/h}$，通行能力 $N=2280$ 辆/h。

2. 按车头时距原理计算自行车道的通行能力

按此原理，只要测得正常条件下连续行驶的自行车流中前后两车的最小车头时间间隔 t_i 值，即可用下式计算通行能力：

$$N_{\text{时}}=3600/t_i \tag{5-46}$$

式中，t_i—— 为连续行驶车流中两自行车的纵向最小时间间隔(s)。

根据南京与北京大量实际观测资料，t_i 最小值分别为 1.24s 和 1.2s，平均最大值分别为 2.41s 和 2.37s，总的平均值为 1.8s。将最小、最大及平均的t_i 值分别代入上式，得$N_{\text{时}}=1500\sim3000$ 辆/h，平均为2000 辆/h。同按上述车头间距原理所算得的数值相差较大，其原因是实际行驶时各车辆不保留足够的安全间隔，同时也因前车不是说停就停，也有制动距离，所以实际上车辆之间时距要较理论上计算应保持时距为小。在交叉口受阻时，车速很慢，这时车头间隔仅为 $2.2\sim2.5\mathrm{m}$，车辆之间的净距只有 $0.2\sim0.5\mathrm{m}$，在停车时车辆相互穿插，车道利用率很高，密度可达 0.54 辆/m^2。

复习思考题

5.1　简述道路通行能力的定义、作用，它与道路交通量的差别和内在关系。

5.2　影响道路通行能力的因素有哪些？各表现在哪些方面？

5.3　道路通行能力可以分成哪几类？分类的依据是什么？各是如何定义的？

5.4　道路的服务水平是如何定义的？服务水平的分级是按什么指标划分的？服务水平的高低与通量的大小有何关系？

5.5　写出路段通行能力的计算公式、计算步骤。

5.6　简述平面交叉的类型、通行能力计算理论并写出其计算公式。

习　题

5.1　已知：规划一条高速公路，其远景设计年限平均日交通量 AADT＝45000veh/h，大型车占总交通量的 30%，方向系数 $K_D=0.6$，平原地形，设计小时交通量系数 $K=0.12$，应规划成几车道高速公路？

5.2　有两条双车道道路正交的平面交叉口，其交通信号机采用三相式固定周期，周期时间 $T=60\mathrm{s}$，其中黄灯时间为 $2\times3\mathrm{s}$，红、绿灯信号时间相等，各进口引道的车辆右转率为

20%，左转率为10%，大车：小车=2：8，无公共汽车停靠站，过街行人不多，其影响可忽略不计。求交叉口的设计通行能力。

5.3　鼓楼广场环交高峰小时流向流量如下表所示：

进口＼出口	E	S	W	N	WN
E	—	78	141	208	96
S	89	—	33	341	168
W	196	47	—	16	83
N	232	253	82	—	57
WN	263	174	29	63	—

交织段宽度10.5m，平均进口宽度e=8.25m，各交织段长度如下表：

交织度	E—N	WN—N	WN—W	W—S	S—E
长度/m	102.5	24	75	24	42.5

混合交通量与标准小汽车交通量之间换算系数为1.58，试问该环交交通负荷是否已达到饱和？

6 道路交通规划

为使交通运输能适应国民经济发展和人民生活需要，必须对交通发展制订出全面的规划。道路交通规划是区域或城市综合运输规划的一个组成部分，其目的在于协调各种运输方式之间的关系，在可能的资金、资源条件下，对道路交通系统的布局、建设、运营等方面从整体上做出最佳安排，以适应社会、政治、经济发展的需要。

交通规划的类型很多，本章重点介绍城市道路交通规划，对公路网规划只作一般性介绍，其他类型的交通规划（如城市公交规划、旅游公路网规划等），请参见其他参考书。

6.1 城市道路交通规划工作总体设计

为了优化城市用地布局，提高城市的运转效能，提供安全、高效、经济、舒适和低公害的交通条件，对城市道路交通设施的建设，必须经过科学、合理的规划。

城市道路交通规划应以市区内的交通规划为主，并处理好市际交通与市内交通的衔接、市域范围内的城镇与中心城市的交通联系。

城市道路交通规划必须以城市总体规划为基础，满足土地使用对交通运输的需求，发挥城市道路交通对土地开发的促进和制约作用。

城市道路交通规划一般分城市道路发展战略规划、城市道路交通综合网路规划及城市道路近期治理规划三类。规划年限分别为20～50年、5～20年、3～5年。特大城市、大城市一般应完成三类规划，中小城市只需进行后两类规划。

1. 城市道路交通规划的主要内容

(1)城市道路交通规划工作总体设计；

(2)现状交通系统调查及分析；

(3)城市交通需求发展预测；

(4)城市道路交通网络规划方案设计；

(5)城市道路网规划方案评价；

(6)城市道路网规划方案调整与优化；

(7)城市道路网规划方案实施计划。

2. 总体设计的内容

城市道路交通规划工作涉及面广、工作量大，在规划工作开展前，必须进行总体设计。总体设计包括以下内容：

(1)建立工作机构，一般应包括规划领导小组、规划办公室及规划工作课题组三个层次；

(2)确定该城市道路交通规划的指导思想及规划原则；

(3)确定规划地域范围、规划层次、规划年限；

(4)规划区域(直接影响区及间接影响区)交通小区划分；

(5)确定规划目标；

(6)规划过程总体流程设计。

6.2 城市道路交通规划中的基础信息调查

服务于城市道路交通规划的交通调查包括以下内容：

一、城市社会经济基础资料调查

需收集的城市社会经济基础资料包括：

1. 人口资料

城市人口总量及各交通区分布，人口年龄结构、性别结构、职业结构、出生率、死亡率、机械增长率。

2. 国民经济指标

国民收入、各行业产值、人均收入、产业结构等。

3. 运输量

客货运历年运输量、各运输方式比重等。

4. 交通工具

各方式、各车种的交通工具拥有量。

二、城市土地使用调查

城市土地使用与城市道路交通有着密切的关系，不同性质的土地使用，可产生或吸引不同性质的交通，交通与土地使用的关系是进行交通需求预测的基础。服务于交通规划的土地使用调查应包括：

1. 土地使用性质

各交通区主要土地使用类别的土地面积，如工业、商业、居住、科教卫等土地使用类别的面积。

2. 就业、就学岗位数

全部交通区或典型交通区的就业、就学岗位数。

3. 商品销售额

全部交通区或典型交通区的商品销售额。

三、城市居民出行OD调查

城市居民出行OD调查即居民出行起讫点调查通过OD调查能较全面了解居民出行的内在规律，并获得一系列的重要参数，因此OD调查在城市道路交通规划中占有非常重要的地位。

居民出行OD调查的内容包括居民的职业、年龄、性别、收入等基础情况，以及各次出行的起点、讫点、时间、距离、出行目的、所采用的交通工具等出行情况。

居民出行OD调查采用的方法有家庭访问法、电话询问法、明信片调查法、工作出行调查法、职工询问法及月票调查法等。

居民出行调查的抽样率一般取城市人口总数的1%～5%，在进行交通规划时，如以前没有进行过居民出行调查，建议取较高的抽样率，有历史OD资料时(如进行第二轮规划)，可采用小抽样率，并结合历史数据进行扩充。

四、城市流动人口出行OD调查

流动人口是城市总人口中特殊的组成部分，流动人口的出行规律如出行次数、出行方式等与城市居民出行规律有较大的差异，在我国更是如此。因此，若要详细了解流动人口的出行状况，则需要对流动人口出行进行调查。

流动人口的组成十分复杂，按其在城市中停留的时间可分常住、暂住、当日进出城等三种情况，按其来城市的目的又可分为出差、旅游、探亲、看病、经商、转车等。因此，流动人口出行OD调查难度较大，对不同类别的流动人口应采取相应的调查方法。常住、暂住流动人口一般可采用与居民出行OD调查类似的旅馆访问、电话询问等方法，对当日进出城的流动人口则可采用在城市的出入口，如车站、码头等直接询问的方法进行。

五、机动车出行OD调查

机动车出行OD调查包括公交车出行OD调查及非公交车出行OD调查两类。

城市公交车出行OD调查的内容包括行车路线、行车次数、行车时间等，可直接由公交公司的行车记录查得。

城市境内除公交车外的其他机动车辆境内出行OD调查的内容，包括车辆的种类、起讫地点、行车时间、距离、载客载货情况等。

除城市公交车外的其他机动车出行OD调查的方法，一般有发(收)表格法、路边询问法、登记车辆牌照法、车辆年检法、明信片调查法等。

六、城市道路流量调查

城市道路流量资料是进行现状交通网络评价、交通阻抗函数标定及未来路网方案确定的重要依据。城市道路流量调查包括以下内容：

1. 道路机动车流量

主要道路分车型、分时段交通量。重要路段连续调查24h，一般路段调查16h或12h。

2. 交叉口机动车流量

主要交叉口分车型、分时段、分流向交通量，流量调查16h或12h，流向调查两个高峰小时。

3. 道路自行车流量

主要道路分时段交通量，重要路段调查24h，一般路段调查16h或12h。

4. 交叉口自行车流量

主要交叉口分时段、分流向流量。流量调查16h或12h，流向调查两个高峰小时。

5. 核查线流量

核查线流量用于校核交通预测模型。每条核查线把规划区分成两部分，尽可能利用天然障碍线（如河流、铁路、城墙等），核查线与道路相交处需进行流量调查。

七、道路交通设施调查

道路交通设施调查包括以下内容：

1. 道路

各道路路段的等级、机动车道及非机动车道路面宽度、机非分隔方式、长度、坡度、交通管理方式（如单行线、公交专用线）等。

2. 交叉口

各交叉口类型、坐标、控制方式等。

3. 停车场

停车场位置、形式、停车容量等。

八、公交运营及线路客流调查

公交调查的目的是了解公交线路（线网）上的乘客分布规律、平均乘距、平均乘行时间及公交车平均载客量，为公交线网规划提供依据。

公交线网运营情况可直接从公交公司调查得到，公交线路客流状况需通过公交线网随车调查获得如表 6－1 为公交线路随车调查记录表格。

表 6－1　公交线路随车调查记录表

________路　车辆类型________　　调查日期________星期________天气________

行驶方向	从____站 至____站	车站发车时间			终点到达时间			
停靠站名称	1	2	3	4	5	6	7	8	……
上客数									
下客数									
站台余留人数									
车内人数									
到站时间									
受阻情况									

九、货物源流调查

货物源流调查的目的是为货物运输发生、分布预测提供基础数据，调查内容包括有关单位的某一年（或一月、一周）内的货物运入、运出量，运输起讫点，货物种类及单位基本情况。

由于城市所辖的单位比较多，不可能全部调查，一般取年运输量达到一定水平（如超过100t）的单位开展调查。

6.3 城市交通需求发展预测

服务于道路交通规划的城市交通需求发展预测应包括城市社会经济发展预测、城市客运交通发展预测及城市货运交通发展预测三大部分。

一、城市社会经济发展预测

城市社会经济发展指标是城市交通客运、货运预测的基础。城市社会经济发展预测一数包括以下内容：

1. 城市经济发展预测

城市经济发展预测就是要确定各规划特征年（如2000年、2010年、2020年等）城市经济发展指标，包括各特征年城市国内生产总值总量及在各交通区的分配等指标，以此作为城市客货运量预测的依据。

一般情况下，城市政府部门对本城市的经济发展做过规划（如城市十年发展纲要等），因此，城市经济发展指标可根据已制订的城市发展纲要并结合城市总体规划、城市历年经济发展规律等情况综合确定。

2. 城市人口发展预测

同样，城市人口发展预测就是要确定各特征年的城市常住人口、暂住人口及流动人口规模，以此作为城市客运预测的依据。

与经济发展指标一样，一般情况下市政府部门制订的城市发展纲要中已经包括城市各特征年的人口指标。本预测中，主要任务是根据既定的人口模型以及现状人口特征资料，确定各特征年的人口年龄结构及人口在各小区的分布。

3. 劳动力资源与就业岗位预测

劳动力资源指城市人口、暂住人口中具有劳动能力的人数。各特征年的劳动力资源以各特征年人口指标为基础，考虑当前劳动力资源占总人口比例、人口的年龄结构变化（老龄化问题）、未来的退休年龄等因素确定。不计未来特征年的失业率，即认为劳动力市场是平衡的，那么，就业岗位数就等于劳动力资源数。

取得全市的劳动力资源数及就业岗位数后，还需将其分配到各个交通劳动力资源数在各交通区的分配，可根据各交通区人口数按比例分配。就业岗位数在各交通区的分配，需根据各交通区内所包含的工业、商业、科教卫等用地的面积和密度而定。

4. 学生人数及就学岗位预测

城市学生总人数的确定类似于劳动力资源预测，以各特征年人口为基础，考虑当前学生人数在总人口中的比例、人口的年龄结构变化、义务教育的普及和高等教育的发展等因素综合确定。不考虑失学问题，可以认为未来各特征年的就学岗位数等于学生人数。未来各特征年学生人数在各交通区的分布，可根据各交通区人口数比例确定。就学岗位数在各交通区的分布，应根据各交通区教科卫用地面积及密度确定。

二、城市客运交通需求发展预测

对于交通需求预测，目前国际上比较常用的是“四阶段”模型，即把交通需求预测过程分为四个阶段：出行生成、出行分布、方式划分及交通分配。

出行生成：通过对城市社会经济资料（人口、土地利用性质等）的分析，预测各交通区的出行发生量及出行吸引量，即 O－D 矩阵中的行和列和。

出行分布：将各交通小区的出行发生量及出行吸引量转换成各交通区之间的 O－D 分布矩阵。

方式划分：确定出行量中各交通方式所占比例，方式划分通常在出行分布结束后进行，也可在出行生成后、出行分布前进行。

交通分配：把各出行方式的 O－D 矩阵分配到具体的交通网络上，产生道路交通量或公交线路乘客量。

在上述四阶段中，由于交通分配过程依赖于道路网络方案。因此，通常把交通分配归入网络方案论证过程中，此处只讨论前三步预测。

1. 城市居民出行产生预测

城市居民出行产生预测按出行目的分类进行。通常，出行目的分上班、上学、公务、购物、文体、访友、看病、回程及其他九类。图 6－1、图 6－2 分别为鞍山市、无锡市的居民出行目的结构图。

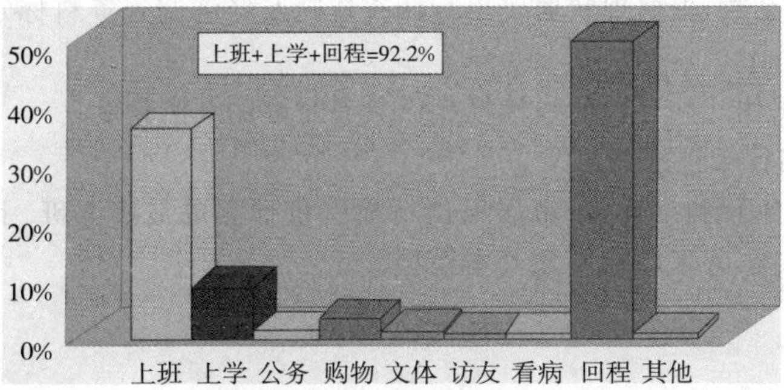

图 6－1　鞍山市居民出行目的结构图

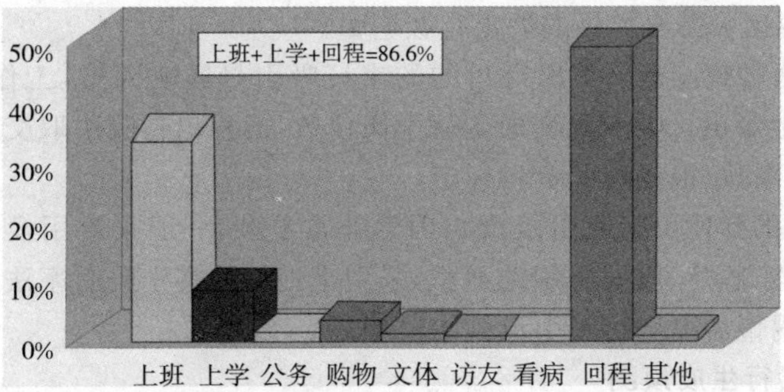

图 6－2　无锡市居民出行目的结构图

由图中可见，出行目的结构中，上班、上学、回程占了绝大部分，一般在90%左右，我们称这类出行为“生存出行”，这类出行是居民为生存必须进行的，其他出行比例较少，只占10%左右，我们称这类出行为“弹性出行”或“生活出行”。一般来说，弹性出行占的比例越高，生存出行占的比例越低，则这个城市的生活水准就越高。如鞍山市的弹性出行比例仅为7.8%，而生存出行占92.2%，无锡市的弹性出行占13.4%，而生存出行占86.6%，很明显，无锡市的生活水平高于鞍山市的生活水平。

由于生存出行在出行结构中占主体，只要抓住了这个主要矛盾，做细致的分析、预测工作，则出行产生预测精度能大大提高。因此，在出行产生预测时，我们把出行目的分成上班、上学、回程、弹性四类分别进行。

上班、上学、回程、弹性四类出行目的出行量预测基本模型，可采用下列形式的一种或几种：

$$Y_{ij}=a+bX_{ij} \tag{6-1}$$

$$Y_{ij}=aX_{ij}^{b} \tag{6-2}$$

$$Y_{ij}=ae^{bXij} \tag{6-3}$$

式中，Y_{ij}——i 交通区 j 类出行目的的出行发生量；

X_{ij}——i 交通区相应于 j 类出行目的的出行发生量影响因素，工作出行取为劳动力资源数，上学出行取为居住学生数，弹性出行取为居住人口数，回程出行取为非回程出行吸引量；

a、b——回归系数，根据现状居民出行调查资料及经济调查资料标定（可以采用 MS-Excel 系统回归）。

通常情况下，采用式(6-1)的线性模型已具有足够的预测精度。

2. 城市居民出行吸引预测

与居民出行产生预测一样，城市居民出行吸引量预测也是按上班、上学、回程、弹性四类出行目的分别建模，并采用相同的基本模型。

$$Y_{ji}=a+bX_{ji} \tag{6-4}$$

$$Y_{ji}=aX_{ji}^{b} \tag{6-5}$$

$$Y_{ji}=ae^{bXji} \tag{6-6}$$

式中，Y_{ji}——i 交通区 j 类出行目的的出行吸引量。

X_{ji}——i 交通区相应于 j 类出行目的的出行吸引量影响因素，工作出行吸引取为交通区就业岗位数，上学出行吸引取交通区就学岗位数，回程出行吸引取交通区居住人口数。

a、b——回归系数，根据现状资料标定。

由于各交通区的弹性出行吸引量影响因素非常复杂，一般很难用模型表示，通常根据交通区的商业，文体、医疗、旅游等用地面积，采用土地使用类别吸引率法确定。

表6-2为无锡市居民出行吸引量预测模型。

3. 城市居民出行生成预测

将各类出行目的的城市居民出行发生量、吸引量相加，便形成城市居民全目的出行生成，它们分别是出行O-D矩阵中的行和（交通区发生量）及列和（交通区吸引量）。

表 6-2　无锡市居民出行发生量预测模型

出行目的	吸引量预测模型	相关系数
上班	$Y_{5i}=1.0437X_{5i}+128.5$ X_{5i}——i 交通就业岗位数	0.9982
上学	$Y_{6i}=1.281X_{6i}+27.00$ X_{6i}——i 交通区就业岗位数	0.9061
回程	$Y_{7i}=1.262X_{7i}-3.2$ X_{7i}——i 交通区居住人口数	0.9987

4. 城市居民出行分布预测

城市居民出行分布预测就是要根据前面预测的各交通区发生量及吸引量，确定各交通区之间的出行量分布，即计算未来特征年居民出行量在 O－D 表中的各元素值，因此，出行分布模型是一种空间相互作用模型。城市居民出行分布预测模型主要分两大类：增长系数法及重力模型法。

(1)增长系数法分布预测

增长系数法需事先给定一个先验的 O－D 矩阵(历史的、或抽样调查的、或是按某一种数学方法计算的)，并假设预测的 O－D 矩阵与先验的 O－D 矩阵具有基本相同的分布形式，模型的计算主要是解决了交通需求的增长及交通区之间的平衡。

① 平均增长系数模型

平均增长系数模型假设将来的 O－D 量按该 O－D 量的起讫点区增长系数的平均值增长，其分布模型为

$$T(i,j)=t(i,j)\times[E(i)+F(j)]/2 \quad (i,j=1,2,\cdots,n) \tag{6-7}$$

式中，$T(i,j)$——i 区至 j 区的将来 O－D 量；

$t(i,j)$——i 区至 j 区的现状 O－D 量；

$E(i)$——i 区的出行发生增长系数；

$F(j)$——j 区的出行吸引增长系数；

n—— 全市(或全规划区域) 的交通区个数。

按上述计算的 O－D 矩阵，往往各交通区的吸引总量、发生总量不能满足增长后的平衡条件，即：

i 交通区的预测发生总量 $\sum_{j=1}^{n}T(i,j)\neq i$ 交通区的现状发生总量 $\sum_{j=1}^{n}t(i,j)\times i$ 区的发生增长系数 $E(i)(i=1,2,\cdots,n)$；

j 交通区的预测吸引总量 $\sum_{i=1}^{n}T(i,j)\neq j$ 交通区的现状吸引总量 $\sum_{i=1}^{n}t(i,j)\times j$ 区的吸引增长系 $F(j)(j=1,2,\cdots,n)$。

为了使预测的 O－D 矩阵满足增长要求，应重新确定修正增长系数，用上式进行迭代计

算，修正增长系数为

$$E'(i)=\frac{\sum_{j=1}^{n}T(i,j)}{\sum_{j=1}^{n}t(i,j)\cdot E(i)}(i=1,2,\cdots,n) \tag{6-8}$$

$$F'(j)=\frac{\sum_{i=1}^{n}T(i,j)}{\sum_{i=1}^{n}t(i,j)\cdot F(j)}(j=1,2,\cdots,n) \tag{6-9}$$

利用前述公式不断进行迭代计算，直到修正增长系数 $E'(i)$、$F'(j)$ 接近于1（允许误差3%）为止。

② Fratar 模型

Fratar 模型是增长系数法中的一种较好的交通分布预测模型，它考虑了交通区与交通区之间的吸引强度，Fratar 模型的基本形式有多种，常用的形式为

$$t^k(i,j)=\frac{t_1(i,j)+t_2(i,j)}{2} \tag{6-10}$$

$$t_1(i,j)=\frac{t^{k-1}(i,j)\cdot E^{k-1}(i)\cdot F^{k-1}(j)\cdot \sum_j t^{k-1}(i,j)}{\sum_j t^{k-1}(i,j)\cdot F^{k-1}(j)} \tag{6-11}$$

$$t_2(i,j)=\frac{t^{k-1}(i,j)\cdot E^{k-1}(i)\cdot F^{k-1}(j)\cdot \sum_i t^{k-1}(i,j)}{\sum_i t^{k-1}(i,j)\cdot E^{k-1}(i)} \tag{6-12}$$

式中，$t^k(i,j)$—— 第 k 次迭代时的 O-D 矩阵元素，迭代开始时，$t^0(i,j)$ 为给定的先验 O-D 矩阵元素；

$E(i)$、$F(j)$—— 调整系数。

$$E^k(i)=\frac{\sum_j t^k(i,j)}{\sum_j t(i,j)\cdot E^{k-1}(i)} \tag{6-13}$$

$$F^k(j)=\frac{\sum_i t^k(i,j)}{\sum_i t(i,j)\cdot F^{k-1}(j)} \tag{6-14}$$

Fratar 模型由 $E(i)$、$F(j)$ 控制精度，一般取 $E(i)$、$F(j)$ 收敛于1时，迭代结束。

③ Furness 模型

在 Furness 模型中，由起点区所产生的出行量首先取得平衡，随之吸引到终点区的出行量再取得平衡，Furness 模型的具体形式为

$$T^0(i,j)=t(i,j)\cdot E(i) \tag{6-15}$$

$$T^{k}(i,j)=\frac{T^{k-1}(i,j)\cdot E(i)\cdot\sum_{i}t(i,j)}{\sum_{i}T^{k-1}(i,j)} \tag{6-16}$$

$$T^{k+1}(i,j)=\frac{T^{k}(i,j)\cdot F(j)\cdot\sum_{j}t(i,j)}{\sum_{j}T^{k}(i,j)} \tag{6-17}$$

$$(i,j=1,2,\cdots,n,k=1,3,5,7,\cdots)$$

式中，$T^{0}(i,j)$—— 初始迭代时 O-D 量；

$T^{k}(i,j)$—— 第 k 次迭代时 O-D 量；

其他符号意义同前。

Furness 模型通过上述公式的反复迭代，直到 $T^{k+1}(i,j)$ 接近于 $T^{k}(i,j)$ 为止（允许相对误差 3%）。

(2)重力模型法分布预测

交通分布预测的重力模型考虑了两交通区之间的吸引强度与吸引阻力，认为两交通区之间的出行吸引与两交通区的出行发生、吸引量成正比，与交通区之间的交通阻抗成反比。与增长系数法（如 Fartar 模型）相比，重力模型预测考虑的因素比较全面，尤其是强调了局部与整体之间的相互作用，比较切合实际，即使没有完整的 O-D 表，也能预测 O-D 矩阵（只要能标定模型参数）。重力模型的一个致命缺点是短程 O-D 分布偏大，尤其是区内出行，在预测时必须给予注意。

重力模型有多种形式，目前在规划中应用最广泛、精度较好的是行程时间模型及双约束重力模型。

① 行程时间模型

行程时间模型以行程时间作为交通阻抗，其分布预测公式为

$$T(i,j)=\frac{A_j/S_{ij}^{c}}{\sum_{j=1}^{n}(A_j/S_{ij}^{c})}P_i \tag{6-18}$$

$$A_j=\sum_{i=1}^{n}t(i,j) \tag{6-19}$$

$$P_i=\sum_{j=1}^{n}t(i,j) \tag{6-20}$$

$$(i,j=1,2,\cdots,n)$$

式中，A_j——j 区的现状出行吸引总量；

P_i——i 区的未来出行发生总量；

S_{ij}——i 区至 j 区的行程时间；

c——参数。

利用行程时间模型预测出行分布时，参数 c 采用试算法确定，参数一般为 1.0～2.0，试算时，以全区加权平均行程时间作为精度控制条件，要求现状与预测的加权平均行程时间

相对误差不大于 3%。

② 双约束重力模型

双约束重力模型的形式为

$$X_{ij}=A_i\cdot B_j\cdot T_i\cdot U_j\cdot f(d_{ij}) \tag{6-21}$$

$$A_i=[\sum_j \cdot B_j\cdot U_j\cdot f(d_{ij})]^{-1} \tag{6-22}$$

$$B_j=[\sum_i \cdot A_i\cdot T_i\cdot f(d_{ij})]^{-1} \tag{6-23}$$

式中，X_{ij}—— 交通区 $i\rightarrow j$ 的 O－D 量；

T_i—— 交通区 i 的发生量，$T_i=\sum_j X_{ij}$；

U_j—— 交通区 j 的吸引量，$U_j=\sum_i X_{ij}$；

A_i，B_j—— 运算参数；

$f(d_{ij})$—— 交通阻抗函数，可取 $f(d_{ij})=d_{ij}^{-a}$；

d_{ij}—— 交通区 $i\rightarrow j$ 的交通阻抗值；

a—— 模型参数，a 通常通过小样本 O－D 调查数据或局部 O－D 矩阵标定。

双约束重力模型也需要通过迭代计算才能获得满足精度的 O－D 矩阵。

5. 城市居民出行方式结构预测

城市居民出行方式结构预测即将前面预测的居民全目的出行量分解成各种交通方式的出行量，并转换成各种交通工具的出行量。在城市道路交通规划中，交通方式(或出行方式)分为步行、自行车、公交、出租车、摩托车、单位车、私家车及其他几类。

从目前国内城市交通预测的实践看，在进行居民出行方式划分的预测中，一个普遍的趋势是定性和定量分析相结合，在宏观上依据未来国家经济政策、交通政策及相关城市的比较来对未来城市交通结构作出估计，然后在此基础上进行微观预测。因为影响居民出行方式结构的因素很多，社会、经济、政策、城市布局、交通基础设施水平、地理环境及居民出行行为心理、生活水平等均从不同侧面影响居民出行方式结构，其演变规律很难用单一的数学模型或表达式来描述。尤其是在我国经济水平、居民的物质生活水平还相对落后，居民出行以非弹性出行占绝大部分，居民出行方式可选择余地不大的情况下，可采用这样的思路：宏观与微观相结合，宏观指导微观。

首先在宏观上考虑该城市现状居民出行方式结构及其内在原因，定性分析城市未来布局和规模变化趋势、交通系统建设发展趋势、居民出行方式选择决策趋势，并与同类城市进行比较，初步估计规划年城市交通结构可能的取值。

表 6－3 为无锡市 2010 年居民出行方式结构建议值，表中的出租车、摩托车、单位车出行通过交通管理拟采取的管理政策确定的。

表 6－3 无锡市 2010 年居民出行方式结构建议值

出行方式	步行	自行车	公交	出租车	摩托车	单位车	其他
出行比例/%	13～15	53～54	16～19	3	7	3	2

其次在微观上，根据该城市居民出行调查资料计算出不同距离下各种方式分担率（见图 6－3），然后考虑各交通方式特点、最佳服务距离、不同交通方式之间竞争转移的可能以及居民出行选择行为心理等因素，对现状分担率进行修正，经若干次试算，使城市总体交通结构分布值落在第一步所估计的可能取值范围之内。

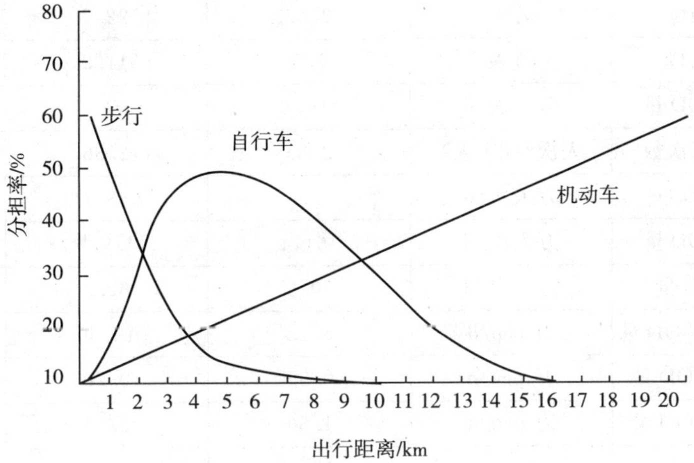

图 6－3　出行方式分担率-距离曲线分布图

三、城市货运交通需求发展预测

城市货运是城市交通运输的组成部分之一。城市货运交通需求预测包括城市货物出行总量预测、货物出行产生预测、货物出行吸引预测及货物分布预测四个方面。

1. 城市货物出行总量预测

一个城市的道路货运总量与该城市的国民生产总值、商品零售额、土地使用有着密切的关系，通常城市道路货运总量通过与该城市国民生产总值、商品零售额的历史资料建立回归模型预测，并根据产业结构、工业区分布进行修正。

2. 交通区货运发生、吸引量预测

各交通区的货运发生、吸引量，以城市道路货运总量为基础，根据各交通区的土地使用性质（各类用地面积及货运生成密度）进行分担，对大型企业的货运发生、吸引量要做专门预测，最后进行货运总量的平衡及调整。

3. 城市货运分布预测

与城市客运分布预测一样，各交通区的货运发生、吸引量需通过分布预测转换成货运量 O－D 矩阵，并根据货车的运输效率转换成卡车 O－D 矩阵。

用于城市货运分布预测的预测方法与客运一致，但货运分布预测中最常用的模型为双约束重力模型，客货运分布预测的模型参数需分别标定，两者差异较大。

4. 城市交通需求预测结果

通过前面的预测，可得到该城市各特征年的各种方式出行量 O－D 出行矩阵及各种车辆 O－D 矩阵，这些 O－D 矩阵是城市道路网规划与评价的基础，如表 6－4 为鞍山市交通需求汇总表。

表 6-4 鞍山市交通需求汇总表

	指标	单位	1994 年	2000 年	2010 年
客运需求	非农业人口	万人	119.1	137.8	164.6
	就业岗位	万人	86.8	98.6	115.2
	就业岗位	万人	20.2	22.7	26.3
	暂住人口	万人	7.5	11.2	20.1
	总出行 OD 量	万人次/d	297.8	352.3	462.0
	人均出行次数	人次/(d·人)	2.35	2.36	2.50
	步行 OD 量	万人次/d	62.0	68.7	76.6
	自行车 OD 量	万人次/d	161.4	179.2	196.2
	公交 OD 量	万人次/d	50.6	62.9	118.5
	非公交客车 OD 量	万 pcu/d	6.78	10,30	19.70
	对外客车 OD 量	万 pcu/d	0.55	0.70	1.51
	过境客车 OD 量	万 pcu/d	1.60	2.39	3.70
货运需求	货运总量	万 t/a	—	9502.8	14218.7
	对外货运量	万 t/a	—	2755.6	4112.3
	货车 OD 总量	万 pcu/d	—	9.97	13.6
	对外货车 OD 总量	万 pcu/d	—	2.89	3.93
合计	自行车 OD 量	万人次/d	161.4	179.2	196.2
	公交 OD 量	万人次/d	50.6	62.9	113.5
	非公交 OD 量	万 pcu/d	—	23.36	38.51

6.4 城市道路网络布局规划方案设计

一、城市道路交通网络规划的一般原理

城市道路交通网络的规划，必须建立在各出行方式出行 O－D 量的基础之上，并以满足出行要求为主要目标。

一般来说，城市道路交通网络规划方案按以下步骤产生：

(1)在现状交通网络交通质量评价的基础上，参考城市总体规划及分区规划中的路网系统方案，根据城市形态及发展趋势确定一个初始的道路网络方案；

(2)将预测的各方式出行 O－D 量分配至路网方案上，预测每一交叉口、每一路段的分配交通量及路段平均车速、交叉口平均延误；

(3)分析、评价每一路段、每一交叉口的交通负荷、服务水平及网络总体评价指标；

(4)根据交通质量评价及网络总体性能评价结果，调整路网规划方案，返回步骤 2，直到规划方案可行、合理。

二、道路网络规划的一般原则

城市道路系统首先应满足人流、客货车流的安全畅通，同时应反映出城市风貌、历史和文化传统，为地上地下工程管线和其他设施提供空间，并满足城市日照通风与城市救灾避难要求。在进行城市道路网络系统的规划时，应对上述功能综合考虑、相互协调。

满足城市交通运输要求是道路网络系统规划的首要目标，为达到此目标，规划的道路网络系统必须“功能分清，系统分明”，为组成一个合理的交通运输网创造条件，使城市各交通区之间有“方便、迅速、安全、经济”的交通联系。这种道路网络系统由交通性与生活性两种道路组成，按道路在城市中的地位、作用、交通性质、交通速度及交通流量等指标，可将道路分为快速路、主干路、次干路及支路四类。快速路及主干路为交通性道路，次干路兼有交通性和生活性两重功能，并以交通功能为主，支路一般为生活性道路，在居住区、商业区、工业区内起着广泛的联系作用。

城市道路系统应能适应今后城市用地的扩展、交通结构的变化和快速交通的要求，城市道路网络中快速干道及主干道是路网的骨架，应便捷地联系城市各主要功能区，形成客货运机动车的重要交通走廊。次干道和支路是对交通走廊的补充，以通行公交汽车、自行车及分区内部交通为主。为了构成一个协调的运输系统，各类干道及支路的路网密度，在不同的规划阶段必须予以保证，表 6－5 及表 6－6 为城市道路规划设计规范规定的各类道路规划指标。

表 6－5　大、中城市道路网规划指标

项目	规划人口/万人	快速路	主干路	次干路	支路
机动车设计速度/($km \cdot h^{-1}$)	≥200	80	60	40	30
	50～200	60～80	40～60	40	30
	20～50	—	40	40	30
道路网密度/($km \cdot km^{-2}$)	≥200	0.4～0.5	0.8～1.2	1.2～1.4	2～3
	50～200	0.2～0.4	0.8～1.2	1.2～1.4	2～3
	20～50	—	1.0～1.2	1.2～1.4	2～3
道路中机动车车道条数/条	≥200	6～8	6～8	4～6	2～3
	50～200	4～6	4～6	4～6	2
	20～50	—	4	2～4	2
交通所需的道路宽度/m	≥200	35～40	40～50	25～45	15～30
	50～200	30～35	35～45	25～40	15～30
	20～50	—	30～40	25～35	12～20

表 6－6　小城市和建制镇道路网规划指标

项目	规划人口/万人	干路	支路
机动车设计速度/($km \cdot h^{-1}$)	5～20	30	20
	1～5	30	20
	0.2～1	30	20

(续表)

项目	规划人口/万人	干路	支路
道路网密度/($km\cdot km^{-2}$)	5～20	3～4	3～5
	1～5	4～5	4～6
	0.2～1	5～6	6～8
道路中机动车车道条数/条	5～20	2～3	2
	1～5	2～3	2
	0.2～1	2	2
交通所需的道路宽度/m	5～20	20～30	12～15
	1～5	20～30	12～15
	0.2～1	15～20	8～12

三、城市道路网布局规划

城市道路网络系统是由于城市的发展，为满足城市交通、土地利用及其他要求而形成的，城市道路网络系统的布局与形态取决于该城市的结构形态、地形地理条件、交通条件、不同功能的用地分布等。

目前常用的道路网络系统可归纳为四种形式：方格(棋盘)式、放射环形式、自由式及混合式。各类城市在进行交通规划时，应根据该城市的城市形态、地理条件、主要客货流方向及强度确定其道路网络系统的布局与形态，不应套用固定的模式。

四、各种城市道路规划原则

1. 快速路规划

快速干道是为车速高、行程长的汽车交通连续通行设置的重要道路，一般在大城市、带状城市或组团式城市内设置，并与城市出入口道路和市际高等级公路有便捷的联系。

快速路应设置中央分隔带，以分离对向车流，并限制非机动车进入，部分控制快速路两侧出入的道路。快速路上出入道路的间距以不小于1.5km为宜。快速路与快速路、主干路及交通量较大的次干路相交时，采用立体交叉方式，与交通量较小的次干路相交时，可采用进口拓宽式信号控制，但应保留修建立交的可能。原则上支路不能与快速路直接相接。

快速路两侧不应设置吸引大量人流和车流的公共建筑物出入口。

2. 主干路规划

主干路是城市道路网路的骨架，是连接城市各主要分区的交通干线，以交通功能为主，与快速路共同承担城市的主要客、货运输。

主干路上机动车与非机动车应实行分流，主干路两侧不宜设置吸引大量人流、车流的公共建筑物出入口。主干路与主干路相交时，一般应采用立交方式，近期采用信号控制时，应为以后修建立交留出足够的用地和空间；主干路与次干路、支路相交时，可采用信号控制或交通渠化方式。

3. 次干路规划

次干路是介于城市主干路与支路间的车辆、人流交通的主要集散道路，应设置大量的公交线路，广泛联系城内各区。次干路两侧可以设置吸引人流、车流的公共建筑、机动车和非机动车的停车场地、公交车站和出租车服务站。次干路与次干路、支路相交时，可采用平面交叉口。

4. 支路规划

支路是次干路与街坊内部道路的连接线，其上可设置公交线路。支路在城市道路中占有很大的比重，在城市分区规划时必须保证支路的路网密度。支路与支路相交可不设管制或信号控制。

5. 环路规划

当穿越市中心的流量过多，造成市中心区道路超负荷时，应在道路网络中设置环路。环路的设置应根据交通流量与流向而定，可为全环也可为半环，不应套用固定的模式。为了吸引车流，环路的等级不宜低于主干路，环路规划应与对外放射的干线规划相结合。

6. 城市出入口道划

城市出入口道路具有城市道路与公路双重功能，考虑到城市用地发展，城市出入口道路两侧的永久性建筑物至少退离道路红线 20m。城市每个方向应有两条以上出入口道路，有地震设防的城市，尤其要重视出入口的数量。图 6 - 4 为镇江市 2010 年道路网布局规划方案。

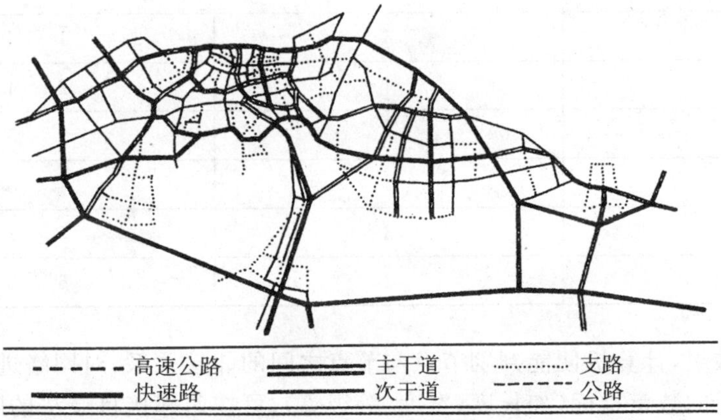

图 6 - 4　镇江市 2010 年道路布局规划方案

6.5　城市道路网络布局规划方案交通质量评价

一、城市道路网络计算机处理

在处理交通网络时，首先必须把交通网络抽象化，即把交通网络抽象为点（交叉口）与边（路段）的集合体。

图 6 - 5 为某道路网被抽象后的网络。该网络由 9 个交通节点（交叉口）及 24 条边（单向路段）所组成。在交通网络中，两交叉口之间的路段用双向线表示，并符合交通法规中的右行规则。图 6 - 5 中节点①与②之间，上面的边表示从②至①的单向路段（右行），下面的边表示

从①至②的单向路段(也为右行)。在不会引起混淆的前提下,双向路段可以用从节点中心之间的单线表示,单向线路用靠右侧单线表示或用从节点中心之间的带箭头的单线表示。

抽象后的道路交通网络可采用多种形式进行编码,便于计算机识别及运算。常用的有邻接矩阵、边编目表、邻接目录表等方式,其中,采用邻接目录表编码最为有效。

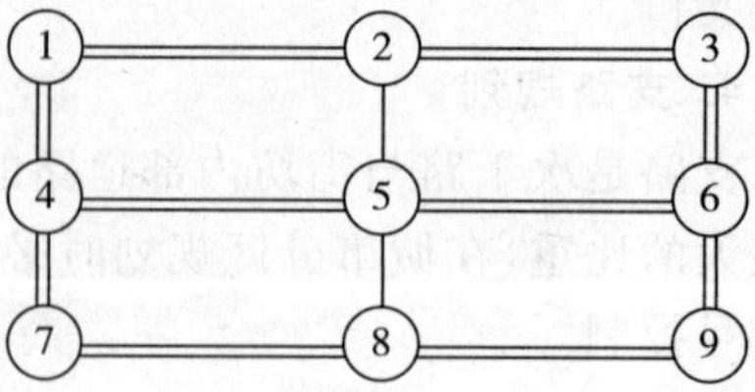

图 6-5 抽象的网络图

邻接目录法采用两组数组表示网络的邻接关系,一组为一维数组 $R(i)$,表示与 i 节点相连接的边的条数,另一组为二维数组 $V(i,j)$,表示与 i 节点相邻接的第 j 个节点的节点号。图 6-5 所示网络的 $R(i)$、$V(i,j)$ 两数组见表 6-7 所列。

表 6-7 邻接目录表

节点 i	$R(i)$	$V(i,j)$
1	2	2 4
2	3	1 3 5
3	2	2 6
4	3	1 5 7
5	4	2 4 6 8
6	3	3 5 9
7	2	4 8
8	3	5 7 9
9	2	6 8

根据该两数组,计算机便能判别节点与节点之间的邻接关系,对网络进行各种运算。

各连接边上的数量指标(如长度、宽度、等级等),可按照邻接目录法的顺序依次录入计算机。

二、道路交通阻抗分析

道路交通阻抗函数(简称路阻函数)是指路段行驶时间(交叉口延误)与路段(交叉口)交通负荷之间的函数关系,它是交通分配的关键。

1. 路段路阻函数

城市道路路阻函数一般采用图 6-6 所示的组合模型进行预测。

图 6-6 中,U_{max} 为自由车流速度,U_{min} 为维护车流正常运行的最低速度。U_{max}、U_{min} 与道路等级、车道宽度、交叉口间距、自行车及行人干扰等影响因素有关,其确定方法详见《城市交通规划理论及其应用》(王炜等著,东南大学出版社 1998 年出版)。

2. 交叉口延误

国内对交叉口延误的研究不多,通常采用信号交叉口分析的韦伯斯特(Webster)延误模型(用于低交通负荷)及美国道路通行能力手册 HCM 延误模型(用于高交通负荷)。对于无控制交叉口、环形交叉口及立体交叉口,通过与信号交叉口作对比分析确定延误。

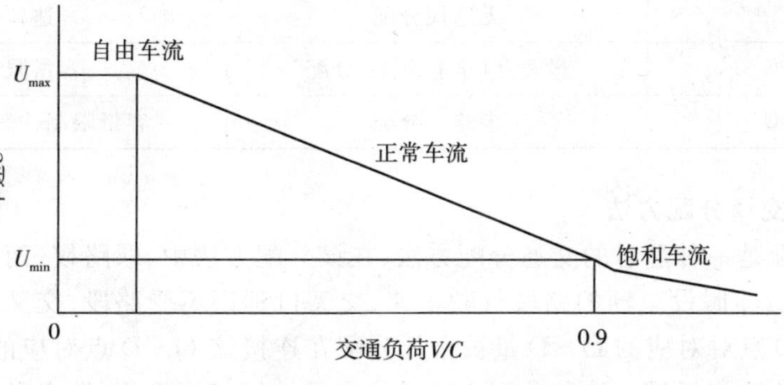

图 6-6 车流速度—交通负荷关系模型

3. 出行路权

在城市道路网络规划中,车辆在出行过程中所花费的出行时间为它所经过的所有路段的行驶时间及所有交叉口的延误之和:

$$T = \sum_i t_i + \sum_j d_j \tag{6-24}$$

式中,t_i—— 第 i 路段的行驶时间;

d_j—— 第 j 交叉口的进口延误。

三、道路网络交通分配

1. 综述

交通分配是城市交通规划的一个重要环节,也是 O-D 量推算的基础。所谓交通分配就是把各种出行方式的空间 O-D 分配到具体的交通网络上,通过交通分配所得的路段、交叉口交通量资料是检验道路规划网络是否合理的主要依据之一。

对于交通分配,国内外均进行过较多的研究,数学规划方法、图论方法及计算机技术的发展,为合理的交通分配模型的研制及应用提供了坚实的基础。国际上通常把交通分配方法分为平衡模型与非平衡模型两大类,并以 Wardrop 第一、第二原理为划分依据。

Wardrop 第一原理指出,网络上的交通以这样一种方式分布,就是所有使用的路线都比没有使用的路线费用少。Wardrop 第二原理认为,车辆在网络上的分布,使得网络上所有车辆的总出行时间最小。

如果交通分配模型满足 Wardrop 第一、第二原理,则该模型为平衡模型,并且,满足第一原理的称为使用者优化平衡模型(User - Optimized Equilibrium),满足第二原理的称为系统优化平衡模型(System - Optimized Equilibrium)。如果分配模型不使用 Wardrop 原理,而是采用了模拟方法,则被称为非平衡模型。

平衡交通分配模型比较适合于宏观研究,非平衡模型由于具有结构简单、概念明确、计算简便等优点,在实际工程中得到了广泛的应用,效果良好。

非平衡模型根据其分配手段可分为有迭代与无迭代两类,就其分配形态而言,可分为单路径与多路径两类，非平衡模型可分为表6-8所示的四种类型。

表6-8 非平衡模型分类

	无迭代分配	迭代分配
单路径型	最短路(全有全无)分配	容量限制分配
多路径型	多路径分配	容量限制——多路径分配

2. 最短路交通分配方法

最短路分配是一种静态的交通分配方法，在该分配方法中，取路权(两交叉口之间的出行时间)为常数，即假设车辆的路段行驶车速、交叉口延误不受路段、交叉口交通负荷的影响。每一O-D点对对应的O-D量被全部分配在连接该O-D点对应的最短线路上，其他道路上分配不到交通量。这种分配方法的优点是计算相当简便，缺点是出行量分布不均匀，出行量全部集中在最短路上。这种分配是其他各种交通分配方法的基础。

3. 容量限制分配方法

容量限制分配是一种动态的交通分配方法，它考虑了路权与交通负荷之间的关系，即考虑了交叉口、路段的通行能力限制，比较符合实际情况，该法在国际上比较通用。

采用容量限制-增量加载分配模型分配出行量时，需先将O-D表中的每一O-D量分解成K部分，即将原O-D表($n\times n$阶，n为出行发生、吸引点个数)分解成K个O-D分表($n\times n$阶)，然后分K次用最短路分配模型分配O-D量，每次分配一个O-D分表，并且每分配一次，路权修正一次，路权采用路阻函数修正，直到把K个O-D分表全部分配到网络上，在具体应用时，视道路网的大小，根据表6-9选取分配次数K及每次分配的O-D量比例，一般取5级分配就能满足精度要求。

表6-9 分配次数K与每次的O-D分配率(%)

K \ 分配次序	1	2	3	4	5	6	7	8	9	10
1	100									
2	60	40								
3	50	30	20							
4	40	30	20	10						
5	30	25	20	15	10					
10	25	20	16	12	9	7	5	3	2	1

4. 多路径交通分配方法

由出行者的路径选择特性可知，出行者总是希望选择最合适(最短、最快、最方便、最舒适等)的路线出行，称之为最短路因素，但由于交通网络的复杂性及交通状况的随机性，出行者在选择出行路线时往往带有不确定性，称之为随机因素。这两种因素存在于出行者的整个出行过程中，两因素所处的主次地位取决于可供选择的出行路线的路权差(行驶时间差或费用差等)。因此，各出行路线被选用的概率可采用Logit型的路径选择模型计算。

$$P(r,s,k)=\exp[-\theta\cdot t(k)/\bar{t}]/\sum_{i=1}^{m}\exp[-\theta\cdot t(i)/\bar{t}] \qquad (6-25)$$

式中，$P(r,s,k)$——O－D 量 $T(r,s)$ 在第 k 条路线上的分配率；

$T(k)$—— 第 k 条出行路线的路权(行驶时间)；

$\bar{t}$—— 各出行路线的平均路权(行驶时间)；

θ—— 分配参数，一般为 3.00 ～ 3.50；

m—— 有效出行路线条数。

一般说来，交通网络都比较复杂，往往含有几百个交通节点，每一 O－D 点对之间具有很多不同的出行路线，尤其是长距离出行。因此，用本模型分配时，首先必须确定每一 O－D 点对(r,s)的有效路线及有效出行路线。本分配方法中，定义有效路段$[i,j]$为路段终点 j 比路段起点 i 更靠近出行终点 s 的路段，即沿该路段前进能更接近出行终点 s 有效出行路线必须由有效路段所组成，每一 O－D 点对的出行量只在它相应的有效出行路线上进行分配。

出行者从他们的出行起点 r 到达出行终点 s 需经过一系列的交通节点(交叉口)，每到一个交通节点，都必须作出选择，在该节点所邻接的有效路段中选择一条路段作为出行路线的一部分，继续进行。因此，在某交通节点，可供出行者选择的有效出行路线条数等于该节点所邻接的有效路段个数。在通常的城市交通网络中，交通节点邻接边数为 3～5，而其邻接的有效路段数绝大多数为 2，少量为 3 或 1。

分配模型中，θ 为无量纲参数，它与可供选择有效出行路线数有关，根据出行者选择模拟分析发现，两路选择时，$\theta=3.00\sim3.50$；三路选择时，$\theta=3.00\sim3.75$，其取值比较稳定，因此实际应用时，可取 $\theta=3.00\sim3.50$。

本分配模型能较好地反映路径选择过程中的最短路因素及随机因素。实际上，若各出行路线路权相同，则本模型成为随机分配模型，各路线被选用的概率相同。若某一路线的路权远远小于其他各线路，则本模型成为最短路分配模型。因此，称本模型为随机-最短路分配模型，它是一种改进型的多路径分配模型。

5. 容量限制-多路径交通分配法

在多路径分配模型中，认为路段行驶时间为一常数，这与实际的交通情况有一定的出入。实际上，路段行驶时间与路段交通负荷有关，在容量限制-多路径分配模型中，考虑了路权与交通负荷之间的关系及交叉口、路段通行能力的限制，使分配结果更合理。

与容量限制-增量加载交通分配方法类似，采用多路径-增量加载方法分配出行量时，需先将 O－D 表($n\times n$ 阶)分解成 K 个 O－D 分表($n\times n$ 阶)，然后分 K 次用多路径分配模型分配 O－D 量，每次分配一个 O－D 分表，并且，每分配一次，路权修正一次，直到把 K 个 O－D 分表全部分配到网络上。

6. 交通分配方法的适用范围

尽管目前交通分配方法被分成平衡与非平衡两大类，但平衡模型由于其求解非常复杂，在实际工程中难以采用，而非平衡模型由于具有简便、实用等优点，在实践中得到了广泛的应用。

非平衡模型按其分配手段可分有迭代与无迭代两类，按其形态可分为单路径型与多路径型两类，因此，非平衡模型可分为最短路分配、容量限制分配、多路径分配、容量限制-多路径分配四种分配方法。一般来说，有迭代方法优于无迭代方法，多路径型方法优于最短路型方法。无迭代分配方法仅适用于非拥挤型交通网络（如公路网、城市交通网络的非高峰小时交通分配及全日交通分配），有迭代分配方法适用于任何交通网络，特别适用于拥挤网络（如公路网、城市交通网络的高峰小时交通分配）。但对于非拥挤交通网络，迭代模型中的通行能力限制条件失去控制作用，其分配结果与无迭代方法接近。

四、道路交通负荷及服务水平分析

1. 交通负荷分析

交通负荷分析是指分析网络中交叉口、路段的机动车及非机动车饱和度。饱和度被定义为分配交通量与设计通行能力之比。

（1）路段饱和度分析

$$S_r = N_b / N_a \tag{6-26}$$

式中，S_r——路段饱和度；

N_b——已换算成标准车型的路段分配交通量；

N_a——已经过各种修正的路段设计通行能力。

（2）交叉口饱和度分析

交叉口进口车流一般由左转、直行、右转三种车流组成，不同流向的车辆对交叉口的交通压力是不一样的，如左转车辆对交通的影响远远大于右转车辆，因此，在进行交叉口交通负荷分析时，必须先确定交叉口的流向。在交通规划中，由于规划交叉口在现实的交通网络中不一定存在，因此无法进行流向观测，但经过交通分配后，可以很方便地获得交叉口的进出口交通量，故交叉口流向可以根据交叉口进出口流量采用 Fratar 或 Furness 模型进行推算。

2. 服务水平分析

所谓服务水平是指道路使用者根据交通状态，从速度、舒适度、方便、经济和安全等方面所能得到的服务程度。影响服务水平的因素很多，如 V/C（即饱和度）、平均车速、交叉口延误、安全性、经济性及便利性等，其中，最主要的是 V/C，其次是平均车速（用于路段分析）或平均延误（用于交叉口分析）。

对于城市道路来说，衡量交通服务质量的最主要指标为路段、交叉口的拥挤程度（即 V/C），其次是车速（路段）或延误（交叉口）。由于车速、延误与 V/C 有关，若 V/C 增大，则必有车速降低，延误增加；若 V/C 减小，则必有车速增加，延误降低，故只有 V/C 是独立的。为方便研究，可采用 V/C 作为城市道路路段与交叉口的服务水平划分依据。参考国内外的经验，南京、郑州、合肥、鞍山等市综合交通规划中，采用了表 6-10 所示的服务水平划分标准。

表 6-10　路段、交叉口服务水平划分标准

服务水平	A	B	C	D	E	F
V/C	<0.40	0.4～0.6	0.6～0.75	0.75～0.9	0.9～1.0	>1.0

各级服务水平的交通状况：A——畅行车流，基本上无延误；B——稳定车流，有少量的延误；C——稳定车流，有一定的延误，但司机可以接受；D——接近不稳定车流，有较大延误，但司机还能忍受；E——不稳定车流，交通拥挤，延误很大，司机无法忍受；F——强制车流，交通严重阻塞，车辆时停时开。

表 6-10 的划分标准用于城市道路网络规划时（按高峰小时分析），对于路段，可用 C 级服务水平，即要求路段 V/C 不大于 0.75；对于交叉口，可采用 D 级服务水平，即要求交叉口 V/C 不大于 0.90。

原则上要求规划网络中的每一路段、每一交叉口的服务水平均能满足设计要求。

6.6 城市道路交通规划方案综合评价

一、城市道路交通规划评价原则

城市道路交通规划评价的原则如下：

(1)科学性原则

建立的评价指标必须科学、合理、客观地反映城市交通系统性能及其影响。

(2)可比性原则

评价必须在平等的、可比性价值体系下才能进行，否则就无法判断不同城市交通网络的相对优劣。同时，可比性必然要求具有可测性。没有可测性的指标是难于进行比较的。因此，评价指标要尽量建立在定量分析基础之上。

(3)综合性原则

城市交通规划评价指标体系应全面、客观、综合地反映城市交通规划方案的性能和效果。

(4)可行性原则

评价指标必须定义确切，意义明确，并且力求简明实用。现有的一些城市交通规划评价指标中有些意义含糊，难于确定，缺乏实用性、可行性。

二、城市道路交通规划经济效益评价

对交通规划方案的经济效益评价要通过两方面的核算才能完成，即成本和效益。无论是成本还是效益都有直接和间接之分。

从成本（或投资费用）来看，直接费用包括初次投资费用，以及有关的交通设施、交通服务的运营和维修费用等；间接费用则包括其他政府机构所需的经费开支（如公安机关为加强限制车速及停车规定，或公共交通终点站的保护防护所增加的费用），增加大气和噪声污染、拥挤加剧等的社会费用，交通事故费用，能源、轮胎消耗费用等。

从效益来看，直接经济效益如出行时间节省、降低运输成本、减少交通事故等，间接效益如改善大气质量、减少噪声污染，以及改善投资环境、生活质量、增加地区旅游吸引力等。

三、城市道路交通规划技术性能评价

根据交通规划层次和要求不同，对规划方案的技术性能评价可以从两个层次上来分析。第一层次是城市交通网络总体性能评价，是从城市交通网络整体出发，从城市总体规划、城市交通远景战略规划的角度来分析评价交通网的总体建设水平、交通网络布局质量，交通网总体容量等；第二个层次是城市交通线路节点性能的评价，是从单条线路或单个交叉口出发，分析交通线路（道路、地铁、公交线路等）或交叉口的容量、服务水平、延误、事故等，适用于中长期综合交通和近期治理规划。

四、城市道路交通规划社会环境影响评价

今天人们越来越深切体会到，交通问题不仅是一个技术经济问题，而是一个影响广泛的社会问题。评价一个规划方案的优劣不仅要用技术性能和可见的货币价值来衡量，而且要看其能否带来良好的社会环境效益。

交通系统对社会环境的影响体现在正负两方面。负面效应包括噪声、废气、振动、安全、恐惧、视线阻挡、拥挤疲劳、社区阻隔等，正面效应包括可达性提高、促进生产、扩大市场、地价升高、改善景观等。

目前国内已经在交通噪声监测评价、汽车尾气扩散模式、城市交通综合效益分析评价模式等方面取得了一些理论成果，今后应致力于在城市交通规划实践中推广应用，并对理论模式做进一步深化完善。

6.7 公路网规划方法简介

一、公路网规划的目的、意义及层次

公路网规划是公路建设重要的前期工作之一，是进行公路建设决策的有力的支持措施，公路网规划的目的是从科学的实事求是的观点出发，分析规划区域客货运交通实况，剖析公路网建设发展存在的问题及其根源，预测区域社会经济发展趋势和交通需求，制订合理可行的公路网规划方案及建设时序，为区域公路近期和长远发展建设提供决策依据。

进行公路网规划的意义主要表现在：①保障国民经济和工农业生产的健康发展；②促进区域经济平衡及协调发展；③节省车辆行驶时间，降低运输成本，提高公路运输效率；④促进公路运输与其他运输方式之间的协调发展；⑤合理投放和使用公路建设资金；⑥节约土地资源、保护自然环境。

公路网规划按其规划区域的性质一般分为国家干线公路网规划、省域干线公路网规划、市域干线公路网规划及县域县乡道公路网规划四类，某些地区为了强调某类公路或某一区域的重要性，也可做针对性公路网规划，如江苏省高速公路网规划、苏南地区干线网规划等。

二、公路网规划中的交通调查工作

在进行公路网规划时，一般要进行两大类调查工作，即一般性调查及重点性调查，一般

性调查往往是综合资料的收集工作，重点性调查往往要组织人力进行专门性的调查、观测。

1. 一般性调查

一般性调查包括政策方针调查和资源环境调查两个方面：

(1)政策方针调查

政策方针调查包括国家的有关政策、方针，区域社会经济发展规划，行业规划，行业政策。

(2)资源环境调查

资源环境调查包括主要工矿布局、主要产品产量分布、环境保护要求等。

2. 重点性调查

(1)社会经济调查

社会经济调查包括规划区域及各分区的人口、面积、国民生产总值；规划区域及各分区的经济结构、产业结构、城镇布局；重大经济布局的调整、新建的大型工矿、企业；主要产品的产量及分布等。

(2)交通运输调查

交通运输调查包括铁路、公路、水运、航空及管道五大运输方式历年的客货运输量及周转量；历年的公路运输量及周转量；主要道路的历年交通量；五大运输方式的基年O－D表；五大运输方式的运输成本、平均速度、利用效率。

(3)基础设施调查

基础设施调查包括五大运输方式的运输网络结构、运输设施状况、运输方式发展规划。

三、交通运输需求发展预测

公路网规划中的交通需求发展预测包括社会经济发展预测、综合交通运输发展预测、公路交通运输发展预测、公路运输量分布预测及公路交通量分配预测五个方面。

1. 社会经济发展预测

社会经济发展预测的预测指标包括未来规划年份的区域总人口及其分布、工农业总产值及其分布、人均国民收入及人均消费水平等。社会经济发展预测以政府部门发展规划、区域经济发展规划及现状调查的统计分析资料为基础进行。

2. 综合交通运输发展预测

综合交通运输发展预测的预测指标包括区域综合客货运输量的预测及在各交通小区的分配。预测方法有时间序列法、回归分析法及弹性系数法。

时间序列法是利用历年的运输量资料进行趋势分析来预测未来的运输量，一般要求收集资料的年份超过预测年份，这是一种宏观的趋势分析法，分析简便但精度不高。

回归分析法是利用历史资料建立运输量与影响运输量的各因素(国民生产总值、人口、人均生活水平指数等)之间的相关关系，用回归模型来预测未来的运输量，这种方法是本质的微观分析法，虽然繁琐但精度较高。

弹性系数法是根据交通运输量增长率与国民经济增长率之比(即弹性系数)在一定时期内相对稳定这一特点来预测运输量，该方法的精度介于前面两种方法之间。

3. 公路交通运输发展预测

公路交通运输发展预测的预测指标包括区域公路客货运输总量及各交通区的公路客

货运输发生量、吸引量。预测方法有车辆效率法、分担率法及弹性系数法。

车辆效率法是根据区域及各交通区将来可能拥有的客货车辆拥有量及运载效率来预测公路客货运输的运输量。

分担率法是根据将来各运输方式的运输能力将前面确定的综合运输量分解为各运输方式的运输量。

弹性系数法是根据公路交通运输量增长率与国民经济增长率之比(弹性系数)在一定时期内基本稳定这一特点来预测公路运输量。

4. 公路客货运输量分布预测

公路客货运输量分布预测是将前面预测的各交通区公路客货运发生量、吸引量转变成交通区之间的空间分布量,即 O-D 矩阵。公路交通分布预测方法主要有增长系数法及重力模型法两大类,其模型结构与城市交通规划中的交通分布模型一致,只是模型参数有较大区别。

5. 公路交通量分配预测

公路交通量分配预测即是把预测的 O-D 矩阵分配到具体的公路网络上,产生公路交叉口及路段交通量。公路交通量分配方法与城市道路交通分配方法基本相同,通常也分最短路分配、容量限制-增量加载分配、多路径分配及容量限制、多路径分配四种,分配方法相同,但参数有很大差别,特别是公路与城市道路的交通阻抗区别很大。

四、公路网络规划方案形成

1. 初始公路网络规划方案的形成

初始公路网络规划方案通过以下过程形成:对现状公路网络进行交通质量评价,找出现状公路网络的交通问题及解决这些问题的公路建设项目;将预测的 O-D 量在现状公路网上进行交通分配,找出公路网将来的交通主流向,并提出交通走廊(或大运输能力干线)方案;对基本上已确定近期内拟建的项目进行分析;将以上项目进行叠加,并进行必要的网络连通性、平顺性、密度均匀性的项目增补,便可形成初始方案。尽管初始方案很粗糙,并不一定能解决交通问题,但它是最终方案的基础。

2. 网络计算机处理

网络计算机处理即是对公路网方案的抽象,包括点、线、网三个方面的抽象。

在由东南大学开发的公路网规划通用计算机软件“交运之星-TranStar 公路版”中,公路网节点被抽象为六类:信号交叉口、环形交叉口、立体交叉口、无控制交叉口、城镇及枢纽。公路网路段被抽象为八类:高速公路、一级公路、二级公路、三级公路、四级公路、等外公路、汽渡、城市道路。网络抽象用邻接目录表表示。

3. 公路网络规划方案的调整

公路网络规划方案的调整是建立在对方案的评价基础之上的。一个方案(包括初始方案)通过计算机处理后,并可进行交通分配,并产生交通(交通量、车速、密度、负荷度)及经济环境评价方面的详细指标,根据这些指标,便可对其进行评价。一般来说,初始方案不能满足交通质量、经济效益、环境保护等方面的要求,需根据评价结果进行调整,我们把能满足交通质量、经济效益、环境保护要求的规划方案视为可行规划方案,一般情况下,可行规划方案有多个。

五、公路网规划方案评价

公路网络规划方案的评价包括三个方面:技术评价、经济评价及综合评价。

1. 技术评价

公路网络规划方案的技术评价是指交通适应性评价,主要考察该方案实施后能否解决交通问题。评价内容包括:

(1)网络特征:里程与密度、等级水平、连通水平;

(2)交通特征:车速及分布、交通量及负荷度、服务水平及拥挤率、重要节点通达度。

2. 经济评价

公路网络规划方案的经济评价是指评价该方案的经济可行性,主要考察该方案实施以后可能带来的直接经济效益,评价内容包括直接效益(B)分析、费用(C)分析、净现值($B-C$)分析、效益费用比(B/C)、内部回收率及投资回收期分析。

3. 综合评价

综合评价是在技术评价及经济评价的基础上进行的,主要评价规划方案实施后对国民经济发展的推动作用及可能产生的正反两个方面的社会效果。综合评价往往是对多个比选方案(可行方案)进行的,最终还需提出方案推荐意见。

六、公路网规划的实施计划编制及规划滚动

一般情况下,公路网规划要考虑 30 年的发展期,即规划跨度为 30 年,分近期、中长期、远期三个建设阶段,每个建设阶段各 10 年。公路网规划的实施计划编制是指把最终的规划方案分解为建设项目,并排定建设项目的建设序列。

在编制公路网规划方案的实施计划时,应遵循“近期细、中期粗、远期有设想”的原则,即近期建设计划的编制要细化,细到有确定的建设项目,每个项目的开工时间及竣工时间;中期建设计划可相对粗,只要确定建设项目及项目的建设排序就可,不需要确定每个项目的开工建设时间;远期建设只作规划,即只要有规划方案,不需要列出建设项目排序。

一般情况下,公路网规划方案每 1～2 年都要局部调整,5～10 年要做一次滚动,并始终遵循“近期细、中期粗、远期有设想”的原则,向前滚动,有序发展。

复习思考题

6.1 简述城市交通规划的分类及主要内容。

6.2 在城市交通规划中,需进行哪些交通调查?进行交通调查的目的是什么?

6.3 何为核查线?设置核查线的目的是什么?

6.4 何为“四阶段”预测模型?四阶段中,各阶段各进行什么预测?

6.5 简述增长率法、重力模型法的区别。各有什么优缺点?

6.6 交通分配方法分哪几类?为什么说在拥挤网络,迭代分配模型优于无迭代分配模型?

6.7 简述道路网络规划原则。

6.8 何为道路阻抗函数?它的作用是什么?

习　题

6.1　某城市开发区有三个交通小区，各交通小区的出行发生量、吸引量如下表所示，试用平均增长率法、Fratar模型预测O－D矩阵。

交通区	吸引量	发生量
A	4000	4600
B	3080	3000
C	2000	1800

6.2　在习题6.1中，假设各交通区之间的行驶时间均为10min，试用重力模型（行程时间模型）预测O－D矩阵。

6.3　某两交通区之间有4条道路连接，各连接道路的行驶时间分别为8min、6min、9min、20min，两交通区之间的出行量为3600辆/h，试用多路径交通分配方法确定各条道路的交通量。

7 交通安全

7.1 概 述

18世纪汽车诞生后,因汽车与其他交通方式不协调而产生了交通安全问题。

表7-1 部分国家交通事故死伤情况统计表

国 家	事故件数	负伤者数	死者数	年 份
法 国	124337	168535	8437	1998
德 国	387900	512000	9435	1995
英 国	234101	315189	3650	1995
意大利	190000	270000	6200	1998
瑞 典	15626	21173	572	1995
加拿大	169502	244975	3260	1995
美 国	2092000	3215000	40676	1995
日 本	803184	989297	9211	1998
泰 国	102610	43541	15176	1995
土耳其	446025	115489	4852	1998

在全世界范围内,交通事故是一个严重的问题。据世界卫生组织统计,在一些工业发达国家中,全国总死亡人数中有4%死于车祸,而15～24岁的男青年死亡人数中有50%死于道路交通事故。我国的交通事故也是相当严重的(见表7-2),万车事故率、万车死亡率和交通事故致死率均为世界几个主要国家的几倍甚至十几倍(见表7-3)。

表7-2 我国1990—1998年道路交通事故情况表

年 份	1990	1991	1992	1993	1994	1995	1996	1997	1998
事故数	250297	264817	223278	242343	253537	271843	287685	304217	346129
死亡人数	49271	53292	58729	63508	66 362	71494	73 655	73861	78067
受伤人数	155072	162 019	144264	142251	148 817	159 308	174447	190128	222721
直接经济损失/万元	36355	42836	64483	99907	133 383	152267	171769	184616	192951

（续表）

年 份	1990	1991	1992	1993	1994	1995	1996	1997	1998
10万人死亡率/%	4.31	4.6	5.0	5.36	5.54	5.90	6.02	5.97	6.25
万车死亡率/%	33.18	32.15	30.19	27.24	24.26	22.48	20.41	17.50	17.30

表7-3 部分国家交通事故死亡率统计表

国 家	事故数	死亡人数	受伤人数	万车死亡率/%	10万人死亡率/%	年 份
美 国	2335434	46385	3495000	2.6	19.0	1987
法 国	132949	8412	181403	3.5	14.5	1995
英 国	253900	5230	328000	2.2	9.2	1988
意大利	170000	6600	240000	1.9	11.6	1995
德 国	2220000	9700	530000	1.9	12.0	1995
日 本	760534	10679	922677	1.6	8.5	1995
韩 国	248865	10323	3331747	12.2	23.0	1995
中 国	346129	78067	222721	17.3	6.25	1998

交通事故的危害性不仅反映在伤亡人数上，在经济上造成的损失也是巨大的，许多国家因交通事故造成的损失超过了全国总收入的1%，其中英国1.6%，美国达到了2%。

另外，交通事故涉及面广，事故隐患频发，且具有突发性和极强的社会性特点，它已发展成为一个社会性的大问题，因此不少人视交通如虎，有人说现代车祸“是一场无休止的战争”“汽车是杀人的活动工具”。

一、交通事故的定义与分类

1. 交通事故的定义

目前国内外对交通事故的定义没有一个统一的提法。

美国国家安全委员会对交通事故的定义：交通事故是在道路上所发生的意外有害事件或危险事件。

日本对交通事故的定义：由于车辆在交通中所引起的人员死伤或财物损坏。

我国对交通事故的定义为，凡车辆、人员在特定道路通行过程中，由于当事人违反交通法规或依法应该承担责任的行为而造成人、畜伤亡和车物损失的交通事件。从定义可以看出，交通事故有六项缺一不可的要素，即车辆、在道上、在运动中、造成事态、发生事态的原因是人为的和有后果。

(1)车辆

车辆包括机动车与非机动车。行人自己在走路过程中发生意外，造成伤亡不属交通事故。

(2)在道路上

在道路上指在公用的道路上。厂区、校园、庭园内的道路不算。同时,应以事态发生时所在的位置,而不是事态发生后车辆所在的位置来判断是否在道路上,如车辆驶出路外翻车应认为在道路上。

(3)在运动中

在运动中即定义中的行驶或停放过程。

(4)发生事态

发生事态即发生碰撞、碾压、刮擦、翻车、坠车、爆炸、失火等其中一种现象。

(5)造成事态的原因是人为的

造成事态的原因是人为的即所造成的事态不是因为人力无法抗拒的自然原因,如地震、台风、山崩、流石、泥石流、雪崩等造成的事故。

(6)有后果

有后果即要有人、畜伤亡或车辆、财物损伤的后果。

对死亡、重伤、轻伤等定义亦存在不同看法,各国对交通事故死亡的规定相差极大(见表7-4),轻伤和重伤亦很不一致:日本规定30d以内治愈者为轻伤,30d以上为重伤;美国规定扭伤、擦伤不需治疗的为轻伤,对需住院治疗或骨折、脑震荡、内伤等,虽不住院亦作重伤。我国规定:凡医生诊断为严重骨折、脑震荡、肌体骨脏损伤、内出血及五官严重损伤等均为重伤,一般医生诊断轻度脑震荡、表皮伤害需休息3d以上者为轻伤。

表7-4 部分国家对交通事故中死亡时间的规定

国　家	规定时间	国　家	规定时间
葡萄牙	即刻	意大利	7d
西班牙	1d	中　国	7d
日　本	1d	苏联	7d
匈牙利	2d	英国	30d
波　兰	2d	加拿大	1a
澳大利亚	3d	美国	1a
法　国	6d		

2. 交通事故的分类

我国根据事故后果的严重性质的大小分为四类(见表7-5),当然随交通事故的发展,其分类可能有所变化。

表7-5 交通事故的分类标准

项　目	轻微事故	一般事故	重大事故	特大事故
死亡/人			1～2	≥3
重伤/人		1～2	3～10	>10

（续表）

项　目	轻微事故	一般事故	重大事故	特大事故
轻伤/人	1～2	3～10	>10	
直接经济损失/元	<200(机动车) <50(非机动车)	200～5000(机动车) ≥50(非机动车)	5000～10000	有重大政治影响的事故

注：死亡、重伤、轻伤、直接经济损失四项指标，达到其中之一即可定为相应类别的事故。

二、交通事故的计算指标

衡量交通事故多少及严重程度的指标，多以事故次数以及死伤人数为单位，通常用下列指标：

1. 事故的绝对指标单位

以事故次数、死亡数、受伤人数三项指标来衡量每年或每月、每周不同地区、范围或不同路段的事故情况，若比较世界各国发生交通事故死亡人数，需将死亡时间进行标准化，换算成世界标准的交通事故死亡人数，通常以 30d 为标准，然后附加一个交通事故死亡人数的修正因子。

2. 事故的相对指标单位

常用的事故率有以下几种：

(1)万车事故率(次/万车)

$$A=\frac{B}{M}\times 10^4 \tag{7-1}$$

式中，A——1 万辆登记汽车的事故率(次/万车)；

B——1 年内该地区事故件数或死亡、受伤数总和；

M——该地区的机动车的保有量(万车)。

(2)万人事故率(次/万人)

$$A_1=\frac{B}{P}\times 10^4 \tag{7-2}$$

式中，P——该地区的人口数(10 万人)。

(3)亿车公里事故率(次/亿车公里)

$$A_2=\frac{C}{V}\times 10^8 \tag{7-3}$$

式中，C——该地区 1 年内事故次数；

V——该地区 1 年内登记运行的车公里数。

(4)交叉口事故率(次/百万辆)

按百万或万车流入交通量，计算交叉口的交通事故率，即以汽车进入交叉口的流量为基数，除以交通事故数，就是交通事故率。

$$\text{交叉口的事故率}=\frac{1\text{ 年间交通事故件数}\times 10^6}{24\text{h 流入交通量}\times 365} \tag{7-4}$$

3. 严重性计算

交通事故中死亡、受伤和财产损失的严重程度是不相等的，对不同地区不同的死、伤、财产损失的统计量很难进行统一比较，故实际分析时，一般以财产损失为参考标准，对一个死亡或受伤人员所造成的损失换算为相当的经济损失费用数，然后将死亡、受伤统一换算成财产损失，这样不同类型、不同性质的各类交通事故可以统一换算成经济损失费用。

三、交通事故的发展趋势

随着科学技术的进步，人们对交通事故发生原因、影响的主要机制有了进一步认识，对事故的预测、预防及保护措施更加完善，因此，从全世界来看，尤其是发达国家的交通事故率已逐渐下降。而我国因经济迅速发展，交通量不断增加，汽车法规很不完善，加上交通参与者交通法律意识淡薄，交通事故还远未达到已完全可以控制的阶段，道路拥挤，秩序混乱，车速很低，运行不畅，特大事故时有发生，统计资料表明目前还有上升的趋势。因此必须认真组织研究交通事故成因、规律及机理，采取工程、法规、教育、管理等有效措施，预防交通事故的发生，力争在短时期内扭转这一不利的发展趋势。

7.2 交通事故调查

交通事故调查是事故发生后，由交警或交通监理对现场测量、拍照，填写调查表格，它是分析事故原因和鉴定事故责任的根本依据。

一、现场调查的内容

发生道路交通事故的地点及其有关范围的空间场所，称为交通事故现场。如果现场内的车辆、人畜、物体等均保持事故刚结束的原始位置和状态，称为原始现场。因自然原因(风、雨等)或人为原因(抢救伤者或肇事人有意破坏、逃逸等)使原始位置或状态发生改变的现场称为变动现场。原始现场能最直接、最全面的提供有关事故的资料和证据，对事故现场调查有重要的意义。

现场调查可以概括为对交通事故现场的情况(当事人、车辆、道路和交通条件)用科学的方法进行时间、空间、心理和后果调查。

1. 时间调查

确定发生交通事故的时间坐标，是分析事故过程的一个重要参数。

2. 空间调查

调查各有关物体(包括车辆、散落物、印迹、尸体等)的相对位置，用以确定车辆相互运动的速度、路线和冲击点。

3. 心理(书证)调查

调查当事人的心理状态、身体与精神条件、交通条件(车、路、环境)对当事人的影响。

4. 后果调查

调查人员伤、亡情况，致伤、致死部位和原因、车辆损坏和物资损失情况。

一般公安部门均有含以上调查内容的统一表格，供执行人员填写。

二、现场勘查测绘工作

现场测绘工作主要包括收取物证、现场摄影、绘现场图、车辆检验、道路鉴定、收取书证和尸体检验。事故现场调查的一般程序按事故过程的先后顺序进行调查，现场范围不大，痕迹及残留物体集中时，可从现场中心开始向外围进行；现场范围较大，痕迹及残留物体分散，中心不明确时，可以从外围向中心调查；现场范围分散，物体痕迹零乱，可以分片、分段地进行；在现场上痕迹物体容易受自然条件（例如风、雨等）或过往人、车的破坏时，可从最易受破坏的地方开始。

现场勘查工作必须对以下各点做好明确清楚的勘查测绘、现场拍照和摄影。

（1）车与车（或车撞人、撞物）开始相互接触的接触点，接触痕迹的部位、高低、深浅，是摩擦还是撞击，并注意在接触部位上是否有血迹、头发、布丝等物证。

（2）车辆停放位置、方向，人体躺卧的位置、形状，车与人之间的距离，车、人与道路两侧的距离。

（3）车与车（或人、物）从开始接触到停车总的距离，测量该距离应从开始接触到停车后的车前部最突出部位计算。

（4）测量汽车的刹车痕迹时，应区别其重刹车印与轻刹车印，并注意每只轮胎的刹车痕迹是否相同。

（5）测量车辆的高度、长度、宽度以及轴距和前后轮距等，测量轮距和轴距应先把汽车的前轮调正，测量轮距应以轮胎面之中心线为基准，若后轮是双轮时，应测量其外侧之轮胎中心线。

（6）与现场有关的道路、交通设施以及影响视线的障碍物等的鉴定，包括路面状况，路基、桥涵的质量，道路的坡度、弯道、超高和视距等。

（7）车辆检查，其主要内容包括转向、制动、挡位、轮胎、灯光、后视镜、雨刮器、乘员和装载情况等。

（8）若事故中有当时死亡的，要对碰撞、碾压、刮擦、挤打部位、伤情、致伤、致死原因等写出鉴定材料，并应摄影。

（9）其他与当时情况有关的天气、地物地形等现场草图绘成后，应让肇事人或其单位负责人在草图上签字。

（10）对事故频发地点，应将收集到的事故资料按其发生路段绘在道路平面图与纵断面图上，在交叉口可绘制交叉口事故类型图。

三、交通事故报告

交通事故统计报告是书面文字记录，汇总交通事故的情况，各项数据应具有客观性、系统性、全面性和科学性。

交通事故报告的范围：凡违反道路交通规则造成的人员伤亡、牲畜伤亡、车辆财物损失均应列入统计报告范围。具体要求如下：

（1）统计报告的项目与标准必须真实、准确并具有严密的统一性，范围、项目、指标、表示期限等内容均应按国家统一规定表格进行填写。

(2)统计报表要数据准确、反映真实、全面并逐级上报。

(3)交通事故的一般统计报告制度是向上级报送统计表分为月报、季报和年报三种。

7.3 交通事故分析

交通事故的分析研究包括对单个事故的成因分析和对大量交通事故的综合分析。前者是对典型交通事故或对众多事故中取样做全面的成因分析，探求主观和客观原因、直接因素与间接因素。后者则从大量的交通事故中总结出共性的普遍规律，为制定防止和减少交通事故的对策与措施提供依据和基础资料，同时研究和比较采取政策的有效程度、道路安全设施和投资效率等。前者称为微观分析，后者为宏观分析。本节主要介绍宏观分析的内容和方法。

一、交通事故分析的主要方法

分析交通事故的主要方法有统计分析法、分类分析法、排列图法、因果分析图法、统计分析表法、坐标图法和圆图法等。

1. 统计分析法

该法是依靠能够客观反映事实的数据资料，例如通过交通事故次数、死亡、损失、原因、地点、时间、道路、车辆、驾驶员、骑自行车人、行人等数据资料来客观地反映事实，据此科学地推理、判断，从而将包含在数据中的规律性揭示出来。它分三个步骤，即统计、调查和整理、统计分析和统计判断。交通事故分析中应用的是统计分析方法，即尽可能地用总体分析，而不是取样分析。

2. 分类分析法

分类法既是加工数据的一种重要方法，也是分析交通事故原因的一种基本方法，目的是通过分类把性质不同的数据以及错综复杂的交通事故的原因划分清楚，给出一个明确，直观、规律性的概念。

分析交通事故常用的数据分类法有：① 按时间区分；②按当事人区分；③按事故车辆区分；④按道路区分；⑤按事故原因区分；⑥按事故现象区分；⑦按人体受害部位区分；⑧按死亡情况区分；⑨按车辆所属系统区分。

3. 排列图法

排列图法即巴雷特图法，是找出事故主要原因的一种有效方法。

4. 因果分析图法

因果分析图也称特性因素图或树枝图，它给人以直观的概念，逻辑性强，因果关系明确，但它是定性分析，而没有定量分析，用此法分析交通事故的具体案例尤为适用。

5. 统计分析表法

统计分析表法，即利用统计调查表来进行数据整理和粗略原因分析，也是交通安全管理工作中常用的分析方法，如交通事故月报表。

6. 坐标图法

坐标图法就是在坐标纸上画出坐标图来分析交通事故情况，通常用于对交通事故数量的分析，坐标图如图 7-1 所示。

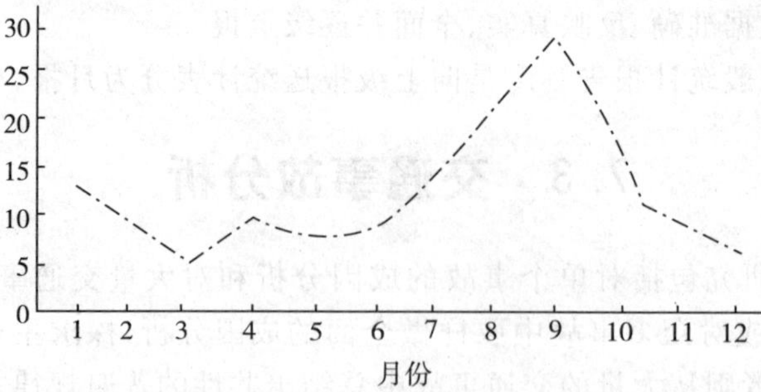

图 7-1　各月死亡人数坐标图

7. **圆图法**

圆图法就是将要分析的项目按比例画在一个圆内，即整个圆 360°为 100%，180°为 50%，90°为 25%，这样画在一个圆内可以比较直观地看出各个因素所占的比例，该法可以分析交通事故的原因、类别、道路、时间、人员等，如图 7-2 所示。

8. **交通事故分析图**

用事故状况符号和道路状况符号将实际发生的事故填写在地图上就是事故分析图，如图 7-3 所示。

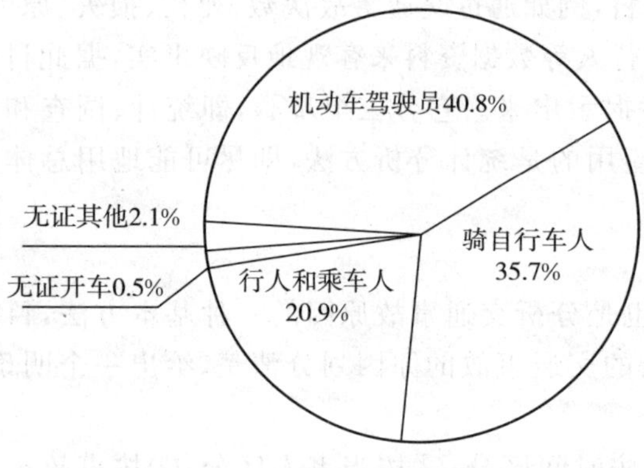

图 7-2　1990 年上海市道路交通死亡情况

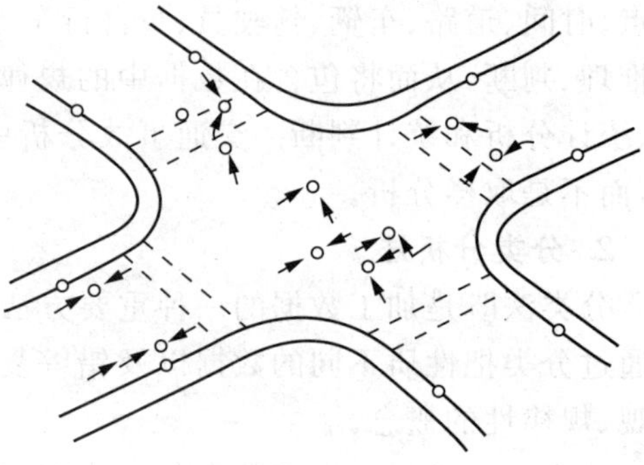

图 7-3　交叉口事故分析图

二、交通事故成因分析

交通事故的成因分析可分为直接原因和间接原因，亦可分为人、车、路与环境等因素。

1. **人的因素的分析**

90%以上交通事故的发生都或多或少含有人的因素，因此人是事故分析的主要对象。不同性别、年龄、体质的驾驶员，其生理、心理、感知、分析、判断和反应均不完全相同。而感知迟钝、判断不准、操作失误在事故中占绝大多数，其中感知错误所占的比重最大，这多半是由于驾驶员身体、生理、精神和情绪等状态以及年龄、经验等内在原因所致。

判断错误主要是对过街行人，如儿童或老人行动的方向速度判断失误以及看错了前方的道路线性，误判了对方的行动等所造成的，如驾驶员判断的车头间距往往比实际的间隔小。

2. **车的因素分析**

在大量事故统计资料中，由于车辆的各种故障而造成的交通事故虽然不太多，但从预防考虑仍是一个重要因素，如转向系统、制动性、轮胎的技术性能均有影响。

不同性质或行业的车辆，不同动力性能的车辆造成的交通事故亦不同，表 7-6 为不同行业车辆的交通事故分布情况。从表 7-6 中可以看出，社会车辆的交通事故多，主要由于企事业单位车辆零星分散、管理不善所致，一般专业运输车辆事故率较小。

表 7-6 不同行业车辆的交通事故分布

事故类型	社会车辆		公共汽车		专业车辆		拖拉机		军车	
	次数	%	次数	%	次数	%	次数	%	次数	%
事故	113	49.1	32	13.9	37	16.1	27	11.7	21	9.1
死	24	47.1	7	13.7	7	13.7	10	19.6	3	5.9
伤	75	40.5	37	20.0	28	15.1	18	9.7	27	14.6

从宏观角度出发的著名的研究成果，有根据从 1930 年到 1950 年若干国家交通量和交通事故的统计数据，进行国际性的比较求出的交通事故率之例，根据该研究可知每 10 万人的年度的死亡人数 D/P 与每千人汽车保有量 N/P 之间呈 $D/P = 0.0003\times(N/P)^{\frac{1}{3}}$ 的关系，如图 7-4 所示。

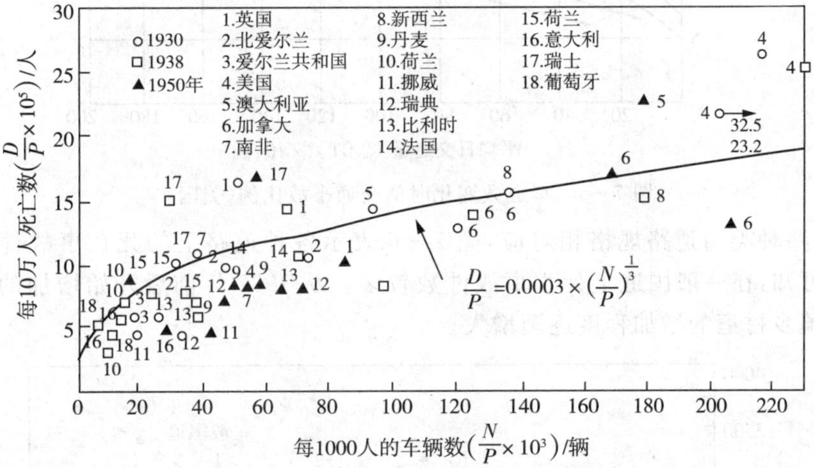

图 7-4 每 10 万人事故死亡人数与平均每千人汽车保有量的关系

此外，在城市中由机动车与自行车等造成的交通事故亦有一定的规律性。表 7-7 为南京市自行车、机动车等交通事故的比例。从表 7-7 中可见，自行车占交通事故比重很大，须认真研究其预防措施。

表 7-7 南京市不同交通方式的交通事故率

事故类型	机动车		自行车		轻摩托车		其他车辆		行人	
	次数	%	次数	%	次数	%	次数	%	次数	%
事故	230	36.9	293	47.0	11	1.8	26	4.1	64	10.2
死	51	49.5	37	35.9	3	2.9	2	1.0	1.0	9.7
伤	185	34.8	261	49.2	8	1.5	25	4.7	52	9.3

3. **道路与交通环境的因素分析**

(1)道路的种类与规格

交通事故发生状况也因道路的种类、规格而变化。图 7-5 表明美国道路种类与交通量及事故件数关系的统计结果。由图 7-5 可知,事故件数随着日平均交通量的增加而增加,而郊区高速公路上的事故比一般高速道路增加比例大。此外,交通事故件数与车道数也有关系,6 车道道路比 4 车道道路事故增加比例小。

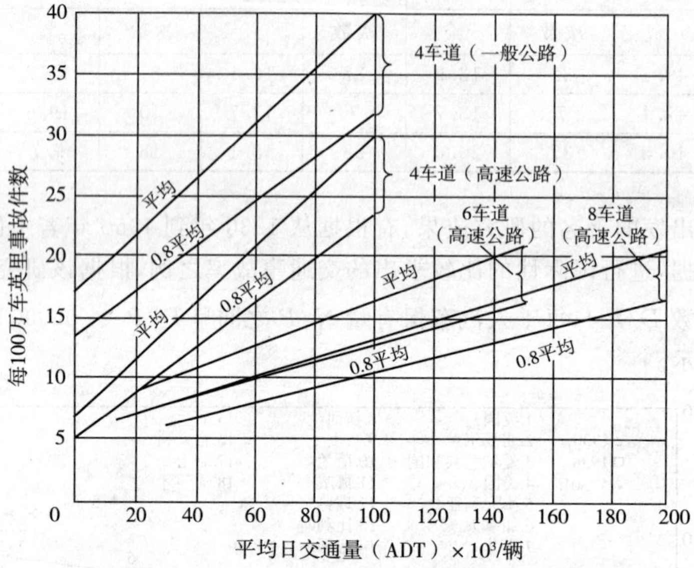

图 7-5　车道数变化时的交通事故比例(美国)

日本道路种类与道路规格相对应,图 7-6 表示各种道路上的死亡事故件数的变化。由图 7-6 可知,在一般国道上死亡事故件数较多。从 1987 年前后开始增加的情况看,一般国道、市镇乡村道的增加程度逐渐增大。

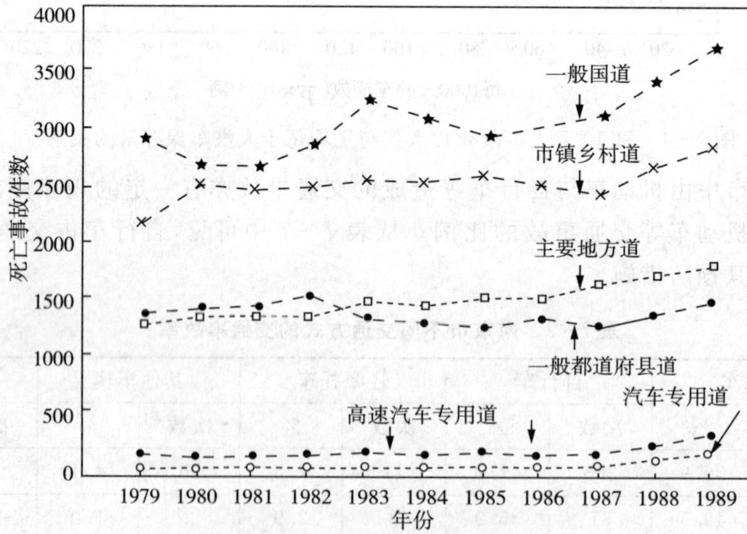

图 7-6　各种道路上死亡事故件数的变化(日本)

(2)道路线形对交通事故的影响

道路几何线性要素构成是否合理，线形组合是否协调，对交通事故有较大的影响。

① 曲线半径。有10%～12%的道路交通事故发生在平曲线上，并且在半径愈小的曲线路段上，发生的交通事故愈多，即曲率愈大，事故率愈大，曲率在10以上的事故率急增。表7-8是英国的格蓝维尔(Glanville)在白金汉(Buckinghamshire)调查的结果。

表7-8 曲率与交通事故的关系

曲率	交通事故率(每百万车英里)/%
0～1.9	2.6
2～3.9	3.0
4～5.9	3.5
6～9.9	3.8
10～14.9	13.6
15以上	14.9

② 曲线的频率。曲线出现频率对道路交通事故的影响，只有在半径小于600m时才显示出来。在路上较频繁地设置曲线会相应地减少道路交通事故，对于大半径弯道，曲线设置频率的相对影响很小。见表7-9所列，随着道路弯曲度增加，事故数量迅速下降；相反，在1km内曲线数增加，曲线半径减小不可避免地会导致以死亡数为特征的事故严重性增高，见表7-10所列。

表7-9 曲线频率与交通事故率的关系

曲线半径/m	1km内的曲线数	1百万车公里的事故数	曲线半径/m	1km内的曲线数	1百万车公里的事故数	曲线半径/m	1km内的曲线数	1百万车公里的事故数
>580	0.3 0.6～1 2.5～3	1.6 1.87 1.5	580～290	0.3 0.6～1 2.5～3	3.06 2.62 1.6	<175	0.3 0.6～1 2.5～3	8.2 3.7 2.2

资料来源：美国公路设计指南。

表7-10 英国曲线频率与交通事故严重性的关系

平均转角/[(°)·km^{-1}]	1百万车公里的死亡数			
	曲线半径大于1500m的曲线	曲线半径/m		
		1500～600	600～300	<300
0～25	0.75	0.75	0.63	5.38
25～50	0.56	0.56	0.56	0.93
50～75	0.44	0.31	0.56	1.00
175	0.25	0.31	0.63	0.75

③ 转角。在平曲线路段上，转角对事故数量的影响要比曲线半径的影响大。当平曲线的转角不超过 20°时道路就不会超过“清晰视距矩形”的范围。所谓“清晰视距矩形”即离驾驶员 50cm 处(挡风玻璃处)，尺寸为 10cm×6cm 的范围，转角越大则事故率越高。苏联塞留可夫对白俄罗斯半径为 100～5000m 道路，确定转角与百万车公里道路交通事故数的关系，见表 7-11 所列。

表 7-11 转角与交通事故率

转角/(°)	8	8～20	20～30	>30
交通事故率(每百万车公里)/%	1.44	1.56	1.64	2

④ 陡坡。从表 7-12 可以看出，随坡度加大，竖曲线半径变小，事故率增加。图 7-7、图 7-8 为日本统计资料得到的纵坡与事故率的关系。

表 7-12 坡度与交通事故率

坡度/%	交通事故率(每亿车公里)/%
0～1.99	46.5
2～3.99	67.2
4～5.99	190.0
6～8.00	210.5

⑤ 线形组合。交通安全的可靠性不仅与平曲线形、纵坡有关，而且与线形组合是否协调有密切关系，即使线形标准均符合规范，但组合不当亦会导致事故增加。

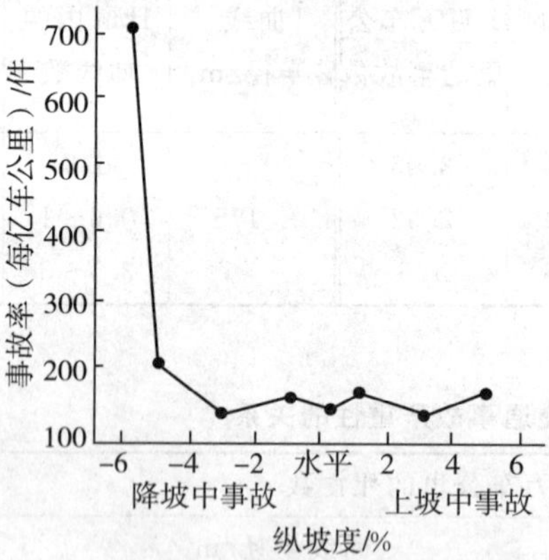

图 7-7 日本一般道路不同纵坡的事故率

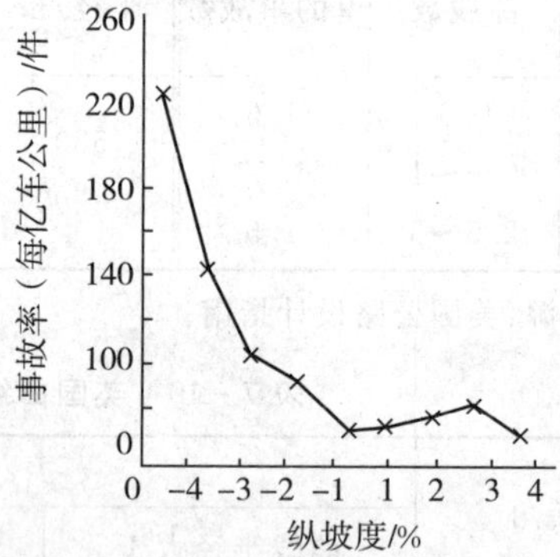

图 7-8 日本高速道路不同纵坡的事故率

a. 大纵坡与平曲线重合时，道路行车事故大大增加(见表 7-13)。

b. 一个大平曲线上有几个变坡点，或一个竖曲线内有几个平曲线时，会使视线不平衡，驾驶员易发生判断错误。

c. 短直线介于两同向曲线之间形成断背曲线，使司机产生错觉，误看成反向曲线，发生操作错误，造成事故。

d. 凸型曲线顶部以及凹形竖曲线底部设小半径平曲线起点，前者使司机失去引导，后者使司机产生视觉误差，引起事故。

e. 凹形竖曲线过短易发生视觉错误，引起司机对上坡估计过陡，造成碰车、翻车。

f. 凸形竖曲线顶部或凹形竖曲线底部设反向平曲线拐点，也容易造成事故。

表 7－13 弯道与坡道重合产生的交通事故率

纵坡/%	沿下列半径的曲线行驶，在 100 万车公里上发生的道路交通事故数				
	＞10000m	3000～4000m	2000～3000m	1000～2000m	400～1000m
0～2	0.28	0.42	0.40	0.50	0.73
2～4	0.20	0.25	0.20	0.70	1.06
4～6	1.05	1.30	1.50	1.85	1.92
6～8	1.32	1.65	1.70	2.00	2.33

⑥ 视距。视距对交通事故影响很大，视距不良明显地增加事故率（见表 7－14），这在小半径弯道视距不良地段，小半径凸形竖曲线视距不良地段，交叉口与铁路平交处以及超车视距不足地段尤为明显。

表 7－14 双车道路上视距与交通事故率

视距/m	交通事故率（每百万辆公里）/件
＜240	1.49
240～450	1.18
450～750	0.93
＞750	0.68

（3）车道宽度对交通事故的影响

一些调查研究表明，车道宽度加宽事故减少。科布（Cope）趁对 240mile 的两车道道路从 18ft 扩宽到 22ft 的机会，通过调查证明，道路扩宽后在交通量较少的地点能减少 21.5% 的事故率，在交通量大的地点可减少 46.6% 的事故率（见表 7－15）。

表 7－15 由于路面宽度扩宽而减少肇事的比率

扩宽前的交通事故率（每百万辆英里）/件	减少比率/%	扩宽前的交通量/（辆·d^{-1}）
＜1.5	21.5	2170
1.5～1.9	25.2	2284
2.0～2.4	34.4	2700
＞2.3	46.6	3 006

路肩加固或拓宽后事故率会减少，但当路肩宽度大于 2.5m 以上时，对道路交通事故的影响就不明显了。

日本的车道宽度与交通事故发生件数状况见表 7－16 所列。由该表可知，随着道路宽度的增加，每公里事故发生件数增加，特别在相当于干线道路的 13.0m 以上宽度的道路上，事故发生的可能性较高。除此之外，交通事故也与道路性质相关，也因路肩、中央分隔带、路面状况而异。

表 7-16　道路宽度、昼夜间交通事故件数

道路宽度/m	昼	构成率/%	夜	构成率/%	合计	构成率/%	每公里交通事故发生件数
＜3.5	20733	4.7	4342	2.1	25075	3.9	0.1
＞3.5	78881	18.0	21958	10.7	100839	15.7	0.1
＞5.5	217775	49.8	103347	30.2	32122	49.9	1.8
＞9.0	60766	13.9	36285	17.6	97051	15.1	1.8
＞13.0	45120	10.3	32165	15.2	76385	11.9	5.5
＞19.5	10632	2.4	7762	3.8	18394	2.9	7.0
其他道路	3227	0.7	1004	0.5	4231	0.7	—
合计	437134	100.0	205963	100.0	643097	100.0	—

注：(1)道路宽度在人行道与车道分开时为车道宽度；

(2)对高速汽车国道、汽车专用道路等上下行车道由中央分隔带、隧道等分离时道路宽度为单向车道宽度。

设置中央分隔带可以防止两对向车流相撞，减少交通事故(见表 7-17)。

表 7-17　设中央分隔带对交通事故的影响

交通量/(辆·d^{-1})	四车道上每 100 万车公里的事故率/件								
	无分隔带			有分隔带			有分隔带与入口检查站		
	1	2	3	1	2	3	1	2	3
＜5000	1.94	1.0	5.6	0.31	3.1	—	—	4.0	
5000～10000	1.31	1.37	7.3	0.62	1.5	4.0	—	—	2.1
10000～15000	1.31	2.19	6.9	0.89	2.12	5.3	—	—	1.4
＞15000	3.9	2.55	4.1		2.74	5.1	—	—	1.5

注：第 1 栏内为万德日利斯(荷兰)的资料；

第 2 栏内为拉法(英国)的资料；

第 3 栏内为别尔沃利德(美国)的资料。

(4)道路交叉口与交通事故率的关系

对道路交叉口交通事故有强烈影响的五个因素依次为交通量、有无信号机、冲突点数、交叉口长度、车行道宽度。

交叉口交通事故率同交叉口的冲突点数量相关，冲突点多则事故多，交叉口冲突点可由下式计算：

$$C=n^2(n-1)(n-2)/6 \tag{7-5}$$

式中，C——交叉口冲突点数目；

n——交叉口汇集的道路条数。

麦克唐纳(McDonald)和维布(Web)调查了美国加州具有150个分隔道路交叉口的肇事情况,其结果表明:交叉路的交通量比主线更对交通事故有影响;相互交叉的两条路总交通量与交通事故并没有任何相关关系,交叉道路中交通量小的那条反而比大的那条事故多,此外麦克唐纳提议用下式求交叉口的事故次数:

$$N=0.000783\,V_{d}^{0.455}\cdot V_{c}^{0.253} \tag{7-6}$$

式中,N——一年间交叉口交通事故次数;

V_d——主线的年平均交通量;

V_c——交叉道路年平均日交通量。

(5)路面状态与交通事故的关系

路面强度、稳定性、平整度以及路面病害与交通事故有关,主要是路面光滑易发生交通事故。在美国宾夕尼亚的交通事故调查中发现,路面湿润、降雪、结冰时事故率分别为路面干燥时的2倍、5倍和8倍;英国格拉斯科市对路面粗糙化处理前后的事故率统计表明,粗糙化后大大提高了安全率,见表7-18所列。

表7-18　不同路面状况交通事故率的关系　　单位:件

粗糙化前后	路面干燥	路面滑溜	路面不湿面滑溜	路面积雪结冰	合　计
粗糙化前	21	44	15	2	82
粗糙化后	18	5	4	0	27

(6)交通状况对事故率的影响

① 交通量。交通量与交通量事故率的关系受车行道宽度、路肩宽度、视距以及交通环境影响较大,从而难以孤立地分析两者的关系。一般地,在交通量小时,车辆行驶主要取决于道路条件和车辆本身性能,交通事故发生与这两者相关;随着交通量增大,交通条件占主流地位,由于车辆相互影响导致交通事故。研究表明,交通量、车流速度与交通事故的关系如图7-9所示。

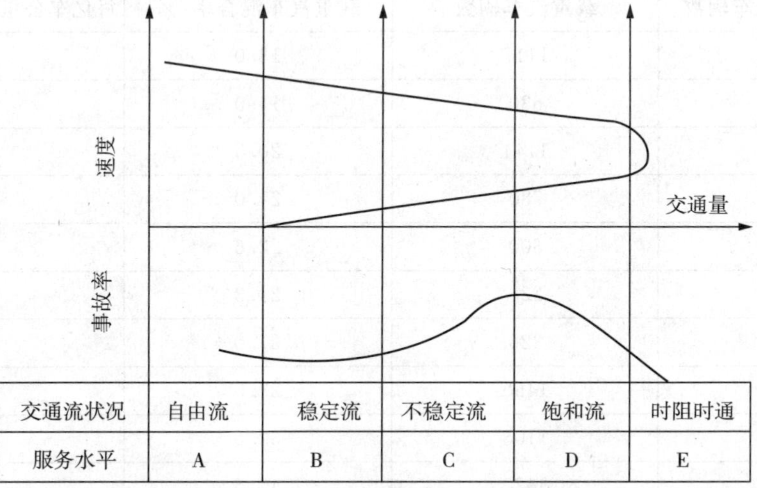

图7-9　交通量、车速和交通事故的关系

② 行车速度。研究表明，交通事故的多少与道路上各种车辆行驶速度的离散程度成正比，即车速太快或太慢均易肇事，而顺应交通流的一般速度则是安全的。

另外，限制车速能使事故率有所降低，1973 年中东石油禁运，美国车速由 110km/h 下降到 80km/h，1974 年和 1975 年交通事故死亡人数分别比 1973 年下降 16.4%和 17.4%。

③ 混合交通与事故。在超车、快慢车多的路段以及机动车与非机动车混合行驶时，因各车辆间时速相差太大，均易发生事故。表 7-19 为交通流中载重车混合率与交通事故率的统计资料，它表明当混合率达 20%时交通事故迅速增加。我国城市中机动车与自行车肇事件数约占总事故的 30%左右，而主要是由混合行驶、斜向冲突、交叉、正面冲突所致。

交通量与交通事故关系的表示方法有多种，图 7-10 为其中一例。

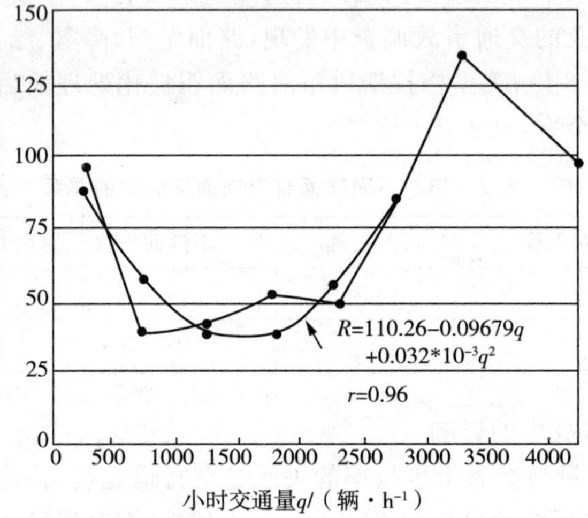

图 7-10　小时交通量交通事故发生率

表 7-19　载重汽车混合率和交通事故率

小轿车与摩托车辆数	载重汽车辆数	载重汽车混合率/%	每亿车公里交通事故率/件
7318	1117	13.0	43
3390	630	14.0	47
4537	1144	20.5	72
2945	780	21.0	97
2065	600	22.6	142
703	225	24.3	118
875	325	27.0	145
3660	1450	28.5	184
2340	1105	32.5	195
4415	3420	44.5	260

(7)交通事故与信息特征

在复杂的高速车流中,驾驶员通过视觉、听觉、触觉等感官,从不断变化的交通环境中,获得各种信息,常见的有:突显信息(即行人或自行车突然闯到车前);潜伏信息(即具有隐蔽性的信息、未被发现的有病的正在行驶的车辆、超高不足的弯道等);微弱信息(即不易于接收的信息,如黄昏难以看清的障碍物,往往容易发生犹豫、疏忽甚至错觉);先兆信息(即信息出现以前所具有的某种预兆,如酒后开车、超速行驶均为事故征兆)。

不同特征的信息使驾驶员产生不同的感受,产生不同的心理反应,引起不同的安全感,这些均与交通事故有很大关系,信息的安全感高于实际的安全程度则易发生事故,信息的安全感低于实际的安全感则比较安全。

(8)时段

表 7-20 为英国的统计结果。从表 7-20 中可以看出每一时段交通事故的发生情况,一般夜间死亡事故发生数比白天多,平日交通事故发生数比节假日多。

表 7-20 时段及各交通方式的事故

时段	步行		自行车		摩托车		汽车	
	平日	六・日	平日	六・日	平日	六・日	平日	六・日
0 点～7 点	108	205	73	31	223	200	967	1310
7 点～9 点	2460	79	2051	113	3416	218	4862	813
9 点～12 点	2046	677	904	375	1470	698	4152	1896
12 点～14 点	2990	1186	1252	558	2529	1189	4529	2623
14 点～17 点	4482	1236	1956	595	2912	1364	5668	3178
17 点～19 点	4128	900	2589	446	4052	1167	6133	2768
19 点～22 点	1926	629	1014	238	2536	882	4799	2336
22 点～24 点	1562	843	377	112	2166	897	5925	3142

7.4 交通安全预防

交通事故涉及道路使用者、车辆、道路环境。如前所述产生事故的原因属于驾驶员的有性别、年龄、技能、气质、心理生理状况、情绪、疲劳、麻醉,受外界干扰等因素;属于车辆的有转向、制动、轮胎磨耗情况、油路、电路,灯光以及安全设备等因素;属于道路环境的有线形设计标准,交叉路口类型、条件,路面状况,气候形成的环境等因素。可以这样概括地说,全世界交通事故的原因,约有 85%的原因属于驾驶员,有 5%左右的原因属于车辆,有 10%左右的原因属于道路环境。为了减少事故出现次数,减轻事故的后果,提高交通安全性,应从法规、教育、工程、管理等方面出发,研究防止交通事故发生的对策和具体的措施。

一、健全交通法制

交通立法对保证交通安全、正确处理交通参与者之间的关系很重要。交通法规在我国是指交通法则和道路交通管理条例。我国 1988 年 3 月 9 日国务院颁发了《中华人民共和国道路交通管理条例》,这是中华人民共和国成立以来第一部全国统一的交通法规。1991 年 9 月 22 日国务院发布了《道路交通事故处理办法》,并于 1992 年 1 月 1 日起实施。在国际上交通法规包括:以交通安全系统力主的交通安全法;以道路管理为主的道路法;以停车场管理为主的停车法;以车辆检验与管理为主的车辆轮胎法;以交通运输为主的道路运输法等。交通法规是交通参与者的行动指南,它体现了国家和地区的交通政策。《中华人民共和国道路交通安全法》是 2003 年 10 月 28 日公布的关于道路交通安全的法律,于 2007 年与 2011 年两次修订,分总则、车辆和驾驶人、道路通行条件、道路通行规定、交通事故处理、执法监督、法律责任、附则 8 章 124 条。《中华人民共和国道路交通安全法实施条例》是国务院根据《中华人民共和国道路交通安全法》制定的,于 2004 年 4 月 28 日国务院第 49 次常务会议通过的国家法规,2004 年 4 月 30 日公布,自 2004 年 5 月 1 日起施行,共计 8 章 115 条。

二、加强交通安全教育

交通安全教育包括学校教育与社会教育两种。1920～1925 年,美国在中小学试行了交通安全教育。试验证明,受过交通安全教育的中小学生的事故率明显下降。继之对驾驶员和成年人进行交通安全教育。日本自 1961 年开始开展全国性交通安全活动,每年春秋两季各举行一次。我国常采用交通安全宣传、交通安全月、举办驾驶员学习班、交通民警到小学讲课等方式进行交通安全教育。为了收到良好效果,应注意针对性、科普性,并要有专门的机构负责交通安全教育工作。

1. 对驾驶员的教育

在对交通事故的统计分析中看出,驾驶员违章造成的事故占事故总数的 80%以上。所以提高驾驶员的交通道德水平、思想和技术素质,对预防交通事故有非常重要的意义。对驾驶员的教育,主要是政治思想教育和安全教育。

政治思想教育主要是不断提高驾驶员对安全行车、保护人民生命财产安全与促进四个现代建设的密切关系的认识;认识到交通道德水平、礼貌行车、保护交通弱者,是建立社会主义精神文明的一部分;树立安全质量第一的思想,增强遵章守法、安全行车的自觉性。

安全教育主要是学习交通规则对保证交通安全、畅通的意义和作用。学习安全行车常识,交流安全行车经验,分析事故的原因和隐患,逐步掌握安全行车规律,取得安全行车的主动权;学习技术业务,熟悉车辆构造性能,会维修保养,会排除故障,驾驶操作准确、熟练,对复杂交通情况应变能力强,判断正确,措施得当,保证行车安全。

2. 对骑自行车人的教育

我国城镇的自行车数量很大,对交通安全的影响也很大,据局部统计,骑自行车人因交通事故死亡的人数占总的交通事故死亡人数的 40%左右。骑车人虽然是交通弱者,但是在实际交通中常有横冲直撞者,所以对骑自行车人的安全教育是很重要的一方面。

对骑自行车人的教育,主要是解决违章行驶的问题,即走机动车道,与机动车抢道,截头猛拐,违章驮物等,也就是要求骑车人遵守交通规则中自行车应遵守的规定。同时,使他们认识到违章的危险性,增强他们遵章行驶的自觉性,提高交通法规观念。

3. 加强道路交通安全管理

道路交通管理作为公安工作的一部分,需要解决的问题牵涉社会的诸多方面,其成效受国家经济活动、交通运输及人们的安全意识等条件影响，不能只凭短期效益做出评价，要长短结合，着重从长远考虑，必须从上至下提高对交通管理任务重要性的认识，牢固树立长远观念，狠抓基础建设，综合治理，严格管理，最大限度地预防和减少交通事故，逐步开创交通管理现代化、社会化的新局面。

(1)加强政府领导，逐步使交通管理走向社会化。交通管理具有广泛的社会性，涉及许多部门、单位，和人民群众生活紧密联系。实践证明，单凭公安机关一家工作，难以奏效，必须要依靠政府统一领导，综合治理。国外的普遍做法是，成立有中央行政一级的工作机构，出面组织主管法律、治安、运输、建设以及车辆等部门的部际协调，明确各部门的职权范围和任务，并在地方一级建有相应的组织。我国一些城市已成立交通安全委员会，开展综合治理，取得了一定成效。现在建立全国性的交通安全委员会，统筹领导，制定计划，已十分必要。《道路交通管理条例》只限于对交通行为的规定，需要上升到综合性的《交通法》，兼有对道路建设、交通运输、车辆生产等方面的规定。不断完善落实基层单位的交通安全责任制，群策群力，扩大社会管理面外，交通管理涉及车辆、道路等技术方面的大量工作，公安交通管理部门不可能把它们完全管下来，而要用行政权力对社会各部门参与交通安全的事项进行法律和质量监督，加强行业管理，把警力集中用于执法和提高交通管理效能的方面上。

(2)改善道路基础设施，缓解混合交通的矛盾。一方面是提高道路技术标准和路面质量，重点加快干线道路的改造，有计划、有重点地修建汽车专用道，实行机动车和非机动车的分隔；在大城市要因地制宜，逐步开辟自行车专用道。另一方面是改变投资渠道和建设方式，大量增加交通安全设施。在有条件的地区，实行人车的时间和空间分离，设立标志、标线与信号管制等配套实施系统，给交通参与者提供安全、通畅、舒适的交通环境。

(3)加强交通管理法制建设，提高管理水平。第一是加强立法，完善交通管理法规，新颁布实施的《道路交通管理条例》是交通管理的行政大法，也是各项业务工作的立法基础，许多与《道路交通管理条例》配套的法规、标准要逐步制订完善；要重视对地方立法的指导和研究，收集执法过程中出现的问题，适时作出法律解释和修改；同时要建立健全交通管理行政监督制度，使“谁主管、谁负责”也用法律形式固定下来，便于检查。第二是严格实施交通法规，要建立一套比较严格的措施和手段来保证交通法规的实际效力，着重加强路面巡逻。交通警察要严格执法，违章必纠，当罚则罚，提高执法水平；实行驾驶员行车违章记分制度；同时要装备车辆检验、违章监测和标志标线，以及交通、通信工具等设施。第三是采取多种形式宣传交通法规，尤其对市民和骑车人进行宣传和教育，加强对交通参与者的安全训练，以提高社会安全防范能力。交通安全教育要从儿童抓起，把交通安全常识列入学校正规教学内容。

(4)促进交通管理由传统经验型向科学型转化。首先是开展针对交通安全的科学研究，结合事故模拟试验，详尽分析交通事故形式、成因及其规律，从法规、宣传、工程和管理等方面，制定预防和减少交通事故的具体措施，大力推广运用并注重后期效果的验证。其次是在改善道路基础设施的同时，加强交通规划，合理组织交通流，集中精力治理自行车和行人交通秩序，最大限度地控制交通总量的增长，提高路网通行能力。公路交通的科学管理是个值得研究的问题，应从主要干线公路的管理入手，充分利用现有路网，实行绕行分流，疏散干线公路局部稠密的交通流，大力完善主要公路的交通安全设施，大力促进公路交通安全设施与管理的规划实施进程。

三、加强交通安全设施建设

1. 分隔带

它由分隔带和导向带组成，隔开上行、下行慢快车、车辆与行人等。分隔带可做成一定宽度的带状构造物，略高于两侧的车行道。若道路宽度不足时宜用栅栏分隔。车行道的导向带位于分隔带与车行道间，诱导驾驶员视线，且可作为侧向余宽。

2. 设交通岛

为控制车辆行驶位置和保护行人安全，于车道之间，在行人过街横道设安全岛，用分车岛把两股车流分开，用导流岛将车流导向一定的行进线路。

3. 设行人横道

在车流与人流均较多的路口，为确保安全，需要从时间上将两者分开，这就必须设置人行横道，给行人以优先通行权。从空间上分开时可设过街天桥、地道。

4. 设防眩设施

在汽车专用路侧或中央分隔带上，设置防眩设施，主要有防眩网、防眩栅、防眩板。

5. 设置道路标志

道路标志设置可以保障交通秩序，提高运输效率和减少交通事故，可使司机熟悉路况，对可能发生危险的地段提醒注意，使司机及早采取措施，避免事故发生。

交通标志是交通管理的重要手段，是静态的交通控制，道路标志有指路标志、警告标志、禁令标志、指示标志。指路标志是表示省、市等行政区划分的分界，指出前方的地名或其他名胜古迹等的位置和距离，预告和提示高速公路或一级公路中途出入口，沿途服务设施以及必要的导向等；指示标志是指示车辆、行人行进或停止的标志；警告标志是警告驾驶人员注意公路急弯、陡坡、交叉道口以及影响行车安全的地点标志；禁令标志是禁止或限制车辆、行人通行的标志。

6. 路面标线

在铺砌完了的路面上，必要处必须画上标线。标线和道路标志同样是为整理交通流并进行诱导限制的设施。路面标记有行车道中心线、车道境界线、车道外侧线、导流标线、交叉路口附近标线等。此外，在交通安全方面，又有竖面标记，其一部分或全部设置在道路外侧。竖面标记主要在需要车辆变更前进方向的构造物、在道路外使路侧空间变小和当车辆驶出路外时有冲撞危险的构造物前面表示（见图 7－11）。

7. 交通信号

随交通量增大，多数平面交叉口必须用信号指挥交通，即用信号灯来控制，这可以大大减少交叉口事故。一般有人工控制式、定周期式信号机、交通感应式信号机以及从面上控制各交叉口的红绿灯开放时间，最大

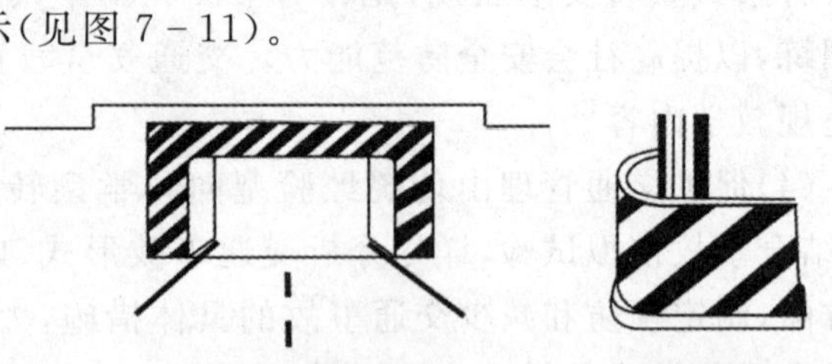

图 7－11　竖面标记例

限度提高交叉口通行能力以及减少交通事故的联动信号系统。

8. 变向车道

在晚早高峰小时车流流向有明显变化的次要路段，可按时间规定往复变向，将若干条车道在一定时间内专供某一方向行驶，以提高道路通行能力，减少拥挤，提高安全性。

9. 单向交通

实行单向交通可以减少交叉口的冲突点，减少交通事故，提高区间车速和通行能力。

10. 建立交通信息系统

交通信息也称交通情报，公安与管理部门为保证行驶于汽车专用道或城市主干道上车辆的安全、迅速，应及时向司机报道道路交通阻塞情况、天气情况、前方道路施工或临时的交通管制的情况，以便驾驶员及时改变对策。

11. 视线诱导标志

公路线形、路面宽度变化处等，应设置反光性视线诱导标志，交通量大的国道上在照明不充分的情况下，应在路口侧或中央分隔带每隔 50m 设白色或黄色直径为 70～100mm 圆形反光标，其支柱高为 90～120mm。

复习思考题

7.1　为什么要重视交通事故的分析研究？交通事故发生的原因是什么？应采取什么措施来降低事故发生率？

7.2　交通事故调查的目的是什么？要调查哪些内容？调查中应注意哪些问题？

7.3　在交通事故原因分析中要考虑哪些因素？这些因素具体表现在哪些方面？

7.4　衡量交通事故的指标有哪些？各有什么优缺点？

7.5　分析交通事故的方法有哪些？

7.6　交通安全措施有哪几种？对于我国目前的交通状况，你认为在道路工程、设施、管理、安全措施等方面各应采取哪些必要措施？

7.7　常用事故多发地点评定方法有哪些？

习　题

7.1　某交叉口每年发生交通事故 12 起，死亡 6 人，而该交叉口日交通量平均为 5800 辆。问：年事故率和死亡率各是多少？（按每百万辆车计算）

7.2　某公路路段上，每年发生交通事故 36 起，死亡 10 人，路段长 20km，日交通量平均为 4500 辆。问：年事故率和死亡率各是多少？（按 1 亿车公里计算）

7.3　某三级公路长 20km，日交通量平均 2000 辆，年事故率为 110 起/亿车公里，年死亡率为 34 人/亿车公里。如果将这条公路改建成一级公路，通车里程可减至 15km，日交通量平均可达 4500 辆，年事故率和死亡率分别可降至 24 起/亿车公里和 8 人/亿车公里。问：改建后这条公路可减少多少起交通事故？每年可少死亡多少人？

8 城市道路交通管理

8.1 道路交通管理目的、分类及管理策略

一、道路交通管理目的

道路交通是社会活动、经济活动的纽带和动脉，对城市及区域经济发展和人民生活水平的提高起着极其重要的作用。近几年来，随着人口的增长、国民经济的高速发展以及城市化进程的推进，道路交通需求量急剧增长，全国范围内的大中城市及沿海地区公路网都基本上出现了严重的交通阻塞现象。在我国，出现道路交通全面紧张的主要原因有两个方面：

(1)道路交通基础设施建设速度远远跟不上交通需求增长速度，道路交通设施运输能力不能满足交通需求而造成交通阻塞。

改革开放 40 多年来，国民经济高速发展，交通需求量的增长基本上与国民经济的增长同步，机动车的年平均增长率达 15%左右，而道路交通量的年平均增长率超过了 15%。另一方面，40 多年来尽管国家在道路交通基础设施建设方面投入了大量的财力、物力，但由于交通设施的建设周期较长，投入资金巨大，其建设速度十分缓慢，全国道路里程的年平均增长率小于 5%。交通设施建设速度远远落后于交通需求增长速度，是造成我国道路交通全面紧张的主要原因。

(2)道路交通管理设施落后，管理水平不高，道路交通结构不合理，现有道路交通设施的运输能力得不到充分利用而加重了交通阻塞。

我国国内经济发展很不平衡，沿海城市较内地城市发展要快，许多城市已初步建成了较完善的道路网络系统，但由于我国大多数城市交通管理设施落后，管理水平不高，加上人们的现代交通意识淡薄，控制观念不强，交通秩序较混乱，严重影响了已有道路通行能力的充分利用。同时我国城市交通方式结构极不合理，居民出行中占用路面面积较大(人均占用路面 3.75m^2)的自行车出行占主体，而占用路面面积最小(人均占用路面 1m^2)的公交车出行所占比例很小，如南京、郑州、合肥等城市，自行车出行占 50%～60%，公交出行量只占 5%～10%。这种极不合理的交通结构，致使我国道路交通网络运输效率很低。因此交通管理不善是造成我国城市交通全面紧张的另一主要原因。

一般来说，解决道路交通拥挤的办法是降低道路交通负荷度，使道路通行能力能适应交通流的要求，降低交通负荷可通过三条途径去实现。

一是道路交通建设。提高交通网络交通容量，以达到降低交通负荷的目的。通过道路

建设解决交通问题往往是人们首选的措施，但是道路交通建设投资巨大（如新建城市干道需花费 0.5～1.0 亿元/km，修建地铁需花费 4.0～8.0 亿元/km），建设周期很长。并且当城市道路网络基本完善后，再建路能产生的网络运输效益已经很低，相反会刺激原来被压抑的交通需求的产生，著名的当斯定律（Downs Law）就非常形象地说明了这个问题。

二是交通需求管理。通过控制、限制、禁止某些交通方式的出行，减少出行量，以达到降低道路交通负荷的目的。

三是交通系统管理。通过一系列的交通规则、交通设施控制交通流量使交通流在时间上分布趋于均匀，在空间上分布趋于均匀，有效地避开交通阻塞时刻及阻塞地段提高网络运输效率。

与建设道路相比，通过科学的交通管理手段提高道路交通网络的运输效率，缓解道路交通紧张局面，投入少、见效快，更具有现实意义。

二、道路交通管理分类

道路交通管理分行政管理及技术管理两大类，当然它们的目标都是一致的，均是维护道路交通运行秩序、优化道路空间利用、提高网络运输效率、缓解交通紧张局面。

道路交通系统的行政管理是从行业、行政体系角度实施的一种管理办法，主要包括：交通法规制订与执法、驾驶员的管理（含培训、发执照、考核、审验等）、车辆管理（含车辆牌证、车辆转户、报废、年检等）、道路管理（含道路通行秩序、路边施工管理、违章占道清除等）、交通事故处理（现场勘测、保护，事故认定、处罚等）。

道路交通系统的技术管理是从技术角度实施的一种管理办法，它又分交通需求管理（Traffic Demand Management，TDM）及交通系统管理（Traffic System Management，TSM）两种模式。

交通需求管理是一种政策性管理，它的管理对象主要是交通源，通过对交通源的政策性管理影响交通结构、削减交通需求总量，达到减少道路交通流量的目的，缓解交通紧张状态。

交通系统管理是一种技术性管理，它的管理对象主要是交通流，通过对交通流的管制及合理引导，引起交通流在时间上、空间上的重分布，均匀交通负荷，提高道路网络系统的运输效率，缓解交通压力。

三、交通需求管理策略

交通需求管理是通过一系列的政策措施来降低出行需求量、优化交通结构的管理模式。根据我国国情及发达国家的经验，可采用以下几类交通需求管理策略：

1. 优先发展策略

在城市道路交通的各种出行方式中，不同交通方式的道路空间占用要求、环境污染程度、能源消耗量有较大的差异，优先发展策略就是对某些道路空间占用要求少、环境污染低、能源消耗小的交通方式实行优先发展，并根据城市道路交通网络、能源储备及环境控制的实际情况，制订优先发展的实施措施。

在我国最需优先发展的交通方式是公共交通，因为公共交通的人均占用道路面积最少、人均污染指标最低、人均消耗能源最少。目前，国内正在开展城市公共交通优先发展保障体系的研究，从政策措施、技术措施等方面保障公交的优先发展。

发达国家除了采用公交优先发展的措施外，还采用多占位车辆（HOV）优先，即乘带多名乘客（2 人以上）的小汽车在交叉口、收费口、通道享有优先通行权，有的城市设置了 HOV 专用车道，鼓励驾车人员多带乘客来减少道路上的小汽车数量。

2. 限制发展策略

当道路交通网络总体交通负荷达到一定水平时，交通拥挤现象就会加重，这时必须对某一些交通工具实施限制发展（或控制发展），以防止交通状况的进一步恶化。通常被限制发展的是那些交通运输效率低、污染大、能耗高的交通工具。

哪类交通工具应该被限制发展以及限制程度，应根据道路交通网络的发展水平、负荷水平、已有的交通结构及各类交通工具的拥有量与出行特征确定，通过优先发展策略及限制发展策略的综合应用来调整整个城市的交通结构，并使之优化提高交通网络的运输效率。

与优先发展策略不同的是，采用限制发展策略会有一定的负面影响。因此在限制发展策略实施前，必须对此策略可能造成的正面效益及负面效益做细致的分析及定量化评价。

3. 禁止出行策略

当某些大城市、特大城市的道路网络总体负荷水平接近饱和或局部区域内超饱和时，就应该采用暂时或较长一段时间内禁止某些交通工具在某些区域内出行的管理策略。

禁止出行策略一般为临时性的管理策略。在我国常用的禁止出行策略有：某些重要通道或某些区域（甚至是全市）的车辆单双号通行（单号日禁止车牌尾数为双号的车辆通行、双号日禁止尾数为单号的车辆通行）、某些路段或交叉口转向在某些时段（通常为高峰小时，有的甚至是全天）对某种交通工具实施禁止通行等。

与限制发展策略一样禁止出行策略有一定的副作用，这类策略实施以前必须进行“事前事后”效果的定量化评价。

4. 经济杠杆策略

经济杠杆策略是一种介于无管理与禁止出行策略之间的柔性较大的管理策略，是一种通过经济杠杆来调整出行分布或减少出行需求量的管理措施。如通过收取市中心高额停车费来减少市中心区的车辆交通量；收取某些交通工具的附加费来减少这些交通工具的出行量；某些重要通道过分拥挤时可通过收取通行费（也称拥挤费）来调节交通量；对鼓励发展的交通方式收低价、对限制发展的交通方式收高价等来调整交通结构。

经济杠杆策略实施前，应对“收费额度”对调节交通量的影响做定量分析，以便确定最佳“费额”。

四、交通系统管理策略

交通系统管理是通过一系列的交通规则或硬件管制来调整、均衡交通流时空分布，提高交通网络运输效率的管理模式。根据我国国情及发达国家的经验，可采用以下几类交通系统管理策略：

1. 节点交通管理策略

节点交通管理是指以交通节点（往往是交叉口）为管理范围，通过采取一系列的管理规则及硬件设备控制来优化利用交通节点时空资源，提高交通节点通过能力的交通管理措施。节点交通管理是城市交通系统管理中的最基本形式，也是干线交通管理、区域交通管理的基础。在我国目前常采用的节点管理方式如下：

(1)交叉口控制方式

目前我国城市道路网络中，常采用的交叉口控制方式有信号控制交叉口、无控制交叉口、环形交叉口、立体交叉口等形式。由于立体交叉口占地较大，较多情况下设置在城市边缘地区(城市出入口道路与环城公路交叉处)或城市快速道路与其他干道交叉处，城市内部的交通节点绝大部分为前三类平面交叉口。

(2)交叉口管理方式

在城市交通网络中由于交叉口的某行车方向车流平均通行时间不足50%(路段为100%)，交叉口是交通网络的“瓶颈口”。因此，提高交叉口的通行能力，使之与路段通行能力相协调，以此提高全网络运输效率。通常采用的交叉口管理方式有：①进口拓宽，增加交叉口进口车道数，提高交叉口在单位时间的通行能力来弥补通行时间的不足。②进口渠化，根据交通量及转向流量大小设置不同转向的专用进口道，优化利用交叉口空间及通行时间。③信号配时优化，根据交叉口交通量、转向流量大小优化信号灯配时，使有限的绿灯时间放行尽可能多的车辆数。

(3)交叉口转向限制

由于在交叉口存在转向交通行为，交叉口的交通状况要比路段复杂得多，交通流冲突点的存在使交叉口通行能力大大降低。在各转向车流中左转车流引起的车流冲突点最多，在四路交叉口禁止左转后车流冲突点数能从原来的16个减少到4个，交通状况能大大改善。因此，在交通流量较大的交叉口，可采用定时段(高峰小时)或全天(全交叉口或某一些进口)禁止左转的管理措施，以提高交叉口通行能力。

2. 干线交通管理策略

干线交通管理是指以某条交通干线为管理范围而采取一系列管理措施来优化利用交通干线时空资源，提高交通干线运行效率的交通管理方法。

干线交通管理不同于节点交通管理，它以干线交通运输效率最大为管理目标。干线交通管理应以道路网络布局为基础，并根据道路功能确定干线交通管理的方式。在我国常用的干线交通管理方式有单行线、公共交通专用线、货运禁止线、自行车专用线(或禁止线)、“绿波”交通线等。

3. 区域交通管理策略

区域交通管理是城市交通系统管理的最高形式，它以全区域所有车辆的运输效率最大(总延误最小、停车次数最少、总体出行时同最短等)为管理目标。区域交通管理是一种现代化的交通管理模式，它需要以城市交通信息系统作为基础，以通信技术、控制技术、计算机技术作为技术支撑。目前区域交通管理有两类形式：

(1)区域信号控制系统

这种系统20世纪80年代开始在英美等国应用，后来得到了不断发展有定时脱机式区域信号控制系统(如TRANSYT)、响应式联机信号控制系统(如SCOOT、SCATS)两种控制模式。我国有些大城市已开始引进这两种区域控制系统。

(2)智能化区域管理系统

智能化区域管理系统是智能化交通系统(ITS)的主体部分,20 世纪 90 年代初欧美发达国家开始进行研究,目前尚处于开发阶段,离推广应用还有一段距离。其中车辆线路诱导系统已在部分发达国家试运行,而智能化车辆卫星导航技术,一些发达国家正在研制中。

8.2 道路交通法规、标志、标线

一、交通法规

1. 交通法规的意义

道路交通法规是国家在道路交通管理方面制定的文件、章程、条例、法律、规则、规定和技术标准等的总称,是国家行政法规的一部分,其目的在于维护交通秩序,保障交通畅通和车辆、行人的安全,协调人、车、路与环境相互之间关系,也是实行交通管理控制进行交通宣传和安全教育的依据,一切参与道路交通活动的部门、单位、车辆、机器和个人都必须切实遵守。违反交通法规、造成交通事故者应视情节轻重,损失大小依法给予处分,甚至追究刑事责任,在一定意义上具有法律性、强制性、社会性和适应性。

2. 交通法规的内容

我国的道路交通法规,主要有以下四个方面内容:

(1)各种车辆与驾乘人员的管理;

(2)道路交通秩序的管理;

(3)对交通违章和肇事人员的处理;

(4)重要交通设施的维护与管理。

二、道路交通标志

1. 道路交通标志制定的依据

道路交通标志是用图案、符号或文字对交通进行指示、导向、警告、控制和限定的一种道路交通管理的设施,一般设在路旁或悬挂在道路的上方,使交通参与者获得确切的道路交通情报,从而达到交通的安全、迅速、低公害与节约能源的目的。交通标志还要使交通参与者在很短的时间内就能看到、认识并完全明白它的含义,从而能够采取正确的措施。因此,交通标志必须具有较高的显示性、良好的易读性(能很快地视认并完全理解)和广泛的公认性(各方面人士都能看懂),为了要获得这样的效果,很多国家进行了大量研究和实践,认为应作三方面选择,或称标志的三要素:

(1)颜色

从光学角度讲,不同的颜色有不同的光学特性(对比、前进、后退、视认),从心理学角度讲会产生不同心理感受和不同的联想,因此不同的颜色会产生不同的心理反应。

红色,为前进色,视认性好,使人有产生血与火的联想,有兴奋、刺激和危险之感,在交通标志上常用以表示约束、禁令、停止和紧急之意。

黄色,亦为前进色,较红色的明度更高,能引起人们注意,有警告警戒之意,标志上多用以表达警告、禁令、注意之意。

绿色，是后退色，视认性不高，有恬静、和平、安全之感，在交通标志上常用于表示安全、静适、可以通行之意。

蓝色，为后退色，注目性与视认性均不高，但有沉静、安宁之意，适于用作指示导向标志。

白色，明度与反射率较高，对比性强，适宜用作交通标志的底色。

(2)形状

对交通标志的形状在国外已有深入的研究，视认性与显示性是否良好与标志的形状有重要关系。面积相同时不同形状标志的易识别程度大小的顺序为三角形、菱形、正方形、正五边形、圆形等。

(3)符号

用于表示标志的具体含义，应简单明了，避免文字、叙述、意思繁杂，而力求明白肯定，扼要易认、直观确切。

2. 道路交通标志的意义和种类

(1)交通标志的意义

道路交通标志，是用图形、符号、文字、特定的颜色和几何形状，向交通参与者预示前方道路的情况，表示交通管理的指令与交通设施的状况，是道路交通法规的组成部分与交通管理的重要手段。在公路与城市道路交通管理工作中占有重要的地位，被人们称之为不下岗的“交警”。

(2)道路交通标志种类

我国从2009年7月1日起实施新的道路交通管理条例，规定道路交通标志(GB 5768.2—2009)分为主标志和辅助标志两大类，主标志就其含义不同分为下列四类。

① 警告标志：是警告车辆、行人注意道路前方危险的标志，计有30种，42个图式，其形状为顶角朝上的等边三角形，颜色为黄底、黑边、黑色图案。图8-1为警告标志示例。

图8-1 警告标志示例

② 禁令标志：是禁止或限制车辆、行人某种交通行为的标志，计有36种，42个图式，其形状分为圆形或顶角朝下的等边三角形，其颜色多为白底、红圈、红杠、黑图案。图8-2为禁令标志示例。

图8-2 禁令标志示例

③ 指示标志:是指示车辆、行人前进方向或停止鸣喇叭以及转向的标志,计有 17 种,29 个图式,其形状分为圆形、长方形和正方形,其颜色为蓝底、白色图案。图 8-3 为指示标志示例。

向右转弯　　人行横道　　允许掉头　　单行道

图 8-3　指示标志示例

④ 指路标志:是传递道路前进方向、地点、距离信息的标志,按用途的不同又分为地名标志,著名地名标志,分界标志,方向、地点、距离标志等,计 59 个图式,其形状多为正方形、长方形,一般多为蓝色底、白色图案,高速公路则为绿色底、白色图案。图 8-4 为指路标志示例。

图 8-4　指路标志示例

⑤ 辅助标志:是附设在主标志下起辅助作用的标志。它不能单独设置与使用,按用途不同分为表示时间、车辆种类、区域与距离、警告与禁令及组合辅助理由等五种。其形状为长方形,颜色为白底、绿字绿边框。

此外还有可变信息标志,将道路状况,如水毁、塌方、堆雪、交通状况、事故、气候变化等多种信息通过科技手段储存在某一情报或标志牌上,亦可根据道路检测情况及时把信息显示出来,传达给车辆驾乘人员和行人,使其能及时采取正确有力的交通行为。

3. 道路交通标志的尺寸和视认距离

标志牌的大小尺寸应以能保证司机在一定视距内能方便、清晰地识别标志上的图案、符号与文字,故符号、文字的大小必须满足认视距离的要求。认读一般有五个阶段:①发现,在视野内觉察有交通标志,但看不清楚标志的形状;②识别,只能认识标志外形轮廓,看不清牌上的内容;③认读,除看清标志外形还能看清牌上内容;④理解,在认读的基础上,理解标志含义并做出判断；⑤行动，根据判断采取行动，如加速、减速、转弯或停车等。

在此五个阶段的全过程中汽车行驶的距离称之为视认距离或视距。

视认距离同行车速度与标志大小有关，根据实际试验，车速越高则视认距离越短，不同行车速度或不同等级的道路所要求的视认距离不同，为了能在较远的距离能视认清标志的内容，就必须相应地加大标志尺寸。同时因字体的不同、笔画的多少或粗细也会影响视认的距离。

在我国，指示、警告、禁令三种标志的外廓尺寸按计算行车速度分两种情况计算。计算行车速度大于等于 80km/h 的道路上（高速公路、一级公路及平原微丘的二级公路），外形尺寸取：圆形直径 100cm，正方形边长 100cm，矩形长宽 120cm×100cm。计算行车速度小于 80km/h 的道路（一般性公路、城市道路）上，外形尺寸取：圆形直径 70cm，正方形边长 70cm，矩形长度 70cm、宽度 100cm。

三、道路交通标线

道路交通标线是用不同颜色、线条、符号、箭头、文字、立面标记、突起路标和路边轮廓标线等所组成，常敷设或漆画于路面及构造物上，作为一种交通管理设施，起引导交通与保障交通安全的作用，可同标志配合使用亦可单独使用，是道路交通法规的组成部分之一，具有强制性、服务性和诱导性。在道路交通管理中占有重要地位，对高速、快速、城市干道及一、二级公路均须按国家规定设置交通标线。

1. 道路交通标线的分类

2009 年 7 月 1 日实施的《道路交通标志和标线》（GB 5768.2—2009）把道路交通标线按其功能分为三类。

（1）指示标线：指示车行道、行车方向、路面边缘、人行道等设施的标线。

（2）禁止标线：告示道路交通的遵行、禁止、限制等特殊规定，车辆驾驶员及行人需严格遵守的标线。

（3）警告标线：促使车辆驾驶员及行人了解道路上的特殊情况，提高警觉，准备防范或采取应变措施的标线。

道路交通标线按形态又可分为四类：线条、字符标记、突起路标、路边线轮廓标线。

2. 道路交通标线的标划

道路交通标线的标划区分如下：

（1）白色虚线：划于路段时，用以分隔同向行驶的交通流或作为行车安全距离识别线；划于路口时，用作引导车辆行进。

（2）白色实线：划于路段时，用以分隔同向行驶的机动车和非机动车，或指示车行道的边缘；设于路口时，可用作导向车道线或停止线。

（3）黄色虚线：划于路段时，用以分隔对向行驶的交通流；划于路侧或缘石上时，用于禁止车辆长时间在路边停放。

（4）黄色实线：划于路段时，用以分隔对向行驶的交通流；划于路侧或缘石上时，用以禁止车辆长时间或临时在路边停放。

（5）双白虚线：划于路口时，作为减速让行线；划于路段时，作为行车方向随时间改变的可变车道线。

(6)双黄实线:划于路段时,用以分隔对向行驶的交通流。

(7)黄色虚实线:划于路段时,用以分隔对向行驶的交通流。黄色实线一侧禁止车辆超车、跨越或回转,黄色虚线一侧在保证安全的情况下准许车辆超车、跨越或回转。

(8)双白实线:划于路口时,作为停车让行线。

8.3 平面交叉口交通管理

一、平面交叉口交通管理的主要目的

城市道路平面交叉口交通管理是城市交通系统管理(TSM)中最基本、最简单的形式,平面交叉口交通管理的主要目的如下:

1. 减少冲突点

交叉口交通安全的根本是减少冲突点,可采用单行线、禁止左转弯等方法。

2. 控制相对速度

可采用严格控制车辆进入交叉口的速度;对于右转弯或左转弯应严格控制其合流角,以小于30°为佳;必要时可设置一些隔离设施(如隔离墩或导向岛等)用以减小合流角等方法。

3. 重交通流和公共交通优先

重交通流是指较大交通流量的交通流(干道或主干道上的交通流)。重交通流通过交叉口应给予优先权。其方法是在轻交通流方向(支路)上设置让路标志,或是延长在重交通流方向上的绿灯时间。对公共交通也可采取类似优先控制的方式。

4. 分离冲突点和减小冲突区

交叉口上的交通流是复杂的,各种车辆在合流与分流的过程中所产生的车辆交叉运行,有的路径太接近甚至重叠,有的偏离过大,导致交叉口上冲突点增多和冲突区扩大,安全性大大降低。此时运用分离冲突点和减小冲突区的原则能收到较好效果。

5. 选取最佳周期提高绿灯利用率

在有固定周期自动交通信号机的交叉口处,应对各方向的交通流常做调查,根据流量大小计算最佳周期和绿信比,以提高绿灯利用率,减少车辆在交叉口的延误。

二、平面交叉口的通行能力及延误

不同类型交叉口有不同的通行能力及不同的延误特征。图8-5为三类平面交叉口的延误-流量关系图。

由图8-5可见,小流量时无控制交叉口的延误最低,大流量时信号交叉口的延误最小,环形交叉口居中。一般情况下,各类交叉口的通行能力为信号交叉口>环形交叉口>无控制交叉口。为减少交叉口车辆延误并满足通行能力要求,小流量交叉口宜采用无控制形式,较大流量交叉口宜采用信号控制形式,环形交叉口只用于某些特殊情况(如城市入口处设置环形交叉口用于调整入城车辆速度、市区设置环形交叉口用于美化景观等)。

平面交叉口也可以按有无信号灯控制分成信号控制交叉口及无信号控制交叉口两类，信号交叉口的交通管理技术在本章第 6 节中讨论，这里仅讨论无信号控制交叉口的常规交通管理技术。

无信号控制交叉口又可分为全无控制交叉口及优先权交叉口两类。

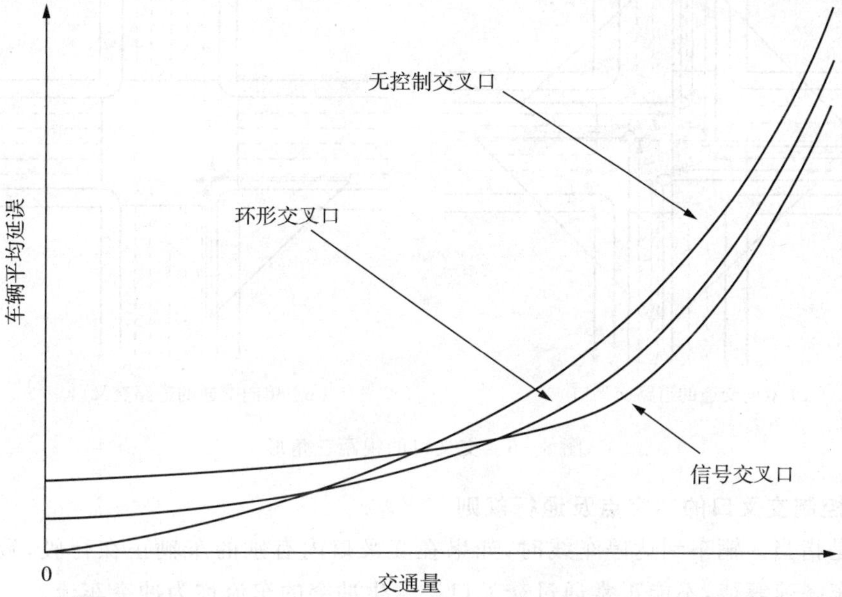

图 8-5　平面交叉口延误-流量关系曲线

三、全无控制交叉口交通管理

全无控制交叉口是指具有相同或基本相同地位，从而具有同等通行权的两条相交道路，因其流量较小，在交叉口上不采取任何管理手段的交叉口。

1. 交叉口视距三角形

无控制交叉口通常没有明确的停车线，当车辆到达交叉口时，驾驶员将在距冲突点一定距离处做出决策，或减速让路，或直接通过。驾驶员所做出的决策很大程度上取决于交叉口上的视距，故无控制交叉口的交通安全是靠交叉口上良好的视距来保证的。视距三角形常被用来分析交叉口上视距是否足够的一种图解分析方法(见图 8-6)。

视距三角形中的直角边L_S用下式计算：

$$L_s = 0.28V \cdot t + \frac{0.004\,V^2}{\varphi \pm i} + L_0 \qquad (8-1)$$

式中，L_s——交叉口引道上的车辆驾驶员从感到危险时刻起到做出刹车反应，直到车辆停止不致发生冲突为止的距离(m)；

V——行驶车速(km/h)；

t——驾驶员反应时间(s)，一般取 1s；

L_0——停车后的安全距离(m)，一般取 2m；

φ——车轮与路面的附着系数；

i——道路纵坡。

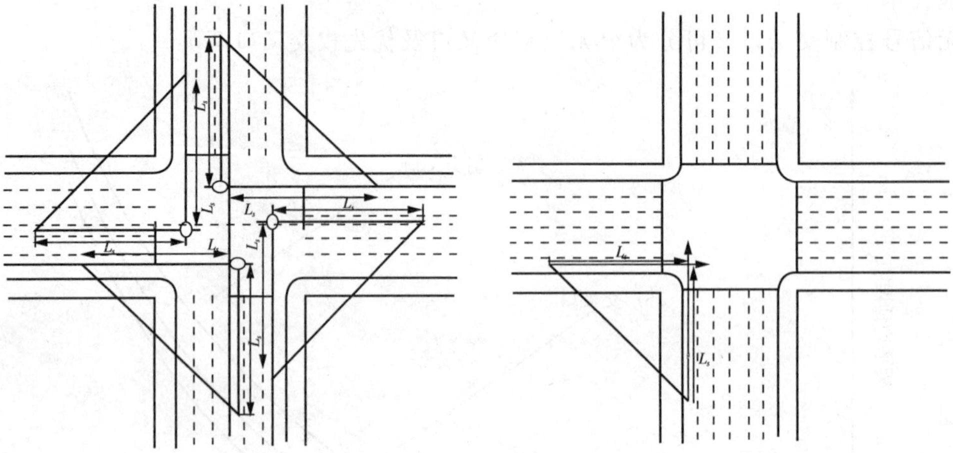

（a）双向交通的道路交叉口　　（b）单向交通的道路交叉口

图 8-6　交叉口的视距三角形

2. 无控制交叉口的冲突点及通行规则

冲突是指当一辆车到达停车线时，如果在交叉口内有别的车辆正在行驶，致使到达停车线的该车减速等待，不能正常通过交叉口。发生冲突的车流称为冲突车流。

由于交叉口存在许多冲突点，使得有些相互冲突的车流车辆不能同时通过交叉口，因此，需要有一个通行规则，确定各入口车辆以怎样的次序进入交叉口。

若相交道路不分主次及不考虑优先，则先到达交叉口的车辆应先通过是理所当然的，但实际并非如此简单。根据《中华人民共和国交通安全法实施条例》第五十二条规定："机动车通过没有交通信号或交通标志控制的交叉路口，应当遵守下列规定：(一)有交通标志、标线控制的，让优先通行的一方先行；(二)没有交通标志、标线控制的，在进入路口前停车瞭望，让右方道路的来车先行；(三)转弯的机动车让直行的车辆先行；(四)相对方向行驶的右转弯机动车让左转弯的车辆先行。"

3. 无控制交叉口的适应交通量

无控制交叉口的冲突交通量随着交叉口流量的增大而增加，当总流量对两相交道路的分配不同时，冲突数就明显不同。两相交道路流量差越大，冲突数就越小；当两条道路流量相同时，冲突数达到最大。交叉口总流量增加到一定程度，将造成交叉口内的车辆行驶混乱，事故频升。鉴于安全性考虑，此时应把无控制交叉口改为有控制交叉口，如设置信号灯。确定无控制交叉口设置信号灯的流量称为临界流量。临界流量主要是通过对无控制和信号控制这两种交叉口的冲突数进行计算比较来确定的，我国的理论研究与实际观测都表明：

(1)当次路流量＞150 辆/h 时，则临界流量Q_c＝400～500 辆/h；

(2)当次路流量≤150 辆/h 时，则临界流量Q_c＝700 辆/h；因此，无控制交叉口适应交通量一般不超过 800 辆/h。

四、优先控制交叉口交通管理

无控制交叉口的延误是较小的，即使流量增加，延误增加也有限(除非发生了交通阻塞)，理论和实测都表明了这一点。但鉴于安全性考虑，使得无控制交叉口在低流量时就要求加以管制。由于从无控制变为信号灯控制，交叉口延误将明显增加，因此必须考虑一种过渡的控制形式。它既能解决安全性问题，且延误又不至于增加许多，优先控制就能满足这种要求。优先控制可分为停车标志控制和可不停车(减速)的让路标志控制。

1. 停车标志控制

相交的两条道路中，常将交通量大的道路称主路或干路，小的称次路或支路(包括胡同和里弄)。规定主路车辆通过交叉口有优先通行权，次路车辆必须让主路车辆先行，这种控制方式称为优先控制。停车标志控制按相交道路条件的不同分有单向停车控制和多向停车控制。

(1)单向停车控制

单向停车控制简称单向停车或两路停车，指的是进入交叉口的次路车辆必须在停止线以外停车瞭望，确认安全后，才准许通行。这种控制在次路进口处画有明显的停车交通标志，相应地在次路进口右侧设有停车交通标志，同时次路进口处的路面上写有非常醒目的“停”字。

(2)多向停车控制

多向停车又称多路停车。各路车辆进入交叉口均需先停车后再通过，其中四路停车较多。其标志设在交叉口所有入口右侧。

2. 让路标志控制

让路控制交叉口又称减速让行控制，是指进入交叉口的次路车辆，不一定需要停车等候，但必须放慢车速瞭望观察，让主路车辆优先通行，寻找可穿越或汇入主路车流的安全“空隙”机会通过交叉口。让路控制与停车控制差别在于后者对停车有强制性。

让路控制一般用在与交通量不太大的主次路相交的次路路口，其标志和标识的设置位置与单向停车控制相同。环形交叉口的进口处，实质上就是采用让路控制。

环形交叉口的进口处，实质上就是采用让路控制。

五、平面交叉口控制方式的选择

平面交叉口的设置必须满足道路功能、适应交通流量及交通安全三方面的要求，因此，平面交叉口控制方式选择也必须从这三个方面考虑。

1. 按照道路分类选择

道路一般分成三类：主干路、次干路和支路，根据相交道路的情况，可按表 8-1 选择交叉口及其管制的方式。

表 8-1 按交叉道路类型选择交通管制方式

交叉口类型	建议的管制方式	交叉口类型	建议的管制方式
主干路与主干路	信号灯	次干路与次干路	信号灯，多向停车，单向停车或让路
主干路与次干路	信号灯，多向停车或单向停车	次干路与支路	单向停车或让路
主干路与支路	单向停车	支路与支路	单向停车，让路或不设管制

2. 按照交通流和交通事故选择

根据调查交叉口各相交道路车流量、发生交通事故次数、行人稠密程度以及今后的发展趋势等资料，按表 8－2 选择。

表 8－2　按车流量和交通事故次数选择交通管制方式

项目			管制方式				
			不设管制	让路	单向停车	全向停车	信号灯
车流量	主要道路	辆/h	—	—	—	300	600
	次要道路	辆/h	—	—	—	200	200
	合计	辆/h	100	100～300	300	500	800
		辆/d	≤1000	＜3000	≥3000	5000	8000
每年直角碰撞事故次数			＜3	≥3	≥3	≥5	≥5
其他因素			—	—	—	—	行人，间隙，信号灯联动等

8.4　道路交通信号控制

一、道路交通信号控制的目的与控制分类

1. 道路交叉口设置交通信号控制系统的目的

(1)在时间上隔离不同方向的车流，控制车流运行秩序，并获得最大的交通安全；

(2)使在平面交叉的道路网络上人和物的运输达到最高效率，其效率往往用通行能力、延误及停车次数三项指标来衡量；

(3)为道路使用者提供必要的情报，帮助他们有效地使用交通设施。

2. 城市道路交通信号控制系统类型

按其管理范围可分以下三种类型：

(1)单点交叉口交通信号控制；

(2)干道交通信号协调控制；

(3)区域交通信号系统控制。

二、单点交叉口交通信号控制

单点交叉口交通信号控制简称“点控制”，它以单个交叉口为控制对象，它是交通信号灯控制的最基本形式。点控制又可分为两类：固定周期信号控制及感应式信号控制。

1. 固定周期信号控制

固定周期信号控制是最基本的交叉口信号控制方式，这种控制方式设备简单、投资最省、维护方便，同时，这种信号控制机还可以升级，与邻近信号灯联机后上升为干线控制或区域控制。

(1)控制原理

按事先设计好的控制程序，在每个方向上通过红、绿、黄三色灯循环显示，指挥交通流，在时间上实施隔离。交通规则规定：红灯——停止通行，绿灯——放行，黄灯——清尾，即允许已过停车线的车辆继续通行，通过交叉口。

(2)信号相位方案

信号相位方案即信号灯轮流给某些方向的车辆或行人分配通行权的一种顺序安排。把每一种控制(即对各进口道不同方向所显示的不同色灯的组合)称为一个信号相位。

一般情况下，信号控制灯多采用两个相位，即二相制，如东西向放行，显绿灯，则南北向禁行，显红灯，这为第一相。第二相时，南北向放行，显绿灯，东西向禁行，显红灯。信号配时方案一般用信号配时图表示，如图 8-7 所示。当左转交通量比较大时，可设置左转专用相位，此时，信号控制灯采用三相制，如图 8-8 所示。

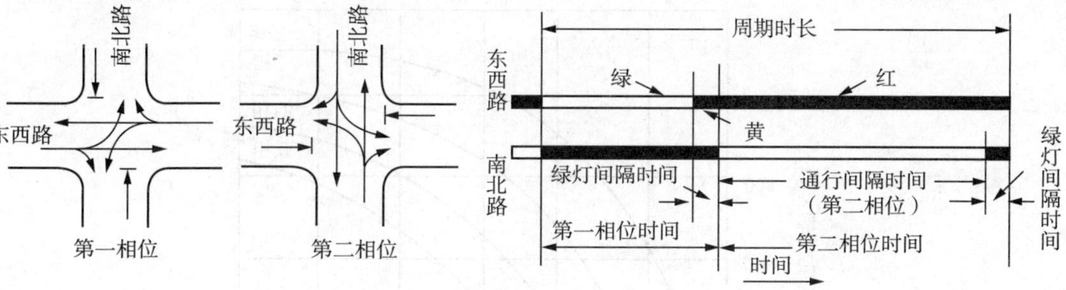

图 8-7　两相位信号及配时图

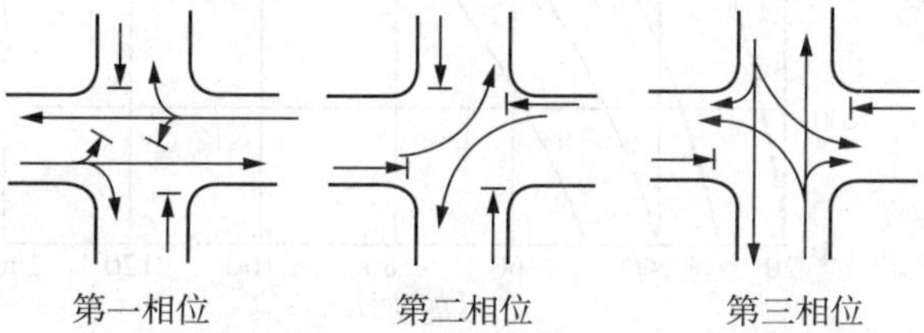

图 8-8　具有左转专用相位的三相方案

(3)固定周期信号灯基本控制参数

① 周期长度

各个行车方向完成一组色灯变换所需的总时间，它等于红灯时间＋绿灯时间＋黄灯时间。

周期长度及红灯、绿灯时间根据交叉口总交通量、两相交道路交通量确定黄灯时间根据交叉口大小确定，一般为 3～4s 在一个较小的时间段内(如 1h)，周期长度及各色灯时间是固定的，但在一天中，周期长度及各色灯时间是可变的。

在根据交通量确定信号灯周期长度时，需将交叉口交通量转换成等效交通量，换算公式为

$$V_e=\frac{V+0.5H+0.6L}{n} \tag{8-2}$$

式中，V_e——等效交通量(辆/h，直行)；

V——交叉口进口实际交通量(辆/h);

H——公交车、货车车辆数(辆/h);

L——左转车车辆数(辆/h);

n——进口有效车道数。

周期长度、相位数、等效交通量之间有以下关系:

$$T=\frac{13330P}{1333-V_e} \tag{8-3}$$

式中,T——周期时间(s);

P——相位数;

V_e——等效交通量。

图 8-9 给出了周期长度、相位数及等效交通量之间的曲线关系。

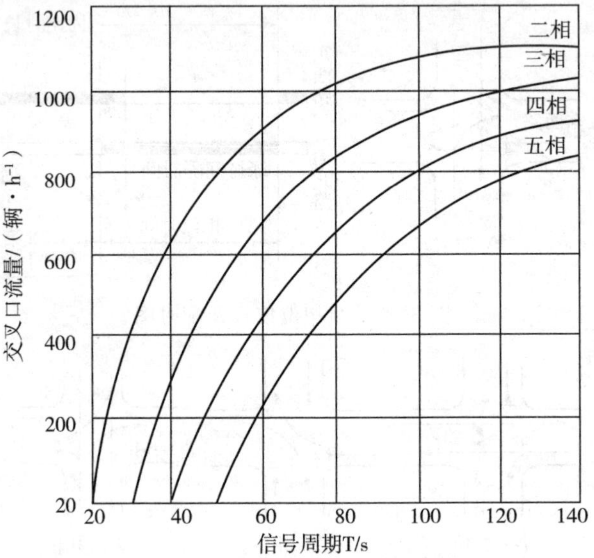

图 8-9 交叉口流量、相位数、周期长度关系图

当同一相位中有多股车流通过交叉口时,应取该相位中等效交通量较大的那股车流作为计算依据,如在十字信号交叉口,采用二相相位,南北向等效交通量为 400 辆/h,北南向等效交通量为 350 辆/h,东西向等效交通量为 370 辆/h,西东向等效交通量为 450 辆/h,则用于周期长度计算的等效交通量应为

$$\begin{aligned}V_e&=\max(\text{南北流量})+\max(\text{东西流量})\\&=\max(400,350)+\max(370,450)\\&=400+450\\&=850\ \text{辆/h}\end{aligned}$$

周期长度为

$$T=\frac{13330\times 2}{1333-850}=55\text{s}$$

② 绿灯时间

当周期长度确定后，便可按相交车流的等效交通量分配给各相位绿灯通行时间。如前例中，周期长度 55s，黄灯时间 3s，总绿灯时间为

$$G = T - 2\times 黄灯时间 = 55 - 6 = 49(\text{s})$$

则南北相位的绿灯时间为

$$G_{1-2} = \frac{400}{850}\times G = 23\text{s}$$

东西相位的绿灯时间为

$$G_{3-4} = \frac{450}{850}\times G = 26\text{s}$$

按以上方法分配的绿灯时间是否能满足车辆放行要求，可用式(8-4)来检验：

$$G_0 = 2.1x + 3.7 \tag{8-4}$$

式中，G_0——某一相位车辆放行所需绿灯时间(s)；

x——周期内的来车数，可查表 8-3 而得。

表 8-3　泊松流平均到达率置信度、周期内来车数关系表

m			x/辆
置信度 95%	置信度 90%	置信度 75%	
	0.0～0.1	0.0～0.2	0
0.0～0.3	0.2～0.5	0.3～0.9	1
0.4～0.8	0.6～1.1	1.0～1.7	2
0.9～1.3	1.2～1.7	1.8～2.5	3
1.4～1.9	1.8～2.4	2.6～3.3	4
2.0～2.6	2.5～3.1	3.4～4.2	5
2.7～3.2	3.2～3.8	4.3～5.0	6
3.3～3.9	3.9～4.6	5.1～5.9	7
4.0～4.6	4.7～5.4	6.0～6.8	8
4.7～5.4	5.5～6.2	6.9～7.7	9
5.5～6.1	6.3～7.0	7.8～8.6	10
6.2～6.9	7.1～7.8	8.7～9.5	11
7.0～7.7	7.9～8.6	9.6～10.4	12
7.8～8.4	8.7～9.4	10.5～11.3	13
8.5～9.2	9.5～10.3	11.4～12.2	14
9.3～10.0	10.4～11.1	12.3～13.1	15

（续表）

m			x/辆
置信度 95%	置信度 90%	置信度 75%	
10.1～10.8	11.2～11.9	13.2～14.0	16
10.9～11.5	12.0～12.8	14.1～14.9	17
11.7～12.4	12.9～13.6	15.0～15.9	18
12.5～13.2	13.7～14.5	16.0～16.9	19
13.3～14.0	14.6～15.3	17.0～17.8	20
14.1～14.9	15.4～16.2	17.9～18.7	21
14.0～15.7	16.3～17.0	18.8～19.5	22
14.8～16.5	17.1～17.9	19.7～20.5	23
16.6～17.4	18.0～18.8	20.6～21.5	24
17.5～18.2	18.9～19.7	21.6～22.4	25
18.3～19.0	19.8～20.6	22.5～23.3	26
19.1～19.9	20.7～21.5	23.4～24.3	27
20.0～20.7	21.6～22.3	24.4～25.2	28

③ 绿信比

绿信比是某一方向通行效率的指标，它等于一个相位内某一方向有效通行时间与周期长度之比。

例 8－1 某交叉口采用二相位信号灯控制，各进口的交通量如表 8－4 所示，试求信号灯周期长度、各相位绿灯时间。

表 8－4 交叉口进口交通量

进口	进口总交通量/(辆·h^{-1})	公交车、货车数/(辆·h^{-1})	左转车数/(辆·h^{-1})	车道数
东	400	20	14	1
南	920	30	80	2
西	540	60	20	1
北	980	40	70	2

解 ① 各进口等效交通量计算：

$$V_{东}=400+20\times0.5+14\times0.6=418.4(辆/h)$$

$$V_{南}=\frac{920+30\times0.5+80\times0.6}{2}=491.5(辆/h)$$

$$V_{西}=540+60\times0.5+20\times0.6=582.0(辆/h)$$

$$V_{北}=\frac{980+40\times0.5+70\times0.6}{2}=521.0(辆/h)$$

② 交叉口等效交通量计算

$$V_e=\max(418.4,582.0)+\max(491.5,521.0)=582+521=1103(\text{辆/h})$$

③ 周期长度计算

$$T=13330\times 2/(1333-1103)=115.9(\text{s})$$

一般取周期长度为 5 的整倍数，故取 $T=120\text{s}$。

④ 绿灯时间计算

取黄灯时间为 4s。

总绿灯时间：

$$G=120-2\times 4=112(\text{s})$$

南北向绿灯时间：

$$G_{南北}=\frac{521}{1103}\times 112=53(\text{s})$$

东西向绿灯时间：

$$G_{东西}=\frac{582}{1103}\times 112=59(\text{s})$$

⑤ 绿灯时间检验(取置信度为 90%)

南北向：

周期内平均来车数 $m_1=521\times 120/3600=17.4$(辆)；

查表得，周期内到车数 $x_1=23$ 辆。

所需绿灯时间：

$$G_1=3.7+2.1x=52.0\text{s}$$

与南北向绿灯时间 53s 基本一致。

东西向：

周期内平均来车数 $m_2=582\times 120/3600=19.4$(辆)；

查表得，周期内到车数 $x_2=25$ 辆。

所需绿灯时间：

$$G_2=3.7+2.1x=56.2\text{s}$$

与东西向绿灯时间 59s 基本相符。

2. 感应式信号控制

(1)控制原理

感应式信号控制没有固定的周期长度，它的工作原理是：在感应式信号控制的进口，均设有车辆到达检测器，一相位起始绿灯，感应信号控制器内设有一个“初始绿灯时间”到初始绿灯时间结束时，如果在一个预先设置的时间间隔内没有后续车辆到达，则变换相位；如果有车辆到达，则绿灯延长，一个预设的“单位绿灯延长时间”只要不断有车到达，绿灯时间可继续延长，直到预设的“最长绿灯时间”时变换相位。

(2)感应式信号灯的基本控制参数

① 初始绿灯时间：给每个相位预先设置的最短绿灯时间，在此时间内，不管有否来车本相位必须绿灯。初始绿灯时间的长短，取决于检测器的位置及检测器到停车线可停放的车辆数。

② 单位绿灯延长时间：它是初始绿灯时间结束后，在一定时间间隔内测得后续车辆时所延长的绿灯时间。

③ 最长绿灯时间：它是为了保持交叉口信号灯具有较佳的绿信比而设置，一般为 30～60s，当某相位的初始绿灯时间加上后来增加的多个单位绿灯延长时间达到最长绿灯时间时，信号机会强行改变相位，让另一方向的车辆通行。

三、干道交通信号协调控制

干道交通信号协调控制系统也简称“线控制”，就是把一条主要干道上一批相邻的交通信号灯联动起来，进行协调控制，以便提高整个干道的通行能力。线控制往往是面控制系统的一种简化形式，控制参数基本相似。根据道路交叉口所采用信号灯控制方式的不同，线控制也可分为干道交通信号定时式协调控制及干道交通信号感应式协调控制两种。其中，以定时式协调控制较为普遍，本节仅介绍此类系统。

1. 干道信号控制系统的基本参数

(1)周期长度

单个交叉口的信号周期长度是根据交叉口交通量来确定的，由于控制系统中有多个交叉口，为了达到系统协调，各交叉口必须采用相同的周期长度。为此，必须先按单个交叉口的信号配时方法，确定每个交叉口的周期长度，然后取最长的作为本系统的公共周期长度，其他交叉口也必须采用这个周期长度。

(2)绿信比

在干道控制系统中，各交叉口的绿信比可根据交叉口的各方向交通量来确定，不一定统一。

(3)相位差

相位差是干道交通信号控制的关键参数。通常相位差有绝对相位差和相对相位差两种。

① 绝对相位差：指各个交叉口信号的绿灯或红灯的起点相对于控制系统中参照交叉口的绿灯或红灯的起点时间差。

② 相对相位差：指相邻两交叉口信号的绿灯或红灯起点的时间差。

2.“绿波交通”——单向交通干道的信号协调控制

所谓“绿波交通”，就是指车流沿某条主干道行进过程中，连续得到一个接一个的绿灯信号，畅通无阻地通过沿途所有交叉口。这种连续绿灯信号“波”是经过沿线各交叉口信号配时精心协调来实现的。完全意义的“绿波交通”只有在单向交通干线上才能实现，实现“绿波”的关键是精确设计相邻交叉口 A 之间的相位差。如图 8-10 所示的干道交通控制系统中，如果取交叉口 A 为系统参照交叉口，周期长度为 120s，那么按以下方式各交叉口的绝对相位差，便可获得完全的“绿波交通”。

实测得各相邻交叉口间车辆平均行驶时间为

$$T_1=160s, T_2=158s, T_3=254s, T_4=201s, T_5=192s$$

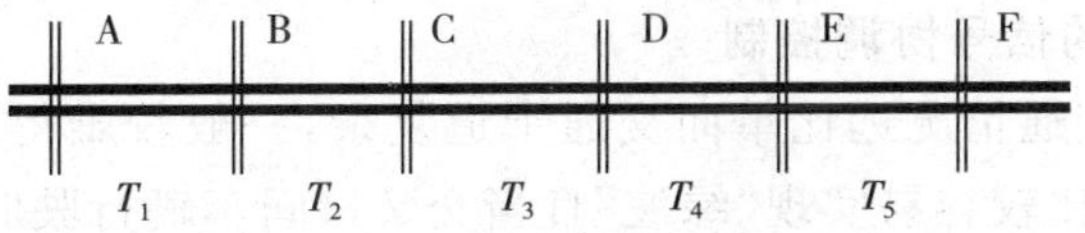

图 8-10 单向交通干线信号控制相位差计算示意图

则：

B 交叉口的绝对相位差 $=T_1-120$（1 个周期长）$=40$s

C 交叉口的绝对相位差 $=T_1+T_2-240$（2 个周期长）$=78$s

D 交叉口的绝对相位差 $=T_1+T_2+T_3-480$（4 个周期长）$=92$s

E 交叉口的绝对相位差 $=T_1+T_2+T_3+T_4-720$（6 个周期长）$=53$s

F 交叉口的绝对相位差 $=T_1+T_2+T_3+T_4+T_5-960$（8 个周期长）$=5$s

按照上述计算的绝对相位差进行该干线的信号协调控制，便能得到非常理想的“绿波带”。图 8-11 为单向干线的绿波时距示意图。

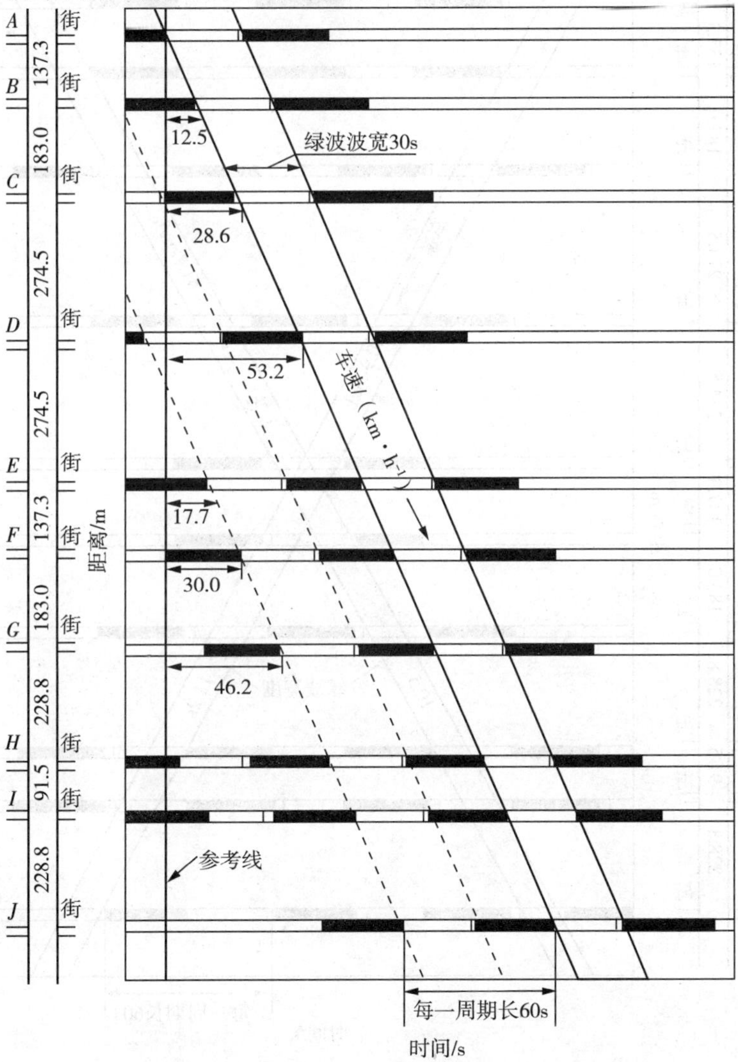

图 8-11 单向交通干线绿波流时距图

3. 双向交通干道的信号协调控制

双向交通干道的交通情况远比单向交通干道复杂，一般较难得到理想的“绿波带”，在各交叉口间距相等时，比较容易实现“绿波”且当交叉口间车辆行驶时间正好等于周期长度一半的倍数时，可获得理想的“绿波带”，各交叉口间距不等时，就较难实现“绿波”。图 8 - 12 为双向干线绿波时距图，从图中可以看出，双向干线的绿波宽带远远小于单向干线的绿波宽带。

尽管双向交通干道较难实现“绿波”，但线控制仍能大大提高干线的通行能力。双向交通干道定时式信号控制系统一般有三种协调方式：

(1)同步式协调控制；

(2)交互式协调控制；

(3)连续通告式协调控制。

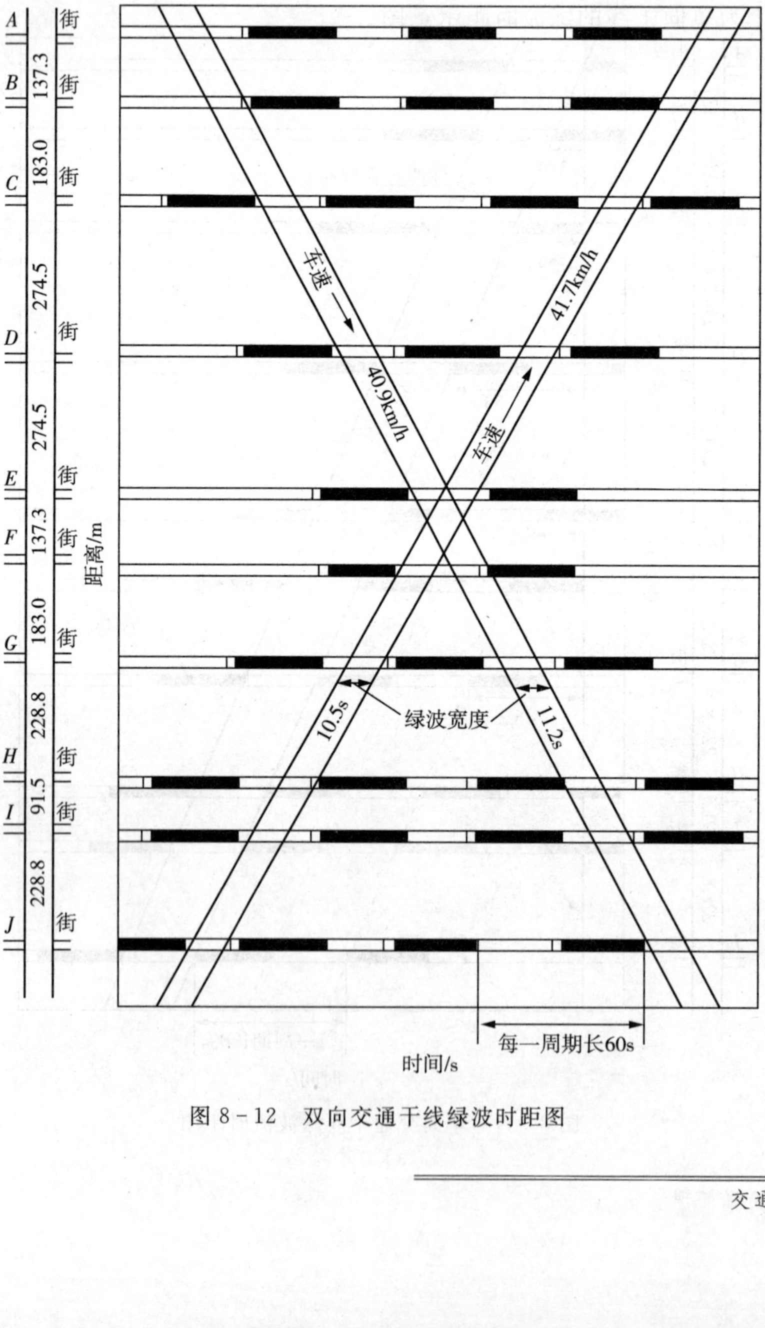

图 8 - 12　双向交通干线绿波时距图

四、区域交通信号控制系统

区域交通信号控制系统也简称“面控制”，它把整个区域中所有信号交叉口作为协调控制的对象。控制区内各受控交通信号都受中心控制室的集中控制。对范围较小的区域，可以整区集中控制；范围较大的区域，可以分区分级控制。分区的结果往往成为一个由几条线控制组成的分级集中控制系统，这时，可以认为各线控制是面控制中的一个单元。有时分区成为一个点、线、面控制的综合性分级控制系统。

区域控制系统按控制策略可分为定时脱机式控制系统及感应式联机控制系统两种。

1. 定时脱机式区域交通控制系统

定时式脱机操作控制系统，利用交通流历史及现状统计数据，进行脱机优化处理，得出多时段的最优信号配时方案，存入控制器或控制计算机内，对整区交通实施多时段定时控制。

定时控制简单、可靠、效益费用比高，但不能适应交通流的随机变化，特别是当交通流量数据过时后，控制效果明显下降，重新制定优化配时方案将消耗大量的人力作交通调查。

TRANSYT(Traffic Network Study Tool)“交通网络研究工具”是定时脱机式区域控制系统的代表，是英国道路与交通研究所(TRRL)于1976年提出的脱机优化网络信号配时的一套程序。TRANSYT问世以来，随着交通工程的实践，不断被改进完善，到1986年已修改了九次，英国的型号为TRANSYT-7。美国将英国TRANSYT-7改进为TRANSYT-7F型。法国也将英国TRANSYT改进为THESEE型及THEBES型。

TRANSYT是一种脱机操作的定时控制系统，系统主要由两部分组成。

(1)仿真模型

建立交通仿真模型，其目的是用数学方法模拟车流在交通网上的运行状况，研究交通网配时参数的改变对车流运行的影响，以便客观地评价任意一组配时方案的优劣。为此，交通仿真模型应当能够对不同配时方案控制下的车流运行参数——延误时间、停车率、燃油消耗量等作出可靠的估算。

(2)优化

将仿真所得的性能指标送入优化程序部分，作为优化的目标函数，TRANSYT以网络内的总行车油耗或总延误时间及停车次数的加权和作为性能指标；用“爬山法”优化，产生较之初始配时更为优越的新的信号配时；把新信号配时再送入仿真部分，反复迭代，最后取得性能指标达到最佳的系统最佳配时。TRANSYT优化过程的主要环节包括：绿时差的优选、绿灯时间的优选、控制子区的划分及信号周期时间的选择四个部分。

2. 联机感应式区域交通控制系统

由于定时式脱机操作系统具有不能适应交通流随机变化的不足，人们进一步研究能随交通流变化自动优选配时方案的控制系统随着计算机自动控制技术的发展，交通信号网络的自适应控制系统就应运而生。英国、美国、澳大利亚、日本等国家做了大量的研究和实践，用不同方式各自建立了各有特色的自适应控制系统。

8.5 高速道路的交通控制

高速道路的管理、控制以及附属交通设施是保证高速道路上的车辆能高速安全运行的必要条件。高速道路由于具有投资大、通行能力大和车速高等特点，其管理的好坏对于运输效果有很大的影响，若管理控制设施与此不相适应，即使按高速道路的标准进行建设，也不能达到预期的效果，甚至造成交通事故频繁发生，生命财产受到重大损失。如美国洛杉矶的市区高速道路经常保持 250 万辆小客车的日交通量，由于交通管理问题未能妥善解决，估计有 50 万辆车须降速到 80km/h 以下，如平均每日每车延误 2min，根据估算，每年因延误造成的损失可达 2000 万美元。近年来，国内兴建了沪嘉高速公路、沈大高速公路、京津塘高速公路、沪宁高速公路，高速公路正逐步成为公路网的重要组成部分，因此，研究高速道路交通控制技术已刻不容缓。

一、高速道路交通控制的特点

对于高速道路，为了保证汽车交通的高速、安全和舒适，应该考虑立体交叉、中央分隔带以及良好的线形、平缓的纵坡等。由于经济发展，汽车拥有数以及物资运输量的增多，汽车交通对道路设施的要求也大大提高，随之而来的是，不仅原有道路，高速道路也经常发生阻塞和交通事故，一旦发生事故，由于高速道路有出入口的限制和中央分隔带，使处理事故所需的时间较多，所造成的影响也比一般城市道路要大，这种交通阻塞，对车辆上乘客的时耗、安全以及舒适性都带来了影响，降低了高速道路的性能，与其大量的投资很不相称，因此对高速道路的交通控制，一般采用下列措施：

(1)平时为了预防自然阻塞，实行驶入控制，如当交通量超过道路通行能力时。

(2)万一发生交通事故等紧急情况，为迅速解除由此产生的阻塞，实行控制驶出，禁止驶入的措施，以上两项措施都是为了维持高速道路能顺利通行。

(3)随着高速道路的运用，对其周围环境所造成的影响和损害已达到了必须改变交通条件，并采取能保护环境的交通控制方式的阶段，即为了保护环境，应在交通情况对环境和人类将会造成危害时，实施交通控制。

高速道路交通控制的性质在正常情况下和紧急情况下是不同的，在正常情况下是为了预防自然阻塞，而在紧急情况时以解除事故阻塞为目标。自然阻塞多发生在高速道路上原有的狭窄路段(即瓶颈路段)，将其通行能力和实际交通量相比较，可预测出何种情况下会发生阻塞，因此自然阻塞可以预先控制，而事故阻塞就无法预测只有事后控制。

此外，城市内和城市间高速道路，两者在收费方式、路网及道路布设和交通状况(如服务对象、行程长短、相交叉道路的容纳能力和车辆种类等)等方面均存在着差异，因此其交通控制方式也不相同。对于市内的高速道路，尽可能不施行驶出控制，为预防自然阻塞，实行驶入控制是基本的控制方式；而对于城市间高速道路不必采取预防性的驶入控制，当发生交通事故后的阻塞时，控制驶出是基本的控制方式。

二、高速道路交通控制的重点和方法

交通控制，并非只有平面交叉口的信号控制，高速道路由于除匝道外，不能直接出入，因此它应以匝道处的控制为中心,即出入口控制。经验表明,高速道路的交通应该要有一个最佳的密度和车速,低于或高于此车速就容易造成车流的不稳定,并容易导致交通不安全性,控制出入口可以保持车速-密度-间距的最佳组合,当然这首先取决于路上的交通量。

控制高速公路立体交叉匝道上交通流量的方法,主要是在高峰期间使用设置在匝道上和邻近道路上的车辆传感器,将整个立体交叉系统的车辆运行情况,传送到交通管理信息中心,由计算机决定不同方向的路口,哪些开放,哪些该关闭,同时对整个系统的出入口发出信号,指示车辆按指定方向运行,于是整个系统就能获得车速-密度-时距的最佳组合。

三、高速道路的监控系统

以美国为例,高速道路的监控系统一般可以分为控制系统、监视系统、情报系统、传输系统、中心控制系统和显示系统等五个部分。

1. 控制系统

控制系统分高速道路干道本身、驶出匝道及驶入匝道的控制三部分。

(1)高速道路干道本身的控制

在干道上采用控制设施,不能期望对交通量产生重大影响,而只可能达到实现最佳的交通密度,使在瓶颈路段的交通量达到最大值,减少汽车追尾端冲撞,从而增加营运效率。

对高速道路干道的控制在美国有以下两种方式:

① 可变车速控制。在道路上用门架式或立柱式的可变车速标志控制车速。标志间隔在城市地区为1km在乡村地区为3km,当前方路段由于事故,维修等原因而发生车辆拥挤时,可改变车速标志,根据时间-空间关系指示汽车驾驶者采用不同的车速,实现车速的均匀变化,避免追尾端冲撞事故。

② 车道利用标志。这种标志通常在每一车道上显示一垂直向下的绿箭头↓,如某一车道前方由于事故或维修而受阻时,则该车道上面的绿色箭头显示将放变为红字的斜十字叉形显示×,表示该车道关闭,这种标志被认为是高速公路必需的一种设施。

(2)驶出匝道控制

一般采用调节驶出高速公路干道车辆总数的方法或以完全关闭出口的方法来实现,驶出匝道调节并非一种很有效的手段,唯一的好处是解除了接近干线交叉口的拥堵,但这种将以牺牲干道安全为代价。驶出匝道的关闭,无论是永久的,还是在高峰期间实施,只有当能明显地减少交织,解决后继交通和安全问题时,才认为是有利的。

(3)驶入匝道控制

驶入匝道控制基本目标是减少在高速干道上所有车辆的旅途时间;减少在匝道内所有车辆的行驶时间;消除或减少在匝道车辆与干道车辆交汇过程中的冲突和事故。为了实现平顺的交通流,驶入匝道的控制可细分为四种控制形式。

① 驶入匝道的关闭。当互通式立交间彼此非常接近,交织问题非常严重时,才采用关闭匝道的方法。一般可采取设置人工栅栏、自升式栅栏或不设匝道等设施来实现。一般不采用关闭匝道的办法,因为容易引起公众的不满。

② 定时调节。这是最简单的控制方法，用来限制进入高速干道的交通量，可以改善干道上的交通状况，或增进交汇行驶的安全。其周期是固定的，根据具体交通量来调节，与定时信号机相似。

③ 独立的交通感应调节控制。通过埋设在高速干道上、匝道上和汇合区的各种检测器测得各种交通参数，根据这些不同的交通参数进行控制。

④ 整体系统的运行调节控制。在一系列匝道集中考虑的情况下，根据交通量及通行能力的情况进行调节，考虑的是整个系统而不仅仅是限于直接的上游和下游的匝道。

2. 监视系统

监视作为获悉发生偶然事件的一种手段，能帮助管理人员迅速采取行动，这些行动包括：

(1)在发生偶然事件后，提供紧急服务(如消防、警察、救护等)。

(2)在车辆发生故障的情况下，提供修理服务。

(3)如果匝道处于控制之下，应马上改变控制方案，以适应新的情况。

(4)在偶然事件可能影响的范围内，为汽车驾驶人员提供情报服务。

监视系统的基本目的就是要尽快发现各处的偶然事故，以便采取有效措施，迅速消除可能发生的问题，一般采用的方法如下：

(1)电子监视

通过电子监视来探测偶然事件，要求在高速公路上安设大量的检测器，这些检测器由中心计算机连续监视，并从它们的读数中可以知道在高速公路上是否发生偶然事件。

(2)工业电视

有可能使操纵人员在中心控制室通过在高速公路上安置电视摄影机，监视路段的交通状况，能知道偶然事件发生的时间和特征，要求服务的类型，能很快确定对上游道路网的影响，以及应采取的相应措施。这种监视系统是很有效的，但费用大，易受气候影响。

(3)航空监视

采用直升机或小型固定机翼飞机，在高峰小时期间对交通瓶颈地段，观察是否有偶然事件发生，以帮助解决问题。航空监视有可能获得一个区域的一般性交通观察，可以把情报通过广播告诉司机。一个较好的系统是把航空监视作为电子监视跟踪系统，以决定消除偶然事件应采取的措施。航空监视在空中观察成本高，对偶然事件的早期探测有一定困难。

(4)电话系统

在高速公路上行驶的车辆由于事故或故障要求救援时，比较通用的方法是驾驶员利用路边的紧急电话。电话分两种，一种是传送一般声音信息的紧急电话；另一种是传送脉冲代码信息的按钮电话，按钮电话不用说话，驾驶员在需要救援时只要按动代表不同事故或故障的按钮，控制中心或附近公路巡逻车接到信号后即能进行救援。

(5)驾驶员援助使用系统

驾驶员援助使用系统也称为闪光和请求帮助系统，驾驶员之间在完全自愿的情况下去帮助无力行驶的车辆，车辆在FLASH(闪光)标志处发出闪光信号，此标志处的接收装置收到汽车前灯的特定时间间隔的灯光信号，系统逻辑指令即发生救援警报，这种系统的优点是花钱较少，并且丧失活动能力的驾驶员可以不必离开汽车而能获得援助。

(6)民用频道无线电发报机

出事的驾驶员可以不离开他的汽车，直接报告他的问题，对于汽车上未安装无线电收发报机者，可由后续车帮助呼叫，传呼传输的有效范围可达 32km，该系统的缺点是费用高，驾驶员无法知道他的呼叫是否已被接收到。

(7)警察和公路巡逻车

由公安部门或公路管理部门派出的巡逻车在高速公路上分段定时巡逻，能有效探测事故、故障和违章巡逻车可配备简单的服务项目(如燃料、机油、水、更换轮胎、易损备件的一般机械修理等)，为驾驶员提供最快速的服务。巡逻车上装有双向无线电报话设备，可以接受控制中心的命令，也可以向控制中心报告各种问题，由控制中心通知有关服务站(消防车、救护车、拖车和修理车等)执行。

3. 情报系统

情报系统即信息系统。传递情报的基本原则是越重要的情报应给予越多的传递机会，避免用过分的情报而减弱效果。提前给出情报，传递出去的情报应保证能通知到驾驶员，并使他感兴趣。常用的情报系统可分为以下三种：

(1)可变情报系统

根据情报内容可分为显示可变车速情报、显示车道开放或关闭的情报、显示交通情况(拥塞、事故、维修和延误等)和指示选择路线(交通诱导)的情报、显示气象和环境情况(雾雪、冰冻、大风、雨和风沙等)的情报，根据操作方法可分为自动显示和手动显示两种。

(2)汽车内显示

视觉情报通过路边设施互动而显示在汽车内的仪表板专用荧光屏上，为驾驶员提供图像的交通情报，如路线诱导系统。

(3)无线广播系统

可分为路边无线电和商业性无线电两种。路边无线电用就地的路边设备，通过车内专用接收机把情报传送给驾驶员；商业性无线电通过专用商业性电台不断地广播各种交通情报，驾驶员利用车内收音机收听，这是一种普遍使用的方法，问题是如何使这种情报更准确、可靠和及时，使得广播的交通情报对驾驶员更为有利。

4. 传输系统

传输系统是控制设备的原始交通情报收集的控制指令发送确认的通道，系统的类型取决于传输距离。当检测器、控制器和显示器之间的距离较短时，直接导线连接是可靠的方式，当系统的信息传输距离超过一定的限度，那么最合适的方法为多路传输技术。信息传输的方法可以分为四类：

(1)直达电缆

这种方法花钱多，但能有效而可靠地传输信息，并且维修费用很低，通过采用多路传输技术，在一条电缆中获得 500 个独立的通道是不困难的。

(2)电话线

租用电话公司的电话线，在 0～3kHz 频带宽度内输送信息，传输距离可达几十公里而不需中间站，它不需要专门敷设高成本的电缆，这是一种常用的方法。

(3)无线电

只限在特定情况下使用，无线电传输情报的主要缺点是成本高和需要技术复杂的终端设备，在遥远的地方需用大发射功率的设备，维修工作量大，外来干扰大等，因此无法大量应用。

(4)微波

通过微波系统传输情报已有应用，但不太经济。

5. 中心控制和显示系统

(1)中心控制

大多数自动交通控制系统的心脏(即控制中心)是一台计算机。计算机的功能是分析处理检测器的情报、控制信号和可变情报标志，为显示和记录设备提供情报数据。

(2)中心显示

为一大屏幕电子地图，它可提供系统运行的直观表示，在控制地区的地图上可显示出：

① 在高速干道、匝道和周围道路上的交通情况；

② 车辆停驻、通过检测器的感应显示；

③ 以不同颜色灯光显示道路的平均占有率。

复习思考题

8.1　简述道路交通管理与控制的意义、作用及内容。

8.2　简述道路交通管理的分类。

8.3　简述交通需求管理的目的、内容。

8.4　简述交通系统管理的目的、内容。

8.5　简述道路交通标志的分类及作用。

8.6　简述道路交通标线的分类及作用。

8.7　简述平面交叉口交通管理的目的及管理类型。

8.8　简述道路交通行车管理的作用及管理类型。

8.9　简述城市道路交通运行组织的意义及运行组织方案制订原则。

8.10　简述道路交通信号控制的目的、类型及内容。

8.11　何为“绿波”交通？单行线道路“绿波”交通设计关键是什么？

8.12　简述高速道路交通控制的特点及控制内容。

习　题

8.1　某市区一平面交叉口为主、次干路相交，并均为双车道进口，主干路两个方向的高峰小时交通量分别为 723 辆/h 及 650 辆/h，次干路两个方向高峰小时交通流量分别为 180 辆/h 及 160 辆/h，在交叉口平均每年发生碰撞事故 6 起，问采用哪种控制为宜？

8.2　在上题中，若采用二相位信号机控制，主次干路在进口处均有 8%的左转车、5%的货车及 5%的公共汽车，试设计该信号交叉口的周期、主次干路绿灯时间及绿信比。

9 停车场的规划与设计

9.1 概 述

一、停车场的作用

所谓停车场，顾名思义是指供车辆（包括机动车和非机动车）停放的场所。停放车辆是道路交通的一个重要问题，是影响城市内部和城市间交通运输的重要因素之一。城市里如果没有固定的车辆停放点，必将造成车辆沿路任意停放，占用人行道和车行道，既影响交通运输，又妨碍市容美观，而且容易引发交通事故，给居民工作、生活带来不利影响。因此，车辆需要停车场，好比人们需要休息场所一样。正确处理车辆停放，对解决道路交通拥挤，减少交通事故，提高道路通行能力等均具有重要的意义。

目前世界上许多大城市普遍存在着停车场规划滞后、投资不足、停车用地控制不力等问题，由于停车场选址与建设不当而造成交通拥挤、投资亏损、环境恶化的现象屡见不鲜。因此，如何科学地综合静动态交通的协调组织、停车者步行距离、停车存取便利性、生态环境影响、土地价值利用等多方面的因素，进行停车场规划和设计研究是十分重要的。

我国城市特别是大城市的停车问题也日益严重，供需矛盾非常突出。上海市的机动车保有量从1991年的22.8万辆增至1996年初的43.5万辆（不计摩托车），而公共停车车位只有5000多个，实际使用的只有800多个。截至1996年上半年，广州市区的机动车拥有量达到45万辆左右，另外每日约有10万辆外地车进入市区，而广州市区停车场共518个，停车位总数仅有22761个。广州市提出，只有当市区的公共停车位达到机动车总数的15%～25%，才能缓解停车难的问题。然而目前广州市518个停车场中除去157个专用停车场后，停车位数量不到18000个，占市区机动车总数的比例不足4%，缺口很大。

长期以来，由于缺乏对停车问题进行系统的分析研究，致使停车场规划未臻合理，又由于投资、管理、土地使用体制等原因，规划的停车场得不到全面实施，造成停车场严重不足。机动车占用路面停车、乱停乱放现象比较突出，目前不少城市缺乏自行车停车场，不得不利用部分人行道、绿化隔离带或街巷作为停车场，往往导致行人占用非机动车道、非机动车又挤占机动车道，使交通发生混乱和不安全。

因此，对待停车问题，必须从城市规划和市域规划上进行科学合理的安排并采取切实有力的措施保证其实现。如苏联在20世纪30年代就把解决停车问题列为中央文件的一项内容；日本则在1960年公布了《停车场法规》等，用法规形式控制停车场的规划、设计、建设和管理。我国公安部和建设部于1988年联合发布了《停车场建设和管理暂行规定》《停车场规划设计规则(试行)》两个行政规定,促进了停车场的规划、设计、建设和管理工作。

二、停车场的分类及附属设施

1. 按停放车辆的类型分

(1)机动车停车场

机动车停车场主要为各类汽车和摩托车停放服务。

(2)非机动车停车场

非机动车停车场在城市中主要是自行车停车场,包括各种类型的自行车停放处。

2. 按停车场服务对象分

(1)专用停车场

专用停车场是指主要供本单位车辆停放的场所和私人停车场所。如公交公司、运输公司、机关部门的停车场和检修保养场等。

(2)公共停车场

公共停车场是指主要为社会车辆提供服务的停车场所。如城市出入口、外围环路、市中心区等处的为社会公用的停车场以及商场、影剧院、体育场(馆)、医院、机场、车站、码头等部门的停车场。

3. 按停车场地的使用分

(1)临时停车场

根据一些临时需要,临近划定一些停车场地,场地的使用性质随时可能发生变化。

(2)固定停车场

根据确定需要而固定设置的停车场地,场地的使用性质一般不易发生变化。

4. 按停车用地性质分

(1)路内停车场

路内停车场是在道路用地控制线(红线)以内划定的供车辆停放的场地,这种停车场一般设在街道较宽的路段,或利用高架道路、高架桥下的空间停车。据国外的统计资料,1km路段上沿路边停放三辆车,在路段上平均车速为 24km/h 时,路段通行能力损失为200 辆/h;如道路两边停放车辆达 310 辆,亦即 1km 路段两边几乎都停满时,路段通行能力损失约为800 辆/h。如车辆沿道路零散停车,则路段通行能力的损失率比沿道路整齐停放还大。因此,为了道路在使用中的有效畅通,对于交通量大、道路又狭窄的情况应绝对禁止路边停车,至于交通量不大且道路又有一定富余宽度的情况,路边停车亦有一定的限制,此外多采用停车收费和停车时间累计的办法进行控制。至于哪些路段允许路上停车,可参考下列条件:

① 路上停车场可设在需要停放车辆的办公业务区、商业区、繁华街道等外,设置时应基本上不妨碍交通并与路外地面停车场进行比较后确定。

② 车行道宽度大于 6m,路上停车不妨碍交通量,可利用机动车道、非机动车道、路肩、隔离带、广场等设置路上停车场。

③ 原则上不宜在主要干道上或道路纵坡大于 4%的路段上设置路上停车场。

路内的停车场设置简易,使用方便,用地紧凑,投资少,适宜车辆临时停放。

(2)路外停车场

路外停车场是在道路用地控制线以外专门停放车辆的场地，包括地面停车场、停车楼、地下停车库等。其中地面停车场由出入口通道、停车坪及其他附属设施组成。这些附属设施一般包括服务部、休息室、给排水与防火设备、修理站、电话、报警装置、绿化、厕所、收费设施等。

为节省城市用地，充分利用空间，可修建停车楼，或利用大型建筑物设立屋顶停车场。停车楼的形式有坡道式（见图 9－1）和机械式（见图 9－2）两类。前者是驾驶员驾驶车辆由坡道上进出停车楼，车辆出入便利且迅速，建筑费用与维修费用较少，我国长沙和福州修建的停车楼都是这种形式；后者是用升降机和传送带等机械运送车辆到停放位置，占地较少，有效停车面积大。

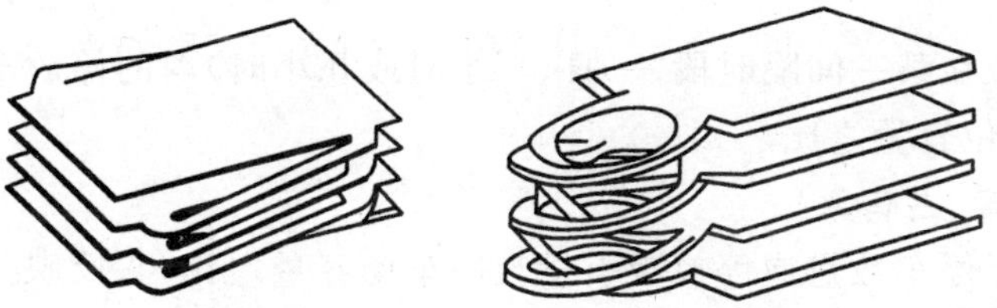

（a）曲线式匝道　　（b）螺旋式匝道

图 9－1　坡道式停车楼示意图

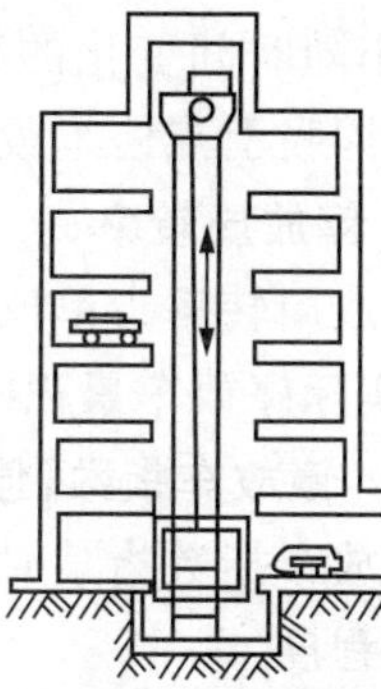

图 9－2　机械式停车楼示意图

地下停车库是将停车场建在地下，这是节省城市用地的有效措施。结合城市规划和人防工程建设，在不同的地区修建各种地下停车库，例如在公园、绿地、道路、广场及建筑物下面等。修建地下停车库的费用大，但容量也大。

停车场的规划设计除包括停车场的内容外，还应特别重视周围道路的疏解能力和进出通道、上下通道、安全紧急通道及驾驶人员通道，以及通风、照明、机械设备、防灾及管理设施等问题。

三、基本定义和术语

要做好停车场的规划设计，必须充分了解车辆停放的具体情况和特征，为了描述车辆停放的主要特征，需要对停车调查分析的主要参数进行定义。

1. 停车目的

停车目的是指车主（驾驶人员、骑车人员）在出行中停放车辆后的活动目的，例如上班、上学、购物、业务、娱乐等。

2. 停放时间

停放时间指车辆在停车场实际停放时间，它是衡量停车场交通负荷与周转效率的基本指标之一，其分布与停放目的、停放点土地使用等因素有关。

3. 累积停车数

累积停车数指典型停放点和区域内在一定时间（时段）实际停放车数量。

4. 延停车数

延停车数指一定时间间隔，调查点或区域内累积停放次数(辆次)。

5. 停车场容量

停车场容量指给定停车区域或停车场有效面积上可用于停放车辆的最大泊位数。

6. 停车需求

停车需求指给定停车区域内特定时间间隔的停放吸引量。

7. 停车供应

停车供应指一定的停车区域内按规范提供的有效车位数。

8. 停车密度

停车密度是停车负荷的基本度量单位。它可以作两种定义：一是指停放吸引量(存放量)大小随时间变化的程度，一般高峰时段停车密度最高；另一定义是指空间分布而言，表示在不同吸引点停车吸引量的大小程度。

9. 停放周转率

停放周转率指单位停车车位在某一间隔时段(一日、一小时或几小时)内的停放车辆次数，为实际停放车累积次数与车位容量之比。

10. 停放车指数(停放饱和度、占有率)

停放车指数指某时段内实际停车数量或停放吸引量与停车场容量之比，它反映停车场地拥挤程度。

11. 步行距离

步行距离是指从停放车处到出行目的地的实际步行距离，可反映停车场布局的合理程度，也是规划的重要控制因素之一。

9.2 停车调查与车辆停放特性

一、停车调查

1. 调查内容

停车调查内容包括停车设施供应调查与车辆停放实况调查两个方面。

停车设施供应调查包括路内、路外停车场地位置、容量及其他相应特征资料的调查。其具体内容如下：

(1)容量。路内停车容量应指法定的车位容量，在我国是指由公安交通管理部门划线或标志指定的允许停车范围；路外停车场(库)容量则指能实际使用的车位数。

(2)地点和位置。路内停车场应注明道路的具体分段名(路段地名)、部位(车行道、人行道、分隔带等)和路侧(东侧、南侧、西侧、北侧等)；路外设施应具体编号，并用示意图表示停车车位的分布区域、数量等。

(3)停车设施的耐久程度、设备情况。

(4)停车时间限制或营业时间。

(5)经营管理情况。

(6)收费标准。停车实况调查就是停车场利用情况调查，包括各停车场累计停车数量、延停车辆数、平均停放时间及停放量时间分布、空间分布、停放饱和度、停放周转率、停放方式、停放地点与目的地的关系、步行时间，以及停车地点附近的交通情况、环境条件等。

2. 调查方法

停车实况调查方法主要有以下三种：

(1)连续式调查

连续式调查指从开始存车起到结束存车连续记录停车情况。为了了解按时间存车辆数、最多存放车辆数、车辆停放最长时间等情况，可用此方法。

(2)间歇式调查

间歇式调查指每隔一定的时间间隔(5min、10min、15min 等)记录调查范围内的停车情况，根据调查的目的，可分为记车号与不记车号两种，重点是了解停车场一天中停放需求(吸引)量与时段的变化。

(3)询问式调查

询问式调查指直接找驾驶员或发给驾驶员调查卡片等，向驾驶员了解车辆停放目的、停放点到目的地的距离、步行时间等。

具体选择调查方法时应综合考虑以下因素：

① 调查目标要求：目标单一的可以选择相应简单的方法；调查要求多、内容广时，宜采用多种方法的组合。

② 调查范围：确定调查范围为一条路一个集散中心或是一个区域。

③ 调查时间：包含车辆停放高峰时段在内 8h 以上或是由于调查目的不同仅调查高峰时段停车情况。

④ 调查过程人力、物力及设备条件，完成调查的时间要求。

⑤ 调查对象：机动车、非机动率或者两者都做调查。

⑥ 调查要求的精度。

3. 调查示例

(1)累计停车调查

为确定不同用地条件下停车高峰量及随时间的变化规律，美国交通工程师建议采用间歇式观测方法，根据不同停放点和停放量时间分布情况，按预先确定的时间间隔进行巡回观测。间歇式调查只需用一辆车、一名驾驶员、一名观测员，用彩色铅笔标注每个停车场中观测到的停放车辆。

(2)1969～1972 年日本东京市中心区车辆实际停放情况调查

调查的目的是掌握东京市中心区(特别是 CBD)的路内、路外停车场分布及其利用实况，探明车辆停放需求数量和汽车停放计时器的设置。调查部门提出了一个综合的停车调查实施方案：

① 路内停放车辆采用空中照片判读观测(涉及道路长度 119km，区域范围约 5.1km×2.1km)；

② 对中心区的四个地区以 80 台汽车停放计时器为调查对象，采用记车号式连续观测

和征询意见调查相结合的方法进行调查；

③ 采用动态录像和人工观测相结合，调查路内停车对道路交通流的影响。

(3)1987 年 7 月上海市区车辆停放调查

调查是按照上海城市综合交通规划目标要求进行的，重点是了解市中心区的路内停车(机动车、自行车)设施供应和利用实况，以及土地开发与停车吸引的关系。采用了以下调查方案：

① 利用专门停放设施调查表，对各调查小区和停放点的停车车位容量、分类、管理、收费等情况进行现场勘查、汇总。

② 采用间歇式调查方法观测(机动车、非机动车)各区停放点一天 10h(8:00—18:00)的停放吸引量变化情况，间断时间间隔为 15min。

间歇式调查的巡回观测时间间隔选定与调查精度要求相关，观测间隔延长，漏测概率增大，因此宜作试调查，提出控制误差。上海市区停车调查是按 5% 相对误差试点后确认以 15min 为间断调查的依据。

③ 用对车号间断调查方法对市中心 $8km^2$ 范围内的路边机动车停车场进行观测，掌握停放车辆类型、停放时间、停放方式实况。

④ 用征询意见调查表在现场对停车车主进行停车目的、步行距离、收费等情况的调查。

⑤ 采用现场勘查方法对路外典型社会公共停车场、专用停车场和配建停车场(库)进行调查。

二、车辆停放特性

根据对各种类型停车场的停车供需实况进行调查与分析，可以掌握一个城市或城市不同区域的停车供需状况、停车时空分布特征以及人们出行过程中停放车行为决策等特性。

1. 停车设施的分类特点

国外城市中心区有关停车统计资料表明，城市人口规模越大，路内停车车位比例和实际停放的比例越低；人口超过 50 万人的城市，路外车库的车位比重骤增，而路外地面停车场车位比重下降；从上午 10 点到下午 6 点的每个车位平均停车数(周转率)看，路内计时收费的车位周转率最高。表 9-1、表 9-2 为美国市中心区的统计结果。

表 9-1 中心商业区各类停车设施的比例与接纳的停车者比例 单位：%

城区人口/万人	车位位置					
	路侧(内)		路外地面停车场		路外停车库	
	车位比例	停车比例	车位比例	停车比例	车位比例	停车比例
1～2.5	43	79	57	21	0	0
2.5～5	38	74	59	24	3	2
5～10	35	68	60	31	5	1
10～25	27	52	62	42	11	6

（续表）

城区人口/万人	车位位置					
	路侧(内)		路外地面停车场		路外停车库	
	车位比例	停车比例	车位比例	停车比例	车位比例	停车比例
25～50	20	54	64	34	16	12
50～100	14	33	56	39	30	28
>100	14	30	55	54	31	16

表 9-2　中心商业区各类停车设施的周转率　　单位:辆次/泊位

城区人口/万人	停车设施类型						
	路侧(内)				路外		
	计时收费	允许停车区	专用	平均	地面停车场	车库	平均
1～2.5	—	—	—	6.7	1.8	0.3	1.8
2.5～5	—	—	—	6.4	1.5	0.6	1.5
5～10	7.8	2.8	3.7	6.1	1.7	0.8	1.6
10～25	8.1	3.1	4.4	5.7	1.6	1.0	1.5
25～50	7.1	2.5	3.3	5.2	1.4	1.1	1.4
50～100	6.6	1.1	3.9	4.5	1.2	1.4	1.2
>100	5.5	3.6	2.9	3.8	1.1	1.0	1.1

2. 停放时间

车辆停放时间与各个城市的生活节奏、土地使用、人口规模和出行目的等因素有关。城市规模大,则车辆平均停放时间长,而以工作出行停车时间最长。表 9-3 给出了美国以及我国台湾、上海学者的调查统计值。

表 9-3　按出行目的分类的停放时间　　单位:h

城区人口/万人	出行目的			各类停放时间的平均值
	购物	个人私事	工作	
1～2.5	0.5	0.4	3.5	1.3
2.5～5	0.6	0.5	3.7	1.2
5～10	0.6	0.8	3.3	1.2
10～25	1.3	0.9	4.3	2.1
25～50	1.3	1.0	5.0	2.7
50～100	1.5	1.7	5.9	3.0
>100	1.1	1.1	5.6	3.0

3. 步行距离(或步行时间)

步行距离随城市规模增大而增加,工作出行步行距离最长,而路内停车比路外停车场(库)步行距离短。一般来说,停车时间长,所能忍受的步行距离也较长。表 9-4、表 9-5为美国几个城市的调查结果,表 9-6 给出了我国台湾提出的可接受步行距离的建议标准。

表 9-4 按出行目的分类从停车点至出行终点的平均步行距离 单位:m

城区人口/万人	出行目的			
	购物	个人私事	工作	其他
1～2.5	60	60	82	60
2.5～5	85	73	120	64
5～10	107	88	121	79
10～25	143	119	152	104
25～50	174	137	204	116
50～100	171	180	198	152

表 9-5 按设施类型分类从停车点至出行终点的平均步行距离 单位:m

城区人口/万人	停车设施类型			平均
	路内	路外		
		地面停车场	车库	
1～2.5	64	64	—	64
2.5～5	76	107	30	85
5～10	85	116	73	85
10～25	113	165	101	128
25～50	119	232	213	168

表 9-6 可接受步行距离之建议标准

人口分组(都市化地区)	步行距离/m	人口分组(都市化地区)	步行距离/m
2.5 万人以下	91	10 万～25 万人	162
2.5 万～5 万人	105	25 万～50 万人	226
5 万～10 万人	149	50 万以上人	229

4. 停车行为决策

据上海、台北进行的询问调查,对路边违章停车、路外停车场以及自行车停放都有一定代表性的决策行为特征,见表 9-7、表 9-8 所列。

表 9-7 路外停车场使用者特性反应表(台北)

特性 \ 点数 \ 重要程度	非常重要	重要	一般	不重要	加权	
	4	3	2	1	点数	比例
等待及找车位时间	38	26	29	5	2.99	19.0%
高峰拥挤现象	61	25	11	1	3.49	22.5%
停车方便性	30	34	25	9	2.87	18.5%
停车舒适性	31	25	33	9	2.80	18.0%
停车安全性	59	22	12	5	3.38	22.0%

表 9-8 自行车停车行为决策排序表(上海)

决策属性 \ 分配次数及比例 \ 排序	排名顺序				排序加权均值
	1	2	3	4	
步行距离合适	634 80.25%	128 16.20%	21 2.66%	7 0.89%	1.24
安全性	104 13.16%	378 47.85%	208 26.33%	100 21.90%	2.39
收费合适	25 3.16%	265 33.54%	327 41.40%	173 21.90%	2.82
寻找其他地点难	27 3.42%	124 15.70%	208 26.33%	431 54.55%	3.32

9.3 停车需求预测

一般而言,停车需求分为两大类,一类称为车辆拥有的停车需求,也即所谓夜间停车需求,主要是为居民或单位车辆夜间停放服务,较易从各区域车辆注册数的多少估计出来;另一类是车辆使用过程的停车需求,也即所谓日间停车需求,主要是由于社会、经济活动所产生的各种出行所形成的,由于出行活动目的、地点和时间等均不易掌握,其需求分析就显得十分复杂而困难。世界各国大都市常发生的停车问题就是此类问题,也是停车规划研究的主要问题。

停车需求与城市人口规模、土地利用、车辆增长、出行方式、道路设施乃至政策等都有关系。从美国、日本和我国香港、上海等的研究成果看,主要有以下三类预测模型。

一、基于类型分析法的产生率模型

本方法的基本原理是建立土地利用与停车产生率的关系模式。例如,对一个办公大楼,其停车需求可以用每 $100m^2$ 所需若干停车位表示,也可以用每个就业岗位(雇员)需配备若干停车位来表示。其数学表达式如下：

$$P_{di}=\sum_{j=1}^{n} R_{dij}\cdot L_{dij}, j=1,2,\cdots,n \tag{9-1}$$

式中，P_{di}—— 第 d 年 i 区高峰时车需求量(车位)；

R_{dij}—— 第 d 年 i 区 j 类土地使用单位停车需求产生率；

L_{dij}—— 第 d 年 i 区 j 类土地使用量(面积或雇员数)。

有关停车需求产生率的标定，各国都进行了许多研究工作。美国从 20 世纪 60 年代中期开始，就有详细的需求产生率和规划标准等研究成果，1987 年美国运输工程师协会"ITE"(Institute of Transportation Engineers)出版的《停车产生》(第 2 版)，提出了按土地使用详细分类的高峰停车位曲线图和计算公式。日本和我国香港的需求产生率指标远低于美国标准。我国公安部与建设部于 1988 年联合发布的《停车场规划设计规则(试用)》中提出的停车需求发生率指标如表 9-9 所示。

表 9-9　我国停车需求产生率规划指标

建筑类型	停车需求车位指标(标准小汽车)	
	机动车	自行车
①商业、办公(每 100m² 建筑面积泊位数)		
旅馆　大城市	0.08～0.20	—
中等城市	0.06～0.18	—
商业场所	0.30	7.5
办公楼　一类(中央、涉外)	0.40	0.4
二类(一般)	0.25	2.0
② 饮食业(每 100m² 营业面积泊位数)	1.7	3.6
③展览馆、医院(每 100m² 建筑面积泊位数)	0.20	1.5
④游览场所(每 100m² 游览面积泊位数)	0.08(市区)	0.5(市区)
古典园林、风景名胜	0.12(郊区)	0.2(郊区)
一般性城市公园	0.05	0.20
⑤文体场所(每 100 座位泊位数)		
大型体育馆(大于 4000 座位)	2.5	20.0
体育场(大于 1.5 万座位)	2.5	20.0
一般体育馆(小于 4000 座位)	2.5	20.0
体育场(小于 1.5 万座位)	1.0	20.0
省市级影剧院	3.0	15.0
一般影剧院	0.8	15.0
⑥大车站(泊位数/高峰日每千名旅客)	2.0	4.0
⑦ 码头(泊位/高峰日每百名旅客)	2.0	2.0
⑧ 住宅(每户泊位数)涉外及高级住宅	0.5	—
普通住宅	—	1.0

二、基于相关分析法的多元回归模型

从城市停车需求的本质及其因果关系中可以发现停车需求与城市经济活动、土地使用等多因素相关。根据美国道路研究委员会(HRB)的研究报告,提出数学模型如下:

$$P_{di}=K_0+K_1(EP_{di})+K_2(PO_{di})+K_3(FA_{di})+K_4(DV_{di})+K_5(RS_{di})+K_6(AD_{di})+\cdots \quad (9-2)$$

式中,P_{di}——第 d 年 i 区高峰时间停车需求量(车位);

EP_{di}——第 d 年 i 区就业岗位数;

PO_{di}——第 d 年 i 区人口数;

FA_{di}——第 d 年 i 区房屋地板面积;

DV_{di}——第 d 年 i 区家计单位(企业)数;

RS_{di}——第 d 年 i 区零售服务业数;

AO_{di}——第 d 年 i 区小汽车拥有数;

$K_i(i=0,1,2,3,\cdots)$——回归系数。

上述模型是根据若干年所有变量的资料,用回归分析方法计算出其回归系数值,并要经过统计检验。值得注意的是,在对未来进行预测时,须将模型中的参数 K 作适时的修正,才能符合未来情况的变化。

三、基于停车与车辆出行关系的出行吸引模型

停车需求产生与地区的社会经济活动强度有关,而社会经济活动强度又与该地区吸引的出行车次密切相关。建立出行吸引模型的基础是开展城市综合交通调查。根据各交通小区的车辆出行分布和各小区的停车吸引量建立模型,推算小区停车车次,在此基础上,根据城市人口规模和每一停车车次所需停车泊位数(高峰时刻)的关系计算各交通分区高峰时间的停车泊位需求量。

9.4 停车场的规划

一、城市总体规划阶段的停车场规划

停车场规划是城市规划的组成部分之一,在城市总体规划(包括城市分区规划)过程中,停车场规划的范围主要是公交公司、运输公司、出租汽车公司等运输部门的专用停车场以及城市出入口、外围道路、市中心区、商业区、体育场(馆)、机场、车站、码头等处的公共停车场,这些停车场一般都较大,总体规划就是对这些停车场的定点位置、规划容量、占地面积等进行科学论证、合理布设,以便城市规划管理部门对这些停车场的规划用地进行控制,使规划得以实施。

一个城市所需的总停车面积可通过该城市拥有的机动车数或人口数量进行估算,并参考城市经济发展水平等因素进行修正。

1. 按城市机动车拥有量估算

$$F=m\cdot n\cdot a \tag{9-3}$$

式中，F——规划期末城市所需的总停车面积(m^2)；

m——规划期末城市的机动车拥有量(辆)，估算时按表 9-10 中的车辆换算系数将所有机动车换算成计算当量车型(小型汽车)；

n——使用停车场的车辆数占总数 m 的百分比，一般为 5%～15%，客运车辆比例大、城市经济发展水平高、过境交通比重大的城市取高值，反之取低值；

a——小型汽车的单位停车面积(m^2)，估算时根据停车方式按表 9-11 确定 a 值。

表 9-10　停车场(库)设计车型外廓尺寸和换算关系表

车辆类型		各类车辆外廓尺寸/m			换算关系	
		总长	总宽	总高	按小型汽车	按自行车
机动车	微型汽车、三轮摩托车	3.2	1.6	1.8	0.7	
	小型汽车	5.0	2.0	2.2	1.0	
	中型汽车	8.7	2.5	4.0	2.0	
	大型汽车	12.0	2.5	4.0	2.5	
	铰接车	18.0	2.5	4.0	3.5	
	二轮摩托车	1.9	0.7	1.1	0.1	1.5
非机动车	自行车	1.9	0.6	1.1	0.06	1.0
	人力三轮车	2.4	1.2	1.1	0.2	3.0

资料来源：公安部、建设部《停车场规划设计规则(试行)》，1988 年。

注：(1)换算系数是按各车型的停车车位面积确定的；

(2)外廓尺寸可区别车型，以选择换算系数；

(3)二轮摩托车可按自行车设计。

表 9-11　小型汽车的单位停车面积

停车方式	平行式	斜列式				垂直式	
		30°	45°	60°	60°		
	前进停车	前进停车	前进停车	前进停车	后退停车	前进停车	后退停车
单位停车面积/m^2	33.6	34.7	28.8	26.9	26.1	30.1	25.2

2. 按城市人口数量估算

$$F=P\cdot b \tag{9-4}$$

式中，F——规划期末城市所需的总停车面积(m^2)；

P——规划期末城市的人口数量(人)；

b——每个城市人均所需的停车面积(m^2/人)，一般为 0.6～1.0m^2/人，客运车辆比例大、城市经济发展水平高、过境交通比重大的城市则取大值，反之则取小值。

对于城市外围的公路停车场所需的停车面积，日本在确定这类停车场容量时，根据公路交通量与停车场利用率按式(9-5)估算。

$$N=\frac{Q_B \cdot A \cdot B}{C} \tag{9-5}$$

式中,N——所需的停车辆数(辆);

Q_B——规划期末一侧公路的交通量(辆/d);

A——途中停车率(%);

B——高峰率,以高峰小时交通量占日交通量的%计;

C——停车场周转率,等于 1h 除以平均停车时间。

关于每个停车场的规模大小,我国对于高速公路沿线服务区和停车区确定的停车车位数规模见表 9-12 所示。

表 9-12 停车车位数规模(一侧)

	最大	标准	最小
服务区	250(小型 200,大型 50)	100(小型 70,大型 30) 200(小型 150,大型 50)	70(小型 50,大型 20)
停车区	60(小型 40,大型 20)	25(小型 20,大型 5) 40(小型 30,大型 10)	15(小型 10,大型 5)

二、停车场用地布局原则

城市总体规划阶段的停车场的规划布局,直接影响到车流的控制和客流的调整,关系到城市道路系统的全局,影响甚大。

(1)停车场的设置应符合城市总体规划、规划期停车数和道路交通组织的要求,大中小型停车场相匹配,路上停车场、路外停车场、停车楼、地下停车库相结合,形成一个合理的停车场系统。进出停车场的车辆应不妨碍道路上的交通,同时还应便于各种不同性质车辆的使用。

(2)各个停车场的规模,应根据城市的总停车需求量,并考虑各个停车场的服务对象、性质和用地条件等因素合理确定。

(3)停车场应设在需要停车最多的地方,不宜靠近干道交叉口。为了便于组织车辆右行,可在停车场周边开辟辅路,由停车场进出的车辆,通过辅路绕过交叉口或右行至交叉口,减少交叉,便于管理。

(4)专用停车场应紧靠使用单位布置并与使用单位在道路的同一侧,步行距离应控制在 300m 以内,最大不得超过 500m。公共停车场在全市应尽量均衡分布,其服务半径(100~300m)应能覆盖城市的大部分地区。大型集会的场所,最好按分区就近布置的原则确定停车场的位置,以利于车辆在短时间内迅速疏散。

(5)应结合城市公共交通场站规划，布设不同交通方式之间的换乘停车场，以方便乘客换乘，形成合理的交通结构。

(6)为对外交通服务的停车场，应在市区边缘地区易于换乘交通的位置布设，面向各对外公路，减少不必要的车辆进入市区内部。

(7)在城市繁华地区，一般空余场地较少，修建大型停车场有困难，可根据某一范围内的停车数量，结合城市改造，分散布设几个小型停车场或建停车楼。在城市的非繁华地区，按主要交通汇集点设置停车场。

(8)风景区的停车场应布设在主要入口附近，与旅游道路在同一侧，距入口不宜太近，最少相距 50m，以避免人车混杂及噪声干扰，也不宜太远，最好不超过 300m。

三、城市详细规划阶段的停车场规划

城市详细规划(包括控制性详细规划和修建性详细规划)过程中，停车场规划的任务是：第一，对城市总体规划中所规划的停车场进行深化和个体化，提出更具体的布置要求和技术经济指标，确定用地的控制性坐标和标高，为工程设计提供依据；第二，对城市总体规划中不能作出规划而按有关要求需设的、规模较小的停车场进行规划，提出布置要求和技术经济指标，同时要确定用地的控制性坐标和标高，为工程设计提供依据。

1. 规划容量

城市总体规划中不能作出规划而按有关要求需设的、规模较小的停车场，其规划容量亦应考虑其服务对象、性质、车辆到达和离去特征、高峰日吸引车次总量、平均停放时间、停车密度、停车场地周转次数、停车不均衡系数、土地利用布局等因素合理确定。近年来，我国上海、深圳、广州、南京等许多大城市都进行了相关研究，提出了各类建筑配建的停车场车位指标，表 9 - 13 给出了上海市有关标准，可供参考。

2. 停车场用地布局原则

城市详细规划阶段的停车场用地布局除应遵循城市总体规划阶段停车场用地布局规划的有关原则外，还应遵循下列原则：

(1)专用和公共建筑配建的停车场原则上应在主体建筑用地范围之内，以方便停车场的使用者。

表 9 - 13 各类建筑配建的停车场车位指标(上海)

建筑类别	车位指标单位	机动车	非机动车	
			内部	外表
旅馆	每客房	0.25	0.75	0.25
饮食、娱乐	每百平方米建筑面积	0.75	1.0	1.0
办公楼	每百平方米建筑面积	0.5	1.5	1.0
商业场所	每百平方米建筑面积	0.25	1.0	2.0
体育馆(场)①	每百座位	Ⅰ类:3.5 Ⅱ类:2.0	*	25
影剧院	每百座位	2.5	5.0	25

（续表）

<table>
<tr><td rowspan="2">建筑类别</td><td rowspan="2">车位指标单位</td><td rowspan="2" colspan="5">机动车</td><td colspan="5">非机动车</td></tr>
<tr><td colspan="2">内部</td><td colspan="3">外表</td></tr>
<tr><td>展览馆</td><td>每百平方米建筑面积</td><td colspan="5">0.4</td><td colspan="2">1.0</td><td colspan="3">1.5</td></tr>
<tr><td>医院</td><td>每百平方米建筑面积</td><td colspan="5">0.20</td><td colspan="2">1.0</td><td colspan="3">1.5</td></tr>
<tr><td>游览场所</td><td>每百平方米游览面积</td><td colspan="5">市区：0.07　郊区：0.15</td><td colspan="2">*</td><td colspan="3">市区：0.5
郊区：0.2</td></tr>
<tr><td>火车站</td><td>高峰日每百名旅客</td><td colspan="5">2.0</td><td colspan="2">*</td><td colspan="3">4.0</td></tr>
<tr><td>客运码头</td><td>高峰日每百名旅客</td><td colspan="5">2.0</td><td colspan="2">*</td><td colspan="3">2.0</td></tr>
<tr><td>客运机场</td><td>高峰日每百名旅客</td><td colspan="5">4.0</td><td colspan="2">* *</td><td colspan="3">—</td></tr>
<tr><td rowspan="2">住宅②</td><td rowspan="2">每户</td><td>Ⅰ类</td><td>Ⅱ类</td><td>Ⅲ类</td><td>Ⅳ类</td><td>Ⅴ类</td><td>Ⅰ类</td><td>Ⅱ类</td><td>Ⅲ类</td><td>Ⅳ类</td><td>Ⅴ类</td></tr>
<tr><td>1.0</td><td>0.5</td><td>0.25</td><td>0.1</td><td>0.05</td><td>—</td><td>1.0</td><td>1.0</td><td>1.2</td><td>1.5</td></tr>
</table>

注：* 内部非机动车停车位按职工人数的 30%计算；

* * 内部机动车停车位数按职工人数的 15%计算。

① 体育场馆分类：Ⅰ类——体育馆座位≥4000 座、体育场座位≥15000 座；Ⅱ类——体育馆座位<4000 座、体育场座位<15000 座。

② 住宅分类：Ⅰ类——平均每户建筑面积≥150m^2 或别墅；Ⅱ类——平均每户建筑面积 120～150m^2；Ⅲ类——平均每户建筑面积 100～120m^2；Ⅳ类——平均每户建筑面积 80～100m^2；Ⅴ类——平均每户建筑面积<80m^2。

(2)停车场内必须按不同的车型分别设置停车区，至少应将微型和小型汽车与其他车型分开，以利场地充分使用和出入方便，也利于交通组织和管理。

(3)停车场出口和入口宜分开设置，最好布置在次干道上，若必须设在主干道旁时，应尽量远离交叉口并限制左转车辆进口，避免造成交叉口处交通组织的混乱，由停车场驶出的车辆不宜直接驶入主干道和快速道路，以免干扰主干道和快速道路上的交通。

(4)机动车停车场的出入口应有良好的视野，保证出入口的安全视角，出入口距离人行过街天桥、地道和桥梁、隧道引道须大于 50m，距离交叉口须大于 80m。

(5)机动车停车场车位指标大于 50 个小型汽车车位时，其出入口应不少于 2 个；大于 500 个时，出入口不得小于 3 个。出入口之间的净距须大于 10m，出入口的宽度应不小于 7m，出入口的转弯半径一般不宜小于 13m，出入口的纵坡一般不宜大于 8%。

(6)对于机动车停车场，为保证车辆在停车坪内不发生滑溜和场地排水的需要，停车坪内坡度一般为 0.2%～0.5%。

(7)公共建筑配建的自行车停车场应根据服务对象性质及用地条件，采用适当分散与集中相结合的原则进行布设，一般宜布设在建设物的出入口两侧或前后左右的场地内。

(8)自行车停车场的出入口应不少于两个，宽度应满足两辆车同时推行进出，不小于 2.5～3.5m，纵坡应小于 10%。自行车停车场的停车坪内坡度，考虑到排水和自行车不滑倒的要求，一般为 0.2%～3%。

9.5 机动车停车场设计

停车场设计主要是指路外停车场设计，停车坪是停车场的主要组成部分，而停车坪又由停车带和通道组成，因此，设计路外停车场就归结为设计停车带和通道。

一、确定设计车型

不同的车型，其尺寸大小不同，对停车的技术要求也不同，从而决定了停车带尺寸和通道宽度的差异。我国一般将众多的车型归并为五种，即微型汽车（包括三轮摩托车）、小型汽车、中型汽车、大型汽车、铰接车，这五种车型的外廓尺寸和车型之间的换算关系见表 9-10所列。

设计停车场时，选哪种车型为设计车型应通过调查分析确定，城市（特别是大中城市）的停车场，一般可选用小型汽车作为设计车型，对于为公路服务的停车场，因路上主要是中型客车和货车，故可选用中型汽车作为设计车型。

二、车辆进出车位方式和停放方式

1. 车辆进出车位方式（简称进出方式）

由于车辆进出车位的方式不同，其所需回转面积和通道的宽度也不相同通常可分为两大类四种方式。

(1)前进式停车

前进式停车又可分为前进式进车位、后退式离车位[见图 9-3(a)]，前进式进车位、前进式离车位[见图 9-3(b)(c)]。

(2)后退式停车

后退式停车主要是后退式进车位、前进式离车位[见图 9-3(d)]。

后退式停车由于发车迅速、占地不多，故多被采用；图 9-3(c)所示的前进式停车，虽更方便，但占地大，很少被采用。

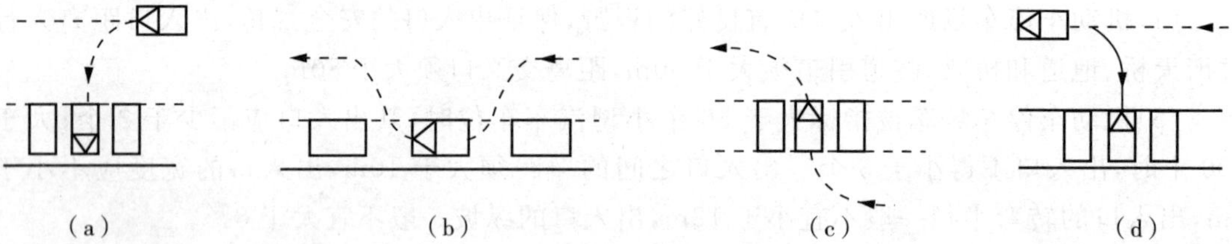

图 9-3 车辆进出车位方式示意图

2. 车辆停放方式

车辆停放方式相对于通道来说有下面三种：

(1)平行式[见图 9-4(a)]

车辆平行于通道方向停放，这种方式占用的停车带较窄，车辆进出方便、迅速，但单位长度内停放的车辆最少。在停车种类很多、未以标准车位设计或沿周边布置停车位时，可采用这种方式。

(2)垂直式[见图 9-4(b)]

车辆垂直于通道方向停放。这种方式的特点是单位长度内停放的车辆数最多,用地比较紧凑,但所需通道较宽。布置时可两边停车,合用中间一条通道。这种方式一般在用地整齐规则的情况下采用。

(3)斜列式[见图 9-4(e)]

车辆与通道成一夹角 θ 停放,θ 一般为 30°、45°、60°三种。其特点是停车带宽度随车身长和停车角度 θ 而异;车辆停放比较灵活,对其他车辆影响较少。车辆驶进驶出方便、迅速,但单位停车面积比垂直式多,尤其是 30°停放,用地最不经济,适宜于停车场地的用地宽度和地形条件受限制时使用。

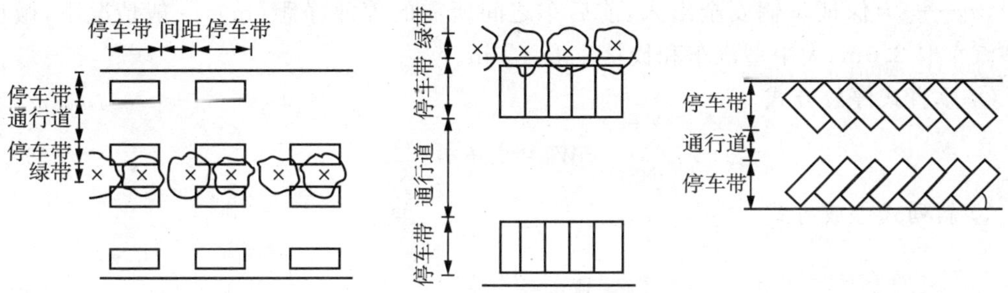

(a)平行式　(b)垂直式　(c)斜列式

图 9-4　车辆停放方式示意图

三、停车带和通道的宽度及单位停车面积

停车带和通道的宽度是停车场设计的主要内容,其大小与车辆尺寸、停放方式、驾驶员的技术水平有关。

1. 停车带宽度

停车带宽度除应保证后面车辆能安全出入停车位置外,还应保证车门能安全开启,其计算公式如下:

(1)垂直于通道方向的停车带宽度 W_V

① 平行式停放方式

$$W_V = L + a_1 \tag{9-6}$$

式中,L——车辆的宽度(m),可查表 9-10;

a_1——为保证车辆安全出入,左右车厢之间所需的停入净距(m),左右车厢至停车场的缘石之间安全距离取 $\frac{1}{2}a_1$,a_1 一般取 1.0m,小型汽车可取 0.8m。

② 垂直式停放方式

$$W_V = L + 2a_2 \tag{9-7}$$

式中,L——车辆的长度(m),可查表 9-10;

a_2——车头或车尾至停车场的缘石之间的安全距离，车头或车尾至其他车辆的车厢之间的安全距离取 $2a_2$，a_2 一般取 0.5m。

③ 斜列式停放方式

$$W_V=(L+2a_2)\sin\theta+\frac{1}{2}(L+a_1)\cos\theta \tag{9-8}$$

式中，θ——停车角度。

(2)平行于通道方向的停车带宽度 W_H

① 平行式停放方式

$$W_H=L+a_3 \tag{9-9}$$

式中，a_3——为保证车辆安全出入，前后车之间所需的停放净距(m)，一般情况下，微型和小型汽车取 2.0m，大中型汽车和铰接车取 4.0m。

② 垂直式停放方式

$$W_H=L+a_1 \tag{9-10}$$

③ 斜列式停放方式

$$W_H=\frac{(L+a_1)}{\sin\theta} \tag{9-11}$$

根据式(9-9)～(9-11)计算的 W_V、W_H 值列于表 9-14 中。

2. 通道的宽度

通道是停车场平面设计重要内容，其样式和有关参数(宽度、最长纵坡、最小转弯半径等)宜结合实际情况正确选用。

(1)我国目前设计采用的通道宽度垂直式取 10～12m，平行式取 4.5m 左右，这宽度尚显得不够。公安部、建设部拟定的标准(见表 9-14)已作改善。作为内部主要通道，车辆双向行驶，最小宽度不宜小于 6m。

表 9-14　机动车停车场设计参数

			垂直通道方向的停车带宽/m					平行通道方向的停车带宽/m					通道宽/m					单位停车面积/m²				
			Ⅰ	Ⅱ	Ⅲ	Ⅳ	Ⅴ	Ⅰ	Ⅱ	Ⅲ	Ⅳ	Ⅴ	Ⅰ	Ⅱ	Ⅲ	Ⅳ	Ⅴ	Ⅰ	Ⅱ	Ⅲ	Ⅳ	Ⅴ
平行式		前进停车	2.6	2.8	3.5	3.5	3.5	5.2	7.0	12.7	16.0	22.0	3.0	4.0	4.5	4.5	5.0	21.3	33.6	73.0	92.0	132.0
斜列式	30°	前进停车	3.2	4.2	6.4	8.0	110	52	5.6	7.0	7.0	7.0	3.0	4.0	5.0	5.8	6.0	24.4	34.7	62.3	76.1	78.0
	45°	前进停车	3.9	5.2	8.1	10.4	14.7	3.7	4.0	4.9	4.9	4.9	3.0	4.0	6.0	6.8	7.0	20.0	28.8	54.4	67.5	89.2
	60°	前进停车	4.3	5.9	9.3	12.1	17.3	3.0	3.3	4.0	4.0	4.0	4.0	5.0	8.0	9.5	10.0	18.9	26.9	53.2	67.4	89.2
	60°	后退停车	4.3	5.9	9.3	12.1	17.3	3.0	3.2	4.0	4.0	4.0	3.5	4.5	6.5	7.3	8.0	18.2	26.1	50.2	62.9	85.2

（续表）

		垂直通道方向的停车带宽/m					平行通道方向的停车带宽/m					通道宽/m					单位停车面积/m^2				
		Ⅰ	Ⅱ	Ⅲ	Ⅳ	Ⅴ	Ⅰ	Ⅱ	Ⅲ	Ⅳ	Ⅴ	Ⅰ	Ⅱ	Ⅲ	Ⅳ	Ⅴ	Ⅰ	Ⅱ	Ⅲ	Ⅳ	Ⅴ
垂直式	前进停车	4.2	6.0	9.7	13.0	19.0	2.6	2.8	3.5	3.5	3.5	6.0	9.5	10.0	13.0	19.0	18.7	30.1	51.5	68.3	99.8
	后退停车	4.2	6.0	9.7	13.0	19.0	2.6	2.8	3.5	3.5	3.5	4.2	6.0	9.7	13.0	19.0	16.4	25.2	50.8	68.3	99.8

注：Ⅰ——指微型汽车；Ⅱ——指小型汽车；Ⅲ——指中型汽车；Ⅳ——指大型汽车；Ⅴ——指铰接车。

资料来源：公安部、建设部《停车场规划设计规则（试行）》，1988年。

（2）通道有直坡式、螺旋式、错位式、曲线匝道等，其宽度、纵坡和最小转弯半径，美国、日本两国常用数据见表9－15所列。

表9－15　国外通道设计数据

国名	通道宽/m		最大纵坡/%		最小半径/m
	单车道	双车道	宜小于	不超过	
美国	3.7	6.7	15	20	约11（卡车）
日本	3.5	＞5.5	15	20	6～7（轿车）

注：进出口宽度应大于6.0m。

我国公安部、建设部拟定的停车场（库）最大纵坡和最小转弯半径见表9－16所列。

表9－16　停车场出入口和通道的最小平曲线半径及最大纵坡

车辆类型	最小平曲线半径/m	最大纵坡/%	
		直线坡道	曲线坡道
铰接车	13.0	8	6
大型汽车	13.0	10	8
中型汽车	10.5	12	10
小型汽车	7.0	15	12
微型汽车	7.0	15	12

3. 单位停车面积

停放一辆汽车所需要的用地面积与车型（车辆尺寸）、停放方式、通道条数等有关，设计停车场时，按使用和管理要求，预估停车数量、车型、停放方式，确定停车面积。许多国家已有停车法规，设计时可查规范进行。我国拟定的机动车单位停车面积等有关设计参数见表9－14所列。

四、停车场通道（包括出入口）的几何要素设计

为保证车辆在停车场的出入口和通道上行驶的安全，根据汽车行驶理论、动力特性理论和车辆性能，确定停车场出入口和通道的最小平曲线半径及最大纵坡，列于表9－16中，出入

口的宽度微型和小型汽车为7m,其他车型可适当增加;通道宽度不小于表9－14所列的值。

五、停车场内的交通组织

停车场内是车流和人流集中混杂的场所,停车场的设置对附近交通又有直接影响,因此,必须对停车场的交通组织进行详细的设计,这里仅介绍一些交通组织的原则问题,具体设计应视停车场的规模、车流量、人流量和用地条件、地形等而定。

1. 停车场内各设施的关系

停车场内各设施原则上应使人和车分隔设置,不仅在平面上需分隔,如有可能最好在立面上也布置在不同的高度上,避免人与车的流动交叉,保证行人安全并有可能让人们在宁静的环境中休息。

2. 停车场内的交通路线与排列方式

车辆布置方式与人流路线有很大关系,为了减少人与车的流动交叉,一般垂直式和平行式停车方式常按纵向排列,斜列式停车方式常按横向排列,图9－5为某广场转角处常用的停车布置。

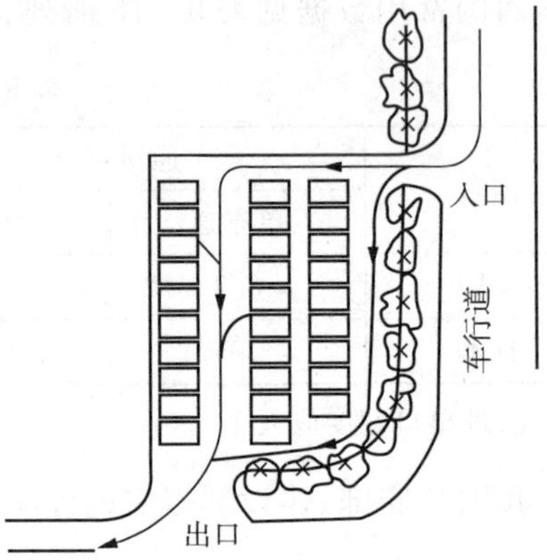

图9－5 某广场转角处常用的停车布置

场内交通路线一般应按单向行驶组织交通,车辆右转驶入并右转驶出,避免或尽量减少产生车辆的交叉冲突。

入口处应设置明显的行驶方向标志和停车位置指示牌。

场内路面应有显著的停车标志和行车方向标志,便于驾驶员自动入位,这些标志可用彩色混凝土块铺装,或在路面上用白漆或其他材料划线等。

六、停车场的竖向设计

应根据场地大小、地形条件、建筑物的标高和各种地下管线的情况,加以综合考虑,一般应注意以下停车布置形式几点:

(1)场内地坪标高低于建筑物的地面标高,坡向向外。

(2)场内设有隔离带并附有排水设施时,应将雨水口设在隔离带旁,坡向隔离带;场内无隔离带或有隔离但无排水设施时,场内坡度应由建筑向外方向排水。

(3)场地设计按范围大小、形状不同,分别采用单向坡、双向坡、不规则斜坡,对于修理、保养汽车的场地,可根据需要设置折线型纵坡,以利迅速排除地面水,防止冬季冰冻。

(4)场内排水,在城市内应采用地下水管排水,在城市外可采用边沟排水。

(5)场内坡度要求平缓,坡度太大时易于溜车,按“红旗”牌轿车不拉手闸制动试验,不发生溜滑现象的临界坡度为0.5%(实际上按交通规则规定,制动必须拉手闸),因此,对于城市或平原地区的停车场,与停车车身方向相平行的场面坡度不宜大于0.5%,考虑到排水需要又不宜小于0.2%;对于丘陵地区的停车场,最大坡度不宜大于0.8%,当坡度过大时,就考虑停车方向,即可将停车方向(车身方向)与场面坡向垂直布置。

9.6 自行车停车场设计

自行车具有体积小、机动灵活、使用方便等特点，因此被广泛用作交通工具，目前在我国城市里，自行车停车场地非常缺乏，特别是在繁华的商业街、大型公共建筑、影剧院、体育场馆等附近，造成自行车乱停乱放，侵占人行道，挤占车行道，既妨碍交通，威胁行人安全，又影响市容，因此，在设计公共建筑、公共活动场所等时，应同时对自行车停车场进行合理设计。

一、自行车停车场的种类

1. 固定的停车场

这类自行车停车：盖有车棚，设有车架，有的还有专人管理，工厂、机关、学校、医院、住宅、车站、码头等处修建的自行车停车场，一般都属于这一类，在公园、体育场馆、影剧院、商业场所、交通枢纽等附近设立的自行车停车场，虽然露天，没有什么设施，但经常停放自行车，故也应归入这一类。

2. 临时性停车场

根据集会等活动的临时需要，临时圈划场地做停车使用，场内一般无设施。

3. 胡同内街道旁停车场

利用人行道或隔离带较宽路段，或人车流较少的街坊小路、小胡同停放自行车，这类停车场可随时变更地点，其场地大小视具体情况而定，数量最多，分散布置在城市各个角落，是目前解决城市自行车停车场缺乏的主要方式。

4. 驻停换乘的停车场

居民做远距离出行时，先骑自行车至地铁车站或其他公交车站，然后将自行车停放在车站附近，换乘公交车辆或地铁，这种停车场目前在我国尚处于起步阶段。

二、自行车种类、停放方式及单位停车面积

1. 自行车种类

我国自行车型号繁多，按自行车轮圈直径大小主要可划分为：711.2mm(28 英寸)、660.4mm(26 英寸)、609.6mm(24 英寸)和 508mm(20 英寸)四种，其中城市(特别是大中城市)以 660.4mm(26 英寸)为主，农村以 711.2mm(28 英寸)为主，国产自行车的尺寸见表9－17所列，自行车设计车型的尺寸见表 9－10 所列。

表 9－17　国产自行车的尺寸　　单位：mm

种类	车长	车高	车宽
711.2mm(28 英寸)	1940	1150	520～600
660.4mm(26 英寸)	1820	1000	520～600
609.6mm(24 英寸)	1710	1000	520～600
508.00mm(20 英寸)	1470	1000	520～600

2. **停放方式**

最常见的停放方式是自行车双轮着地，单辆与通道垂直或斜列排成单排或双排，如图 9-6 所示。

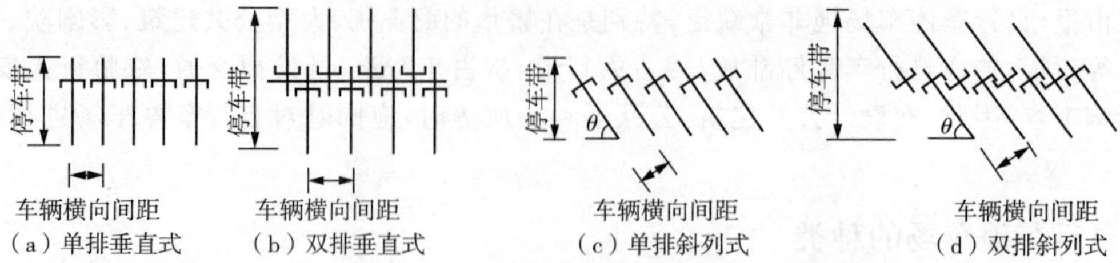

图 9-6　自行车停放方式示意图

3. **单位停车面积**

单位停车面积指停一辆自行车所需的用地面积，取决于车辆尺寸、停放方式和通道条数等。

(1)停车带宽度 W

停车带宽度 W(单排垂直式为 W_1、双排垂直式为 W_2，单排斜列式为 W_3、双排斜列式为 W_4)，对于单排垂直式停车，停车带宽度 W_1 一般等于车长 L；对于双排垂直式停车，$W_2=2L-D$，D 为车轮轮圈直径。

对于单排斜列式停车，停车带宽度 $W_3=L\cdot\sin\theta$，θ 为停车角；对于双排斜列式，$W_4=(2L-D)\cdot\sin\theta$。

设计车型不同停放方式的停车带宽见表 9-18 所列。

表 9-18　自行车停车场主要设计指标

停放方式		停车带宽/m		车辆横向间距/m	通道宽度/m		单位停车面积/m^2			
		单排	双排		单排	双排	单排一侧停车	单排两侧停车	双排一侧停车	双排两侧停车
斜列式	30°	1.00	1.60	0.50	1.20	2.0	2.20	2.00	2.00	1.80
	45°	1.40	2.26	0.50	1.20	2.0	1.84	1.70	1.65	1.51
	60°	1.70	2.77	0.50	1.50	2.6	1.85	1.73	1.67	1.55
垂直式		2.00	3.20	0.60	1.50	2.6	2.10	1.98	1.86	1.74

资料来源：公安部、建设部《停车场规划设计规则(试行)》，1988 年。

(2)车辆横向间距 E

横向间距 E(单排垂直式为 E_1、双排垂直式为 E_2、单排斜列式为 E_3、双排斜列式为 E_4)，对于单排和双排垂直进式停车，横向间距 E 一般等于车宽，对于单排和双排斜列式停车，由于自行车车把可以错开，E 可以较垂直式小，一般可小 10cm。

设计车型不同停放方式的横向间距见表 9-18 所列。

(3)通道的宽度 S

停车带之间的通道宽度 S(单排垂直式为 S_1、双排垂直式为 S_2、单排斜列式为 S_3、双排斜列式为 S_4)，对于单排垂直式和停车角不小于 60°的单排斜列式，按取车人推行走时所需宽度确定，一般为 1.5m；双排则在单排的基础上按比单排略小的值递加，此值一般为 1.1m。对于停车角小于 60°的单排斜列式，由于存取车较方便，通道宽度可较单排垂直式略小，一般有 1.2m 双排则在单排的基础上按比单排略小的值递加，此值一般为 0.8m。

(4)单位停车面积 A

① 单排一侧停车

$$垂直式\ A=(W_1+S_1)\cdot E_1 \tag{9-12}$$

$$斜列式\ A=(W_3+S_3)\cdot E_3/\sin\theta \tag{9-13}$$

② 单排两侧停车

$$垂直式\ A=(W_1+\frac{1}{2}S_1)\cdot E_1 \tag{9-14}$$

$$斜列式\ A=(W_3+\frac{1}{2}S_3)\cdot E_3/\sin\theta \tag{9-15}$$

③ 双排一侧停车

$$垂直式\ A=(\frac{1}{2}W_2+S_2)\cdot E_2 \tag{9-16}$$

$$斜列式\ A=(\frac{1}{2}W_4+S_4)\cdot E_4/\sin\theta \tag{9-17}$$

④ 双排两侧停车

$$垂直式\ A=(W_2+S_2)\cdot E_2/2 \tag{9-18}$$

$$斜列式\ A=\frac{1}{2}(W_4+S_4)\cdot E_4/\sin\theta \tag{9-19}$$

不同停车方式的单位停车面积根据式(9-12)～式(9-19)计算，其结果列于表 9-18 中。

三、自行车停车场的设计要求和交通组织

(1)停车场应在公共建筑附近就近布置，以便停放。大型集会场所的停车场应在其四周设置，使各方向的来车均能就近停放，避免穿越干道，也不影响集合场所的出入口，与人流不发生干扰，集中疏散的自行车流不得任意左转、切断干道上的车流。

(2)沿道路红线外侧拓宽 2～6m 或沿人车流较少的街巷设置的长条形停车场，应分成 15～20m 一段，利用人行道出入，并以不干扰正常交通为原则。

(3)在独立场地上设置的自行车停车场，应分行分段，使短时间内集中存车或取车的人流和车流能顺利出入，停车位大于 500 辆自行车时其出入口不得少于 2 个，停车位超过

15000 辆时应分成 1000～1500 辆一组，每组有一对出入口。

(4)有周期性表演活动的公共建筑(如影剧院等)的自行车停车场，宜分成两个场地，设置两套出入口，轮流交替使用。

(5)出入口的宽度，一般应不小于 2.5m，以保证每个口能满足一对相向车辆进出的需要，通道的宽度不小于表 9-18 所列的数值，出入口和通道的纵坡应保证自行车推行上下的安全，一般应小于 10%。

(6)停车坪的路面标高应低于建筑物的地面标高，坡向向外。停车坪的坡度，保证自行车不滑倒的要求是小于 3%，考虑排水要求应大于 0.2%。场内地面应尽可能加以铺装，以利排水和环境卫生。

(7)固定停车场应尽可能设置车棚(防雨、防晒)，内设车架，以便于存放和管理。

(8)场内交通线路应明确，尽量单向行驶，使线路不发生交叉冲突，根据用地形状来设计交通线路，近似长方形的用地可布置成主线通道式(见图 9-7)，近似正方形的用地可布置成主、支线通道(见图 9-8)。

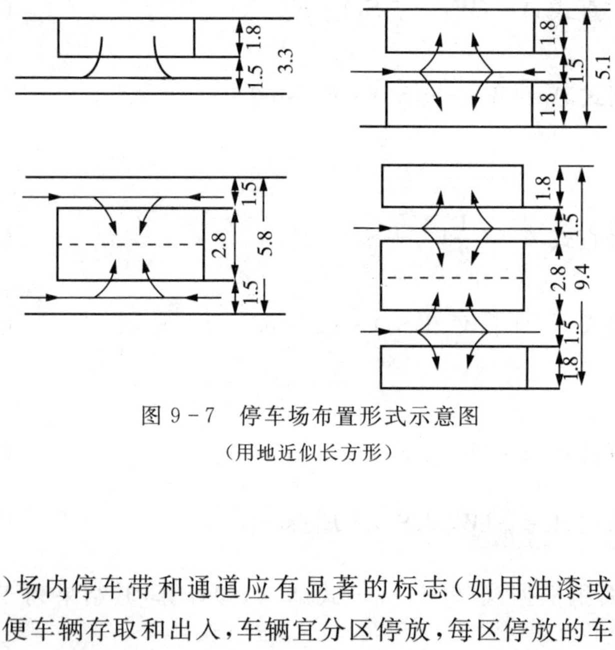

图 9-7　停车场布置形式示意图

(用地近似长方形)

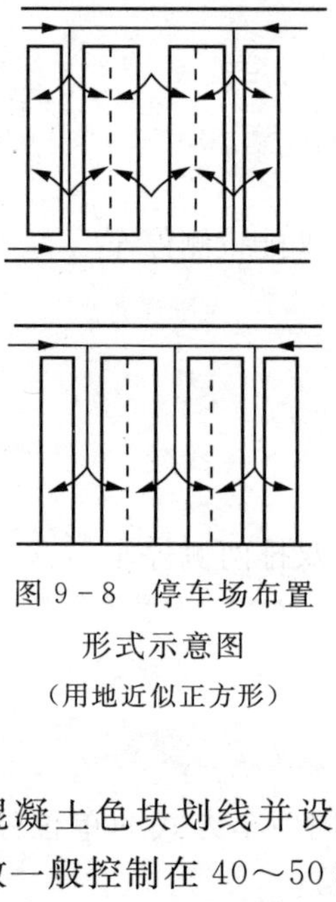

图 9-8　停车场布置形式示意图

(用地近似正方形)

(9)场内停车带和通道应有显著的标志(如用油漆或用混凝土色块划线并设编号牌等)，以便车辆存取和出入，车辆宜分区停放，每区停放的车辆数一般控制在 40～50 辆。

复习思考题

9.1　为什么说停车问题是大城市交通中最棘手的问题之一？我国大城市的停车特征与工业化发达国家有何异同？

9.2　车辆停放场地有哪几种类型？在规划布置中应注意哪几点原则？

9.3　什么是停放周转率？什么是停放饱和度(停放车指数)？

9.4　停车需求量与哪些因素有关？您认为应如何预测市中心区停车需求总量？

9.5　单位停车面积如何确定？试述拟定停车场容量的基本步骤。

9.6　简述自行车停车场地规划的原则与布置方式。

习　题

9.1　试规划200辆汽车的停车场所，其中微型、小型、中型与大型车的比重各占25%，停车方式采用45°斜式与垂直式方案，请分别作出规划布置图并进行评价。

9.2　某市中心辟出开发用地一块，经测算将有800辆自行车高峰时停放，其中有50%是集中时间停放(分散到达集中离去)，试采用60°与30°斜式停放方式，计算各部分用地面积，提出交通集散功能好、用地最省的方案布置图。

10 道路交通环境保护

10.1 概　述

一、道路交通的发展与环境影响

1. 环境的定义

环境，是指影响人类生存和发展的各种天然的和经过人工改造的自然因素的总和，包括大气、水、海洋、土地、矿藏、森林、草原、野生生物、自然遗迹、人文遗迹、自然保护风景名胜区、城市和乡村等。

环境是以人类为主体的外部世界，即人类赖以生存和发展的物质条件的整体，包括自然环境和社会环境。环境与发展是当今世界普遍关注的重大问题。人类经过漫长的奋斗历程，特别是从产业革命以来，在改造自然和发展经济方面做出了巨大的成就。但与此同时，由于工业化过程中的处置失当，尤其是不合理地利用自然资源，造成了全球性的环境污染和生态破坏，对人类的生存和发展构成了现实威胁。保护生态环境，实现可持续发展，已成为全世界紧迫而艰巨的任务。

2. 我国道路交通环境的现状

(1)公路交通环境的现状

我国20世纪80年代以前的公路建设是以普及为主，为交通闭塞地区修建了大量的低等级公路。当时限于投资，且交通量不大，大多没有采取环境保护措施，边坡裸露，缺乏排水系统和防护工程，对生态环境造成不同程度的破坏，致使有些公路存在着坍方滑坡、水土流失等病害，特别是当时人们均要求公路穿过城镇，以利交通，所以交通噪声和汽车尾气排放污染着这些城镇的大气和声环境，只是当时交通量不大，矛盾也不突出。

80年代后，我国公路建设以提高为主，并开始对环境影响的研究，评价和保护工作。目前，在新建高等级公路及大型改扩建公路时基本上都考虑了对环境的保护。对大气环境的影响，根据行车试验证明，新建高速公路运行顺畅，在同等交通负荷下比一般二级公路可减少一氧化碳(CO)排放量47%，碳氢化合物(HC)排放量48%，氮氧化物NO_x排放量35%，说明高速公路比普通公路可以大大减少大气污染量，从而证明兴建高速公路的环境正面效益十分显著。另一方面，对原有已建成的公路，有的已形成新的生态平衡，有的尚未形成。对尚未形成生态平衡的，要求通过养护，绿化栽植，恢复植被，治理各种病害等逐步解决。另外，有些路段上，还由于沿线街道化严重，汽车排放的废气和总悬浮微粒存在着超标现象。

(2)城市道路交通环境的现状

城市道路交通对环境的影响主要表现在对大气环境、声环境及社会环境等方面。目前，由于城市道路交通量的剧增，对大气环境的污染相当严重。据北京市统计，70%以上的街道两侧的一氧化碳(CO)浓度和氮氧化物(NO_x)浓度都常年超过国家标准。甚至在二环、三环等平均车速较高的路段上NO_x常年超标。在城市中心地区的交叉路口上，CO浓度值更是常年超标数倍。我国其他一些主要大城市也是如此。另外，我国目前还没有碳氢化合物(HC)的大气质量标准，高浓度的HC尚未引起人们的重视，有待加以研究制订有关技术标准。目前各有关部门已对此采取各项措施控制其污染，如严格限制排放超标的汽车行驶、对老旧车辆提前报废、提高车用油类的品质、净化尾气、加强城市道路的规划、加强交通管理、控制重点保护地区的车流量等，以减少对大气环境的污染。

声污染同样是各大城市中普遍存在的社会公害之一，其污染程度与该城市道路网的密度、车流量、车型构成以及路面质量等因素密切相关。以天津市为例，1986～1994年市区道路交通噪声平均声级昼间为70～75dB(A)，近年来监测结果基本稳定在71～72dB(A)范围内，略高于国家标准1～2dB(A)；但夜间道路交通噪声的污染程度要大于昼间，特别是在夏季，大、重型车普遍在夜间才允许通过市区，居民多开窗休息，其噪声干扰比冬季要严重得多。

二、道路交通污染的种类与危害

道路交通污染主要指公路和城市道路在建设过程中和建成后形成的带状构造物及汽车运行的排放和噪声等对周围环境产生的不利影响。主要包括以下几个方面：

1. 生态环境方面

由于道路的建设，导致沿线水文地质和天然植被的破坏，使自然生态环境失去原有的平衡，加剧水土流失，造成坍方滑坡等；破坏珍稀动、植物的生活和生存条件，使其繁衍生息受到影响；由于汽车运行的排放和垃圾对农业土壤和农作物的污染；对水资源的污染；等等。对生态环境其他方面的影响，我国目前尚缺少研究。

2. 大气环境方面

汽车运行所产生的悬浮微粒(T. S. P)、一氧化碳(CO)、氮氧化物(NO_x)、碳氢化合物(HC)、铅尘(Pb)及柴油车排放中的二氧化硫(SO_2)等对大气环境产生危害。

3. 声环境方面

道路交通对声环境的影响主要表现为机动车加速、机件运转及车体颠簸等造成的噪声和振动、喇叭声、刹车声和轮胎与路面的摩擦声等。另外，在道路建设施工中，各种施工机械产生的噪声和振动，虽然只是在施工期间的影响，但这种声污染同样是各大城市中普遍存在的一种重要的环境污染。

4. 社会环境方面

道路交通对环境的正面影响主要是社会环境影响，但另一方面对社会环境也带来一些负面影响，如征地拆迁、行政区划的改变，人们生活、生产通道的割断和改变，照明及历史文物的保护等。

上述道路交通对环境的负面影响均直接或间接地造成国家资源、财产的损失及人民生命、健康的损害。如自然生态平衡的破坏，将加剧或产生道路沿线地区的自然灾害，不仅使道路本身形成病害，影响其使用价值，也使沿线人们的生活和生存受到危害。汽车的排放物使沿线农业土壤和农作物的铅含量倍增，蒙尘使农作物减产。对水资源的污染，使水质恶化，影响工农业用水和人们的饮用水。尤其是对在排放物浓度大的地区和空间中长期工作的人员危害更大，如在缺乏排放控制的汽车驾驶室中，污染物的浓度常超过人体所能承受的大气环境质量标准，导致司机因慢性中毒而危害其身体健康，甚至引起交通事故。在城市道路的交叉路口处，因沿相交的两条道路上，汽车的各种排放物就像两条"山脉"，其浓度从路中央向两侧呈倍数下降，正常情况下，要到两侧 150m 左右处，才达到本底平均值，因而交叉路口就成为两条"山脉"的浓度最高峰值的交叉点，而交通民警就站在这个污染浓度的峰值点上指挥交通，成为汽车排放污染的受害者。在高等级公路的收费站口，由于汽车的停车、启动，其排放污染的积累也是相当严重的，影响收费人员的身体健康。另外，在城市街道两侧的商店、住户及行人，由于污染浓度超标而受害的人群数量就更大了。

所谓环境保护，就是防止自然界和人类对环境的破坏，而这种破坏是与工业、农业、交通运输等活动分不开的。由上述的道路交通污染的种类与危害说明，在破坏环境的各种因素中，道路交通占有不可忽视的地位。因此，研究解决道路交通污染问题的方法与措施是相当重要的，特别是在当前人们对道路交通的需求与日俱增的时候。同时这也是交通工程学的重要课题之一，是保证可持续发展的重要手段之一。本章将主要介绍道路交通产生的大气、噪声、振动等污染的危害与控制，以及道路交通污染控制与可持续发展之间的基本关系。

10.2 大气污染

一、大气污染物的形成及其伤害

1. 大气污染物的发生

大气污染是指大气中一些物质的含量达到有害的程度，以致破坏人和生态系统的正常生存和发展，对人体、生态和材料造成危害的现象。

大气污染物由人为源或天然源进入大气(输入)，就参与了大气的循环过程，经过一定的滞留时间后，又通过大气中的化学反应、生物活动和物理沉降等过程从大气中去除(输出)。如果它们输出大气的速率小于输入大气的速率，就会在大气中相对地积聚，造成大气中某种物质浓度的升高。当浓度升高到一定程度时，就会直接或间接地对人体、生物或材料等造成急性或慢性危害。一般地说，由于自然环境所具有的物理、化学和生物作用过程(自然的净化作用)，使天然源造成的大气污染，经过一定时间后会得到恢复，所以说，大气污染主要是指人类活动造成的。

表 10-1 大气气体组成

大气的组成	大气中的平均浓度		循环
	%	$\times10^{-6}$	
N_2	78.09	780～840	生物和微生物
O_2	20.94	209～460	生物和微生物

(续表)

大气的组成	大气中的平均浓度		循环
	%	$\times10^{-6}$	
Ar	0.93	9～340	无
CO_2	0.033	330	生物活动和人类活动
Ne	—	18	无
He	—	5.2	无
Kr	—	1.0	无
Xe	—	0.08	无
H_2	—	0.5	生物活动和化学过程
CH_4	—	1.5	生物活动和化学过程
CO	—	0.1	人类活动和化学过程
N_2O	—	0.25	生物活动和化学过程
O_3	—	0.1～0.01	化学过程

造成大气污染的物质，主要是由于人类活动的结果，如工业的发展，城市人口的增加，交通运输等活动使大气加入了各种各样的有害气体和烟尘，造成了大气污染。

大气污染物质的来源可分成天然污染源和人为污染源。

(1)天然污染源

自然界中某些自然现象向环境排放有害物质或造成有害影响的场所，是大气污染物的一个很重要的来源。大气污染物的天然源主要有：

① 火山喷发：排放出 SO_2、H_2S、CO_2、CO、HF 及火山灰等颗粒物。

② 森林火灾：排放出 CO、CO_2、SO_2、NO_2、HC 等。

③ 自然尘：风沙、土壤尘等。

④ 森林植物释放：主要为萜烯类碳氢化合物。

⑤ 海浪飞沫：颗粒物主要为硫酸盐与亚硫酸盐。

(2)人为污染源

大气的人为污染源可概括为四方面：

① 燃料燃烧：燃料（煤、石油、天然气等）的燃烧过程是向大气输送污染物的重要发生源。

② 工业生产过程排放：工业生产过程中排放到大气中的污染物种类多，数量大，是城市或工业区大气的主要污染源。

③ 交通运输过程排放：现代化交通运输工具如汽车、飞机、船舶等排放的尾气是造成大气污染的主要来源。内燃机燃烧排放的废气中含有一氧化碳、氮氧化物、碳氢化合物、含氧有机化合物、硫氧化物和铅的化合物等多种有害物质。由于交通工具数量庞大，来往频繁，故排放污染物的量也非常可观。

④ 农业活动排放:农药及化肥的使用,对提高农业产量起着重大的使用,但也给环境带来了不利影响,致使施用农药和化肥的农业活动成为大气的重要污染源。

此外,为便于分析污染物在大气中的运动,按照污染源性状特点可分为固定式污染源和移动式污染源。固定式污染源是指污染物从固定地点排出,如各种工业生产及家庭炉灶排放源排出的污染物,其位置是固定不变的;流动源是指各种交通工具如汽车、轮船、飞机等是在运行中排放废气,向周围大气环境散出的各种有害物质。

2. 道路交通产生的大气污染物及其主要影响因素

在道路交通的建设和营运中,所产生的主要大气污染物有总悬浮微料、氮氧化物等。

(1)总悬浮微粒(T. S. P)

总悬浮微粒指直径在100μm以下微粒。对10μm以下颗粒,又称之为"可吸收尘"(I. P.)。在道路的建设期,由于对原地面的开挖式回填以及筑路材料的拌和、运输等工程,均会产生大量的T. S. P,使空气环境受到污染。尤其是在半干旱、干旱季节施工时,T. S. P对沿线环境空气的污染就显得更加突出。在道路竣工投入营运期,由于高等级道路的路面均系沥青混凝土或水泥混凝土面层,T. S. P会显著降低,此时,它对环境空气的污染一般不会超过国家标准规定的浓度限制。

(2)氮氧化物、一氧化碳、二氧化硫以及光化学氧化剂(O_3)等

氮氧化物等在汽车运行当中排放的污染物以及在环境空气中经转化的污染物。这些污染物质在环境空气中超过国家标准规定的限值浓度时,对自然生态和人群健康以及城市、乡村中的动植物等会产生一定的危害作用。

表10-2为比利时政府研究得到的不同运输方式产生的污染排放量。

表10-2 比利时不同运输方式的排放量

运输方式		排放量[单位:客运为g/(人·km),货运为g/(t·km)]				
		CO	CO_2	NO_x	C_xH_y	SO_2
客运	常规铁路	0.008	48.7	0.120	0.003	0.209
	高速铁路	0.005	28.9	0.071	0.002	0.124
	轿车	1.038	126.4	1.367	0.168	0.084
	飞机	1.266	210.0	0.588	0.198	0.078
货运	有效载重量大于10t的卡车	2.10	—	1.85	0.92	—
	铁路	0.6	—	0.40	0.02	—
	水路	0.20	—	0.58	0.08	—

从表中数据可见,汽车运输排放的污染物较其他方式高得多。因此,汽车运输的污染是一个不可忽视的因素。我国正处于一个汽车拥有量日益增多、发展迅速的时期,应加以重视,着手治理。

汽车排放污染物的成分与数量,同汽车的运行状态、速度、燃料种类、发动机类型、驾驶技术有关。

污染物的排放量与车速密切有关,一氧化碳、碳氢化合物均随车速增高而减少,而氮氧

化合物则随车速提高而稍有增长(总的看来车速提高则污染量减少)。表 10-3 为汽车不同速度时排放污染物的成分。

表 10-3 不同车速时汽车所排放的污染物 单位:g/km

车速($km \cdot h^{-1}$) 污染物	16	32	48	64	80	97
CO	59.55	30.11	21.26	17.15	14.34	12.47
HC	7.08	4.63	3.63	2.98	2.50	2.27
NO_2	3.16	3.55	3.90	4.39	4.81	5.16
总计	69.79	28.29	28.79	24.52	21.65	19.90

由于道路交通状况不同,汽车经常以不同运行状态行驶。在不同行车状况时,其污染物的排放量不同,表 10-4 所示为三种主要污染物的数量,怠速时一氧化碳排出量最多,减速次之,恒速最低;碳氢化合物则减速量最多,恒速最低。在城市条件下,由于交叉口信号灯的控制与交通拥挤,汽车速度要不断变化,经常出现加速与减速等不同运行情况,因此其排污量与废气成分也是不断变化的。

表 10-4 汽油与柴油排污种类

燃料类别	运行状况	污染物类型及含量		
		CO/%	HC/10^{-6}	$NO_2/10^{-6}$
汽油	怠速	4.0~10.0	300~2000	50~1000
	加速(0~40km/h)	0.7~5.0	300~600	1000~4000
	恒速(40km/h)	0.5~4.0	200~400	1000~3000
	减速(40~0km/h)	1.5~4.5	1000~3000	5~50
柴油	怠速	0	300~500	50~70
	加速(0~40km/h)	0.0~0.1	200	200~1000
	恒速(40km/h)	0	90~150	200~1000
	减速(40~0km/h)	0	300~400	30~55

汽车排放污染物的数量同道路纵坡有关,坡度大耗油量大,因而排放污染物的数量也就大。据有关部门测定,国产车在 40km/h 时,不同坡段上 CO 的排放量同平坡时排放量的比值列于表 10-5。由表可知,坡度为 3%时增加 1.7 倍,坡度为 3.5%时增加 2.1 倍。

表 10-5 车速为 40km/h 时 CO 排放量同坡度的关系

坡度	$i=0$	$i=+3\%$	$i=+3.5\%$	$i=+4.5\%$
排放量增大倍数	1.0	2.7	3.1	3.7

一般城市愈大、人口密度愈高、交通量愈多,则污染排放物也愈多。如交叉口处的污染

排放量常多于路段，城市中心区常多于边缘区，商业交通区亦常多于一般居民区。

3. **道路交通大气污染物的危害**

汽车排出的污染物对人体有多方面的影响，主要表现为呼吸道疾病与生理机能障碍，或眼鼻黏膜组织病变，严重者会因急性污染中毒导致心脏病恶化面死亡。

(1)呼吸道疾病

近百年来，世界各大城市呼吸道疾病日益增多，很重要的一个原因就是大气污染，图10－1明显地表明了呼吸道疾病死亡率与粉尘含量之间的关系。

国外出现过光化学烟雾事件(如英国伦敦烟雾事件、美国洛杉矶光化学烟雾事件等)，其中大量的受害者均系患呼吸道疾病，闻名的日本东京、横滨哮喘，更是直接由硫酸烟雾和光化烟雾为主的第二代污染物引起的。

(2)致癌

汽车废气中，粉尘附着的苯并芘(Bap)是氧化氮和碳氢化合物相互作用生成的硝基化合物，具有放射性物质(PD_{210})，而PD_{210}是致癌的。据有关资料介绍，英国和美国城市癌病死亡率比乡村高1.26～2.23倍；日本大阪市1964—1967年中，污染区的肺癌发病率比非污染区高2～3倍，烟雾期间死亡率比非烟雾期间高20%。

根据美国的调查，呼吸器官癌、肠胃癌、动脉硬化和心肌梗死四大疾病的死亡率与工厂和汽车拥有率成正相关。

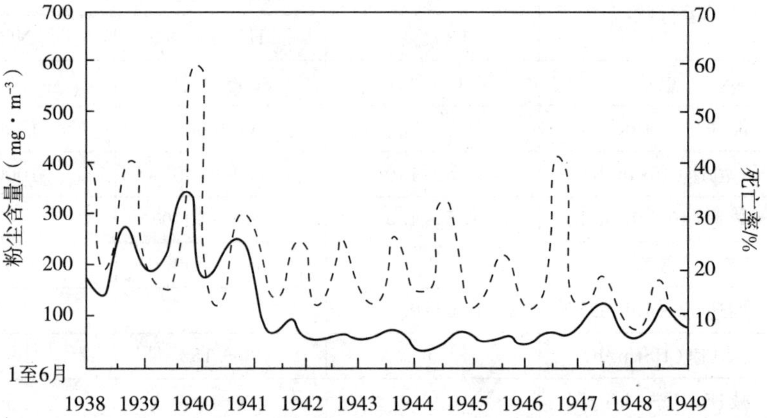

图10－1 呼吸道疾病死亡率与粉尘含量

(3)对心血管系统的影响

污染物中的一氧化碳、硫化合物、铅化合物对心血管系统有不良影响，一氧化碳侵入人体可吸取血液里的氧，浓度低时会使人眩晕、头痛、精神呆滞、心律异常；浓度高时可能诱发其他疾病造成死亡。

世界上出现烟雾的事件证明，硫酸烟雾和光化学烟雾对心脏均有严重影响。例如1952年12月伦敦烟雾事件中，患心脏病者为平时的3倍，在发生事件的一周内，因支气管炎死亡704人，为前一周的9.3倍；冠心病死亡218人，为前一周的2.4倍；心脏衰竭死亡344人，为前一周的2.8倍。

(4)对消化系统的影响

污染物对消化系统的影响，以损害肝脏最为突出，常见的症状是肝大、肝区不适、头晕、乏力、记忆力衰退和睡眠障碍等神经衰弱症。一氧化碳、二硫化碳等影响神经系统的污染物称为亲神经性毒物，它们常使人头晕、头痛、乏力、食欲不振等。许多污染物还会引起坏死性肾炎、阻塞性肾炎等泌尿系统的疾病，光化学作用产生的第二代污染物对眼睛有强烈的刺激，能引起眼底病变，导致视神经萎缩、视野缩小及晶体炎等。与其他污染源所产生的污染物一样，汽车排出的污染物对植物、牲畜和各种物品(金属制品、油漆涂料等)也有各种损害或腐蚀作用。根据荷兰政府的研究表明，每年道路交通产生的大气污染物造成的经济损失约占当年 GDP 的 0.4%～0.7%。

二、道路交通大气污染的控制方法

防止大气污染是改善自然环境特别是城市环境，保护人民健康的重要工作。在国外，经过几十年的治理，目前已有明显的改善，除个别城市外，基本解除了城市上空烟雾弥漫的局面。但近年来光化学烟雾则有所发展，美、日、德等国光化学烟雾的关键性污染——氮的氧化物仍有增加的趋势，其主要原因在于产生 NO_2 的主要污染源是单独活动的汽车，它排出的废气量大而分散，无法集中处理。由此可见，防治汽车废气对道路周围环境的污染，是环境保护的一项十分重要的迫切的任务，各国正把大气污染治理的中心转向光化学烟雾的控制，其措施如下：

1. 制定严格的排放标准和环境法

20 世纪 60～70 年代，许多国家开始在刑法中列入“公害罪法”，对违反环境保护法、排放大量污染物、危及人类生命健康者绳之以法。这些国家还相应制定了容许污染的标准，例如美国规定：CO 的质量分数每小时不超过 35×10^{-6}，光化学氧化物的质量分数每小时不超过 0.12×10^{-6}。为了统一评价大气的环境质量、保护环境，我国颁布了国家环境保护法和大气环境质量标准(GB 3095—1996)，对空气污染物的浓度限值分三个级别予以规定。这个标准是检查我们大气环境质量的依据，也是检查交通排散物是否造成污染、是否进行控制的标准。

在车辆营运过程中，要做好对车辆排污性能的监督和管理。汽车及其发动机产品生产主管部门应强化对其产品的行业监督，达不到国家有关排放标准的不得出厂；公安、交通管理部门在年检和抽检中，对排散超标的车辆按有关规定处罚；汽车维修部门应将排放污染纳入维修质量考核内容，经维修的车辆必须达到有关标准；强化对进口车辆的管理，排气污染达不到国家标准的不得进口。

2. 建立空气质量监测系统

在需要控制的道路和地区安装空气监测装置，记录 1h 内的污染浓度，亦可根据长期监测结果制成图表，直接查用。

道路空气监测系统可以与交通自动控制系统联系起来，作为交通自动控制的一个组成部分，道路空气监测站所得空气质量情报可及时传至中央控制室，当空气污染浓度超过规定标准时，控制室可调整交通流，控制车速或采取其他措施予以解决。

实际上，道路空气监测系统又是环境综合监测系统的一个组成部分，所以它又可与综合监测系统联系起来，为综合系统提供道路环境的空气质量情报，接受综合系统的指令。

3. **控制汽车排污量，发展无公害汽车**

世界各工业发达国家对汽车的尾气排放，经过多年的研究，已有很大改进。其排放控制技术措施的发展过程是和汽车排放法规的变化过程紧密相关的，总结世界上机动车排放标准的严化过程大体可分为：以未经排放治理的汽油车排放为基础，使机动车排放总量下降40％、60％、80％和95％以上等几个阶段。不同的严化程度对应着不同的技术措施。美国已有85％以上的汽车装上了净化装置，日本以采用延迟点火时间的方法，使氮氧化合物的排放量减少30％～40％，不少国家还积极研制无害的汽车（如电子汽车、电动汽车等），以新的能源代替汽油、柴油。

4. **加强道路养护中的环保对策**

要按照道路标准化美化工程的要求，科学合理地实行草、花类与灌木、乔木相结合的立体绿化，达到恢复植被，保护边坡，减少水土流失，减轻交通噪声和汽车废气的污染，美化环境，改善景观的综合环境效益。

对低等级公路和有条件的城市道路，应及时洒水，降低扬尘对大气环境中总悬浮微粒的含量。

5. **加强交通管理**

加强城市交通管理，保持良好的交通秩序，减少交通拥挤阻塞和各种干扰，使汽车以均匀速度行驶，既可减少排放的污染物质，又可节约能源，提高道路的通行能力。

10.3 噪声污染

一、交通噪声的产生机理及其危害

1. **噪声来源**

不同频率，不同强度的声音，无规律地组合在一起即成噪声，广义来说，凡对人的生活、工作有妨碍的声音都可称为噪声。

按噪声的来源不同，噪声可分为工业噪声、交通噪声和生活噪声。工业噪声来自噪声大的大型工厂、混杂于住宅区的小工厂、建筑工地的施工机械等；交通噪声来自行驶在道路上的各种车辆，轨道上奔驰的火车，飞机的起飞、降落，轮船的汽笛声等；生活噪声包括文娱场所的锣鼓乐器声、露天悬挂的扬声器和人的喧闹声等，本节主要研究在道路上行驶的各种车辆所产生的噪声，简称为交通噪声。

交通噪声主要来源于行驶车辆发动机产生的声音、排气管产生的声音、车辆各零部件产生的声音以及车胎与路面摩擦产生的声音等，道路交通噪声是一种典型的随机非稳噪声，交通噪声与车辆自身的性能、负荷、车型、车速、交通量的大小、道路的纵坡、路面的类型以及路面的平整度等均有密切的关系，并在传播过程中衰减。一般大城市较小城市噪声大，市中心较边缘为大，交叉口由于车辆的加速、减速、按喇叭，其噪声要比一般路段力大，甚至相差达10dB(A)以上。

2. **噪声的危害**

噪声广泛地影响着人们的各种活动。比如，妨碍交谈，影响睡眠和休息，干扰工作，使听力受到损害，甚至引起神经系统、心血管系统、消化系统等方面的疾病。所以，噪声是影响面最广的一种环境污染。它的危害主要表现在下面几个方面：

(1)听力机构损伤

近20年来，关于噪声对听觉影响的研究有了很大进展。大量的调查和研究证明，强噪声会造成耳聋。根据国际标准化组织的规定，暴露在强噪声下，对500Hz、1000Hz和2000Hz出三个频率的平均听力损失超过25dB(A)，称为噪声性耳聋。在这种情况下，正常交谈时，句子的可懂度下降13%，而句子加单音节词的混合可懂度降低38%。换句话说，即听力发生了障碍。

在不同噪声级下长期工作，耳聋发病率的统计结果见表10-6。从表中可以看出，噪声级在80dB(A)以下，才能保证长期工作不致耳聋；在90dB(A)条件下，只能保护80%的人不会耳聋；即使是85dB(A)，还会有10%的人可能产生噪声性耳聋。

表10-6 工作40年后噪声性耳聋发病率

噪声级/dB(A)	发病率/%	
	国际统计(ISO)	美国统计
80	0	0
85	10	8
90	21	18
95	29	28
100	41	40

(2)对睡眠的干扰

睡眠对人是极为重要的，它能够使人的新陈代谢得到调节使人的大脑得到休息，从而消除体力和脑力疲劳，所以保证睡眠是关系到人体健康的重要因素。但是噪声会影响人的睡眠质量和数量。老年人和病人对噪声干扰较敏感，当睡眠受到噪声干扰后，工作效率和健康都会受到影响。研究结果表明，连续噪声可以加快熟睡到轻睡的回转，使人多梦，熟睡的时间缩短；突然的噪声可使人惊醒。一般来说，40dB(A)的连续噪声可使10%的人睡眠受到影响，70dB(A)可影响50%的人的睡眠；而突发的噪声在40dB(A)时可使10%的人惊醒，到60dB(A)时可使70%的人惊醒。

(3)对人体的生理影响

许多调查和统计资料说明，大量的心脏病的发展和恶化与噪声有着密切的关系。实验结果表明，噪声会引起人体紧张的反应，使肾上腺素增加，从而引起心率改变和血压升高。一些工业噪声调查的结果指出，在高噪声条件下工作的钢铁工人和机械车间工人比安静条件下工作的工人的循环系统的发病率要高。对小学生的调查还发现，经常暴露于飞机噪声下的儿童比安静环境下的儿童血压要高。目前不少人认为，20世纪工业生产噪声和交通噪声的升高，是造成心脏病的重要原因之一。

噪声还会引起消化系统方面的疾病。早在20世纪30年代，就有人注意到，长期暴露在噪声环境中的工人，其消化功能有明显的改变。一些研究指出，某些吵闹的工业行业里，溃疡症的发病率比安静环境高5倍。通过人和动物的实验都表明，在高到80dB(A)的噪声环境中，肠蠕动要减少37%，随之而来的是胀气和肠胃不舒适的感觉，当噪声停止时，肠蠕动由于过量的补偿，其节奏大大加快，幅度也增大，结果会引起消化不良。长时间的消化不良往往造成溃疡症。

在神经系统方面，神经衰弱症候群是最明显的。噪声会引起失眠、疲劳、头晕、头痛、记忆力衰退。

此外，强噪声会刺激内耳腔的前庭，使人眩晕、恶心、呕吐，如晕船一般。超过140dB(A)的噪声甚至会引起眼球振动，视觉模糊，呼吸、脉搏、血压都发生波动，全身血管收缩，使供血减少，甚至说话能力都受到影响。

(4)心理影响

噪声引起的心理影响主要是烦恼。引起烦恼首先是由于对交谈和休息的干扰。例如一个人正站在放水的水龙头旁，其背景噪声大约是74dB(A)。当另一个人离开他6m远时，即使放大嗓音，通话也很困难。如果两人相距1.5m，环境噪声如超过66dB(A)，就很难保证正常的交谈。

由于噪声容易使人疲劳，因此往往会影响精力集中和工作效率，尤其是对一些不是重复性的劳动，影响更为明显。

此外，由于噪声的掩蔽效应，往往使人不易察觉一些危险信号，从而容易造成工伤事故。美国根据不同工种工人医疗和事故报告的研究发现，吵闹的工厂区域比安静工厂区域出的事故要高得多。

二、交通噪声及其传播

道路交通噪声是一种随机变化的噪声，除了与车辆本身声功率级有关外，与道路结构和交通状态有很大关系。公路上车流连续，速度快而且重车比较多，因此噪声也比较大，相应的计算方法也比较简单。城市道路车流不连续，受到交叉口等影响，速度相对比较慢，周围建筑物较多，计算比较复杂。高架道路车流连续，重车较少，速度快，声源点位置较高，影响范围比较大。高架道路使得通行能力大大提高，避免了平面交叉，减少了车辆鸣号，刹车，启动的频率，在同样交通量的情况下，交通噪声应该是降低的。但车速提高，而且声源点高架后使受影响的范围扩大，在地面道路上修筑了桥梁，使得地面道路的交通噪声多次反射，增加了对周围环境的影响。如果以桥面为基准的话，在桥面以上的高架道路的交通噪声分布应该和一般道路的噪声分布是相似的，对桥面以下的影响比较小，带来交通噪声的最主要的因素是重车。

三、交通噪声的控制

为减少道路噪声的污染，可采取下列措施：

1. 制定切实可行的环境噪声法令条例

制定切实可行的环境噪声法令条例，并使之得到实施，是保护环境免遭声公害影响的重要措施，国外已有较成热的经验，我国目前基本上已经建立了这套管理法规体系，如《环境保护法》《城市环境噪声控制法》《城市区域环境噪声标准》等。

制定环境噪声标准，也是一项有关政策性的工作，它涉及技术经济等各方面的问题。

表 10－7 为我国机动车辆允许噪声标准，既作为车辆产品的噪声标准，又作为城市机动车辆噪声管理检查的依据。

表 10－7　我国机动车允许噪声标准

车辆种类		1990 年噪声标准/dB(A)	1988 年噪声标准/dB(A)
载重汽车	3～15t	92	89
	3.5～3t	90	86
	＜3.5t	99	84
轻型越野车		89	84
公共汽车	4～11t	89	86
	＜4t	88	83
摩托车		90	84
轿车		84	82
轮式拖拉机(45kW 以下)		91	86

表 10－8 是 2008 年颁布的国家城市区域环境标准 GB 3096—2008，表 10－9 是国际环境噪声标准，应严格贯彻执行。

表 10－8　中华人民共和国国家标准城市区域环境噪声标准(Leq/dB(A)(GB 3096—2008)

声环境功能区类别 \ 时段		昼间	夜间
0 类		50	40
1 类		55	45
2 类		60	50
3 类		65	55
4 类	4a 类	70	55
	4b 类	70	60

注：0 类声环境功能区：指康复疗养区或特别需要安静的住宅区。

1 类声环境功能区：指居民住宅、医疗卫生、文化教育、科研设计行政办公为主要功能，需要保持安静的区域。

2 类声环境功能区：指以商业金融、集市贸易为主要功能或者居住、商业、工业混杂、需要维护住宅安静的区域。

3 类声环境功能区：指以工业生产、仓储物流为主要功能，需要防止工业噪声对周围环境产生严重影响的区域。

4 类声环境功能区：指交通干线两侧一定距离内，需要防止交通噪声对周围环境产生严重影响的区域，包括 4a 和 4b 两种类型。4a 为高速公路、一级公路、二级公路、城市快速路、城市主干道、城市次干道、城市轨道交通、内河航道两侧区域；4b 类为铁路干线两侧区域。

表 10-9　国际标准组织制定的环境噪声标准

性质	标准 Leq/dB(A)
寝室	20～50
生活室	30～60
办公室	25～60
工厂	70～75

目前城市噪声污染最严重的是农用拖拉机、各地自行装配的柴油小翻斗车和摩托车及建筑噪声，为减少车辆噪声，有关部门应定期检验其行车时的噪声状况，不合格者应限制其通行。

2. 合理的城市规划与道路建设

合理的城市规划对于未来的城市噪声控制具有十分重要的战略意义。为了控制噪声，城市规划时应考虑如下几个方面：

(1)城市人口的控制

城市噪声源无不与人们的活动有关，国内外的研究表明，城市噪声随着人口密度的增长而增加。城市人口的过度集中使环境噪声日益严重，如交通噪声中以机动车和鸣号声为主，人口密度愈高，显然车辆也愈集中，街道上人流愈多，汽车鸣号声愈频繁。城市噪声与人口密度之间的关系，根据美国对 14 个城市的调研得出为

$$L_{dn}=10\lg\rho+26 \tag{10-1}$$

式中，L_{dn}——昼夜等效声级 dB(A)；

ρ——人口密度(人/km^2)。

美、日等国家发表的资料中引用了该式，我国城市环境噪声与人口密度的关系基本上与此类似，只是式中常数项对不同的城市有所差异，人口密度加倍，L_{dn}提高 3dB(A)。因此严格控制城市人口很重要。为降低市中心区的人口密度，许多国家采取发展卫星城的措施，收到了一定的成效。

(2)划分功能区域

在规划中尽量避免疗养区，医院、宾馆和居民住宅区与工商业区、交通干道等吵闹区混合。比如国外有的大城市，将主要工厂都集中于机场附近，远离居民区。因为工厂噪声一般都比环境背景噪声高，因此飞机噪声对它的干扰就小。现有旧城市由于缺乏合理的规划和没有考虑城市噪声污染这一因素，因此大部分地区很难严格地划分功能区，致使住宅区环境噪声较高，难以控制。

在规划中应避免主要干道，如高速公路、高架道路等穿越市中心住宅区，交通干道与住宅(尤其高层建筑)应有足够的距离，一般不应小于 30m，并在其间种植林带，使噪声在传播途中得到一定的衰减。

(3)合理利用土地

根据不同使用目的和建筑物的噪声允许标准来选择建筑物的场所和位置，从而确定哪些地带适于建学校，哪些地带适合于建医院、住宅或旅馆。为此，在设计前，应先进行噪声

环境的预测，并了解今后的发展趋向是否符合该建筑物的环境噪声标准。对于兴建噪声较大的工矿企业，还应进行相应的预测评价，估计它们对周围环境的影响以及应该采取的减噪措施。我国城市区域环境噪声标准是土地使用规划的重要依据。

(4)合理的建筑布局

要考虑采取环境噪声影响最小的建筑布局。如对一小区域的建筑物布局，除考虑声源位置的布局外，还应充分利用地形或已有建筑物的隔声屏障的效应，使噪声得以降低。这样的布局，使噪声污染形成之前就解决了矛盾，不但效果理想，而且是最经济的一种办法。

在进行道路网规划时，应重视不同功能道路的区位选择，噪声污染严重的车辆宜辟专用车道，以便集中采取隔离措施。

对于噪声敏感地区和医院、学校等宜采用路堑式道路，以减少噪声(有关资料证明，路堑的噪声比平地要低几分贝)，如图 10－2 所示。

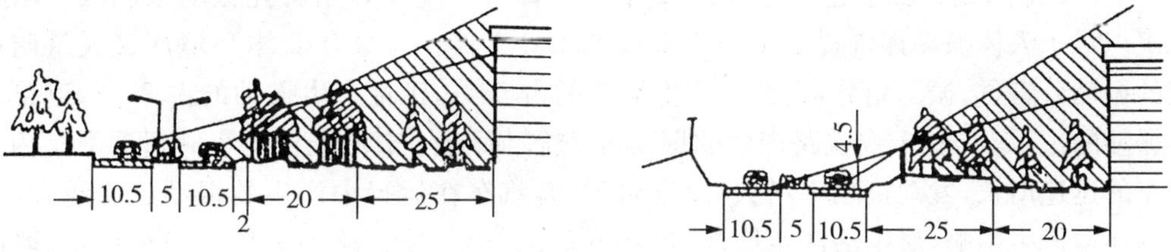

(a) 利用绿化带　　(b) 利用防声屏障

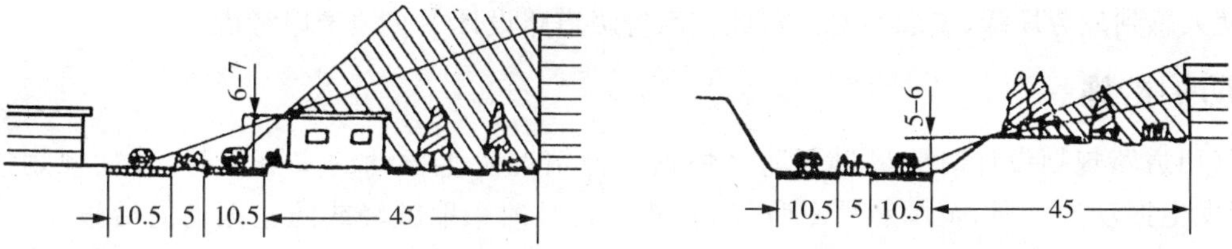

(c) 利用临街建筑　　(d) 利用路堑式道路断面

注：图中尺寸单位为 m

图 10－2　四种典型的噪声屏障

3. 绿化

城市绿化，利用森林的散射、吸声作用以及地面吸声，也是达到降低噪声目的的一种办法。一般来说，城市街道上经常遇到的观赏遮阴绿林，并不形成密实的绿林实体，降噪效果不大，只有采用种植灌木丛或者多层林带才能构成绿林实体。大多数绿化实体的衰减量平均每米衰减 0.15～0.17dB。如松林(树冠)全频带噪声级降低量平均值为 0.15dB/m，冷杉(树冠)为 0.18dB/m，茂密的阔叶林为 0.12～0.17dB/m，浓密的绿篱为 0.25～0.35dB/m，草地为 0.07～0.10dB/m。林带设计中，除考虑树木种类外，还需考虑它的结构，如不同高度和密度树冠的组合、地面高度的变化、整片树林还是分段等因素。目前许多国家对绿化降噪都比较重视，因为在市区到处竖屏障，难以使人接受，而绿化却不然。

从现实考虑，利用浓密的绿篱将快、慢车道和人行道分离，将有一定的效果。据国内的研究资料，常见的松柏、侧柏绿篱配以乔灌木和草皮的混合结构，有一定的减噪效果。在高层建筑群的街道两旁种树，由于吸声作用可以减少混响声，也能使噪声有所改善。

10.4 振动污染

一、振动的产生

当汽车行驶于凹凸不平或有较深车辙的路面上,汽车产生上下、左右或前后颠簸、摇动,这种不断变换方向的冲击力量作用于车体的各部,作用于车上的乘客,作用于路面,路面又将这巨大的外力传给路基,路基土壤又传给道路两侧房屋设施,于是沿线一带就产生不同程度的振动。这就是一列火车、一队汽车从路旁驶过或桥上通过时,人们明显地感到震动或摇晃的原因,尤其是夜深人静时就感受倍增。当振动超过某种限度就会对人的心理和生理上产生某种有害的影响。

据有关文献记载,关于振动公害的预防,日本早就有文件规定。1963 年东京、1965 年大阪、1967 年爱知都先后发布过规定。1971 年 7 月日本环境厅开始研究振动限制法。国际标准化组织对于人体振动评价提出了一个 ISO2631 号文件。1974 年日本环境厅又大量调查了全国的振动公害,按振源划分,由工厂产生振动的占 53%,工地产生振动的占 24%,道路交通产生振动的占 10%,新干线铁路产生的振动占 7%。而近年来由于重型车辆超重型车辆及拖挂列车的迅速增长,发动机功率增大,交通量激增,汽车在运行中产生的振动越来越大,不仅对周围环境产生影响,对生活产生影响,破坏安静的气氛,使道路两旁房屋门窗振动、墙面发裂,还由于汽车引起的振动在时间上不分昼夜、连续发生,给沿线居民的身体健康产生不利影响,使人感到疲劳烦躁、焦虑不安。对此在高等级道路设计中必须予以考虑。

二、防护措施

(1)道路规划设计时要尽量预防。根据类似情况发生振动的实测资料,预估规划道路可能发生振动的场所、范围和严重程度,在规划设计时采取减轻或防止振动的措施。

(2)对振源的措施。交通产生振动的源是汽车,尽可能使汽车本身具有弹性或安装减振设施以减低行驶中的波动,从而使传给道路的波动变小,路面凹凸与沿路地基的振动有很大关系,故提高道路质量,严格规定道路的平整度并加强检测,及时整平路面修补裂缝可以减小振动。其次对车种、车速、重量和交通量的限制亦能影响振动。根据国外经验,对损坏的水泥混凝土路面采用沥青罩面能大大减小振动,一般可减少 15～25Hz。

(3)加强交通管理,使汽车匀速流畅地通行,并及时排除故障或交通事故所造成的拥挤阻塞。

(4)加宽两侧用地,使两旁的房屋远离道路,或车道两旁布置绿化或设置缓冲地带,依靠土壤吸收振动能以减轻振动的传递,因此有许多国家将道路用地定得很宽,将两旁居民建筑限制在很远的地方,以免受车辆振动的影响。

复习思考题

10.1　道路交通环境与环境保护的含义是什么?

10.2　道路交通产生的大气污染主要有哪些?如何控制道路交通大气污染?

10.3　交通噪声的主要来源、危害及防治措施有哪些?

10.4　交通振动的产生及对人体的危害有哪些?如何防护?

11 智能运输系统

11.1 概 述

智能运输系统(ITS,Intelligent Transportation Systems)是目前世界交通运输领域研究的前沿课题,它是当代科学技术充分发展进步的背景下产生的,旨在将先进的信息技术、数据通信技术、电子控制技术及计算机处理技术等综合运用于地面交通管理体系,从而建立起一种大范围、全方位发挥作用的,实时、准确、高速的交通运输管理系统。智能运输系统研究的目标是使汽车与道路的功能智能化,提高运输效率,保障交通安全,缓解交通拥挤,减少空气污染。

一、智能运输系统的发展过程

交通运输业的发展促进物资的流通和人员的往来,大大地加快了社会的发展进程。然而,随着交通运输业的发展,也带来了很多弊端,尤其是地面汽车交通运输,不论是发达国家还是发展中国家都存在着不同程度的问题。近半个世纪以来,交通拥挤、道路阻塞、交通事故频繁、空气污染等问题正威胁着人们的生活和社会的进步,如何有效地解决交通运输问题已成为迫切的课题。

修建道路是解决交通问题的一个最直接途径。美国、英国、日本等发达国家曾大力开发建设交通基础设施,但在大量土地、燃油等资源被占用和消耗的同时,不但交通需求没有完全得到满足,还由于道路拥挤而造成汽车尾气排放量剧增。不仅在经济上造成巨大损失,而且给环境带来恶劣影响。20 世纪六七十年代后,由于石油危机及环境恶化,工业化国家开始采用以提高效率和节约能源为目的的交通系统管理和交通需求管理对策,同时大力发展大运量轨道交通及实施公交优先政策。随着科学技术的发展,尤其是计算机技术以及全球定位系统(GPS)、信息技术的普及和应用,交通监视控制系统、交通诱导系统、信息采集及传输系统等在交通管理中发挥了很大作用。但这些技术仅单纯对车辆或道路实施科学化管理,功能单一,范围不大、系统性不强。80 年代后,由于世界范围的冷战结束,大量军事高科技转向民用,加快了信息时代的到来,信息技术得到飞速发展,信息产业应运而生,这为解决交通问题带来了一个新的思路。一个旨在将先进的信息技术、数据通信技术、电子控制技术及计算机处理技术等有效地综合应用于地面交通管理体系,从而建立起一种大范围、全方位发挥作用的,实时、准确、高效的智能运输系统的概念便产生了。

二、智能运输系统的研究内容

目前国际上的 ITS 研究形成了美国、日本和欧洲三大阵营,在 ITS 这个名称出现之前,美国的 IVHS(Intelligent Vehicle－Highway Systems)、欧洲的 RTI(Road Transport Informatics),DRIVE 二期工程都是和 ITS 意义等同的称谓。美国的 ITS 研究开发体系最为完善,已受到国际 ITS 研究领域的广泛认可。智能运输系统的研究内容分为九大部分。

1. 先进的交通管理系统 ATMS(Advanced Traffic Management System)

ATMS 用于监测控制和管理公路交通,在道路、车辆和驾驶员之间提供通信联系。它依靠先进的交通监测技术和计算机信息处理技术,获得有关交通状况的信息,并进行处理,及时地向道路使用者发出诱导信号,从而达到有效管理交通的目的。

2. 先进的出行者信息系统 ATIS(Advanced Traveler Information System)

ATIS 是以个体驾驶员为服务对象,驾驶人员可以通过其车载路径诱导系统,在与信息系统的双向信息传递中,使自己始终行驶在最短路上。在信息类型以及信息接收者方面,ATIS 与 ATMS 有本质的差别,虽然 ATMS 中同样具有许多向驾驶员提供信息的设备,如可变信号板、公路咨询广播等,但它们传递的信息量是有限的,一个可变信息板一般只能显示 14 个字符,公路广播的信息也不能超过几分钟,而且上述设备是为整个交通流总体而服务的,其信息只具有普遍性。ATIS 和 ATMS 的功能十分相似,可以压缩旅行时间,降低燃油消耗和减少废气排放,使交通拥挤状况得到缓解。

3. 先进的公共交通系统 APTS(Advanced Public Transportation System)

它采用各种智能技术促进运输业,特别是公共运输业的发展,如通过个人计算机、闭路电视等向公众就出行时间和方式、路线以及车次选择等提供咨询,在公共汽车站通过显示器向乘客提供车辆的实时运行时间信息等。

4. 运营车辆调度管理系统 CVO(Commercial Vehicle Operation)

CVO 实质上是运输企业应用 ITS 技术来谋求最大效益的一种调度系统。它的目的是利用 ITS 技术,例如车辆自动识别技术、车辆自动定位技术、车辆自动分类技术等,提高企业内部劳动生产率,增加安全度,改进对突发事件的反应能力,改善车队管理和交通状况。

5. 先进的乡村运输系统 ARTS(Advanced Rural Transportation System)

ARTS 是 ITS 技术在幅员广阔的乡村区域的选择性应用。

6. 先进的车辆控制系统 AVCS(Advanced Vehicle Control System)

AVCS 的目的是开发帮助驾驶员实行车辆控制的各种技术,从而使汽车行驶安全、高效。AVCS 领域包括对驾驶员的警告和帮助、障碍物避让等自动驾驶技术。实际上,AVCS 具有最长期的潜在效益,同时也对汽车行业、电子行业提出了巨大的挑战。

7. 自动公路系统 AHS(Automated Highway System)

AHS 有三种研究理念:①基于车辆智能化的匿名自动驾驶;②基于公路基础设施智能化的公路控制自动驾驶;③前两者的综合。

8. 共享单车(Bike－sharing)

共享单车是指基于“互联网＋”在校园、地铁站点、公交站点、居民区、商业区、公共服务区等提供自行车单车共享服务,是一种分时租赁模式,是一种新型绿色环保共享经济。

共享单车实质是一种基于“互联网＋”的新型交通工具租赁业务——自行车租赁业务,其主要依靠的载体为自行车(单车),可以很充分利用城市因快速的经济发展而带来的自行车出行萎靡状况,最大化地利用了公共道路通过率。随着城市交通发展模式逐步改变。私人交通及机动车数量逐年提升，这一现象与社会经济发展和居民出行需求增加是相符合的，但是城市交通结构不合理、资源紧张、交通事故频发等问题日益严重。针对这些问题，政府已经采用了新建道路设施、提高服务水平等措施。而共享单车作为新型交通工具，不仅符合“绿色、高效、安全、健康”的城市交通发展理念，而且能够解决居民出行“最后一公里”的问题，促进公共交通方式的接驳，优化城市原有的交通结构，对原有的城市公共交通起到了促进与完善的作用，有利于构建以公共交通为主干的城市综合交通运输体系。因而大力发展共享单车成了国内外城市交通发展的新思路。我国自 2016 年以来共享单车规模稳步上升，投入市场后获得大量用户青睐，截至 2019 年，我国共享单车用户人数已超过 2.4 亿人。

9. 网约车(Online Ride - Hailing)

网约车，即网络预约出租汽车经营服务的简称，是指以互联网技术为依托构建服务平台，接入符合条件的车辆和驾驶员，通过整合供需信息，提供非巡游的预约出租汽车服务的经营活动。2016 年 5 月 31 日，教育部、国家语委在京发布《中国语言生活状况报告(2016)》，“网约车”入选十大新词。2018 年 2 月，交通运输部办公厅下发了关于《网络预约出租汽车监管信息交互平台运行管理办法》。2018 年 6 月 5 日，交通运输部、中央网信办、工业和信息化部、公安部、中国人民银行、税务总局和国家市场监督管理总局等七部门联合印发《关于加强网络预约出租汽车行业事中事后联合监管有关工作的通知》，明确了网约车行业事中事后联合监管工作流程。

11.2 国外智能运输系统的研究进展

在 20 世纪 80 年代，智能运输系统研究在不少发达国家已得到普遍开展，发达国家争先恐后地进行智能运输系统的研究和开发，出现激烈的竞争局面，并形成美国、欧洲和日本三大体系。

一、日本的 ITS 研究进展

日本早在 1973 年就开展一个名为 CACS(Comprehensive Automobile Traffic Control System)项目的研究，首先进行了基于 RF 射频通信的车载动态路径诱导系统的开发实验，并得到了可以减少 13%行程时间的结论。但由于在当时该研究没有市场前景而没能继续。进入 80 年代后，日本又相继进行了 RACS(Road/Automobile Communication System)和 AMTICS(Advanced Mobile Traffic Information and Communication System)两项研究。RACS 是日本建设部、公路工业发展联合会和 25 家私营企业联合发起的研究项目，旨在为驾驶人员提供道路交通信息，使道路交通安全畅通。该系统由三部分组成：装备有车位推算系统的车辆、相隔 2km 距离就有一个信标的全路网信标通信系统和信息控制中心。在该项目中，成立了日本数字道路地图联合会，负责开发和维护统一标准的道路数字地图。AMTICS 是由日本国家政策厅、邮电部、交通管理和技术协会和 59 家私营公司发起的，该系统利用移动数据蜂窝电台(Mobile Data Cellular Radio System)完成交通信息的单向通信。交通信息的内容广泛，包括拥挤情况、行程时间预测、交通规则、列车时刻表等。覆盖的范围很广，包括火车站、旅社、汽车内和其他公共场所。该系统于1990年在Osaka进行了一次大规模测试，结果表明该系统可将行程时间减少7%。从1990年开始，将RACS和AMTICS两项目的优点集于一体，日本开始了VICS(Vehicle Information and Communication System)研究，在日本建立了世界上第一个全国统一的进行交通信息服务的通信系统。VICS采用三种通信方式：①红外信标，安装于道路的主要路段；③短波信标，安装于乡村区域的道路和高速公路；③调频副载波广播。VICS在1996年4月正式开始信息服务，覆盖区包括东京等大城市及主要高速公路，预计在2000年可以覆盖全日本。VICS播发的实时交通信息包括主要地点间的行程时间、交通拥挤、法规、事故、广域的最优路径选择信息和道路施工、天气情况及停车场信息等。目前高档的VICS车载接收机结合了差分GPS和FM调频副载波功能，可以进行车辆导航和路径诱导。

目前，与交通有关的日本政府部门都有计划中的ITS项目包括：以提高安全性、运输效率、快速舒适为目的和以新的交通控制系统为中心的项目UTMS(Universal Traffic Management System)；以提高道路运输现代化水平的项目ARTS(Advanced Road Transportation System)；以制造先进的安全车辆为目的的ASV(Advanced Safety Vehicle)；广泛覆盖ITS技术领域的SSVS(Super Smart Vehicle System)。

二、欧洲的ITS研究进展

欧洲从1986年开始涉足ITS领域的研究。由欧洲主要汽车公司发起的PROMETHEUS计划旨在以汽车为主体，利用先进的信息、通信、自动化技术来改善运输系统，减轻交通问题；由欧洲共同体委员会发起的DRIVE计划主要涉及公路和交通控制技术的研究。在1991年末成立的ERTICO作为民办的公共组织，负责监督欧洲的ITS研究、发展和实施。

DRIVE计划是通过改善运输效率和安全、减少车辆的环境污染来推动欧洲实现一个统一的道路运输环境。DRIVE的初始阶段DRIVE Ⅰ始于1989年，它被看作是可行性的研究，随着可行性的明朗化，导致了DRIVE Ⅱ的研究。该项目的研究领域包括：①需求管理；②交通和出行信息；③统一的城市交通管理；④统一的城市间交通管理；⑤驾驶人员辅助系统；⑥车队管理；⑦公共交通管理。

PROMETHEUS计划是作为EUREKA计划的一部分提出来的，它历时7年耗资8亿美元。EUREKA计划是欧洲联合研究开发计划，目的是通过发展诸如信息技术、通信、机器人技术和运输技术来提高欧洲的竞争能力。PROMETHEUS的目的在于以下四个方面：①改善驾驶人员信息获得手段，为驾驶人员提供新的信息源技术；②主动型支持系统，在驾驶不当时，为驾驶人员提供信息或进行驾驶干预；③协助驾驶，为驾驶人员提供途中和目的地信息而建立通信网络；④交通和车队管理，建立一个从交通流量控制到车队管理系统，以提高路网的效能。

三、美国的ITS研究进展

美国比欧洲和日本部署ITS研究要晚，在1987年一些对ITS感兴趣的学者成立了Mobility 2000组织，该组织后来演变成为现在的ITS America。ITS America不但是美国运输部的国家ITS研究发展规划的咨询机构，还负责协调美国工业部门和大学、科研机构的ITS研究。美国在1991年12月通过了ISTEA法案，从而标志着美国联邦政府财ITS研究的参与、协调和支持。目前美国已经在ITS的整体组织及规划当前对研究、开发、运作实验方面的投资，部署诸如电子收费、商业车辆运营等一些ITS实际应用方面处于国际领先地位。

美国于1991年决定进行智能车辆公路系统的开发研究，并取得了较大进展。随着研究范围的扩大，IVHS更名为智能运输系统(ITS)。美国的ITS计划已确定29项用户服务功能将其分成7个服务领域，其内容为：

(1)出行及运输系统管理；

(2)出行需求管理；

(3)公共交通运输管理；

(4)电子收费；

(5)商用车辆运营；

(6)应急管理；

(7)先进的车辆控制和安全。

11.3 我国智能运输系统的研究情况

智能交通的概念自20世纪90年代末引入我国，经过“十五”期间的关键技术攻关试点、“十一五”期间在大城市重大活动以及高速公路运营服务领域的示范应用，在“十二五”期间全面应用。过去十年，是我国经济发展最快的时期，城镇化进程加快，人民生活水平进一步提高，汽车开始大量进入家庭，高速公路形成网络，智能交通在国内主要地区快速进入机动化社会、人民群众对交通服务的要求越来越高的大背景下取得较快的发展，有力地支撑了世界最大规模的交通运输基础设施网络运行、最大规模的人口日常出行和节日出行，以及最大规模的贸易运输和货物流转。总体上，我国的智能运输系统处于起步阶段，但随着科学技术的发和社会的进步，我国开展智能运输系统研究已具备了技术基础、国家政策倾斜和一定的市场需求。

一、政策导向

2018年，交通运输部印发了关于加快推进新一代国家交通控制网和智慧公路试点的通知，通知中提出对北京、河北、吉林、江苏等省份及直辖区进行新一代国家交通控制网及智慧公路试点，试点的主题包括以下几点：

1. 基础设施数字化

应用三维可测实景技术、高精度地图等，实现公路设施数字化采集、管理与应用，构建公路设施资产动态管理系统；选取桥梁、隧道、边坡等，建设基础设施智能监测传感网，实现交通基础设施安全状态综合感知、分析及预警功能。

2. 路运一体化车路协同

基于高速公路路侧系统智能化升级和营运车辆路运一体化协同，利用5G或者拓展应用5.8GHz专用短程通信技术，提供极低延时宽带无线通信，探索路侧智能基站系统应用，选取有代表性的高速公路，以及北京冬奥会、雄安新区项目，开展车路信息交互、风险监测及预警、交通流监测分析等。

3. 北斗高精度定位综合应用

建设北斗高精度基础设施，实现北斗信号在示范路段(含隧道)的全覆盖，在灾害频发路段实施长期可靠的监测与预警；探索开展基于北斗高精度定位的高速公路通行费收费应用研究，强化技术储备。构建基于北斗的高速公路应急救援一体化管理系统，实现车辆人员的迅速定位与救援力量的动态调度和区域协同。

4. 基于大数据的路网综合管理

构建基于大数据的高速公路运营与服务智能化管理决策平台，应用在区域路网综合信息采集、运营调度、收费、资产运维养护、公众信息服务、应急指挥。利用无人机等移动手段，提高运行监测和应急反应能力。利用新媒体、公众信息报告等渠道，实现互动式现场信息采集。开展智能养护、路政和路网事件巡查智能终端示范，融合互联网数据和行业相关数据开展路网运行监测系统建设。

5.“互联网＋”路网综合服务

利用“互联网＋”技术，探索基于车辆特征识别的不停车移动支付技术。开展基于移动互联网的服务区停车位和充电设施引导、预约等增值服务。探索开展高速公路动态充电示范，实现新能源汽车动/静态充电。开展低温条件下精准气象感知及预测，以及车路协同安全辅助服务等。

6. 新一代国家交通控制网

建设面向城市公共交通及复杂交通环境的安全辅助驾驶、车路协同等技术应用的封闭测试区和开放测试区，形成新一代国家交通控制网实体原型系统和应用示范基地。

二、发展评估

1. 目前我国交通信息化和智能化共性技术和应用水平

(1)交通数据采集与处理。我国自主研发的基础交通信息采集和交通综合监测技术与设备取得了明显的进步，也得到了得到广泛应用，但与国际先进水平差距较大，基于浮动车、海量移动终端的交通状态获取和集成应用技术水平达到国际先进，但在数据的规模、质量以及覆盖范围与国外仍存在差距；我国在交通多源异构数据的融合处理技术方面日趋成熟，但在基于云计算和大数据技术的交通数据处理技术目前处于起步阶段，仅仅百度、阿里巴巴等互联网公司开展了基于大数据的交通信息分析的初步的尝试，与国外发达国家相比存在着较大的差距。

(2)交通数据交互和互操作。总体上处于学习与跟踪阶段，总体水平与国外存在着较大的差距，在交通数据互操作技术领域，我国在电子不停车收费系统中已经成功应用，并在路网管理与服务系统中进行了示范应用。

(3)交通专用通信。自主开发不停车收费系统(ETC)，自主研发和制定标准的专用短程通信(DSRC)实现突破口形成规模化的生产和在全国高速公路上的应用，2019年国务院推动的ETC普及和高速公路撤销省界主线收费站也使用该技术；国家重大专项中对未来大带宽、低延时和高可靠的交通专用通信技术进行了研发，目前已经形成基于下一代 WiFi 和基于交换的两套技术体系，这两类技术目前均处于国际领先水平。

2. 车辆智能化、电动化

中国汽车工业经过 50 余年的努力，完成了从无到有、从小到大的发展，已经成为世界汽车产业的重要组成部分。据中国汽车工业协会统计，2013 年我国全年汽车产销量均超过 2100 万辆，居世界首位。全球汽车工业向新兴经济体进一步转移的趋势和我国汽车工业由大转强的内在需求相契合，汽车及相关产业呈现出智能化、网联化、电动化的趋势，为我国汽车行业缩小与国际先进水平的差距，并实现“弯道超车”提供难得的黄金发展机遇期。

(1)智能车辆产业化发展受到重视。

我国在智能汽车领域的研究始于 20 世纪 80 年代末，早期的研究集中于高校等研究机构。2009 年起，由国家自然科学基金委主办的“中国智能车未来挑战赛”成为我国智能汽车研究的重要推动力量，比赛路况已经涵盖城市道路、九宫格等多种接近实际路况的场景。近年来，智能车辆的发展呈现出交通、汽车、通信、互联网相融合，产、学、研合作交叉等局面。目前技术领先的国内单位逐渐开始在实际道路上进行自动驾驶技术的试验和测试，部分研究成果在军工、汽车等产业中已经开始向实际产品转化。智能网联汽车已列入中国制造 2025 重点领域发展领域之一，在国家推动实施中国制造 2025、互联网＋战略的大背景下，智能驾驶汽车的发展必将改变汽车普及所带来的安全、交通、能源、环境的挑战局面，促进形成和谐的智能汽车社会生态系统。

(2)电动汽车在探索中发展

我国在电动汽车领域的研发与国外基本处于同一起跑线上，政府和行业高度重视电动汽车等新能源汽车产业的发展，我国也是世界上电动汽车发展最快的国家之一。近 3 年，我国新能源汽车市场发展态势较好，2013 年销售 1.76 万辆，同比增长 37.9%；2014 年销售 7.48 万辆，同比增长 3.2 倍；2015 年新能源汽车产量达 34.05 辆，销量 33.11 辆，同比分别增长 3.3 倍和 3.4 倍，这是我国新能源汽车销量首次超越美国，成为全球第一大新能源汽车市场。尽管电动汽车是公认的汽车替代能源的发展方向，但与传统燃油汽车比，电动汽车产业在动力系统集成、能源加注设施、商业运营模式等多个关键环节发生了本质变化，我国还需要在车辆本身、基础设施和交通运行模式等多方面进行探索，“零污染”交通运输任重道远。

(3)互联网与车辆跨界发展冲击传统

百度对外宣布其高速自动化驾驶项目。乐视公司正在尝试以自主研发汽车作为平台入口，以垂直整合的生态系统重新定义汽车，乐视和北京汽车集团宣布进行合作，北汽提供汽车硬件产品，乐视将开发的软件嵌入其中。上海汽车集团与阿里巴巴集团签署“互联网汽车”战略合作协议，整合双方优势资源，打通汽车全生命周期用车需求和互联网生活圈，让用户体验到一个基于互联网的、更加便捷的移动智能化生态圈，打造全新的“互联网汽车”。移动互联网公司小米科技已着手研制小米纯电动汽车。

3. 交通信息化基础设施

“十二五”期间，交通运输行业交通要素感知体系、网络通信体系以及云平台等基础设施体系建设，取得了较大的进展。在交通要素感知方面，全国大部分省市都推进了路网监测系统的建设，通过视频监控、卫星定位、交通流量观测采集系统、收费站流量采集、桥梁隧道运行监测等系统逐步实现对干线公路的有效监控，30 个省实现了全省高速公路联网监控，基本实现“每省一中心”，国省干线公路超过 40%的重点路段，以及特大桥梁、特长隧道实现了运行状况的动态监测，超过 95%的“两客一危”重点营运车辆接入了联网联控系统。在网络基础设施方面，基本建成了由交通政务内网、政务外网和行业专网三大网络构成的行业基础通信网络架构；基本完成了全国高速公路信息通信干线传输系统联网工程建设，初步实现了全网贯通。在云平台和数据中心建设方面，部分地区已探索建设了交通云平台，探索建设了智慧交通云平台，海事云平台基本建成，行业数据中心体系建设进一步完善。在信息安全基础设施建设方面，建成了行业密钥管理与证书认证系统，初步形成一整套信息安全政策制度和标准规范体系。

4. 交通运营管理和服务

在公路交通运营管理方面，23 个省(区、市)开展了公路水路安全畅通与应急处置系统建设，初步建立了特大桥梁、长大隧道、通航枢纽等重要基础设施的安全监管系统，提高了安全保障能力；建成了全国重点营运车辆联网联控系统，基本实现了重点营运车辆的动态监管，提高了道路运输应急处置能力，推动了全国道路货运车辆公共监管与服务平台建设，6 个省开展了危险货物道路运输电子运单试点工作，建成了部级综合运行监测与应急指挥中心，进一步增强了行业运行监测与应急处置能力。在城市交通运营管理方面，围绕北京奥运会、上海世博会、广州亚运会、深圳大运会等重大国际国内活动，全国部分城市开展了城市交通综合运行监测系统的建设，对交通拥堵、客流量、公交、出租车、轨道交通运行等进行实时监测和研判分析，达到国际先进水平。36 个城市公共交通智能化应用系统建设顺利推进，提高了城市公共交通运行效率和服务能力，支撑了“公交都市”的创建。30 个城市开展了出租汽车服务管理信息系统试点建设，提升了出租汽车智能化运行管理水平。在出行服务方面，全国 29 个省市电子不停车收费(ETC)实现了联网，高速公路出行实现了一卡走遍全国；百度、高德、腾讯等中国互联网公司普遍将基于位置信息的出行服务作为其市场应用的重要领域，通过与政府合作以及商业合作，在 PC 端、手机、车载设备等领域开展了高效的动态交通出行服务，已经成为百姓日常出行的重要手段。交通移动 App 应用已涉及公路货运、城市配送、打车、租车、车辆保养、停车等多个服务领域，一方面通过市场竞争提供优质运输服务供给，满足了社会公众的多样化需求，另一方面也较好地引导资本、劳动力、原材料等过剩资源在交通运输领域优化配置，从而有效缓解无效供给过剩和有效供给不足的矛盾。

三、发展趋势

随着通信和信息技术的不断进步，以及移动互联网、4G/5G、移动智能终端的普及，国际相关技术和产业的开发和应用方向也随之发生变化，主要表现在：

1. 合作与交互趋势明显

强调跨系统共享及安全服务依托移动通信、传感器网络、云计算等新一代信息技术，国际上重视基于车路之间面向区域化、个性化的动态交通信息服务的信息交互，及基于车车、车路间面向安全的信息交互，在设施、工具、环境、人等各交通主体之间建立广泛、便利的连接，使智能交通系统由单个智能化应用系统向更高层次的合作系统演进，提供支持多种运输方式、面向不同人群和货物的无缝运输服务，并实现交通安全的创新与突破。

2. 汽车智能化成为热点

自动驾驶渐行渐近，以谷歌、苹果为代表的IT巨头积极投入自动驾驶汽车的研发，IT凭借强大的后台数据、网络技术、智能软件进行更为激进的尝试，冲击着传统汽车；通用、奔驰、奥迪、日产、沃尔沃、宝马、奥迪、丰田等大牌汽车企业策划将自动驾驶车辆投入市场。

3. 营运车辆运输组织向运行控制和多方式协同转变

发达国家示范应用在公交专用车道上公交车自动编组和队列运行的智能化公交车辆运营控制系统，实现运力接近轻轨、灵活和便利性与一般公共汽车相同的新型公交系统；发达国家也积极发展多式联运及商用车辆运营管理系统，实现基于运力匹配的运输资源优化配置、需求引导的运输组织协同调度等服务，提升综合运输系统的整体效能。

4. 生态驾驶及新能源汽车改善交通环境

国际积极将基于通信技术和交通领域相结合的生态驾驶融入交通，降低交通运输对于环境的影响；同时，作为超越传统概念的新型电动汽车以及燃料电池车也在节能减排方面逐步起到明显的作用。

5. 移动互联网推动体验型信息服务快速发展

社会企业尤其是移动互联网企业以用户需求为中心，以用户体验为途径，以提高用户黏性为目标加入交通运输服务中来，利用智能手机、终端和移动互联网开发的ITS应用越来越多，利用大数据、云计算等精确掌握用户的需求，强调服务与物理网络的无关性。智能手机、终端已成为ITS应用中最好的、具有本地智能数据处理功能的人机接口，而移动互联网则成为支撑ITS应用的网络平台。

6. 市场模式及投资方式有重大变化

国际智能交通界在总结近二十年发展经验的基础上，对智能交通市场模式和投资方式进行了一系列重大调整，主要改变是在政策、标准、投资和营利模式等方面更加开放，将更多地吸引信息产业界和通信运营商的投资，同时政府鼓励交通管理、运载工具制造、信息产业等多方组成联盟，一起推进基础设施与运载工具合作系统的商业化应用以及新一代交通信息服务系统的建立，将交通运输各利益相关方通过价值链连接起来，交通信息按照市场引导、价值驱动的方式在各利益相关方之间流动，并逐步形成新的装备和盈利点。

参考文献

[1] 王炜,过秀成,等．交通工程学[M]．南京:东南大学出版社,2000.

[2] 杨佩昆,张树升．交通管理与控制[M]．北京:人民交通出版社,1995.

[3] 李作敏．交通工程学[M].2版．北京:人民交通出版社,2003.

[4] 王炜,徐吉谦．城市交通规划理论与方法[M]．北京:人民交通出版社,1992.

[5] 王炜,徐吉谦,杨涛,等．城市交通规划理论及其应用[M]．南京:东南大学出版社,1998.

[6] 沈志云,邓学钧．交通运输工程学[M].2版．北京:人民交通出版社,2003.

[7] 徐吉谦．交通工程学基础[M]．南京:东南大学出版社,1994.

[8] 王炜,徐吉谦,杨涛,等．城市交通规划[M]．南京:东南大学出版社,2000.

[9] 杨久龄,刘会学．道路交通标志和标线[M]．北京:中国标准出版社;北京:新华出版社,1999.

[10] 徐吉谦．交通工程总论[M]．北京:人民交通出版社,2001.

[11] 任福田,刘小明,孙立山．交通工程学[M].3版．北京:人民交通出版社股份有限公司,2017.

[12] 郑祖武,李康,徐吉谦,等．现代城市交通[M]．北京:人民交通出版社,1998.

[13] 刘培桐．环境学概论[M].2版．北京:高等教育出版社,1995.

[14] 洪宗辉．环境噪声控制工程[M]．北京:高等教育出版社,2002.

[15] 周干峙．发展我国大城市交通的研究[M]．北京．中国建筑工业出版社,1997.

[16] 欧洲运输部长联合会,经济合作与发展组织．交通社会成本的内部化[M]．云萍,祁忠,译．北京:中国环境科学出版社,1996.

[17] 王军．可持续发展[M]．北京:中国发展出版社,1997.

[18] 陆化普．城市交通现代化管理[M]．北京:人民交通出版社,1999.

[19]《中国公路学报》编辑部．中国交通工程学术研究综述·2016[J]．中国公路学报,2016,29(06):1－161.

[20] 中国公路学会《交通工程手册》编委会．交通工程手册[M]．北京:人民交通出版社,1998.

[21] 陆化普．交通规划理论与方法[M].2版．北京:清华大学出版社,2006.

[22] 贺启环．环境噪声控制工程[M]．北京:清华大学出版社,2011.

[23] 王元庆,周伟．停车设施规划[M]．北京:人民交通出版社,2003.

[24] 张郃生．交通工程学基础．[M]北京:人民交通出版社,2002.

[25] 顾保南,赵鸿铎．交通运输工程导论[M].3版．北京:人民交通出版社股份有限公司,2014.